THE SOUL WINNER

스펄전의 전도

KB192199

세계
기독교
고전

◀ 56 ▶

THE SOUL WINNER

스펄전의 전도

찰스 H. 스펄전 | 김귀탁 옮김

CH북스
크리스천
다이제스트

❖ 알립니다

이 책은 2004년 당사에서 출간한 『스펄전 전도설교』의 디자인 개선판으로,
본문 내용은 구판과 동일합니다.

차례

제 1 장
전도의 개념

사랑하는 형제 여러분, 하나님이 능력을 주신다면, 나는 오늘 여러분에게 "영혼을 구원하는 자" 곧 전도자라는 제목으로 잠시 말씀을 전하고자 합니다. 영혼을 구원하는 일은 그리스도인 사역의 주업입니다. 참으로 그것은 그리스도인이라면 누구나 감당해야 하는 인생의 핵심 목표입니다. 우리는 누구나 시몬 베드로처럼 "나는 물고기 잡으러 가노라"(요 21:3)고 말하든지, 바울처럼 우리의 목표는 "아무쪼록 몇 사람이라도 구원하고자 함"(고전 9:22)이라고 말해야 합니다.

그러면 이제 "전도란 무엇인가?"라는 질문을 다루는 것으로 이 주제에 관해 이야기를 나누어 보도록 합시다.

이 질문에 대한 정확한 해답을 얻기 위해서 우리는 전도에 포함되지 않는 것이 무엇인가를 살펴보는 것이 도움이 될 것입니다. 우리는 이미 교회에 소속된 사람들을 그 교회로부터 빼내오는 것을 전도로 보지 않습니다. 그것은 길르앗 사람이 에브라임 사람에게 십볼렛이라는 말을 제대로 발음하도록 훈련시키는 것에 지나지 않습니다.

아니, 우리는 영혼들을 우리 교회에 속하는 개종자로 만들 것이 아니라 그들을 그리스도께 인도하는 것에 그 목표를 두어야 합니다. 그러나 우리 주변에는 다른 교회의 양들을 훔쳐오는 도적들이 많은데, 나는 그들을 절대로 "형제"라고 부를 수 없고, 아니 적어도, 그들은 형제답지 못하다는 것을 말하고 싶습니다. 그들은 그들 자신의 주님께 나아가도록 해야 합니다.

우리는 우리 이웃의 저택을 무너뜨리고 우리 자신의 집을 지으려고 하는 것을 아주 비열한 짓으로 규정합니다. 집을 짓기 위해서는 채석장의 돌을 파내는 것이 백 번 낫습니다.

나는 여러분이 다음과 같은 찰머스(Chalmers) 박사의 넓은 마음에 공감하리라고 생각합니다. 그는 채석장의 돌을 파내는 것과 같은 노력이 스코틀랜드 기독교 전체에 대해서는 유익이 되지만, 자유교회 교단 자체에는 특별한 유익이 없다는 말을 들었을 때, 이렇게 말했습니다: "자유교회 교단의 이익을 스코틀랜드 전체 기독교의 이익과 비교할 수 있단 말입니까?"

그렇습니다. 정말이지, 교회들이 국가의 도덕적, 영적 이익과 충돌하거나 그리스도의 나라를 훼방한다면, 그런 교회들을 어찌 교회라 할 수 있으며, 그렇게 되면 모든 교회들을 하나로 묶는 요소가 어디에 있겠습니까? 우리가 교회의 부흥을 기대하는 것은 단순히 교회 자체를 위한 것이 아니라 하나님이 교회를 통해 사람들을 축복하시기 때문입니다. 우리 자신이 속한 단체의 확장을 위해 열심을 내는 일에는 사실 이기심이 포함되어 있습니다.

오, 그러므로 하나님의 은혜가 이 악한 영으로부터 우리를 구원해 주시기를! 하나님 나라의 확장이 교단의 확장보다 더 우선되어야 합니다. 우리는 유아 세례자가 입교식을 치르도록 하는데 심혈을 기울여야 합니다. 우리는 주님이 정하신 의식들을 존중하기 때문입니다. 또 우리는 자유의지로 구원받는다고 주장하는 신자를 은혜로 구원받는 신자로 만드는데 열심을 다해야 합니다. 우리는 모든 종교적 진리가 사상누각이 아니라 견고한 진리의 반석 위에 세워지기를 간절히 바라고 있기 때문입니다. 그러나 동시에 우리의 중요한 목표는 그들의 견해만 바꾸도록 하는데 있는 것이 아니라 그들의 본성이 거듭나도록 하는데 있습니다. 우리는 사람들을 그리스도께 이끌어야지, 기독교에 대한 우리 자신의 개인적 견해로 이끌어서는 안 됩니다.

우리의 첫 번째 관심사는 양이 위대하신 목자에게 나아가도록 돕는 것이 되어야 합니다. 그들이 우리가 만들어 놓은 다양한 우리(畜舍) 안에서 안전하게 거하도록 하는 것은 이후에도 시간이 충분히 있습니다. 사람들을 단순히 개종자로 만드는 것은 바리새인들에게 적합한 일입니다. 반면에 사람들을 하나님께 인도하는 것이야말로 그리스도의 사역자들의 영예로운 목표입니다.

그 다음 두 번째로, 우리는 연말에 신자수가 얼마나 증가했는지 보여주기 위해, 교적부에 새 신자의 이름을 일일이 기재하는 것으로 전도를 했다고 보지 않습니다. 이것은 쉬운 일입니다. 물론 그것을 위해 크게 수고하는 형제들이 있습니다. 하지만 그것이 사역자의 수고의 알파와 오메가로 간주된다면, 그 결과는 끔찍한 것이 되고 말 것입니다.

당연히 우리는 참된 회심자를 교회로 인도해야 합니다. 왜냐하면 그리스도께서 그들에게 명하신 모든 것을 가르쳐 지키도록 하는 것이 우리가 해야 할 사역의 한 부분이기 때문입니다. 그러나 이것은 제자들에게 행해져야지, 단순한 고백자들에게 행해져서는 안 됩니다. 만일 우리가 이 점을 명심하지 않는다면, 유익보다는 손해를 더 많이 끼치게 될 것입니다. 아직 회심하지 않은 사람을 신자로 간주하는 것은 교회를 약화시키고, 악화시키는 것입니다. 그러므로 겉으로는 이득으로 보이는 것이 실제로는 손실이 될 수 있습니다.

나는 결코 통계를 무시하는 사람도 아니고, 그것이 각종 악을 낳는 도구라고 생각하는 것도 아닙니다. 통계는 정확하다면, 그리고 사람들이 그것을 효과적으로 이용하기만 한다면, 큰 도움이 되기 때문입니다. 사람들이 국가의 축소된 경제 통계를 보고 하나님 앞에 나아와 무릎을 꿇고 경제적으로 도와달라고 기도하는 것은 좋은 일입니다. 또 한편으로 노동자들이 자기들이 생산한 제품의 통계를 보고 힘을 얻는 것도 절대로 나쁜 일이 아닙니다. 최종 결과를 산출하는데에 정확한 계산이 이루어지지 않는다면, 그것은 아주 유감스러운 일입니다. 왜냐하면 우리의 상태를 수치로 알아내려면 정확해야 하기 때문입니다. 그러나 사람들이 통계에 반대하는 것은 종종 그 불만스러운 통계가 어느 정도 그들을 비참하게 만들기 때문이라는 사실이 입증되었습니다. 이것은 항상 그런 것은 아니지만, 아주 빈번하게 그랬습니다.

나는 언젠가 어느 교회에 관해 이런 소식을 들었습니다. 그 교회의 목사님은 교인이 전혀 늘어나지 않고 있었음에도 불구하고, 아주 교묘하게 "우리 교회는 잘 될 것입니다"라고 말했습니다. 그게 무슨 말이냐는 질문을 받았을 때, 그는 이렇게 대답했습니다: "물론 누구나 아시다시피, 우리 교회는 현재 최악의 상태에 있습니다. 하지만 그러기에 앞으로 잘 되는 것 외에 다른 일이 일어날 수 없지요."

교회는 이런 식으로 성장하기 때문에 목사들은 대부분 통계란 크게 속이는 것이고, 성령의 역사를 통계표로 작성하거나 교회의 성장을 숫자로 계산할 수는 없다고 말할 것입니다. 물론 수치가 정확하고, 모든 상황이 골고루 감안된다면, 정확하게 계산할 수 있는 것은 사실입니다. 그때 수치상으로 아무 변동이 없다면, 여러분은 별다른 성과가 없었다고 상당히 정확하게 결론을 내릴 수 있습니다. 또 교인의 숫자가 눈에 띄게 줄어들었다면, 성도들의 기도와 목사님의 설교가 그리 능력을 발휘하지 못했다고 평가할 수도 있습니다.

그러나 아직 회심에 이르지 못한 사람들을 성급하게 교회의 신자로 분류하는 것은 교회나 회심해야 할 개종자들 자신에게 크게 해를 끼치게 될 것입니다. 나는 도덕적으로 아주 훌륭하고, 종교적으로 전도가 유망한 젊은이들을 많이 알고 있습니다. 그러나 그들이 출석하는 교회의 목사님은 그들의 심령을 정확하게 진단해 보거나 그들의 참된 회심 여부를 검토하지 않고, 오로지 신앙을 고백하도록 설득하는 데만 온 힘을 기울였습니다.

그는 신앙을 고백하기만 하면 그들이 거룩한 삶을 살 것으로 알았고, "그들이 아주 유망한 젊은이들이었기" 때문에 그들을 교회에 붙들어 두기만 하면 안전하다고 느꼈습니다. 또 그는 지나치게 간섭함으로써 그들을 실망시키는 것은 그들로 하여금 교회를 떠나게 하는 원인이 된다고 생각했고, 그래서 그들을 붙잡아 두는데 급급함으로써, 결국엔 그들을 위선자로 만들고 말았습니다. 지금 이 젊은이들은 올바른 신앙을 갖도록 지적을 당하고, 하나님께 돌아서지 못한 것을 경고 받았을 경우보다 하나님의 교회로부터 훨씬 더 멀리 떨어져 있습니다. 어떤 사람이 진실로 거듭났다는 것을 믿을 만한 충분한 이유가 없다면, 그를 성도의 숫자 속에 집어넣는 것은 심각한 잘못입니다. 나는 그것을 정확하게 살펴보고 말하는 것이기 때문에 그것이 정말 그렇다고 확신합니다.

내가 알고 있는 최악의 범죄자들 가운데 어떤 이들은 한때 교회에 다닌 적이 있는 사람들이었습니다. 선의에서 비롯되었지만 그릇된 판단에 기인한 잘못된 인도로 말미암아 그들은 결국 잘못된 신앙의 길로 빠지고 말았습니다. 그러므로 세례 받은 자들의 수가 많아지고, 교회의 규모가 커지는 것으로 전도가 이루어졌다고 생각해서는 안 됩니다. 그런데 전쟁터로부터 다음과 같은 급보가 날아드는 것은 무엇을 의미할까요?

"지난 밤, 14명의 영혼이 회심을 했고, 15명의 영혼이 의롭다 함을 받았으며, 8명의 영혼이 충분한 성화에 이르렀다." 나는 이 같은 공공연한 자랑을 무시합니다. 이와 같이 아직 부화되지 못한 병아리들의 수를 계산하는 것과 완전히 수중에 넣지 못한 전리품을 과시하는 것을 혐오합니다. 그러므로 평생에 걸쳐 감당해야 할 시험을 한 순간의 통계로 대체해 버리는 무익한 허세에 불과한, 이 같은 숫자놀음을 피합시다. 최고를 바라보십시오. 하지만 아무리 최고라고 하더라도, 그것은 이치에 맞아야 합니다. 물론 면밀한 조사는 좋은 것입니다. 하지만 무익한 자랑으로 끝난다면, 그것은 성령을 근심시키고, 큰 죄악을 낳게 될 것입니다.

사랑하는 형제 여러분, 세 번째로 단순히 감정적인 흥분을 일으키는 것은 전도가 아니라는 것입니다. 사람들은 흥분하면 그에 따른 어떤 획기적인 반응을 보여 줍니다. 우리는 그 반응이 방 안에서 성경을 읽는 것과 같이 조용한 것이었다면, 그것이 과연 참되고 능력 있는 결과인지 의심하게 될 것입니다. 강력한 폭발음이 없이는 커다란 바위 덩이를 깨뜨릴 수 없고, 생쥐처럼 조용하기만 해서는 영혼을 구하는 전투를 치를 수 없습니다.

건조한 날, 마차가 달릴 때는 당연히 소음과 먼지를 일으키는 법입니다. 마찰과 자극은 운동하는 힘의 자연적 결과입니다. 마찬가지로 하나님의 영이 강력하게 활동하고, 사람들의 마음이 자극을 받으면, 어떤 가시적인 반응의 표시가 있어야 하고, 또 있게 될 것입니다. 그러나 그것을 반응의 전부로 착각해서는 안 될 것입니다. 만일 사람들이 먼지를 일으키는 것이 마차를 굴리는 목적이라고 생각한다면, 그들은 빗자루 하나만 갖고서도 50대의 마차가 일으키는 먼지를 금방 일으킬 수 있을 것입니다. 그러나 그렇게 하는 것은 유익보다는 오히려 손해를 일으킬 것입니다. 흥분은 먼지처럼 쉽게 일어나지만, 그 한순간이 목표가 되어서는 안 됩니다. 여인이 집안을 청소한 것은 잃어버린 은전을 찾기 위해서였지 먼지를 일으키기 위해서가 아니었습니다.

그러므로 전도할 때 감정과 "느낌"을 목표로 하지 맙시다. 물론 대규모 전도집회에서 사람들이 눈물을 흘리고, 흐느끼고, 부르짖는 현상이 일어날 수 있고, 진실한 감정의 흥분이 동반될 수 있습니다. 그러나 그런 일이 꼭 일어나도록 기도하지는 맙시다.

흥분 상태에서 변화를 일으킨 개종자들은 흥분이 사라지면 믿음도 사라져 버리는 일이 너무나 자주 벌어집니다. 그들은 햇볕이 쨍쨍 내리쬐는 낮에만 활동하다가 해가 지면 죽어 버리는 어떤 벌레와 같습니다. 어떤 개종자들은 불 속에서 사는 불도마뱀처럼 삽니다. 그러나 그들은 온도가 내려가면 그만 죽고 맙니다. 나는 뜨거운 열이 필요하거나 그것을 만들어 내는 종교를 탐탁하게 생각하지 않습니다. 내게 베수비우스 산이 아니라 갈보리 산 위에서 자라는 경건함을 주십시오.

그리스도를 향한 최고의 열정은 상식이나 이성에 부합하는 것입니다. 광란과 흥분과 열광은 진리를 따르지 않는 사이비 열정의 산물입니다. 우리는 사람들을 아수라장처럼 짓밟힌 방이 아니라 친교의 방으로 인도해야 할 것입니다. 내가 강조하는 것 이상으로 이런 상황을 조심해야 한다고 느끼지 못하는 사람은 없을 것입니다. 하지만 일부 광신적인 부흥사들의 행태를 생각하면, 나는 결코 침묵할 수 없고, 이보다 훨씬 더 큰 목소리로 말하지 않을 수 없습니다.

그러면 하나님을 위한 참된 전도란 무엇일까요? 이것이 도구를 통해 이루어지는 일이라면, 영혼이 하나님 앞으로 인도를 받고, 구원을 얻게 되는 과정은 무엇일까요? 나는 그 주요 과정 가운데 하나가 하나님에 관한 진리를 알도록 사람을 가르치는데 있다고 생각합니다. 복음을 통한 가르침이 사람들의 마음속에 모든 진리의 역사가 시작되는 출발점입니다.

"그러므로 너희는 가서 모든 민족을 제자로 삼아 아버지와 아들과 성령의 이름으로 세례를 베풀고 내가 너희에게 분부한 모든 것을 가르쳐 지키게 하라 볼지어다 내가 세상 끝날까지 너희와 항상 함께 있으리라 하시니라"(마 28:19-20). 가르침이야말로 전도의 시작이자 마지막입니다.

이사야 선지자에 따르면, 복음이란 "너희는 귀를 기울이고 내게로 나아와 들으라 그리하면 너희의 영혼이 살리라"(사 55:3)는 것입니다. 그렇다면 사람들에게 들을 만한 가치가 있는 말씀을 들려주는 것, 말하자면 그들을 가르치는 것이 우리의 할 일입니다. 우리는 모든 피조물에게 복음을 전파하거나 선포하도록 보냄을 받습니다. 따라서 우리가 위대한 계시의 진리들을 그들에게 가르치지 않는 한, 그렇게 하는 것이 아닙니다. 복음은 기쁜 소식을 말합니다. 어떤 설교자들에게서 말씀을 들을 때, 여러분은 복음이 사람들을 소생시키는 하나의 거룩한 심지라고 또는 그들의 두뇌를 자극시키는 열렬한 정기들을 담아놓은 하나의 병이라고 상상할 것입니다. 그러나 그것은 아무 가치가 없는 상상입니다.

복음은 하나의 소식으로서, 그 안에는 정보가 들어 있습니다. 그 안에는 사람들이 알아야 하는 문제들과 그것을 듣는 사람들이 축복을 받도록 되어 있는 말씀들에 관한 가르침이 들어 있습니다. 그것은 마술 곧 그 소리들 속에 주술적인 힘이 들어 있는 주문이 아닙니다. 그것은 지식과 신앙에 필요한 사실들과 진리에 관한 계시입니다. 복음은 이성적인 체계로서, 사람들의 오성에 호소합니다. 그것은 생각과 고찰을 요하는 문제로서, 양심과 사고능력에 의존합니다. 따라서 우리가 사람들에게 "믿으라!

믿으라! 믿으라!"고 외칠 수 있지만, 만일 그들에게 그 믿음의 내용을 가르치지 않는다면, 도대체 그들이 무엇을 믿는다는 말입니까?

복음에 대한 합당한 권면은 그에 상응하는 가르침이 있어야 한다는 것이고, 그렇지 않으면 그것은 아무 소용이 없습니다. "피하라!" 도대체 무엇으로부터 피하라는 것입니까? 이것은 그 대답으로서 죄의 형벌에 관한 진리가 필요합니다. "도망하라!" 하지만 어디로 말입니까? 그러므로 여러분은 그리스도와 그분의 상처에 관해 선포해야 합니다. 예, 대속제물에 관한 교리를 분명히 말해 주어야 합니다. "회개하라!" 무엇을요? 여기서 여러분은 "죄란 무엇인가?" "죄의 해악은 무엇인가?" "죄의 결과는 무엇인가?" 등에 대해 대답해 주어야 합니다.

"변화되어라!" 하지만 무엇이 변화된다는 말입니까? 우리가 무슨 능력으로 변화될 수 있단 말입니까? 또 무엇으로부터 변화되고, 어떤 상태로 변화되어야 한단 말입니까? 사람들이 구원의 진리에 이르도록 하려면, 가르쳐야 할 분야가 광범위합니다. "지식 없는 소원은 선하지 못하고"(잠 19:2)라고 성경은 말씀합니다. 그러므로 우리는 사람들에게 진리를 믿고, 그 능력을 느낄 수 있도록 그것을 알려 주어야 할 주님의 도구들입니다. 우리는 우리 스스로의 힘으로 어둠 속에 있는 사람들을 꺼내거나 구원하려고 하지 않고, 성령의 능력을 따라 그들이 어둠에서 빛으로 돌이키도록 구할 뿐입니다.

사랑하는 형제 여러분, 여러분은 부흥회나 특별 전도집회에 참석할 때, 복음에 관한 진리들을 떼어놓아도 된다고 생각하지 마십시오. 왜냐하면 여러분은 거기서도 은혜에 관한 교리들을 다른 곳에서 전하는 것 못지않게 선포해야 하기 때문입니다. 복음에 관한 진리들을 명확하게, 영혼을 사랑하는 마음으로 그리고 단순하고 분명하게 가르치십시오.

특별히 타락한 인간의 현재 상태와 구원을 베푸시는 하나님의 은혜에 관한 진리들을 가르치십시오. 어떤 열광주의자들은 아직 개종하지 않은 자들에게 설교할 때에는 의도적으로 일반 교리에 관한 설교는 해서는 안 된다고 생각하는 관념을 갖고 있는 것처럼 보입니다. 그들이 그렇게 생각하는 이유는 그때 목사가 하나님에 관한 전반적인 교리를 설교하게 되면 그들이 개종하는데 문제가 생길 것이라는 것 때문입니다.

형제 여러분, 그렇게 되면, 우리가 전도하기 위해 진리를 감추어야 하고, 절반의 진리만을 말하게 됩니다. 우리는 하나님의 백성들이 진리가 아닌 다른 어떤 것은 듣지 못하도록 진리를 온전히 말해 주어야 합니다. 그러나 우리는 진리의 한 부분을 과장함으로써 죄인들이 믿음을 갖도록 속이고, 적당한 시기가 올 때까지 나머지 다른 진리는 감추어 둡니다. 이것은 이상한 이론이지만, 많은 사람들이 그렇게 합니다. 그들에 따르면, 우리는 하나님의 택함 받은 백성들에게는 제한적 구속에 대해 선포하고, 세상 사람들에 대해서는 보편적 구속에 대해 선포해야 합니다.

우리는 신자들에게는 구원은 하나님의 은혜의 선물이라고 말해 주어야 하지만, 죄인들에게는 마치 그들이 스스로 구원받을 수 있는 것처럼 말해 주어야 합니다. 또 우리는 그리스도인들을 향해서는 성령 하나님만이 회심시킬 수 있다고 말할 수 있지만, 구원받지 못한 불신자들을 향해서는 성령에 대해서는 거의 언급하지 않습니다. 그러나 우리는 그리스도에게서 그렇게 배우지 않았습니다. 그리스도를 따르지 않는 다른 사람들이 그렇게 했습니다. 그들은 우리의 횃불도 아니고, 우리의 모범도 아닙니다. 영혼을 구하도록 우리를 보내신 분은 우리가 거짓말을 하거나 진리를 말하는 것을 억제하도록 하시지 않습니다. 그분의 사역은 이처럼 미심쩍은 방법으로 행해질 수 없습니다.

아마 여러분 가운데 어떤 이는 "하지만 하나님은 우리가 전도할 때, 절반의 진리만을 말하고 빗나간 주장을 할지라도 복을 주실 것입니다"라고 말할 것입니다. 물론 그럴 수도 있겠지요. 하지만 하나님은 거짓말을 축복하시지 않는다는 것을 나는 강력히 천명합니다. 그분은 설교하는 진리에 오류가 섞여 있더라도 축복하실 수 있지만, 자신의 말씀을 충실하게 선포하는 설교는 더 크게 축복하실 것입니다.

나는 주님이 열정적인 복음전도자들인 예수회 사람들을 더 축복하신다고 인정할 수 없습니다. 진리를 왜곡시키는 그들에 대해 내가 이렇게 말할 때, 그것은 결코 가혹한 비판이 아닙니다. 인간의 전적 부패에 관한 진리를 전하지 않는다는 설교는 어떤 교파로부터 그런 설교를 들어온 많은 사람들에게 심각한 부작용을 일으켰습니다.

이 사람들은 자기들이 앓고 있는 질병에 대해 모르게 되기 때문에 참된 고침을 받지 못하게 됩니다. 그들은 걸치고 있는 옷을 결코 벗어 버리지 않기 때문에 새로운 옷으로 갈아입을 수 없습니다. 그런데 많은 목사님들이 하나님으로부터 떠나 있는 인간의 상태와 이런 상태가 가져오는 끔찍한 결과에 관해 전하지 않기 때문에, 충분히 마음을 자극하고, 양심을 각성시키는 설교를 못하고 있습니다.

사람들은 하나님의 은혜가 그들을 하나님과의 불화로부터 벗어나도록 하지 않는다면, 영원히 멸망할 수밖에 없다는 말씀을 들어야 합니다. 또 그들은 하나님의 주권을 상기해야 하는데, 하나님이 이 상태로부터 그들을 이끌어낼 의무가 없다는 사실, 이 상태에 그대로 두신다고 할지라도 그분은 여전히 의롭고 정당하시다는 사실, 그들은 그분 앞에 설 자격이나 자신의 권리를 주장할 아무런 공로가 없다는 사실을 알아야 하고, 그럼에도 불구하고 그들이 구원받는다면, 그것은 은혜, 오직 은혜에 기인한 것이라는 사실을 기억해야 합니다. 설교자가 할 일은 죄인들에게 그들이 전적으로 무력하다는 사실을 알려줌으로써, 유일하게 그들을 도우실 수 있는 분을 그들이 바라보도록 만드는 것입니다.

어떤 진리에 대해 무지하도록 함으로써 영혼을 구원하려고 시도하는 것은 성령의 마음과는 반대되는 것입니다. 또 단순한 사탕발림과 같은 말이나 감정을 흥분시키는 것 또는 웅변과 같은 말솜씨를 통해 사람들을 구원하려고 애쓰는 것도 새를 잡는 올무로 천사를 잡거나 노래 하나로 하늘의 별을 낚으려고 시도하는 것처럼 어리석은 소망에 불과합니다. 영혼을 구하는 가장 강력한 도구는 순전한 복음 그 자체입니다. 하나님이 사람들을 정복하는 병기도 예수님 안에 있는 그대로의 진리입니다. 복음은 모든 문제 속에 똑같이 작용될 것입니다. 그것은 가장 강팍한 마음을 꿰뚫는 화살이요, 가장 치명적인 상처를 낫게 하는 약입니다. 그러므로 복음, 오직 그것만 설교하십시오. 그 오래된 복음, 그것만 절대적으로 의존하십시오.

여러분이 사람들을 낚으려 할 때, 다른 그물은 필요 없습니다. 여러분의 주님이 주신 복음이라는 그물은 아무리 큰 고기들이라도 낚을 수 있을 정도로 강력하고, 아무리 작은 고기들이라도 가둘 수 있을 만큼 촘촘하기 때문입니다. 다른 것들 말고 오직 이 그물만 던지십시오. 그러면 여러분은 "내가 너희를 사람을 낚는 어부가 되게 하리라"(마 4:19)는 주님의 말씀을 성취하는데 아무런 두려움이 없을 것입니다.

그 다음 두 번째로, 참된 전도란 사람을 가르쳐서 그로 하여금 진리를 알게 하는 것일 뿐만 아니라 또한 그가 그것을 느낄 수 있도록 그에게 감동을 주는 것입니다. 오성에만 호소하고, 감정에는 아무 영향을 미치지 못하는 순전히 교훈적인 가르침은 확실히 불구의 사역에 지나지 않습니다. 솔로몬은 잠언에서 "저는 자의 다리는 힘없이 달렸나니"(잠 26:7)라고 말합니다. 마찬가지로 어떤 가르침의 저는 다리는 신자들을 힘이 없게 만듭니다. 우리는 교리의 다리는 아주 길지만 감정의 다리는 아주 짧은 불구자를 종종 보게 됩니다. 어떤 사람이 불신자의 운명에 대해 냉철하게 말해 줄 수 있는 해박한 교리적 지식을 갖고 있지만, 동시에 무수한 사람들이 멸망당할 것에 대해 애통하는 마음을 갖지 않는다면, 그것은 참으로 두려운 일입니다. 암요, 두렵고말고요! 나는 냉정한 얼굴, 거친 말 그리고 무감각한 감정으로 교리의 건조함을 드러내는 사람들이 하나님의 심판에 관해 설교하는 것을 좋아하지 않습니다.

인간적 사랑이라는 따스한 젖이 그들에게는 메말라 있습니다. 자신이 먼저 감동을 받지 않는다면 설교자는 아무것도 새로운 것을 들려주지 못하는 법입니다. 설교는 설교자 자신이 먼저 "들어야" 하고, 그래야 회중들에게도 들려지는 것이지, 그렇지 않다면, 그들은 생명력 없는 설교를 무감각하게 앉아서 듣게 될 것입니다. 이런 정신 속에 우리가 결코 빠져 들지 않기를! 우리는 목사로서 믿든 안 믿든, 내 이웃을 내 몸처럼 사랑해야 한다는 계명은 지금도 여전히 우리에게 적용되어야 하고, 이 사랑의 계명을 잊어먹을 만큼 마음이 강퍅해져서는 안 되리라!

하나님을 사랑하는 것이 첫째지만, 그렇다고 이것이 이웃에 대한 사랑의 의무를 감소시키는 것을 의미하는 것은 절대로 아닙니다. 사실상 하나님을 사랑하라는 첫 번째 계명 속에는 이웃을 사랑하라는 두 번째 계명이 포함되어 있습니다. 우리는 이웃을 사랑하기 때문에 그가 회심하기를 바라야 하고, 진심으로 그가 영생을 얻기를 바라는 마음을 갖고 있기 때문에 우리는 하나님의 사랑의 복음을 그에게 전해 주어야 합니다.

죄인은 머리뿐만 아니라 가슴도 갖고 있습니다. 죄인은 생각뿐만 아니라 감정도 갖고 있습니다. 그러므로 우리는 이 둘 모두에 호소해야 합니다. 죄인은 자신의 감정이 움직이지 않으면 절대로 회심하지 않습니다. 그가 죄에 대해 슬픔을 느끼지 않는 한, 그리고 말씀을 받아들일 때 어느 정도 기쁨이 없는 한, 여러분은 그에게 큰 기대를 가질 수 없을 것입니다. 진리는 영혼 속에 깊이 스며들어, 그 본연의 색깔로 그것을 채색시켜야 합니다. 말씀은 그의 온 마음을 철저하게 휩쓸고, 그의 전인격을 송두리째 뒤흔들어놓는 강풍과 같아야 합니다. 마치 한여름 산들바람이 무르익은 곡식으로 가득 찬 밭에 불어오는 것처럼 말입니다. 감정 없는 종교는 생명 없는 종교입니다.

그러나 여기서 우리는 이 감정들이 어떻게 일어나게 되는지를 생각해 보아야 합니다. 무엇보다 영적이지 못한 감정들을 자극하는 것으로 마음이 놀아나지 않도록 조심해야 합니다. 어떤 설교자들은 장례식에 관한 말씀을 전하고, 죽어가는 자녀들에 대해 설교하는 것을 무척 좋아합니다. 그렇게 해서 그들은 사람들의 순진한 자연적 감정을 울립니다. 물론 이것이 더 좋은 결과를 낳을 수도 있지만, 그 자체로 무슨 가치가 있습니까? 어머니의 슬픔이나 과부의 서글픔을 부각시키는 것이 무슨 유익이 있습니까? 자비로우신 우리 주님께서 우리를 보내신 것은 사람들이 이미 고인이 된 그들의 친척들의 무덤을 다시 파내거나 과거의 슬픈 장면들을 재연시킴으로써 슬픔에 빠지도록 하라고 보내신 것이 아니라고 나는 생각합니다. 그분이 왜 그렇게 하시겠습니까? 여러분이 신자나 불신자의 임종하는 자리를 유익한 목적으로 사용하는 것은 얼마든지 가능합니다.

전자의 경우에는 믿음의 안식에 대한 증거가, 후자의 경우에는 양심의 공포에 대한 증거가 되기 때문입니다. 그러나 유익한 결과가 일어나는 것은 그 사실과 관련된 교훈으로부터 나오는 것이지 그 사실 자체가 아닙니다. 자연적인 슬픔은 그 자체로는 아무 도움이 되지 않습니다. 정말이지 우리가 그들의 자연적 감정의 저장소에 영적 인상을 강하게 심어주지 못한다면, 그것은 더 고상한 생각들을 오히려 산만하게 만들고, 마음을 부드럽게 진정시키기에는 너무나 큰 대가를 치르게 하는 것으로 생각됩니다. 그 말을 들은 사람은 "정말 대단한 연설이야. 감동적이었어"라고 말하겠지요. 하지만 이 감동의 실질적인 효과가 무엇입니까?

언젠가 한 젊은 설교자가 "자네는 회중이 크게 눈물을 흘리는 것을 보고 충격을 받지 않았는가?" 하고 묻자 그의 지혜로운 친구는 이렇게 말했습니다: "응 그랬지. 그러나 나는 그들이 다른 사람들의 눈을 의식하고 억지로 눈물을 더 짜내려는 것을 보았을 때 더 크게 충격을 받았지 아마." 정확히 그렇습니다. 양쪽 모두 다 우는 것이 무가치한 일일 수 있습니다. 나는 한 소녀가 배의 갑판 위에서 책을 읽고 있는 것을 보았는데, 그녀는 자신의 가슴이 무너지는 것처럼 흐느끼고 있었습니다. 그런데 내가 그 책을 보니, 그것은 철도 가판대에 진열된 싸구려 연애소설책에 불과했습니다. 그녀의 눈물은 순전히 배설물 같은 눈물이었습니다. 마찬가지로 단순히 강단에서 선포되는 감정을 자극하는 말이나 임종에 관한 얘기도 별로 가치가 없습니다.

만일 회중들이 자기들의 죄 때문에 예수님을 찾아 운다면, 그들의 눈물은 강을 철철 넘치게 할 것입니다. 그러나 만일 그들의 슬픔의 이유가 영적인 것이 아니라 단순히 본능적인 것이라면, 그들의 눈물이 무슨 유익이 있겠습니까? 사람들을 즐겁게 만드는 것은 어느 정도 좋은 점이 있을 수 있습니다. 그 이유는 우리가 사는 세상은 슬픔이 너무나 많은 곳이고, 그래서 많이 즐거워할수록 더 좋기 때문입니다. 그러나 무익한 불행을 자초하는 것이 무슨 소용이 있겠습니까? 자신의 수술 솜씨를 과시하려는 듯 여러분의 칼로 아무나 쿡쿡 찔러댈 자격이 여러분에게 있습니까? 진정한 의사는 치료를 위해서만 칼을 손에 들고, 현명한 목사는 그들의 영혼에 축복이 주어지는 분명한 목적을 위해서만 사람들의 마음속에 있는 고통스러운 감정을 자극시키는 법입니다.

여러분과 나는 사람들의 마음이 완전히 깨어질 때까지 그들을 계속 찔러대야 합니다. 그리고 우리는 계속해서 그들의 마음이 하늘을 향해 뛰어오를 때까지 십자가에 달리신 그리스도를 전해야 합니다. 그리고 이 일이 이루어지면, 우리는 그들이 전인격을 그리스도의 복음에 복종시킬 때까지 복음을 계속 선포해야 합니다. 심지어는 이런 예비적인 과정 속에서도 여러분은 여러분과 함께, 그리고 여러분을 통해 일하시는 성령의 필요성을 느껴야 될 것입니다. 그러나 이 필요성은 우리가 그 앞 단계로 나아갈 때 더욱 크게 요청되고, 그때 성령께서는 아주 강력한 신적인 양식과 방법으로 거듭남 자체에 대해 선포하게 될 것입니다.

나는 이미 전도에 가장 필요한 것으로서 가르침과 감동에 관해 말했습니다. 그러나 이것들이 전부는 아닙니다. 정말로 이것들은 의도된 목적을 위해서 반드시 필요합니다. 그러나 사람이 구원받기 위해서는 그보다 더 큰 일이 행해져야 합니다. 하나님의 은혜의 이적이 영혼에게 베풀어져야 합니다. 인간의 능력으로는 도저히 성취될 수 없는 극히 초월적인 이적 말입니다. 우리가 예수님께 이끄는 사람들은 "거듭나지 아니하면 하나님의 나라를 볼 수 없다"(요 3:3)는 것이 사실입니다.

성령이 우리가 사랑하는 대상들 속에 거듭남을 일으켜야 합니다. 그렇지 아니하면 그들은 영복을 소유할 수 없습니다. 그들은 새 생명으로 다시 살아야 하고, 그리스도 예수 안에서 새로운 피조물이 되어야 합니다. 부활과 창조에 작용했던 똑같은 힘이 그들에게 완전히 베풀어져야 합니다. 이것이 없다면 거듭남의 역사도 있을 수 없습니다.

그들은 위로부터 다시 나야 합니다. 이것은 얼핏 보면 인간적 수단은 전혀 소용이 없는 것처럼 보일 수 있습니다. 그러나 성경을 잘 살펴보면,

우리는 이런 추론을 정당화할 이유가 전혀 없고, 오히려 그 반대의 경향이 훨씬 더 큽니다. 거기서 우리는 확실히 하나님이 전부가 되신다는 것을 발견하지만, 도구 사용이 제외되어야 한다는 사실 역시 발견되지 않습니다. 하나님의 절대적 엄위와 권능은 그분이 도구들을 사용하시기 때문에 더욱 영광스럽게 보이는 것입니다.

그분은 자신이 사용하시는 도구들에 최고의 찬사를 보내고, 그들에게 위대한 능력을 전가시킴으로써, 그들에게 영예가 주어지는 것을 염려하지 않아도 될 정도로 위대하신 분입니다. 그렇다고 해도 성령에 관해 거의 말하지 않는 것은 정말 유감스러운 일입니다. 정말이지 나는 이것이 시대의 가장 심각한 죄악 가운데 하나가 아닐까 두렵습니다. 그러나 항상 진리를 올바르게 균형 잡아 주는 무오한 말씀은 성령을 찬미하지만, 그분이 쓰시는 사람들에 대해서도 가볍게 말하지 않습니다. 하나님은 인간 도구를 깎아내림으로써 자신의 영예가 올라갈 수 있다고 생각하시는 분이 아닙니다.

나란히 놓고 보면 참으로 놀라움을 주는 두 구절의 말씀이 서신서에 있습니다. 사도 바울은 거듭남의 문제를 다룰 때 자신을 아버지와 어머니 모두와 비교하고 있습니다. 그는 어떤 회심자 곧 오네시모에 관해 "갇힌 중에서 낳은 아들"(몬 1:10)이라고 말하고, 또 온 교회에 관해서는 "나의 자녀들아 너희 속에 그리스도의 형상을 이루기까지 다시 너희를 위하여 해산하는 수고를 하노니"(갈 4:19)라고 말합니다. 이것은 너무나 희한한 말씀입니다.

정말이지, 오늘날 정교회가 교단에 큰 공헌을 한 아주 유능한 목사에게 주는 칭호보다 훨씬 더 놀라운 표현입니다. 그러나 그것은 하나님의 영 자신에 의해 확인된 말, 아니 지시된 말로서, 절대로 비판받을 말이 아닙니다. 이같이 신비로운 능력은 하나님이 그의 도구들에게 넣어 주시는 것으로, 그들은 "하나님의 동역자들"(고전 3:9)로 부르심 받은 자들입니다. 그리고 이것은 즉각 우리의 책임의 원천이자 우리의 소망의 근거가 됩니다.

거듭남 곧 새 탄생은 인간의 전인격에 변화를 일으키고, 그래서 우리가 판단할 수 있는 한, 그 본질은 그것이 인간 속에 삶의 새 원리를 심거나 창조한다는데 있습니다. 성령은 우리 속에 새롭고, 천상적이고, 불멸하는 본성을 창조하는데, 그것은 성경에서 혼(soul)과는 구별된 "영"(spirit)으로 알려져 있습니다.

우리가 지지하는 중생론은 타락한 본성을 갖고 있는 사람은 오직 육(body)과 혼으로만 구성되어 있으나 그가 거듭나게 되면, 새롭고도 고상한 본성 곧 "영"이 창조된다는 것입니다. 그런데 그 영은 꺼지지 않는 영원한 하나님의 생명과 사랑의 불로부터 흘러나온 불꽃이라는 것입니다. 이것은 마음속에 떨어져서 그 안에 거하고, 그것을 받은 자를 "신적 본성에 참여한 자"로 만듭니다.

그때부터 사람은 세 부분 곧 육과 혼과 영으로 구성된 존재가 되고, 영이 세 부분 가운데 지배적 능력이 됩니다. 부활 장으로 잘 알려진 고린도전서 15장을 보면, 그 구분이 원래의 인간에게도 분명하게 그어져 있고, 부활체에서도 분명히 인식될 수 있습니다. 그 내용은 다음과 같습니다: "육의 몸(a soulish body)으로 심고 신령한 몸(a spiritual body)으로 다시 살아나나니 육의 몸이 있은즉 또 영의 몸도 있느니라 기록된 바 첫 사람 아담은 생령(a living soul)이 되었다 함과 같이 마지막 아담은 살려 주는 영(a quickening spirit)이 되었나니 그러나 먼저는 신령한 사람이 아니요 육의 사람이요 그 다음에 신령한 사람이니라"(고전 15:44-46).

우리는 첫 사람 아담처럼, 처음에는 자연적 또는 육적 존재의 상태에 있었습니다. 그러나 거듭난 후에는 새로운 상태에 들어가고, 살려 주는 "영"을 소유하는 상태에 들어가게 됩니다. 이 영이 없이는 아무도 천국을 보거나 들어갈 수 없습니다. 그러므로 성령이 사람들을 찾아와 그들을 새로운 피조물로 만들도록 하는 것이 우리의 간절한 소원이 되어야 합니다. 그분은 이 마른 뼈들에게 임하시고, 죄 안에서 죽은 자들 속에 영원한 생명을 불어넣으십니다. 이 일이 이루어질 때까지 그들은 결코 진리를 받아들일 수 없습니다. 왜냐하면 "육에 속한 사람은 하나님의 성령의 일들을 받지 아니하나니 이는 그것들이 그에게는 어리석게 보임이요, 또 그는 그것들을 알 수도 없나니 그러한 일은 영적으로 분별되기"(고전 2:14) 때문이고, "육신의 생각은 하나님과 원수가 되나니 이는 하나님의 법에 굴복하지 아니할 뿐 아니라 할 수도 없기"(롬 8:7) 때문입니다. 새롭고 거룩한 심령은 전능자에 의해 지음 받아야 합니다. 그렇지 아니하면 그 누구도 죽음에 거하지 않으면 안 됩니다. 따라서 우리는 우리 자신이 전적으로 무능력함을 깨닫고, 우리 앞에 항상 전능자의 사역이 있어야 함을 기억합시다.

아무리 유능한 목사라 할지라도 스스로 영혼을 구원할 수는 없습니다. 우리들 가운데 어느 누구도, 땅 위에 있는 성도들이나 하늘에 있는 성도들도, 단 한 사람이라도 거듭나게 할 수 없습니다. 우리가 행하는 모든 사역은 우리가 성령의 도구로 쓰임 받지 않고, 그분의 능력으로 충만하게 되지 않는다면, 아무 소용 없는 일이 되고 말 것입니다. 하지만 한편으로 보면, 우리의 사역으로 이루어지는 거듭남의 이적은 우리의 사명에 대한 최고의 보증이자 증거입니다. 사도들은 그리스도와 그들이 그분의 이름으로 행한 이적들에 호소할 수 있었지만, 우리는 우리 주님 자신이 행하신 것만큼 신적이고 실제적인 성령의 이적들에 호소합니다. 이 이적들은 인간의 마음속에 새 생명을 창조하고, 성령이 내주하는 사람들의 전존재에 온전한 변화를 일으킵니다.

하나님이 사람들 속에 낳은 이 영적 생명은 아무도 알 수 없는 신비지만, 우리가 그에 따라 이어지고 수반되는 표징들을 주목한다면, 그 실제 결과를 더 잘 말해 줄 수 있을 것입니다. 왜냐하면 이것들이야말로 우리가 목표로 해야 하는 것이기 때문입니다.

첫째로 거듭남의 표징은 죄를 회개할 때 나타나게 됩니다. 우리는 이것을 성령의 사역의 필수적인 증거로 믿습니다. 새 생명은 마음속에 들어가는 순간 그 첫 번째 결과의 하나로 깊은 내적 고통을 일으킵니다. 오늘날 우리는 자신이 상처받은 것을 알기도 전에 치유 받고, 자기들의 정죄에 대한 심각한 결과를 슬퍼하는 일도 없이 확실히 의롭게 되었다고 생각하는 사람들에 관해 듣지만, 이 같은 치유와 칭의는 그 가치가 극히 의심스럽습니다. 이런 종류의 일들은 진리에 따른 것이 아닙니다. 하나님은 그들을 먼저 벗겨 놓기 전에는 결코 옷을 입히시지 않습니다. 또 율법을 통해 먼저 죽여 놓지 않고는 절대로 복음을 통해 그들을 살리시지 않습니다. 죄를 회개한 흔적이 없는 사람들을 만났을 때, 여러분은 확실히 그들이 성령의 역사를 받지 못했다는 것을 확신할 수 있을 것입니다. 왜냐하면 "그가 와서 죄에 대하여, 의에 대하여, 심판에 대하여 세상을 책망하실 것이기" 때문입니다(요 16:8).

하나님의 영이 우리에게 임하시면, 그분은 풀의 꽃에 지나지 않는 인간의 모든 영광을 시들게 하시고, 더 높고 영원한 하늘의 영광을 계시하십니다. 그러므로 만일 여러분이 이 죄에 대한 회개를 아주 날카롭고 두려운 마음으로 한다고 할지라도 결코 놀라지 마십시오. 하지만 다른 한편으로 보면, 그것이 크게 날카롭지 않아도 정죄 받지는 않습니다. 왜냐하면 죄를 슬퍼하고, 고백하고, 포기하고 싫어하기만 한다면, 여러분은 성령의 분명한 증거를 갖고 있는 것이기 때문입니다. 회개할 때 일어나는 큰 공포와 불신앙은 하나님의 영으로부터가 아니고, 사탄이나 부패한 본성으로부터 오는 것입니다. 그러나 죄에 대한 참되고 깊은 회개가 있어야 하고, 설교자는 이것을 이끌어내는데 최선을 다해야 합니다. 왜냐하면 이것이 느껴지지 않는 곳에서는 새 생명의 탄생도 일어날 수 없기 때문입니다.

또한 참된 회심은 예수 그리스도를 믿는 단순한 믿음을 보여 주는 증거로서 볼 수 있는 것이 확실합니다. 나는 여러분에게 그것에 관해 말할 필요가 없습니다. 이미 여러분 자신이 그것을 충분히 알고 있기 때문입니다. 여러분이 의도해야 할 가장 핵심적인 목표는 믿음을 일으키는 것입니다. 여러분이 예수님 앞으로 사람의 영혼을 인도했다는 증거는 그가 자신의 힘이나 자신의 공로를 의지할 때가 아니라 그리스도와 밀접한 관계에 있을 때 비로소 주어집니다.

이 믿음은 구원의 한 부분이 아니라 온전한 구원 전체를 위해 항상 그리스도께 행사되어야 한다는 사실을 정말 유의해야 합니다. 무수한 사람들이 주 예수님은 과거의 죄를 용서하시는데 필요할 뿐으로, 미래의 구원을 위해서는 그분을 믿을 수 없다고 생각합니다. 그들은 지나간 날들에 대해서는 믿지만 다가올 날들에 대해서는 믿지 않습니다. 그러나 이런 부분적인 구원을 그리스도의 사역으로 말하고 있는 성경 구절은 없습니다.

그분은 우리의 모든 죄를 담당하셨거나 아니면 전혀 담당하지 않으셨거나 둘 중 하나입니다. 그분은 단번에 우리를 구원하시든지 아니면 전혀 구원을 못하십니다. 그분의 죽으심은 절대로 다시 반복될 수 없고, 그분은 신자들의 미래의 죄를 위해서도 대가를 치르셨습니다. 그렇지 않다면 그들은 여전히 죄인입니다. 하지만 그분은 더 이상 속죄를 생각할 필요가 없을 정도로 미래의 죄도 확실히 처리하셨습니다. "모든 일에도 이 사람을 힘입어 믿는 자마다 의롭다 하심을 얻게"(행 13:39) 되기 때문에 그분의 이름이 복이 있습니다. 은혜로 말미암아 주어지는 구원은 영원한 구원입니다. 죄인들은 그들의 영혼을 그리스도의 보호에 영원토록 맡겨야 합니다. 그들이 구원받는 다른 방법이 있습니까?

그러나 슬프도다! 어떤 자들의 가르침에 따르면, 신자들은 단지 부분적으로만 구원받고, 나머지 부분의 구원은 자기들의 미래의 노력에 달려 있다고 합니다. 이것이 복음입니까? 나는 그렇게 믿지 않습니다. 참된 신앙은 전체 구원을 위해 그리스도를 온전히 신뢰하는 것입니다. 많은 개종자들이 실제로 영원한 구원을 위해 예수를 믿어야 한다고 가르침을 받지 못하기 때문에 타락함으로써, 단지 일시적 회심으로 끝나고 마는 것은 얼마나 놀랍습니까? 그리스도께 잘못 나아가면, 믿음도 잘못되게 마련입니다. 그런데 이 소나무들을 시들게 만들 때 누가 그 책임을 져야 합니까? 그들의 믿음으로 보면, 그 책임은 그들에게 있습니다. 그러나 불완전한 믿음을 가진 설교자와 전도자는 그들이 잘못될 때, 그 책임을 함께 짊어져야 합니다.

반(半)율법적인 신앙 방법이 너무 흔하기 때문에 나는 이것을 더욱 강조하는 것입니다. 우리는 두려워 떠는 죄인에게 주 예수님만 영원토록 온전히 의지하라고 권면해야 합니다. 아니면 우리는 그가 성령 안에서 시작하고, 육체를 통해 온전케 되려고 할 것이라고 추론하게 될 것입니다. 그때 그는 확실히 과거에 관해서는 믿음을 따라 걷겠지만, 미래에 관해서는 행위로써 걸어갈 것입니다. 이것은 치명적입니다. 예수님을 믿는 참된 믿음은 영원한 생명을 받아들이고, 그분 안에서 완전한 구원을 얻게 합니다. 한 사람의 희생제물이 하나님의 백성들을 단번에 성별시킨 것입니다. 어떤 사람들이 생각하는 것처럼, 구원받았다는 말 곧 그리스도 예수 안에서 완전하게 구원받았다는 말의 의미는 육신의 안전의 원천과 거룩한 열정의 원수가 아니라 바로 그 반대입니다.

자아에 관한(of) 구원을 자아로부터(from) 오는 구원보다 더 직접적인 목적으로 만드는 두려움으로부터 구출 받고, 그의 구속자에 대해 거룩한 감사를 품도록 감동을 받은 거듭난 사람은 덕을 행할 수 있게 되고, 하나님의 영광을 위한 열정으로 충만하게 될 것입니다. 불안한 생각 때문에 두려워 떠는 사람은 자신의 주된 생각을 자기 자신의 이익들에 두게 됩니다. 그러나 시대의 반석이신 예수님께 견고하게 뿌리를 박고 있는 사람은 시간마다 주님이 자신의 입 속에 주시는 새 노래를 부르는 마음을 갖게 되고, 나아가 자신의 도덕적 구원을 완전하게 합니다. 왜냐하면 그의 자아는 더 이상 그의 존재의 주인이 아니고, 예수님이 그 주인이기 때문입니다. 여러분은 여러분의 변화 속에 주 예수님을 믿는 단순하고 신실하고 단호한 믿음에 관한 분명한 증거를 보여 줄 때까지 만족하지 마십시오.

예수 그리스도에 대한 주저 없는 믿음과 함께, 죄에 대한 진정한 회개가 있어야 합니다. 회개는 현대 신앙 부흥운동자들에 의해서는 잘 사용되지 않는 구식 단어입니다. 언젠가 한 목사님이 내게 "오! 그 말은 단지 마음의 변화를 의미하지요"라고 말했습니다. 이것은 심각하게 생각해 볼 필요가 있습니다. "단지 마음의 변화일 뿐이라" 그러나 어떤 변화란 말입니까? 마음의 변화는 모든 것과 관계되어 있지 않은가! "그것은 단지 마음의 변화일 뿐이야'라고 말하는 대신에, 그것은 크고 깊은 변화―심지어는 마음 자체의 변화― 라고 말하는 것이 더 믿을 만한 표현이라고 생각됩니다. 그러나 헬라어 단어가 어떤 의미를 갖고 있던지 간에, 회개는 사소한 일이 아닙니다. 여러분은 어린이 찬송가에 나오는 가사보다 그것에 관한 더 적절한 개념을 찾지 못할 것입니다.

> "회개는 과거에 우리가 사랑했던
> 죄로부터 떠나는 것,
> 우리가 더 이상 죄를 짓지 않음으로써
> 죄를 진심으로 슬퍼하고 있음을 보여 주는 것."

참된 회심은 모든 사람들 속에서 가책이라는 말로 표현되는 죄의식을 동반합니다. 죄에 대한 슬픔, 또는 죄를 범할 때 느끼는 거룩한 애통함, 또는 죄의 지배가 끝났음을 보여 주는 증거로서 죄를 미워하는 것 그리고 영혼 속에 있는 생명이 외부의 삶에 작용하고 있음을 보여 주는 증거로서, 죄로부터의 실제적인 돌이킴 등을 우리는 회개라고 부를 수 있습니다. 참된 믿음과 참된 회개는 쌍둥이입니다. 하지만 둘 중 어느 쪽이 먼저인가를 말하려고 시도하는 것은 무의미합니다. 바퀴가 돌아갈 때 바퀴에 있는 모든 살들이 동시에 돌아가는 것처럼, 성령을 통해 거듭남의 역사가 있게 되면, 모든 은혜들은 동시에 활동을 시작하는 법입니다. 그러나 회개는 반드시 있어야 합니다. 회개한 죄인은 구주를 감동 없는 눈이나 강팍한 마음으로 바라보지 않습니다. 그러므로 마음이 상할 때, 양심에 통렬한 가책이 올 때, 마음이 죄로부터 떠날 때가 오도록 하십시오. 그리고 온 마음이 죄와 관련하여 깊이 그리고 활력적으로 변화를 일으킬 때까지 만족하지 마십시오.

한 영혼을 그리스도께 확실히 인도했음을 보여 주는 또 다른 증거는 삶의 실제적인 변화입니다. 만일 그 사람이 집 안에서나 집 밖에서 이전에 살았던 삶과 다르게 살지 않는다면, 그의 회개는 다시 회개해야 할 필요가 있고, 그의 회심은 거짓입니다. 행동과 말 뿐만 아니라 정신과 기질도 변화되어야 합니다. 어떤 사람은 "하지만 은혜는 종종 게의 몸통에 접붙여져 있습니다"라고 말합니다. 나도 그것이 그렇다고 알고 있습니다. 그러나 접붙임의 열매가 무엇입니까? 그 열매는 원래의 줄기의 본성을 따라서가 아니라 접붙여진 나무에서 나온 것과 같을 것입니다.

또 다른 사람은 이렇게 말합니다: "그렇지만 나는 난폭한 기질을 갖고 있고, 그것은 예고 없이 갑자기 나에게 엄습합니다. 하지만 그 화는 금방 사라지고, 나는 곧 죄를 뉘우칩니다. 비록 내가 자신을 제어할 수 없다고 해도, 내가 그리스도인이라는 것을 나는 믿어 의심치 않습니다." 사랑하는 형제여, 너무 속단하지 마십시오. 나는 다른 관점에서 확신하는 바를 말씀드릴 수 있습니다. 당신이 주변 모든 사람들에게 빈번하게 불같이 화를 낸다면, 쉽게 식는 것이 무슨 유익이 되겠습니까? 어떤 사람이 나에게 열화처럼 분노할 때, 그가 화를 낸 것을 크게 후회하는 것을 보는 것으로 받은 상처가 낫지는 않습니다. 급한 성질은 정복되어야 하고, 인간 전체가 새롭게 되어야 합니다. 그렇지 아니하면 그의 회심은 의심받아야 합니다.

우리는 사람들 앞에서 짐짓 보여 주는 위장된 거룩을 칭찬하지 않습니다. 그것을 보고 그가 의롭게 되었다고 말하지 않을 것입니다. 성경은 "죄를 짓는 자는 마귀에게 속하나니"(요일 3:8)라고 말씀합니다. 어떤 죄든 죄의 권세 아래 거하는 것은 우리가 죄의 종이라는 표시입니다. 왜냐하면 "누구에게 순종하든지 그 순종함을 받는 자의 종이 되기"(롬 6:16) 때문입니다. 자신 속에 죄를 사랑하는 마음을 품고 있는 사람의 자랑은 무익합니다. 그는 자신이 좋아하는 것을 느끼고, 자신이 좋아하는 것을 믿을 수 있습니다. 그러나 단 하나라도 그의 마음과 삶을 죄가 지배하고 있다면, 그는 여전히 쓰라린 죄악을 품고 있고, 죄의 속박 속에 있는 것입니다. 진정 거듭났다면, 악은 모양이라도 미워하는 마음이 심겨지는 법입니다. 하나라도 죄를 탐닉하는 곳에서 그 증거는 온전한 소망에 대해 치명적인 역할을 할 것입니다. 사람이 자신의 인생을 파멸시키기 위해서 꼭 12가지 죄악을 저질러야 되는 것은 아닙니다. 한 가지 만으로도 충분합니다.

삶과 고백 사이에는 일치가 있어야 합니다. 그리스도인은 누구나 죄를 부인한다고 고백할 것입니다. 하지만 그가 그렇게 살지 않는다면, 속이는 자에 불과합니다. 어느 날 한 술 취한 자가 롤런드 힐(Rowland Hill) 목사를 찾아와 "나는 당신의 설교를 듣고 개종한 사람입니다"라고 했습니다. 그러자 이 빈틈없고 지혜로운 설교자는 이렇게 대답해 주었습니다: "나도 당신이 그렇다고 생각합니다. 하지만 나의 개종자인지는 몰라도 주님의 개종자는 아닌 것 같습니다. 만약 주님의 회심자라면 그렇게 술에 취하지는 않았을 테니까요." 이 실제적인 시금석을 우리는 우리의 전체 삶 속에 적용시켜야 합니다.

참된 개종자들이라면 우리는 그들 중에서 **참된 기도자**를 발견하게 될 것입니다. 참된 기도는 경건을 유지하는 생명의 호흡이니까요. 만일 기도하지 않는다면 당신의 영혼은 죽어 있다고 확실히 말할 수 있습니다. 그렇다고 우리는 사람들에게 기도가 위대한 복음에 대한 절대적 의무이자 구원의 유일한 방법인 것처럼 가르쳐서는 안 됩니다. 왜냐하면 우리가 가르쳐야 할 핵심 메시지는 "주 예수 그리스도를 믿으라"는 것이기 때문입니다.

기도를 잘못된 자리에 두기가 쉽습니다. 곧 사람들이 지켜야 할 단순한 의무의 하나로 이해하기가 쉽습니다. 그러나 이것은 정말 피해야 할 일이라고 생각합니다. 믿음은 위대한 복음이 주는 은혜입니다. 하지만 우리는 참된 믿음을 갖고 있다면 항상 기도하는 것을 잊어버려서는 안 됩니다. 주 예수님에 대한 믿음을 고백하면서 주님을 향해 날마다 부르짖지 않는다면, 우리는 그의 믿음이나 그의 회심을 믿지 못할 것입니다. 성령께서는 바울의 회심에 관한 증거를 아나니아에게 보여 주실 때, "그가 구원을 얻은 기쁨과 감동에 관해 큰 소리로 말하고 있다"고 하지 않고, "그가 기도하는 중이니라"(행 9:11)고 하였습니다. 그때 그의 기도는 진지했고, 마음을 찢는 고백과 간구였습니다. 오, 이 확실한 증거를 자신의 회심을 고백하는 모든 신자들에게서 볼 수 있기를!

그 다음 참된 회심자들 속에는 그분의 모든 계명에 기꺼이 순종하는 삶이 있어야 합니다. 어떤 사람이 제자임을 고백하면서 어떤 면에서는 주님의 뜻을 배우려고 하지 않거나 익히 알려진 계명에 대해 순종하지 않거나 하는 것은 부끄러운 일입니다. 공개적으로 그리스도께 불순종하는 삶을 살면서 어떻게 그분의 제자가 될 수 있겠습니까?

만일 신앙을 고백하는 개종자가 분명히 그리고 의도적으로 자신이 주님의 뜻을 알고 있다고 밝히면서도 그것에 따르는 의지가 없다면, 여러분은 그가 자신의 마음대로 행동해서는 안 되고, 그가 아직 구원받은 자가 아니라는 것을 가르쳐 주어야 할 의무가 있습니다. 주님은 "누구든지 자기 십자가를 지고 나를 따르지 않는 자도 능히 내 제자가 되지 못하리라"(눅 14:27)고 말씀하시지 않았습니까? 주님의 뜻이 무엇인지 잘 모르는 실수보다는 알면서도 기꺼이 순종하지 않는 것이 훨씬 더 치명적입니다. 그것을 용납하는 것은 우리를 그들에게 보내신 주님에 대한 배신이 될 것입니다. 예수님은 제사장일 뿐만 아니라 왕으로 받아들여져야 하고, 이것을 게을리 하는 곳에 경건의 기초는 절대로 놓이지 않을 것입니다.

"믿음이란 주님의 은혜를 신뢰하는 것일 뿐만 아니라
그분의 뜻에 순종하는 것,
아무리 용서하시는 하나님일지라도 자신의 거룩함을 위해서는
여전히 질투하는 분이시다."

사랑하는 형제 여러분, 여러분도 아시는 것처럼, 한 영혼이 구원받았음을 보여 주는 증거들은 절대로 사소한 것이 아니고, 그 증거들이 나타나도록 가르쳐야 할 사역은 절대로 가볍게 생각되어서는 안 됩니다. 전도자는 하나님 없이는 아무것도 할 수 없습니다. 그가 눈에 보이지 않는 하나님께 자신을 맡기지 않는다면 마귀에게 조롱거리가 될 뿐입니다. 마

귀는 인간의 본성을 단순한 말이나 변론으로 굴복시키려고 생각하는 사람들을 철저하게 멸시합니다. 자신의 힘으로 전도를 성공시킬 수 있다고 생각하는 모든 사람들에게 우리는 하나님이 욥에게 들려주셨던 다음과 같은 말씀들을 들려주어야 합니다: "네가 낚시로 리워야단을 끌어낼 수 있겠느냐 노끈으로 그 혀를 맬 수 있겠느냐"(욥 41:1). "네가 어찌 그것을 새를 가지고 놀 듯 하겠으며 네 여종들을 위하여 그것을 매어두겠느냐"(욥 41:5). "네 손을 그것에게 얹어 보라 다시는 싸울 생각을 못하리라 참으로 잡으려는 그의 희망은 헛된 것이니라 그것의 모습을 보기만 해도 그는 기가 꺾이리라"(욥 41:8-9). 하나님을 의존하는 것이 우리의 힘이고, 우리의 즐거움입니다. 그렇게 의존할 때 우리는 앞으로 나아갈 수 있고, 영혼들이 그분을 찾도록 할 수 있습니다.

그런데 전도할 때 우리는 실패를 거듭할 수 있다는 것입니다. 내가 잡으려고 생각했던 새들이 많습니다. 나는 새의 꼬리라도 붙잡아 보려고 무던히 애를 썼지만, 결국 새들은 날아가 버리고 말았습니다. 나는 내가 '경솔한 탐'이라고 부르는 한 사람을 알고 있습니다. 그는 자기가 살았던 마을의 골칫덩어리였습니다. 그 마을에서는 여러 번에 걸쳐 방화사건이 일어났고, 대부분의 마을 주민들은 그를 범인으로 생각했습니다. 때때로 그는 마셨다 하면 2, 3주 동안 폭음을 하고, 술에 취해 고래고래 소리를 지르며 미친 사람처럼 사납게 날뛰었습니다.

하루는 그곳의 한 교회에서 설교하는데, 그가 나를 찾아왔습니다. 그때 나는 그가 작은 예배당 안으로 걸어 들어오던 일을 생생하게 기억합니다. 그는 자리에 앉았고, 곧 나를 좋아하게 되었습니다. 나는 그가 회심했다고 생각했고, 그는 예수를 믿겠다고 고백했습니다. 겉으로 보기에 그는 진짜 회개한 것처럼 보였습니다. 겉으로 볼 때, 확실히 그는 변화된 성품을 보여 주었습니다. 더 이상 술도 마시지 않았고, 욕도 하지 않았습니다. 여러 가지 면에서 모범적인 모습을 갖고 있었습니다.

언젠가는 자기와 함께 일하던 백 명 정도의 뱃사람들을 내가 설교하던 곳으로 데려오기도 했습니다. 그는 자기가 하는 일에 크게 만족했고, 다른 뱃사람들과 마찬가지로 흥겹고 행복한 마음으로 일을 했습니다. 만일 어떤 사람이 주님이나 그분의 종에 대해 부정적인 말을 한다면, 그는 지체하지 않고 그를 때려 눕혔습니다. 내가 그 지역을 떠나기 전, 나는 그 안에 참된 은혜의 역사가 없는 것이 좀 염려스러웠습니다. 그는 아메리카 인디언 출신이었습니다. 나는 그가 새를 잡아 털을 뽑아낸 뒤, 그것을 날 것으로 먹는다는 얘기도 들었습니다. 하지만 이것은 그리스도인이 할 만한 행동이 아닙니다. 그것은 건전하고 정상적인 사람이 할 일이 아닙니다. 그곳을 떠난 후 그에 관해 물었는데, 결코 그에 관해 좋은 소식을 들을 수 없었습니다. 외적으로 올바른 삶을 살게 하는 영이 그에게서 사라졌고, 그는 전보다 더 악한 사람이 되었습니다. 확실히 그는 더 좋아지지 않았습니다. 그는 어떤 힘으로도 변화시킬 수 없는 사람이 되고 말았습니다. 그에 대한 나의 사역은 성공하지 못했습니다.

여러분도 아시다시피, 그에게 영향을 미쳤던 사람이 떠나버리자 그는 그 흔한 유혹도 이겨내지 못하는 사람으로 전락해 버렸습니다. 여러분이 설교했던 지역이나 마을을 떠날 때, 한때 좋아졌던 사람들이 뒤로 퇴보하는 모습을 보여 주기 쉽습니다. 그들은 여러분을 존경했고, 여러분의 말은 그들에게 일종의 최면술과 같은 영향을 미쳤습니다. 그런데 여러분이 떠나자 개는 그의 토설물을 찾아 돌아오고, 깨끗하게 씻겨진 돼지는 시궁창으로 돌아와 다시 뒹굴게 됩니다. 그러므로 성급하게 이 가상의 개종자들을 구원했다고 생각하지 마십시오. 또 너무 빨리 그들을 교인으로 받아들여서도 안 됩니다. 만일 그들의 열심이 어느 정도 진정되고, 부드러워져서 성령이 그들 안에 실제로 역사하셨다는 흔적이 보이지 않는 한, 그것을 자랑하지 마십시오.

분명히 종류는 다르지만 이에 대한 또 다른 실례를 나는 알고 있습니다. 나는 이 사람을 '천박한 메리 양'이라고 부르겠습니다. 왜냐하면 그녀는 머리가 영리한 축복은 받지 못한 젊은 여자였기 때문입니다. 그녀는 여러 명의 다른 그리스도인 젊은 여자들과 한집에서 살고 있었는데,

그녀 역시 자신의 회심을 고백했습니다. 그녀와 대화를 나누었을 때 나는 그녀에게서 회심한 자가 갖고 있어야 할 미덕들을 분명히 보았습니다.

나는 그녀를 교회로 이끌어야겠다고 생각했지만, 자그마한 시험거리가 먼저 주어졌고, 그것이 그녀의 믿음을 판단하는 계기가 되었습니다. 얼마 후 그녀는 그때까지 살았던 곳을 떠나 신앙적 도움을 받을 수 없는 곳으로 이사를 갔습니다. 그 후 그녀에 관해 들은 소식은 그녀가 자신의 외모를 화려하게 꾸미는 데 시간을 다 허비하고, 방탕한 사교 모임에 자주 출입한다는 소식이 전부였습니다. 그녀는 전형적으로 정신적 자산은 거의 없는 부류에 속한 사람입니다. 만일 하나님의 은혜가 사람들의 그 빈 마음을 차지하지 못한다면, 그들은 곧 세상에 빠져들고 맙니다.

나는 또 '영리한 찰리'라고 부르는 한 젊은이와 같은 사람들을 많이 알고 있습니다. 그들은 어떤 일, 아니 모든 일에 비범하게 똑똑한 자들로서, 일단 택하면 그들은 참종교를 흉내내는 데 아주 탁월합니다. 그들은 아주 열심히 기도했습니다. 그들은 말씀을 전하려고 애를 썼습니다. 그것도 아주 잘했습니다. 그들은 무엇을 하든 척척 해내고, 그것이 그들에게는 그들 손에 입맞춤하는 것만큼 쉽습니다. 그러나 이런 사람들을 성급하게 성도로 받아들여서는 안 됩니다.

그들은 죄에 대해 부끄러워할 줄도 모르고, 마음을 찢고 회개할 줄도 모르고, 하나님의 은혜에 반응할 줄도 모릅니다. 그들은 자신의 믿음에 대해 "이상 없음!"이라 외치며, 제 갈 길로 떠납니다. 그러나 여러분은 그들이 여러분의 수고와 노력에 결코 부응하지 못할 것을 깨닫게 될 것입니다. 그들은 하나님의 백성들, 아니 최고의 성도들이 쓰는 말을 사용할 수 있습니다. 그들은 자기들의 의심과 두려움에 대해서 말할 줄 알고, 5분 안에 심오한 영적 체험에 대해 열변을 토할 것입니다. 그들은 지나치게 영리해서 그들을 교회 안에 들어오도록 방치하면 크게 해악을 끼칠 것으로 보아야 합니다. 그러므로 가능하면 그들을 교회 밖으로 내보내야 합니다.

나는 말로 아주 경건한 척하는 한 사람을 알고 있습니다. 나는 그의 이름을 '말 잘하는 존'이라고 부르겠습니다. 오! 위선자로서 그는 얼마나 교활하게 행동하는지, 젊은 그리스도인들 사이에 끼어 있으면서 그들을 온갖 죄와 부정의 길로 인도합니다. 어느 날 바로 그와 같은 자가 나를 찾아와 약 30분 동안 영적인 문제에 대해 대화를 나누게 되었습니다. 그는 끔찍할 정도로 비열한 사람으로서, 성찬에 참석하고 성도의 교제에 참여하며, 사람을 선행의 길로 인도하기를 바라는 그 순간에도 바로 죄를 범하며 사는 사람입니다. 그러므로 형제들이여! 눈을 크게 뜨고 판단을 잘해야 합니다. 그러한 사람들은 수중에 돈을 들고 여러분을 찾아올 것입니다. 입에 은전 한 닢을 물고 온 베드로의 고기처럼 말입니다(마 17:27). 그들은 사역에 얼마나 큰 도움이 될까요! 그들은 아주 부드럽게 말합니다. 그들은 완벽한 신사들입니다. 나는 유다가 정확하게 그런 사람이었다고 생각합니다.

그는 아주 영리해서 자기 주변 사람들을 다 속였습니다. 우리는 어떻게든 할 수 있는 한 그들을 교회 밖으로 내보내야 합니다. 여러분은 복음 전도의 사역을 끝마칠 때, "얼마나 엄청난 어획량인가!"라고 말할 수 있을지 모릅니다. 그러나 잠깐만요. 그러기 전에 우리 구주의 말씀을 상기해 보십시오: "또 천국은 마치 바다에 치고 각종 물고기를 모으는 그물과 같으니 그물에 가득하매 물 가로 끌어내고 앉아서 좋은 것은 그릇에 담고 못된 것은 내버리느니라"(마 13:47). 여러분이 잡은 고기들이 불에 올려지기 전까지는 절대로 그것들을 세지 마십시오. 그들을 시험해 보고 연단해 보기 전까지는 전도한 자들로 간주하지 마십시오.

이 과정은 어느 정도 여러분의 사역을 지체시킬 수도 있습니다. 그러나 그렇다고 할지라도, 형제들이여, 그것이 훨씬 더 안전합니다. 여러분의 전도를 통해 교회에 나온 사람들이 여러분이 자기들을 인정하고 교회로 받아들였던 것보다 성도로 인정받아서는 안 되는 사람들을 교회에서 내보내는 것이 훨씬 더 어렵다는 말을 하지 않도록 여러분은 전도 사역을 견실하고 진실하게 감당해야 할 것입니다. 만일 하나님이 언젠가 여러분들로 하여금 3천 개의 벽돌을 자신의 성전에 쌓도록 하신다면, 여러분은 얼마든지 그렇게 할 수 있습니다. 그러나 현재까지 최고로 많은 벽돌을 쌓은 사람은 오직 베드로밖에는 없습니다. 또 나무 담을 견고한 돌담인 것처럼 그려 넣어서도 안 됩니다. 그 대신 여러분은 자신이 쌓은 모든 건물이 실제적이고, 견실하고, 참되도록 하십시오. 왜냐하면 이런 종류의 건물만이 그 일을 가치 있게 만들기 때문입니다.

여러분은 하나님을 위해 쌓은 자신의 모든 건물이 사도 바울이 쌓은 것처럼 되도록 하십시오. "내게 주신 하나님의 은혜를 따라 내가 지혜로운 건축자와 같이 터를 닦아 두매 다른 이가 그 위에 세우나 그러나 각각 어떻게 그 위에 세울까를 조심할지니라 이 닦아 둔 것 외에 능히 다른 터를 닦아 둘 자가 없으니 이 터는 곧 예수 그리스도라 만일 누구든지 금이나 은이나 보석이나 나무나 풀이나 짚으로 이 터 위에 세우면 각 사람의 공적이 나타날 터인데 그날이 공적을 밝히리니 이는 불로 나타내고 그 불이 각 사람의 공적이 어떠한 것을 시험할 것임이라 만일 누구든지 그 위에 세운 공적이 그대로 있으면 상을 받고 누구든지 그 공적이 불타면 해를 받으리니 그러나 자신은 구원을 받되 불 가운데서 받은 것 같으리라"(고전 3:10-15).

제 2 장

하나님의 입장에서 본 전도자의 자격

　사랑하는 형제 여러분, 우리의 주업은 영혼들을 구원하는 것입니다. 대장장이처럼 우리도 많은 것을 알아야 할 필요가 있습니다. 대장장이가 말과 편자를 만드는 법에 관해 알고 있어야 하는 것처럼, 우리도 영혼들과 사람들을 하나님께 인도하는 법에 관해 알고 있어야 합니다. 오늘 저녁에 여러분에게 말씀드리고자 하는 주제의 내용은 바로 전도자의 자격에 관한 것입니다.

　전도자의 자격에는 두 가지가 있는데, 오늘은 그 중의 하나 곧 하나님과 관계에서 가져야 할 자격을 우리 자신에게 적용시켜 보고자 합니다. 나는 여기서 흔히 할 수 있는 통상적인 질문에 따라 이 주제를 다루려고 하는데, 그것은 하나님이 그의 종들에게 당연하게 기대하는 자격들이 무엇이고, 그분은 우리가 어떤 자격을 갖추고 사용하기를 원하시는지를 여러분 스스로 판단해 보도록 묻고자 합니다.

　여러분은 지혜로운 직공이 자기가 이루고자 하는 목적을 달성하는데 가장 좋은 도구를 사용한다는 사실을 잘 알고 있을 것입니다. 자기 소유의 바이올린을 사용하지 않으면, 또는 자기가 선호하는 붓이나 물감을 사용하지 않으면, 제대로 연주를 하거나 그림을 그릴 수 없는 예술가들이 있습니다. 확실히 모든 직공 중 가장 강한 분이신 위대하신 하나님은 영혼을 구원하는 자신의 크신 예술 작업을 하실 때, 자신만의 특별한 도구들을 가지고 일하기를 좋아하십니다.

태초에 창조하실 때, 그분은 자신만의 고유한 도구들을 사용하셨는데, 그것은 바로 말씀이었습니다. "하나님이 이르시되, 그대로 되니라" 마찬 가지로 새 창조 때에도 그분이 사용하시는 유효한 도구는 여전히 강력하신 그분의 말씀입니다. 그분은 자신의 종들의 사역을 통해 말씀하시고, 그러기에 그들은 하나님의 말씀을 선포하는데 그분의 합당한 나팔이 되어야 하고, 그분의 말씀을 사람들의 귀와 마음에 전달하는데 유익한 도구들이 되어야 합니다. 형제 여러분, 하나님이 여러분을 어떻게 쓰셔야 할지 스스로 판단해 보십시오. 그분의 입장에서 생각해 보십시오. 만약 여러분이 지존하신 하나님의 입장에 있다면, 여러분은 어떤 사람들을 그 도구로 쓸 것인지를 판단해 보십시오.

나는 무엇보다도 먼저, 여러분이 영혼을 구원하는 사람이 되기 위해서는 거룩한 성품을 지닌 자가 되어야 한다는 사실을 강력히 말씀드리고 싶습니다. 아! 하지만 이것을 충분히 생각하고 설교하는 사람들은 얼마나 적을까! 만일 그것을 생각한다면, 그들은 영원하신 하나님이 더러운 도구들을 사용하지 않으실 것이라는 점, 거룩하신 삼위일체 하나님 여호와께서는 자신의 사역의 성취를 위해 오직 거룩한 도구들만을 선택하실 것이라는 것을 즉시 알아차릴 것입니다.

현명한 사람은 절대로 자신이 마실 포도주를 불결한 병에 부어넣지 않는 법입니다. 자상하고 인자한 부모는 그의 자녀들이 부도덕한 연극을 보는 것을 허락하지 않습니다. 마찬가지로 하나님도 자신의 성품을 손상시키는 도구들과 함께 일하러 가시지 아니할 것입니다.

만일 그들의 성품이나 행실과는 상관없이, 하나님이 똑똑한 사람들만 사용하신다고 가정해 보십시오. 또 여러분이 하나님의 일을 할 때, 정직하고 진실하게 일할 때만큼 속임수를 쓰거나 진실함이 없이 일할 때에도 일이 잘 진행된다고 상상해 보십시오. 그러면 도대체 어떤 사람이 올바른 정신을 갖고 이런 일에 대해 부끄러워하겠습니까? 그러나 형제 여러분, 오늘날은 그것이 그렇지 않습니다.

오늘날에는 극장이 위대한 도덕학교가 된다고 말하는 사람들이 많습니다. 그것은 교사들이 그들 자신의 가르침에 따라 살지 않는 희한한 학교가 될 것입니다. 하나님 학교의 교사들은 거룩의 법의 대가들이 되어야 합니다. 만일 우리가 우리의 입술로 이런 말을 하고, 삶은 말과는 다른 삶을 살아간다면, 우리의 말을 듣는 사람들은 "의사여, 너 자신부터 고쳐라" 말할 것입니다. "당신은 '회개하라' 고 외친다. 그러면 당신 자신의 회개는 어디에 있는가? 당신은 '하나님을 섬기고 그분의 뜻에 순종하라' 고 외친다. 과연 당신은 그분을 섬기고 있는가?" 거룩이 동반되지 못하는 사역은 세상의 웃음거리가 되고, 하나님을 불신하게 만들 것입니다.

"여호와의 기구를 메는 자들이여 스스로 정결하게 할지어다"(사 52:11). 그분은 거룩한 사람이라면 그가 바보일지라도 그를 통해 말씀하실 것입니다. 물론 하나님께서 바보들을 자신의 사역자로 택하신다고 말하는 것은 아닙니다. 하지만 어떤 사람이 일단 진실로 거룩한 사람이 된다면, 그가 비록 능력은 모자라는 사람일지라도, 놀라운 능력을 갖고 있지만 하나님의 뜻에 불순종하고, 전능하신 주 하나님의 눈에 깨끗하거나 순전한 모습으로 보이지 않는 사람보다 하나님의 일에 훨씬 더 합당한 사람일 것입니다.

사랑하는 형제 여러분, 그러기에 나는 여러분이 여러분 자신의 개인적 거룩을 배양하는데 최고의 중점을 두도록 요청하는 바입니다. 하나님을 따라 사십시오. 만일 그렇게 살지 않는다면, 하나님은 여러분과 함께 하시지 않을 것입니다. 그렇지 않으면 그분은 옛날 거짓 선지자들을 향해 하신 말씀을 여러분에게 하실 것입니다:

"내가 그들을 보내지 아니하였으며 명령하지 아니하였나니 그들은 이 백성에게 아무 유익이 없느니라"(렘 23:32). 여러분은 아주 유창한 설교를 할 수 있을지 모르지만, 만일 여러분이 스스로 거룩해지지 않는다면, 영혼을 구원하는 자가 되지는 못할 것입니다. 아마 여러분은 거룩을 결여하고 있는 데서 전도에 실패하는 이유를 찾으려고 하지 않을 것입니다. 사람들에게 책임을 돌리고, 시대를 탓하며, 여러분 자신이 아닌 다른 것에서 이유를 찾을 것입니다. 그러나 모든 잘못의 뿌리는 바로 거룩의 결여에 있습니다.

상당한 능력과 열심을 갖고 있음에도 불구하고, 오랜 세월 동안 교회를 부흥시키지 못하는 목사님들을 알고 있습니다. 그 이유는 그들이 하나님 앞에서 마땅히 살아야 할 삶을 살지 못하는데 있습니다. 때때로 목회자의 가정에서 악한 일들이 벌어집니다. 그의 아들과 딸이 하나님을 배반하는 불량자가 됩니다. 그의 자녀들이 상스러운 말을 함부로 합니다. 그러나 그는 엘리 제사장이 그의 악한 자녀들에게 "너희가 어찌하여 이런 일을 하느냐"(삼상 2:23)고 말한 것처럼, 단순히 점잖게 한마디 하고 그냥 넘어갑니다. 때로는 목사가 세속적이고, 탐욕에 빠지고, 목회는 게을리합니다. 그것은 하나님의 마음에 합하는 것이 아니고, 그분은 이런 목사를 절대로 축복하지 않을 것입니다.

나는 멘턴 지방에서 조지 뮐러 목사의 설교를 들을 기회가 있었습니다. 목사님의 설교는 보통 주일학교 교사가 주는 평범한 말씀과 별반 차이가 없었습니다. 그러나 그때만큼 내 영혼에 유익하고 만족스러운 설교를 들어본 적이 없었습니다. 그 설교가 그토록 유익한 설교로 들린 것은 그 안에 조지 뮐러 목사님이 있었기 때문이었습니다. 어떤 의미에서 보면, 그 안에 조지 뮐러는 없었습니다. 왜냐하면 그는 자신이 아니라 주예수 그리스도를 설교했기 때문입니다. 그는 단지 진리의 증거자로서 그의 인격 속에 있었습니다.

그는 이런 식으로 증거자가 되었기 때문에, 여러분은 "그 사람은 자기가 믿고 있는 것뿐만 아니라 자기가 살고 있는 삶에 대해서도 설교하는 사람"이라고 말하지 않을 수 없습니다. 그가 설교하는 모든 말들 속에는 귀와 마음을 울리는 영예로운 그의 믿음의 삶이 묻어 있는 것처럼 보였습니다. 그래서 나는 그의 설교를 즐겁게 듣지 않을 수 없었습니다. 그러나 신선한 내용이나 생각의 힘은 그의 전체 설교 속에서 찾아볼 수 없었습니다. 거룩이야말로 그 설교자의 힘이었습니다. 만일 여러분이 하나님의 축복을 받고자 한다면, 여러분의 능력도 똑같이 거룩에 있음을 알고,

그것에 힘써야 할 것입니다.

이 거룩은 하나님과 교제할 때 드러나야 합니다. 만일 어떤 사람이 자신의 메시지를 다른 사람에게 전한다면, 그것은 그 자신의 인격이 그 설교에 미치는 영향만큼 영향력을 갖게 될 것입니다. 그러나 그가 자신의 주님의 입술을 통해 들은 메시지를 다른 사람들에게 전한다면, 그것은 자신의 메시지를 전하는 것과는 전혀 다른 별개의 일입니다. 또 그가 주님이 기대하시는 것만큼, 주님이 그에게 주시는 메시지만큼, 주님의 정신에 관해 어떤 지식을 얻을 수 있다고 해도, 주님의 얼굴의 표정을 그대로 재연하고 그분의 목소리를 그대로 흉내 낼 수 있다고 해도, 그것 역시 별개의 일입니다.

맥체인(McCheyne)의 전기를 읽어 보십시오. 처음부터 끝까지 읽어 보십시오. 나는 여러분에게 그 책을 읽어 보라는 말 외에 다른 권면을 할 수가 없습니다. 그 책에는 새롭고 위대한 사상이 들어있지 않습니다. 읽을 때 그 안에서 신선하고 놀라운 내용은 거의 맛볼 수 없습니다. 그렇지만 여러분은 큰 감동을 느낄 것입니다. 왜 그런 줄 아십니까? 그 책은 하나님과 동행한 사람의 생애를 기록하고 있는 책이기 때문입니다. 무디 목사님은 만약 그가 하나님 아버지 및 그분의 아들 예수 그리스도와 동행하는 삶을 살지 못했더라면, 그토록 힘 있는 말씀을 선포할 수 없었을 것입니다. 설교의 가장 강력한 힘은 설교 이전에 행해졌던 일 속에 들어 있습니다. 그러므로 여러분도 개인적으로 하나님과 교제하고, 진실하게 거룩한 인격을 보여 줌으로써 삶이 예배가 되도록 준비해야 합니다.

만일 어떤 사람이 영혼을 구하는 자로서 하나님께 쓰임 받으려면, 수준 높은 영적인 삶을 살아야 한다는 것을 여러분은 명심해야 할 것입니다. 형제 여러분, 여러분도 아시다시피, 하나님 앞에서, 우리의 사역은 다른 사람들에게 생명을 전달하는 것입니다. 그것은 엘리사 선지자가 죽은 아이에게 손을 댔을 때 다시 살려낸 사건과 유사한 일이 되어야 합니다. 엘리사의 지팡이는 그 안에 생명이 없었기 때문에 사람을 살려내는 데는 충분한 효력을 발휘하지 못했습니다. 생명은 생명이 있는 도구를 통해 전달되지 않으면 안 되고, 생명을 전달해야 하는 사람은 자신 안에 생명을 갖고 있어야 합니다.

여러분은 그리스도께서 "나를 믿는 자는 성경에 이름과 같이 그 배에서 생수의 강이 흘러나오리라"(요 7:38) 하신 말씀을 기억할 것입니다. 말하자면, 성령은 살아 있는 하나님의 자녀 속에 거하실 때, 그때부터 하나의 샘 또는 강으로서 그 자녀의 마음 깊은 중심으로부터 흘러나오고, 그렇게 해서 다른 사람들이 성령의 은혜의 능력 속에 들어가거나 참여하도록 하는 것입니다.

나는 여러분 가운데 한 사람이라도 죽은 목사가 되기를 바라는 사람이 있다고 생각하지 않습니다. 하나님은 살려 주는 이적을 행하시는데 죽은 도구들을 사용하시지 않습니다. 그분에게는 살려 주는 사람들 곧 생명력이 있는 사람들이 있어야 합니다. 그냥 살고 있는 사람들은 많지만, 그들이 전부 생명력 있는 존재들은 아닙니다. 나는 전에 부활에 관한 그림을 본 적이 있습니다. 그것은 내가 그때까지 본 그림들 가운데 가장 기이한 것의 하나였습니다. 그 화가는 부활이 단지 절반만 진행된 순간의 상황을 묘사하고자 했습니다. 어떤 사람들은 그들의 허리 아랫 부분만 살아 있었고, 어떤 사람들은 팔만 살아 있었으며, 또 어떤 사람들은 머리 부분만 살아 있었습니다.

그것은 확실히 오늘날 우리 시대에 적용이 가능한 상황입니다. 오늘날 어떤 사람들은 몸의 절반만 살아 있습니다. 그들은 입은 살아 있는데, 심장은 죽어 있습니다. 어떤 사람들은 심장은 살아 있는데, 뇌는 죽어 있습니다. 또 다른 사람들은 살아 있는 눈을 가지고 있습니다. 그들은 사물을 아주 분명하게 볼 수 있습니다. 그러나 그들의 가슴은 살아 있지 못합니다. 그들은 자기들이 보는 대상에 대해 정확하게 묘사할 수 있으나 그들 안에 따스한 사랑의 감정은 없습니다. 단지 절반만 천사들이고 나머지 절반은 구더기와 같은 사역자들도 있습니다. 그것은 얼마나 두려운 이중성인지 모릅니다. 하지만 그런 사람들이 많습니다.

이런 사람들은 어떤 목사들일까요? 그들은 설교를 참 잘하는데, 그 설교를 듣고 여러분은 아마 "그는 참 훌륭한 목사"라고 말할 것입니다. 여러분은 그가 좋은 사람이라고 느낍니다. 그런데 여러분이 그와 같은 목사의 집으로 저녁 식사 초대를 받았다고 합시다. 여러분은 그 집에서 식사할 때에도 그로부터 은혜로운 말을 듣게 되리라고 기대할 것입니다. 그러나 그때 그의 입에서 나오는 것들은 구더기들입니다! 강단에서는 천사가 있었습니다. 그런데 지금 그는 한 마리 벌레로 등장합니다! 이런 사람들이 너무 흔한데, 절대로 그래서는 안 됩니다. 만일 우리가 하나님의 참된 증거자들이 되기를 원한다면, 전체가 천사가 되고, 조금이라도 벌레가 되어서는 안 됩니다. 하나님께서 절반은 죽어 있는 이 상태로부터 우리를 구원하시기를! 우리는 머리 끝 면류관에서부터 발 끝 바닥에 이르기까지 전부가 살아 있어야 하리라! 나는 이런 목사들이 종종 있음을 알고 있습니다.

여러분은 그들 속에 있는 영적 생명의 능력에 감히 접근할 수 없습니다. 그들이 종교적 화제에 대해 말하고 있는 동안이나 세상 돌아가는 얘기를 하는 동안, 하나님에 관해 항상 전체로 살아 있다고 말해 줄 수 있는 사람들이 있습니다. 이런 사람들이 다른 사람들을 살리는 일에 하나님으로부터 쓰임 받을 것입니다.

그 다음으로 여러분이 하나님의 위치에서 생각하는 것이 가능하다면, 여러분은 자신을 낮게 생각하는 사람 곧 겸손한 영을 가진 사람을 쓰겠다고 생각하지 않겠습니까? 여러분이 아주 교만한 사람을 보았다면, 그를 여러분의 종으로 쓰려고 하겠습니까? 확실히 위대하신 하나님은 겸손한 사람들을 더 크게 사랑하십니다. "지극히 존귀하며 영원히 거하시며 거룩하다 이름하는 이가 이와 같이 말씀하시되 내가 높고 거룩한 곳에 있으며 또한 통회하고 마음이 겸손한 자와 함께 있나니 이는 겸손한 자의 영을 소생시키며 통회하는 자의 마음을 소생시키려 함이라"(사 57:15).

하나님은 교만한 자들을 싫어하십니다. 그분은 자기를 높이고 크게 생각하는 사람들을 보실 때마다 그들을 피하십니다. 그러나 마음을 낮추는 사람을 보실 때에는 그들을 기쁘게 높여 주십니다. 그분은 자신의 사역자들이 겸손함을 보여 줄 때 특별히 기뻐하십니다. 반면에 오만한 목사는 불쾌한 눈으로 바라보십니다. 세상을 두루 돌아다닐 때마다 오만한 목사만큼 사탄을 즐겁게 할 수 있는 사람은 거의 없습니다. 그렇게 자기를 기쁘게 하는 목사를 볼 때 사탄은 스스로 이렇게 말합니다: "머지않아 많은 사람들이 타락할 준비를 하겠구나."

어떤 목사들은 강단에서 설교하는 모습을 통해 자신의 교만을 보여 줍니다. 여러분은 그들이 "두려워 말라, 그게 바로 나니라"고 선포하는 것을 잊을 수 없을 것입니다. 또 다른 목사들은 그들의 화려한 의상을 통해 교만함을 나타냅니다. 또는 거들먹거리며 다른 사람들의 부족함을 무시하고 자신의 탁월한 능력을 자랑하는 평소의 대화 속에서 그 교만을 드러냅니다. 교만에는 두 종류가 있습니다. 그 둘 가운데 어느 쪽이 더 나쁜지는 때로 구별하기가 쉽지 않습니다.

첫 번째로 허영으로 가득 찬 말을 하고, 다른 사람들이 그것에 관해 말하도록 끌어들임으로써 자기를 칭찬하고 자기의 기분을 만족시키도록 하는 부류의 사람들이 있습니다. 그것은 정말 하찮은 자만심으로 가득 차 의기양양하게 "나를 찬양하라. 어서 나를 찬양하라. 나는 그것을 원해"라고 말하는데, 이것은 마치 어린아이가 방 안에 있는 사람마다 찾아다니면서 "이 새 옷 좀 보세요. 예쁘지 않아요?"라고 자랑하는 것과 같습니다. 여러분은 이렇게 유치한 사람들을 보았을 것입니다. 나는 그런 사람들을 많이 만나 보았습니다.

그 다음 나머지 한 종류의 교만은 앞에서 말한 것보다 훨씬 더 큰 교만입니다. 이러한 교만을 가진 사람들은 그것을 두려워하지 않습니다. 그들은 자기들을 찬양하도록 짐짓 겸손한 척 굴지 않고, 사람들을 철저하게 무시합니다. 그들은 다른 사람들이 그것을 어떻게 생각하느냐 하는 것은 전혀 개의치 않고, 교만 그 자체에 크게 만족해 합니다. 나는 때때로 후자가 영적으로 더 위험하다고 생각했습니다. 그러나 그것은 전자보다 훨씬 더 흔하게 나타나는 교만입니다.

이런 위대한 당나귀들이 여러분 앞에서 떠들어댄다면, 그들을 알아주는 당나귀는 되지 마십시오. 그러나 이 가련한 영혼은 "글쎄요, 그래도 모든 사람의 칭찬은 받을 만한 가치가 있지요"라고 말합니다. 그래서 그는 스스로 함정에 빠지고, 자신의 식탁에 올려놓을 칭찬의 쥐들을 잡아보려고 애를 씁니다. 그는 이런 것들에 대해 강력한 식욕을 갖고 있습니다. 하지만 형제 여러분, 여러분이 이 둘 중 어느 하나라도 갖고 있다면, 그것을 깨끗이 제거하십시오. 난쟁이 같은 교만과 괴물 같은 교만은 둘 다 여호와 보시기에 가증한 것들입니다. 여러분은 "나는 마음이 온유하고 겸손하니 나의 멍에를 메고 내게 배우라"(마 11:29)고 말씀하신 분의 제자들임을 절대로 잊지 마십시오.

겸손은 여러분 자신에 관해 비천한 마음을 갖는 것이 아닙니다. 만일 어떤 사람이 자기 자신에 관해 낮은 평가를 하고 있다면, 그 평가가 정확할 수도 있습니다. 그러나 그렇지 않은 경우도 있습니다. 나는 어떤 사람들을 알고 있는데, 그들이 한 말에 따를 때, 그들은 자신들에 관해 진실로 아주 낮은 평가를 하는 사람들이었습니다. 그들은 감히 어떤 선한 일을 할 만한 능력이 자기 속에는 거의 없다고 생각했습니다. 그들은 자기 신뢰를 전혀 갖고 있지 않았습니다.

나는 항상 스스로 가장 쉬운 자리를 기꺼이 선택하고, 조금이라도 벅찬 일은 하지 않는 지나친 겸손의 소유자들을 알고 있습니다. 그들은 너무나 겸손해서 조금이라도 욕먹을 일은 아예 하지 않습니다. 그들은 그것을 겸손이라 불렀습니다. 그러나 나는 그들의 그런 행위에 대해 "편의주의"라고 이름 붙이는 것이 적절하다고 생각했습니다. 진정한 겸손은 자신에 관해 올바른 판단을 함으로써, 진실을 따르도록 하는 것입니다.

전도에서 겸손은 여러분 스스로를 나는 아무것도 아니라고 느끼도록 만듭니다. 만일 하나님께서 여러분이 전도에 성공하도록 역사하신다면, 여러분은 모든 영광을 그분께 돌려야 합니다. 왜냐하면 그것을 여러분 자신에게 돌려야 할 이유가 하나도 없기 때문입니다. 만일 반대로 여러분이 전도에 성공하지 못한다면, 여러분은 겸손하게 하나님의 주권이 아니라 여러분 자신의 어리석음이나 실수에 그 책임을 돌려야 합니다. 여

44

러분이 하나님께 돌아갈 영광을 탈취해 간다면, 무슨 이유로 하나님이 여러분을 축복하시겠습니까? 영혼들을 구원하심에 대한 영광은 하나님, 오직 하나님께만 돌려야 합니다. 그런데 왜 여러분은 그 영광을 가로채려고 합니까?

이런 도둑질이 얼마나 많이 자행되고 있는지 여러분도 알 것입니다. "내가 어느 교회에서 설교했을 때, 15명이나 되는 사람들이 설교 후 사무실로 찾아와 큰 은혜를 받았다고 감사했습니다." 그러나 나는 그들의 말을 무시했습니다. 나는 가능하다면 더 강력한 말로 여러분과 여러분의 은혜로운 설교를 묵사발로 만들겠습니다. 왜냐하면 진실로 여러분이 오직 하나님께 속한 영광을 여러분 자신의 것으로 취할 때마다 마땅히 정죄를 받아야 하기 때문입니다.

여러분은 죽어가는 부왕이 잠을 자고 있는 것으로 생각하고 방에 들어가 부왕의 머리에 씌워져 있던 왕관을 어떻게 쓰는지 보려고 그것을 벗겨내 자신의 머리에 써본 젊은 왕자에 관한 이야기를 기억할 것입니다. 왕자의 모습을 지켜보고 있던 부왕은 "아들아, 조금만 기다려라. 내가 죽을 때까지만 기다려라"고 말했습니다. 마찬가지로 여러분이 여러분의 머리에 영광의 면류관을 쓰고 싶은 충동을 느낄 때, 하나님께서 여러분에게 "내가 죽을 때까지 기다려라. 그 전에는 손대지 마라" 말씀하시는 것을 즉각 염두에 두십시오. 이야기 속의 왕자처럼 행하지 말고, 면류관을 그대로 놔두는 것이 좋습니다. 그것을 당연히 소유해야 할 그분이 그것을 쓰시도록 말입니다. 우리의 찬송은 항상 다음과 같아야 합니다: "우리가 아니라 오 주여, 우리가 아니라 당신의 이름이 영광을 받으소서. 당신의 자비와 당신의 진리로 말미암아!"

겸손하지 않은 사람은 전도 사역에 성공할 수 없습니다. 왜냐하면 하나님께서는 자신에게 영광을 전적으로 돌리지 않을 사람들을 쓰시지 않을 것이기 때문입니다. 겸손은 능력의 가장 중요한 척도 가운데 하나입니다. 많은 사람들이 교만해서 마귀의 올무에 떨어짐으로써 유능한 사역자의 반열에 들지 못했습니다. 아마 여러분은 가난한 신학생들이기 때문에 이 죄에 빠질 염려가 없다고 느낄 것입니다. 그러나 만일 하나님이 여러분을 축복하셔서, 아주 유명한 목사가 되었다면, 바로 그 이유 때문에, 여러분 가운데 어떤 이들은 틀림없이 더 큰 위험에 빠질 것입니다. 한평생 좋은 환경 속에서 자란 사람들은 다른 사람들이 우러러보는 높은 자리에 도달했을 때, 크게 변하는 경우가 있습니다.

내가 알고 있는 어떤 사람들이 그랬는데, 그들은 그때 크게 실수해서 잘못된 길을 갔습니다. 그들은 인기 있는 설교자가 되자 과거의 친분관계를 청산하고 교만한 사람이 되었습니다. 많은 사람들이 그들을 우상처럼 받들어 왕으로 삼고, 그들이 타락하도록 빌미를 제공하는 것은 정말 유감스러운 일입니다. 왜냐하면 그들은 갑작스러운 변화에 올바로 대처할 준비가 안 된 사람들이기 때문입니다. 오히려 사람들이 한 10년이나 20년 동안 그들을 공격하고, 욕하는 것이 차라리 그들에게는 좋은 일이 될 것입니다. 그렇게 하는 것이 그를 훗날의 불행으로부터 구할 수 있기 때문입니다.

나는 목회를 처음 시작했을 때 온갖 부류의 사람들로부터 혹독한 대접을 받은 것을 항상 감사하고 있습니다. 내가 일을 잘 처리했는데도 그들은 마치 개처럼 학대했습니다. 그들은 끊임없이 나에게 큰소리를 치고 으르렁거렸기 때문에 나는 잠시 여유를 갖고 앉아 내가 한 일을 자랑할 시간이 없었습니다. 만일 내가 갑작스럽게 처음부터 승승장구해서 지금과 같은 위치에 도달했다면, 틀림없이 나 역시 신속하게 타락의 길로 들어섰을 것입니다. 여러분도 신학교를 졸업해서 나와 같은 경험을 한다면, 그것이 여러분에게 큰 도움이 될 것입니다.

만일 여러분이 크게 성공한다면, 하나님께서 여러분에게 이런저런 고난을 겪게 하신 것을 크게 감사해야 합니다. 만일 여러분이 "이 위대한 바벨론을 내가 세우지 않았더냐?"고 말하고 싶은 충동을 느낀다면, 그럴 때마다 느부갓네살의 비참한 최후를 상기하십시오.

"왕이 사람에게서 쫓겨나서 들짐승과 함께 살며 소처럼 풀을 먹으며 하늘 이슬에 젖을 것이요"(단 4:25). 하나님은 느부갓네살의 교만을 꺾으실 다양한 방법을 갖고 계십니다. 그분은 여러분이 자만에 빠져 하늘 높은 줄 모르면, 여러분도 쉽게 겸손한 자로 만드실 수 있습니다. 전도자에게 깊은 겸손이 요구된다는 것은 더 이상 증명이 필요하지 않습니다. 누구든지 반만 눈을 떠도 하나님은 진실로 겸손한 자를 축복하신다는 것을 금방 확인할 수 있습니다.

전도 사역의 성공을 위한 그 다음 자격은 굉장히 중요한 조건인데, 그것은 살아 있는 믿음입니다. 형제 여러분, 여러분도 아시다시피, 주 예수 그리스도께서는 믿지 않는 고향 사람들 때문에 자기 고향에서 많은 역사를 행하실 수 없었습니다. 이와 마찬가지로 하나님은 어떤 사람들에 대해서는 그들의 불신 때문에 많은 역사를 베푸시지 않는다는 것도 사실입니다.

만일 여러분이 믿지 않는다면, 여러분도 하나님께 쓰임 받지 못할 것입니다. "너희 믿음대로 되라"(마 9:29)는 것은 그분의 나라의 변할 수 없는 법칙 가운데 하나입니다. "만일 너희에게 믿음이 겨자씨 한 알 만큼만 있어도 이 산을 명하여 여기서 저기로 옮겨지라 하면 옮겨질 것이요 또 너희가 못할 것이 없으리라"(마 17:20). 그러나 여러분에게 "네 믿음이 어디 있느냐?"는 질문이 주어질 정도가 된다면, 여러분은 산을 옮기기는커녕 자그마한 뽕나무 한 그루 옮기지 못할 것입니다.

형제 여러분, 여러분은 자신이 목회를 위해 부르심을 받았다는 사실에 대해 믿음이 있어야 합니다. 여러분은 자신이 진실로 그리스도의 복음의 사역자로 하나님의 택하심을 받은 자라는 사실에 대해 추호도 의심 없는 믿음을 가져야 합니다. 만일 하나님께서 여러분을 복음의 설교자로 택하신 것에 대해 견고한 믿음을 갖고 있다면, 여러분은 담대하게 그리고 확신을 가지고 그것을 선포할 수 있을 것입니다. 또 여러분은 자신이 그것을 전할 권리를 갖고 있기 때문에 그 사역을 자신 있게 감당하게 됨을 느낄 것입니다.

만일 여러분이 나는 단지 무면허 사역자에 불과하다고 생각한다면, 할 수 있는 일이 별로 없을 것입니다. 여러분이 스스로 불충분하고, 무기력하고, 자신 없고, 불완전한 설교자라면, 여러분의 메시지는 아무도 귀담아 듣지 아니할 것입니다. 그러므로 여러분은 하나님이 사역자로 부르셨음을 확신할 때, 설교자로 나서는 것이 좋습니다.

언젠가 나는 한 설교자로부터 자신이 설교해야 할지 말아야 할지를 질문하는 편지를 받았습니다. 누구에게 어떤 답장을 썼는지 다 기억하지 못하지만, 나는 항상 최선을 다해 가장 현명한 답변을 해 주려고 노력합니다. 따라서 나는 이 사람에게도 그런 답장을 보냈습니다. "사랑하는 친구여, 만일 주님이 당신의 입술을 여신다면, 마귀는 그것을 닫게 할 수 없을 것입니다. 그러나 마귀가 그것을 열어 놓았다면, 주님은 그것을 닫아 주실 것입니다!" 6개월이 지난 후 나는 그를 만났는데, 그는 나의 답장에 대해 크게 감사했습니다. 그는 그 답장을 받고 설교하는데 큰 용기를 얻게 되었다고 했습니다. 그래서 나는 "어떻게 그렇게 되었느냐?"고 물었습니다.

그러자 그는 "목사님은 '주님이 당신의 입술을 여신다면 마귀가 그것을 닫게 할 수 없을 것이라' 고 말씀하셨지요"라고 말했습니다. 그래서 나는 이런 말을 해 주었습니다: "예, 나는 그랬습니다. 그러나 그 반대 부분에 대해서는 의심이 있었습니다." 그러자 그는 즉각 "오, 저는 그 부분은 의심하지 않습니다"라고 하였습니다. 우리가 그것들을 어떻게 해석해야 할지 알고 있다면, 우리 자신의 생각들이 하나님의 뜻임을 언제든 확신할 수 있습니다. 만일 여러분이 목회에 대한 소명에 참된 믿음을 갖고 있다면, 여러분은 루터처럼, 리워야단의 그 큰 이빨 사이에 서 있을지라도 복음을 선포할 준비가 된 것입니다.

여러분은 또한 여러분이 전달할 메시지가 하나님의 말씀이라는 것을 믿어야 합니다. 애매한 백 개의 진리보다 분명한 진리 하나를 믿는 것이 더 낫다고 나는 생각합니다. 만일 여러분의 손이 많은 진리를 붙잡을 만큼 크지 않다면, 붙잡을 수 있는 것만 확실하게 붙잡으십시오. 왜냐하면 우리가 캐내기만 한다면, 그래서 우리 모두가 무진장의 보고로부터 최대한 많은 금을 캐내는 것이 허용된다고 해도, 정말 중요한 것은 아주 큰 주머니를 갖고 가는 것이 아니라 자기 손에 붙잡은 것을 빼앗기지 않고 잘 간수하는 투사가 되는 것이기 때문입니다.

우리는 때때로 옛날 우화에 나오는 소년을 닮은 모습을 보여 주기 쉽습니다. 소년은 그의 손을 구멍이 좁은 항아리 속에 넣어 그 안에 들어 있는 보물을 최대한 많이 쥐었습니다. 그러나 그는 너무 많이 쥐는 바람에 그 속에서 손을 빼낼 수 없었습니다. 하지만 그가 쥐었던 것의 절반을 놓고 나머지만 손에 쥐었을 때, 쉽게 손을 빼낼 수 있었습니다. 마찬가지로 우리도 그렇게 해야 합니다. 우리는 모든 것을 다 가질 수 없습니다. 그것은 불가능합니다. 우리의 손은 그것을 다 쥘 만큼 크지 않습니다. 그러나 우리가 적당히 쥐었을 때에는 신속하게 붙잡고, 강한 힘으로 쥐어야 합니다.

여러분이 믿는 것을 확신하십시오. 그렇지 않으면 여러분은 사람들이 그것을 믿도록 전혀 설득할 수 없을 것입니다. 만일 여러분이 "나는 이것이 진리라고 생각합니다. 한 젊은이로서 나는 내가 하는 말을 여러분이 사랑으로 들어주기를 바랍니다. 다시 한 번 여러분께 간청합니다"라는 방식으로 설교한다면, 그것이 여러분의 설교방식이라면, 여러분은 가장 쉽게 의심하는 자들을 낳는 어리석음을 범하는 것입니다. 여러분은 이렇게 말해야 합니다: "나는 젊지만, 내가 전하는 것은 하나님으로부터 받은 말씀입니다. 하나님의 말씀은 여차여차하고, 저차저차합니다. 그것은 분명히 존재하고, 여러분은 하나님이 말씀하시는 이 말씀을 믿어야 합니다. 그렇지 아니하면 여러분은 멸망할 것입니다." 그러면 아마 여러분이 전하는 말을 듣는 사람들은 "저 젊은 설교자는 뭔가 확실히 믿고 있군" 하고 생각하고, 그들 중 많은 사람들이 그것을 믿음으로 받아들일 것입니다.

하나님은 자신의 사역자들의 믿음을 사용해서 다른 사람들의 믿음을 자라게 하십니다. 여러분은 영혼들이 의심하는 목사들을 통해 구원받지 않는다는 것을 명심해야 합니다. 의심과 의혹으로 가득 찬 설교는 절대로 한 영혼이 그리스도를 위해 결단할 수 있도록 이끌 수 없습니다. 만약 여러분이 여러분의 설교를 듣는 사람들의 영혼을 구하고자 한다면, 여러분 스스로 하나님의 말씀을 믿는 큰 믿음이 있어야 합니다.

여러분은 또한 여러분이 전하는 메시지가 사람들을 구원할 만한 능력이 있음을 확신해야 합니다. 여러분은 이 학교에 갓 입학한 학생들 가운데 한 학생에 관한 이야기를 들었을 것입니다. 어느 날 그는 내게 찾아와 "목사님, 요즘 몇 달 동안 저는 설교를 계속해 왔는데, 한 사람도 회심하는 걸 보지 못했습니다"라고 하였는데, 그때 나는 그에게 이렇게 말해 주었습니다:

"자네는 주님이 자네를 축복하셔서 입을 열 때마다 영혼들을 구하도록 하시리라는 것을 기대하는가?"

"아니요, 그런 기대를 가지고 있지 않습니다."

"그렇다네. 그것이 바로 자네가 영혼들을 구하지 못하는 이유라네. 자네가 믿는 만큼 주님도 자네를 축복하실 걸세."

나는 아주 친절하게 그에게 말해 주었으나 사실은 아주 많은 사람들이 그가 했던 것과 똑같이 하기 때문에 이런 대답을 들어야 한다는 것입니다. 그들은 놀랍게도 한 백 번 설교하면 그 중에 한 번 정도 어떤 희한한 이적적 방법으로 하나님께서 영혼을 구원하시는 것이 가능하다고 믿고 있습니다. 그들은 자기들이 신을 신고 똑바로 서 있는 것에 대한 믿음이 거의 없습니다. 그런데 어떻게 하나님이 자기들을 축복하실 것을 기대할 수 있겠습니까?

나는 다음과 같은 생각을 하고 강단에 오르기를 좋아합니다: '내가 전하는 말씀은 내가 그분의 이름으로 영혼을 구하기 위한 하나님의 말씀이다. 그것은 그분께 공허한 것을 되돌려줄 수 없다. 나는 영혼들을 구하게 해 달라고 축복을 구했다. 그분은 틀림없이 그렇게 하실 것이고, 내 메시지가 듣는 사람들에게 생명에서 생명에 이르는 향기가 되든 아니면 죽음에서 죽음에 이르게 되든 간에, 그분의 목적은 이루어질 것이다.'

여러분이 이런 확신을 갖고 있다면 왜 영혼들이 구원받지 못하는 결과가 있겠습니까? 그러나 여러분은 이런 확신을 갖고 있지 않으면서도 사람들이 그리스도께 나아오지 않는 이유를 알아보려고 특별기도회를 소집할 것입니다. 구원을 갈망하는 사람들을 위해 구도자 모임을 가질 것입니다.

여러분은 여러분이 얼마나 구원의 축복을 기대하고 있는지를 보여 주려고 즐거운 얼굴로 사람들을 만날 것입니다. 그러나 그렇게 하는 데도 회심의 역사가 일어나지 않는다면, 그것은 또한 여러분이 크게 낙심하는 모습을 사람들에게 보여 주는 계기가 될 것입니다.

그런 일이 얼마나 곳곳에서 벌어지고 있을까요? 그런데도 아무도 그 문제에 관해 심각하게 기도하지 않습니다. 구원의 축복을 위해 하나님께 부르짖는 사람들은 별로 없습니다. 목사는 성도들의 영혼에 임하는 은혜의 사역에 관해 자기에게 와서 들으라고 권면하지 않습니다. 진실로 진실로 나는 여러분에게 권고하는데, 그는 그의 상을 받을 것입니다. 그는 자기가 구한 대로 받습니다. 그는 기대한 것만큼 받을 것입니다. 그의 주님은 그에게 아주 작은 것을 주실 것입니다.

하나님의 말씀은 이렇게 명령합니다: "네 입을 크게 열라 내가 채우리라"(시 81:10). 그런데 우리는 여기 앉아 입술을 굳게 다물고 무작정 축복을 기다리고만 있습니다. 형제 여러분, 큰 기대를 갖고, 견고한 믿음으로 그리고 틀림없이 그렇게 되리라는 확신에 따라 여러분의 입을 크게 여십시오.

이것이 본질적인 요점입니다. 만일 여러분이 영혼을 구원하는 자가 되려고 한다면, 하나님과 그분의 복음을 믿어야 한다는 것 말입니다. 다른 일들은 생략될 수 있어도, 이 믿음의 문제만큼은 절대로 생략되어서는 안 됩니다. 하나님께서는 항상 우리의 불신앙 때문에 은혜를 베푸시지 않는 것은 아닙니다. 왜냐하면 그분은 우리뿐만 아니라 다른 사람들도 생각하셔야 하기 때문입니다. 그러나 상식적으로 그 문제를 생각해 보면, 주님의 사역을 이루는데 가장 합당한 도구는 하나님이 자신을 사용하실 것이라고 기대하고, 그 확신에 따라 힘 있게 일하는 사람일 것입니다.

성공이 와도 그는 놀라지 않습니다. 왜냐하면 그는 이미 그것을 기대하고 시작했기 때문입니다. 그는 산 씨를 뿌렸고, 그래서 그 씨로부터 풍성한 수확이 있을 것을 기대했습니다. 그는 물 위에 빵을 던졌고, 그것이 다시 발견될 때까지 그는 그곳을 주목하고 주시합니다.

그 다음, 영혼을 구원하는 자가 그 사역에 성공하려면, 철저한 진지성이 있어야 한다는 것입니다. 우리는 누가 자신의 설교를 듣고 변화를 받겠느냐고 맥없는 설교를 하는 사람들을 알고 있지 않습니까? 나는 한 유능한 설교자가 자신의 전도설교를 통해 죄인들이 회개하고 구원받는 역사가 일어나게 해 달라고 주님께 간구하는 것을 보았습니다. 나는 하나님의 전능하심을 제한하고 싶지는 않습니다. 하지만 그렇다고 해서 목사가 설교하는 것을 회중들이 잘못 이해하게 될 때에도, 그 설교가 무조건 죄인에게 변화를 일으킨다고 생각하지는 않습니다. 그것은 내가 그렇게 부른 것처럼, "빛나는 부지깽이 설교들" 가운데 하나였습니다.

여러분도 아시다시피, 거실에 전혀 사용되지 않고 장식처럼 놓여있는 부지깽이들이 있습니다. 만일 지금까지 그것들을 가지고 불을 지펴 본 적이 없다면, 아내가 불을 지피기 위해 그것을 잡을 때 빼앗으려고 하지 않겠습니까? 이런 설교들은 바로 이런 부지깽이들과 같습니다. 깨끗하고, 빛나고, 차갑습니다. 확실히 그것들은 이 세상 누구와도 관련이 없습니다.

이런 설교들에서 좋은 것이 나올 수 있다고 말할 사람은 아무도 없습니다. 아니 내가 보기에는 바퀴벌레나 거미를 죽일 만한 힘도 없는 것처럼 느껴집니다. 확실히 그런 설교 속에는 죽은 영혼을 살리는 능력은 없습니다. 또 어떤 설교들은 정말이지 그것들에 대해 생각하면 생각할수록 생각할 가치가 없다고 느껴지는 것들이 있습니다. 만일 어느 불쌍한 죄인이 구원의 소망을 품고 그 설교를 듣는다면, 그 설교자는 그에게 올바른 길을 가르쳐 주기보다는 오히려 천국의 길을 가지 못하도록 방해할 것 같다고 말할 수 있을 것입니다.

여러분이 진정 사람들로 하여금 진리를 바르게 이해하도록 설교하기를 원한다면 여러분이 그것을 실제로 믿어야 합니다. 그러나 만일 여러분에게 진리에 대한 열정이 없다면, 그들이 그렇게 되도록 만들 수 없을 것입니다. 만일 어떤 사람이 한밤중에 내 집의 문을 두드린다고 합시다. 무슨 일인지 알아보려고 창문으로 머리를 내밀었을 때, 그가 아주 조용한 목소리로 무덤덤하게, "당신 집 뒤편에 불이 났어요"라고 말한다면, 나는 아마 불이 난 것에 대해서는 거의 생각조차 안하고, 화가 나 그에게 물 한 동이를 쏟아 붓고 싶은 충동을 느낄 것입니다.

만일 내가 길을 걷고 있는데, 어떤 사람이 내게 와서 아주 활기찬 목소리로, "안녕하세요, 선생님. 내가 굶었다는 것을 당신은 아십니까? 너무나 오랫동안 음식을 구경도 못했습니다. 정말 저는 배가 고픕니다"라고 말한다고 칩시다. 그러면 나는 즉각 "오 사랑하는 형제여, 당신은 너무 안일한 것 같군요. 당신은 그렇게 굶주린 것처럼 보이지 않습니다. 그렇지 않다면 어떻게 그리 태평스럽게 말한단 말이오"라고 말할 것입니다.

어떤 설교자들은 이런 식으로 설교합니다: "사랑하는 성도 여러분, 오늘도 주일을 맞아 이 자리에 섰습니다. 저는 한 주간 내내 설교를 준비하는데 보냈습니다. 저는 제가 전하는 말씀을 여러분이 들어주시기를 바랍니다. 저는 그것이 특별히 여러분에게 어떤 관련이 있는지 잘 모릅니다. 어떤 사람들에게는 전혀 관련이 없을 수도 있습니다. 그러나 여러분들 가운데 어떤 이들은 말하기 거북스러운 어떤 장소에 갈 위험이 있다고 봅니다. 그곳은 세속적인 사람들에게도 좋지 않은 곳이라고 들었습니다. 저는 특별히 이 말씀을 여러분에게 전합니다. 예수 그리스도께서는 이런저런 일을 행하셨는데, 어떻게 해서든 구원에 관해 해야 할 일을 하셨습니다. 만일 여러분이 하는 일에 대해 걱정이 된다면, 여러분이 구원받는 것은 가능합니다."

그러나 이런 설교는, 간단하게 말하면, 단순한 이야기에 대한 보고에 지나지 않습니다. 이런 종류의 말씀 속에는 듣는 사람에게 선을 추구하도록 이끄는 힘이 전혀 없습니다. 거의 한 시간 가깝게 이런 얘기를 늘어놓고 그는 "이제 집으로 돌아갈 시간입니다"라고 말하는 것으로 설교를 끝맺습니다. 그런 다음 그는 집사들로부터 그의 설교에 대한 대가로 충분한 사례금을 받기 원합니다. 그런데 형제 여러분, 그런 일은 절대로 일어나서는 안 됩니다. 우리는 그런 식으로 우리 자신과 다른 사람들의 시간을 허비하라고 세상 속으로 보냄을 받은 것이 아닙니다.

나는 우리가 앞에서 말씀드린 사람처럼, 단순히 있으나마나한 존재가 되기보다는 훨씬 더 유익한 존재로 쓰임받기를 바랍니다. 거룩하신 하나님께서 오직 영혼을 구하라고 사람을 세상으로 보내셨다는 것, 그것이 성도의 사고방식이요, 삶의 온전한 정신입니다. 또 아무 일도 하지 않고 계속 두드리기만 하는 목사들도 있습니다. 그들은 주일이 되면 똑같은 설교를 두 번 합니다. 그들은 그것 때문에 자기들의 인생이 아주 피곤하다고 말합니다. 그래서 그들은 심방과 같은 일은 거의 하지 않고, 집에서 한가롭게 커피나 마시면서 잡담을 하는 것으로 시간을 보냅니다. 그들에게는 영혼의 구원에 대한 간절한 고뇌가 없습니다.

그들의 마음과 입술 위에는 "화로다! 화로다!"라는 부르짖음이 없습니다. 온전히 성별된 삶도 없습니다. 하나님의 일에 대한 열정도 없습니다. 따라서 주님이 그들을 쓸어 버리신다고 해도, 그것은 그리 놀랄 만한 일이 아닐 것입니다. 주 예수 그리스도는 예루살렘을 바라보며 슬피 우셨는데, 여러분도 여러분을 통해 구원받아야 하는 죄인들을 바라보며 그렇게 울어야 합니다. 사랑하는 형제 여러분, 열심을 내십시오. 여러분의 온 영혼을 복음 전도 사역에 바치십시오. 그렇게 못할 것이라면 아예 포기하십시오.

영혼을 구원하는 일에 필수적인 또 하나의 자격은 단순한 마음입니다. 이 말이 무엇을 의미하는지 정확하게 잘 설명할 수 있는지는 잘 모르겠습니다. 그러나 그 말을 다른 말과 대조시켜 봄으로써 그 의미를 분명히 하고 싶습니다. 여러분은 단순한 신자들이 되기에는 너무 지혜로운 사람들을 알 것입니다. 그들은 자기들이 평범하거나 단순한 것은 믿지 못할 운명이라는 것을 알고 있습니다. 그들의 영혼은 아주 까다롭게 길들여져 있기 때문에 중국식 둥지 같은 곳에서는 도저히 살 수 없고, 최고급 안식처에서만 살 수 있습니다. 그들이 마시기에 충분하다고 생각될 만한 신선한 우유는 어디에도 없습니다. 그들은 너무 고급스러워서 그들이 만족하며 마실 만한 음료는 결코 없습니다. 그들이 갖고 있는 것은 모두 비교할 수 없는 극상품들입니다. 그런데 하나님께서는 이처럼 뛰어난 천상의 사치품들 곧 영적 귀족들을 좋아하시지 않습니다. 아니요, 절대로 아닙니다.

여러분이 그들을 보는 순간 아마 이렇게 말하게 될 것입니다: "그들은 주인 아무개의 종들로서 일하기에 충분한 능력을 갖췄습니다. 그러나 그들은 하나님의 일을 감당하는 사람들이 아닙니다. 하나님은 그들처럼 오만한 신사들을 쓰시는 것을 좋아하지 않습니다." 그들은 본문을 선택할 때, 그 참된 의미를 설명하지 않습니다. 그러나 그들은 성령이 전달하고자 하는 의미의 변죽만 울립니다. 그리고 자기들이 귀하게 생각하는 "새로운 진리"를 찾아냈을 때에는 오, 저런! 그것 때문에 그들은 얼마나 야단법석을 떨까요! 상한 생선을 찾는 사람이 여기 있도다! 얼마나 가관인가! 그것은 정말 역겹습니다!

그런데 우리는 누군가 다른 새로운 것을 발견해낼 때까지, 한 6주 동안 계속해서 이 상한 생선에 관한 설교를 들어야 합니다. 그들은 얼마나 큰 소리로 외쳐댈까요! "영광! 영광! 영광! 여기 새로운 진리가 있습니다." 그것에 관한 새로운 책이 출판되고, 이 위대한 사람들은 코를 킁킁거리며 자기들이 얼마나 위대한 사상가이고, 얼마나 훌륭한 사람들인지를 증명하기 위해 그 주변을 맴돕니다. 하나님은 이런 종류의 지혜를 결코 좋아하시지 않습니다.

나는 단순한 마음이란 어떤 사람이 하나님의 영광을 위한 사역과 영혼을 구원하는 일에 주저 없이 뛰어들 때 갖는 마음 외에 다른 것을 가리킨다고 생각하지 않습니다. 어떤 사람들은 그들 자신의 이익이 있을 때에만, 영혼을 구원하고 하나님을 영화롭게 하기를 좋아합니다. 그들은 오, 정말! 그리스도의 나라에서 그들의 놀라운 능력을 충분히 발휘한다면, 확실히 그분의 나라를 확장하는 것이 그들에게는 커다란 기쁨이 될 것입니다. 그들은 사람들로 하여금 자기들의 마차를 끄는 말의 고삐를 쥐게 해서, 온 거리를 다니며 승전가를 부르도록 할 수 있다면, 영혼을 구원하는 일에도 매진할 것입니다. 그들은 뭔가 대단한 사람이 되어야 합니다. 그들은 유명해져야 합니다. 그들은 사람들에게 화젯 거리가 되어야 합니다. 그들은 "얼마나 훌륭한 사람인가!"하는 소리를 들어야 직성이 풀립니다.

물론 그들도 하나님께 영광을 돌리기는 합니다. 하지만 그때는 자기들이 그것으로부터 그 액을 먼저 마신 다음이고, 그들이 항상 먼저 오렌지를 가져야 합니다. 그런데 여러분도 아시다시피, 이런 정신을 가진 사람들이 목사들 중에도 있습니다. 하지만 하나님은 그것을 용납하실 수 없습니다. 그분은 사람이 남긴 찌꺼기를 취하시는 분이 아닙니다.

그분은 모든 영광을 받으시든지 아니면 전혀 받지 아니하시든지 둘 중 하나입니다. 만일 어떤 사람이 하나님을 섬기거나 오직 그분만을 영광스럽게 하지 않고, 자기를 섬기거나 스스로 영광을 취하려고 한다면, 주 여호와께서는 그 사람을 절대로 쓰지 않으실 것입니다. 하나님께 쓰임 받고자 하는 사람은 그가 행하는 일이 무엇이든 하나님의 영광을 위해 하는 일이 되어야 하고, 절대로 다른 동기에 의해 움직여서는 안 된다는 것을 단순히 확신해야 합니다. 아직 구원받지 못한 사람들은 어떤 설교자들에게 말씀을 들으러 갈 때, 그들이 기억하는 것은 자기들이 주연배우라는 것입니다. 그러나 아주 다른 부류의 사람이 여기 있습니다. 그들은 그가 설교하는 것을 듣고 난 후에 그의 용모나 화술 등을 생각하지 않고, 그가 전한 엄숙한 진리 자체에 관해 생각합니다. 또 그의 설교를 듣는 사람들이 서로 "당신은 저 목사님이 자기가 설교하는 대로 사는 것을 보지 못했소? 그는 자신의 인생을 설교하는 사람이야"라고 말하는 식으로 그가 설교하는 것을 헤아려 보는 사람도 있습니다.

나는 이에 대해 오히려 이렇게 말해 주고 싶습니다: "그는 사람들이 자기에 대해 생각해 보도록 설교한 것이 아닙니다. 그는 아주 비위에 거슬리는 말을 했습니다. 그는 오로지 자기가 설교하는 모든 내용을 통해 하나님의 말씀으로 우리를 이끌려고 했을 뿐입니다. 그의 유일한 목표는 회개와 그리스도를 믿는 믿음으로 우리를 인도하는 것이었습니다." 그런 설교자야말로 주님이 즐거이 축복하시는 종류의 사람입니다.

나는 나보다 먼저 이 학교를 나온 어떤 선배들처럼, 다음과 같이 말할 수 있는 사람을 보기를 좋아합니다. "여기에 굉장히 많은 월급을 받고, 세상에 대한 영향력이 큰 위치에 도달했던 사람들이 있습니다. 만일 여러분이 그 좋은 직업을 포기하고, 신학교에 들어왔다면, 한평생 가난한 목회자로 사는 길을 기꺼이 선택하겠지요." 그러면 그들은 하늘을 우러러보며, "나는 다른 직업을 갖고 사는 것보다 가난하게 살며 영혼을 구하는 일이 더 좋습니다." 여러분 대부분이, 아니, 여러분 모두가 그런 사람이라고 나는 믿습니다. 하나님의 영광과 살찐 양을 동시에 바라보는 눈이 되어서는 안 됩니다. 하나님의 영광과 여러분 자신의 인간적 영예와 칭찬을 동시에 보아서도 안 됩니다. 절대로 그렇게 되어서는 안 됩니다.

비록 여러분이 하나님과 청중을 기쁘게 하기 위해 설교한다고 해도, 그것은 오직 하나님의 영광을 위해서이지, 다른 어떤 것, 심지어는 청중 자체를 위해서도 아닙니다. 조개가 바위에 붙어 있는 것처럼, 목사도 목회에 집중해야 합니다. 그러나 그것은 자기를 위해서가 아닙니다. 자기를 즐겁게 하는 것에 대해서는 생각조차 해서는 안 됩니다. 진실로 단순한 마음을 갖고 그는 사람들의 칭찬은 별개로 하고, 하나님을 기쁘시게 하는 길을 추구해야 합니다.

마지막으로 복음 전도 사역에 임하는 사람들은 자신을 하나님께 완전히 복종시키는 일이 있어야 합니다. 이 시간부터 여러분은 여러분 자신의 생각이 아니라 하나님의 생각을 생각하기를 원합니다. 여러분 자신의 생각이 아니라 하나님의 말씀을 설교하기로 결정하기를 원합니다. 또 여러분 자신의 방법이 아니라 하나님의 방법으로 진리를 설교하기로 결심하기를 바랍니다.

여러분이 자신의 설교를 읽어 본다면, 별로 좋아하지 않는다고 할지라도, 그것을 전적으로 주님의 생각에 합당한 내용으로 고쳐 써야 할 것입니다. 기가 막힌 말이 생각났을 때, 여러분은 그것이 성도들에게 영적 은혜를 끼칠 수 있는 말씀인지를 자문해 보는 것이 좋습니다. 그때 그것이 그렇지 않다고 생각된다면, 기꺼이 그것을 지워 버려야 합니다.

그 다음 여러분도 이해할 수 없는 미사여구가 있다고 합시다. 여러분은 그것을 뺄 수 없다고 느꼈습니다. 그러나 그것이 성도들에게 영적 교훈이 될 만한지 물어보고, 그렇지 못하다고 생각되면, 그것을 거부해야 합니다. 만일 여러분이 얼마나 부지런히 준비했는지를 사람들에게 보여 주기 원하는 마음이 있다면, 여러분은 문학의 쓰레기더미 속에서 보석을 찾아내 그것들을 여러분의 설교의 화관으로 삼는데 집착할 것입니다. 하지만 만일 하나님의 손에 여러분 자신을 전적으로 맡긴다면, 여러분은 아주 단순한 말, 통상적인 언어, 회중들 누구나 익숙하게 알고 있는 말로 설교하도록 인도받게 될 것입니다. 또 만일 여러분이 그것을 설교 속에 집어넣도록 인도를 받는다면, 모든 수단을 다하여 그렇게 하고, 기가 막힌 말, 미사여구 또는 보석 같은 말 등은 과감히 빼 버리십시오. 왜냐하면 주님께서는 단순한 복음의 말씀을 통해 불쌍한 죄인이 구주를 찾도록 역사하실 것이기 때문입니다.

비록 여러분이 아무 조건 없이 하나님의 마음과 뜻에 복종한다고 해도, 목회를 하다 보면, 때때로 여러분 자신에게 희한하게 생각되는 특이한 표현이나 특별한 기도 등을 사용하고 싶은 충동을 느끼게 될 것입니다. 그러나 이런 특이한 말을 놓고 하는 설교를 듣고 나서 어떤 사람이 진리를 이해하지 못했다고 말하게 되면, 후에 그것을 다시 설명해 주어야 하는 번거로움이 따르게 됩니다.

여러분이 연구와 기도를 통해 설교를 철저하게 준비했다고 해도, 설교 석상에서 이런 영향을 받기가 아주 쉽기 때문에, 설교하고자 하는 내용을 충분히 적어두는 원고를 준비하도록 권고합니다. 하지만 그렇다고 해서 앵무새가 가르쳐 준 것을 반복하는 것처럼, 적어둔 내용을 암기해 읽어 주는 것이 되어서는 안 됩니다. 만일 그렇게 한다면 여러분은 성령의 인도에 자신을 맡기지 못하게 될 것입니다.

의심할 여지 없이 여러분은 때때로 설교 속에 집어넣고 싶은 말들, 곧 세련된 시의 한 구절이나 고전 작품에서 발췌한 정선된 문장 등이 있을 수 있다는 것을 나는 알고 있습니다. 그때 여러분은 그것을 누구에게든 알려 주고 싶은 충동을 갖게 될 것입니다. 여러분도 거의 들어보지 못한 멋진 표현이 그 안에 들어 있었습니다.

여러분은 푼손(Punshon) 박사나 파커(Parker) 박사도 그보다 더 멋진 표현을 할 수 없었을 것이라고 생각합니다. 그래서 여러분은 사람들이 그것이 들어 있는 설교를 들으면 특별한 감동을 느낄 것이 틀림없다고 확신합니다. 그러나 주님은 축복의 역사를 일으키기에는 고상한 표현들이 지나치게 많다고 생각하실 수 있습니다. 그것은 마치 기드온 군사들과 같습니다. 그들은 주님에게는 너무나 많았습니다. 주님은 그들의 손에 미디안 족속을 넘겨주지 아니하셨고, 그리하여 그들로 하여금 "우리가 우리 힘으로 승리했도다!"라고 말할 수 없도록 하셨습니다. 그들 가운데 2만 2천 명을 되돌려 보냈을 때, 주님은 기드온에게 "아직도 많다"고 말씀하셨습니다. 그래서 혀로 물을 핥았던 3백 명을 제외한 나머지 모든 군사들을 집으로 다시 돌려보내고 난 후에 주님은 기드온에게 "일어나 진영으로 내려가라 내가 그것을 네 손에 넘겨주었느니라"(삿 7:9) 말씀하셨습니다.

주님은 여러분의 설교에 대해서도 똑같이 "내가 그것들을 가지고 선한 역사를 행할 수 없다. 그것들은 너무 많다"고 말씀하십니다. 14부분으로 이루어진 설교가 있습니까? 거기서 7부분을 제하십시오. 그러면 아마 주님께서는 그것을 통해 은혜를 받도록 역사하실 것입니다. 그리고 여러분은 언젠가 설교 하는 중에 그것을 깨닫고, 이렇게 생각할 것입니다:

"만약 내가 이것을 다 전한다면, 그 늙은 집사는 내겐 너무 벅차다고 반응할 것이다. 항상 비판적인 지식인도 여기 앉아 있는데, 그는 이 말씀을 결코 기쁘게 받아들이지 못할 것이다. 또 여기에 하나님의 은혜의 선택에 따라 택함 받은 백성들이 있다. 화랑 이층에 있다 전도를 받고 지금 이 자리에 앉아 있는 초신자도 있다. 나는 그들 모두에게 충분한 의미가 있는 말씀을 한마디라도 전해 주어야 한다."

그러므로 형제 여러분, 여러분은 듣는 사람이 누가 되었든 간에, 하나님이 여러분에게 전하도록 주시는 말씀을 반드시 준비하도록 하십시오.

위대한 미술가의 붓이 갖추어야 할 주요 조건들 가운데 하나는 그가 그것을 가지고 자기가 원하는 대로 충분한 표현을 할 수 있어야 한다는 것입니다. 하프 연주자는 자기의 특별한 하프를 가지고 연주하기를 좋아합니다. 왜냐하면 그는 그 악기를 잘 알고 있고, 그 악기도 그에게 가장 익숙하기 때문입니다. 마찬가지로 하나님이 자신의 손을 여러분의 존재의 현 위에 두시고, 여러분 안에 있는 모든 능력이 그분의 손의 움직임에 따라 반응할 때, 여러분은 그분이 사용할 수 있는 도구가 됩니다. 그분이 사용하도록 자격을 유지하는 것은 쉬운 일이 아닙니다. 그렇게 되기 위해서 여러분은 성령이 전달하는 감동을 받아들이고, 그분에 의해 즉시 쓰임 받을 수 있도록 민감한 상태에 있어야 합니다.

만일 바다 위에 큰 배가 한 척 있는데, 물결이 잔잔하다면, 배가 움직일 수 없습니다. 바다 속에서 소용돌이가 일어나는데, 배는 그것을 느끼지 못합니다. 강한 동풍이 바다 속 깊은 곳에 자리를 잡고 있습니다. 그러나 방파제를 바라보십시오. 그 밑에 있는 코르크들을 보십시오. 만일 물 속에서 급한 물결이 일어나면, 그것들은 그 움직임을 느끼고, 작은 파도 위에서 흔들립니다.

코르크가 바다 표면 위로 흔들리는 것처럼, 여러분도 하나님의 권능 아래에서 움직이는 자가 되기를! 나는 이 자기 복종이야말로 영혼을 구원하려는 전도자가 갖추어야 할 본질적인 자격 가운데 하나라고 생각합니다. 만일 여러분이 저 구석에 있는 사람을 구원하는 도구가 되기를 바란다면, 할 말을 준비하고 있어야 합니다. 그러나 여러분이 복종하지 못해 그것을 말할 준비가 되어 있지 않다면, 그리고 그것을 말하는 것을 부끄럽게 여긴다면, 화가 있으리로다!

이 일곱 가지 사실들은, 내가 생각할 때, 전도자가 하나님 앞에서 가져야 할 자격들로서, 여러분이 여러분 자신을 하나님의 입장에 두고, 영혼을 구원하는 일에 필요한 이러한 자격들에 따라 무엇을 해야 할 것인지를 생각해 본다면, 마음에 큰 감동이 있을 것입니다. 하나님이 그리스도를 위해 우리 모두에게 이 자격들을 허락해 주시기를! 아멘.

제 3 장

인간의 입장에서 본 전도자의 자격

형제 여러분, 여러분은 지난 시간에 내가 전도에 관한 말씀을 전할 때, 바람직한 전도자가 되기 위한 자격들을 하나님의 입장에서 살펴본 것을 기억할 것입니다. 이번 시간에도 나는 계속해서 주님이 전도자로 쓰시기에 합당한 자격에 대해 살펴보려고 합니다. 이 시간에 나는 그 주제를 "인간의 입장에서 본 전도자의 자격"이라는 제목으로 정해 봅니다.

나는 지금부터 '인간의 입장에서 본' 전도자의 자격들로, 앞에서 하나님의 입장에서 본 자격들을 열거했을 때 다루었던 것들을 대부분 다시 언급할 것입니다. 왜냐하면 하나님이 원하시는 목적에 가장 합당하다고 하나님이 인정하신 자격들은 말하자면 그 자격들의 영향을 받는 대상 곧 인간의 영혼에 대해서도 그대로 적용된다고 생각하기 때문입니다.

세상에는 이 사역에 합당치 않은 전도자들이 많습니다. 첫째로, 무지한 사람은 전도자로 전혀 적합하지 않다는 것을 말해야겠습니다. 자신이 죄인이라는 사실과 그리스도께서 구주라는 사실을 알고 있는 사람만이 자신과 동일한 입장에 있는 다른 사람들에게 도움을 줄 수 있습니다. 물론 그가 갖고 있는 지식이 아무리 적을지라도 최선을 다해야 하는 것이 그의 의무이기는 합니다. 그러나 전체적으로 볼 때, 그것을 모르는 사람은 하나님을 섬기는 일에 크게 쓰임 받을 것이라고 기대하지 않습니다.

만일 그가 하나님의 일들에 관해 광범하고도 깊은 경험을 갖고 있다면, 또 하나님에 관해 공부한 사람으로서 영적 식견이 있는 사람이라면,

그는 다른 사람들을 위해 자신의 지식을 유용하게 써먹을 수 있을 것입니다. 반대로 하나님 자신의 일에 관해 너무 무지하다면, 그가 어떻게 다른 사람들에게 그 일들을 정확하게 알려 줄 수 있을지 모르겠습니다.

정말이지, 사람들의 어둠을 밝혀 주기 위해서는 촛불 속에 그만한 빛이 있어야 합니다. 또 동료들의 선생이 되기 위해서는 그 사람 안에 그만한 지식을 갖고 있어야 하는 법입니다. 거의 또는 전혀 무지한 사람은 그가 아무리 선한 뜻을 가졌다 할지라도, 영혼을 구원하는 위대한 사역에서 손을 떼야 합니다. 그는 그 명단에 들어갈 자격이 없습니다. 그러므로 형제 여러분, 우리 모두는 우리가 다른 사람들을 가르칠 수 있을 만큼 하나님에 관한 진리를 충분히 알고 있는지 물어보아야 하겠습니다.

둘째로, 여러분을 내가 방금 언급한 무지한 사람의 대열에 들어 있는 사람들이 아니라 최고의 지혜를 잘 배운 사람들로 가정한다고 하더라도, 여러분이 하나님께 사람들을 인도하기 위해서 인간적으로 구비해야 할 자격은 또 무엇일까요? 나는 먼저 우리에게는 분명한 신실함이 있어야 한다고 말하지 않을 수 없습니다. 단순한 신실함이 아니고 정직하게 그것을 기대하는 누구에게나 즉각 보여 줄 수 있는 그런 신실함 말입니다.

여러분은 자신이 설교하는 진리들에 대해 확고한 믿음이 있다는 것을 성도들에게 분명하게 보여 주어야 합니다. 그렇지 않으면, 여러분은 절대로 그들로 하여금 그것들을 믿도록 만들 수 없습니다. 여러분 스스로가 모든 의심을 극복하고, 이 진리들을 믿고 있다는 것을 그들이 확신하지 않는 한, 여러분의 설교는 아무 효력과 유익이 없을 것입니다. 여러분은 절대로 자신이 충분히 믿고 있지 않은 것을 다른 사람들에게 믿으라고 선포하고 있다는 의혹을 주어서는 안 됩니다. 만일 그렇게 된다면, 여러분의 사역은 아무 소용이 없게 될 것입니다.

여러분의 설교를 듣는 사람들이 누구든 여러분이 고도의 속임수를 쓰고 있는지 아니면 인간의 운명에 결정적인 영향을 미치는 영적 책임을 감당하고 있는지를 생각하게 마련입니다. 만일 여러분이 복음에 관해 아주 희미한 판단을 하고 있다면, 청중들이 여러분의 설교를 듣고 큰 영향을 받기란 불가능합니다. 언젠가 나는 어떤 성도에게 한 목사님에 관해 "그가 괜찮은 설교를 했느냐?"는 질문을 한 적이 있는데, 그 질문에 대한 그의 대답은 "그 목사님이 설교한 것은 아주 좋았다"는 것이었습니다. 그래서 나는 이렇게 물었습니다:

"그렇다면 당신은 그 설교를 통해 은혜를 받았겠군요?"

"아니요, 전혀 못받았습니다."

"좋은 설교였다면서요?"

그러자 그는 첫 번째 했던 대답을 다시 반복했습니다:

"그가 설교한 것은 정말 좋았습니다."

"그런데 그게 무슨 말입니까? 그가 설교한 것이 그토록 좋았다면, 어찌해서 그 설교를 통해 은혜를 받지 못했단 말입니까?"

다음은 나의 이 질문에 대해 그 성도가 한 말입니다:

"나는 설교하시는 목사님을 믿지 못했기 때문에 그 설교를 통해 아무 은혜도 받지 못했습니다. 그 목사님은 단순히 각본에 따라 연기하는 배우에 불과했습니다. 나는 그가 자신이 설교한 것을 믿고 있다고 느끼지 못했고, 그는 우리가 그 설교의 내용을 깨닫거나 믿고 있는지 아무 관심이 없는 것처럼 생각되었습니다."

이런 사태가 벌어지는 곳에서는, 설교자가 어떤 말씀을 전하더라도, 청중이 그 설교를 통해 어떤 유익을 얻을 것이라고 기대할 수 없습니다. 그들은 목사가 선포하는 진리가 참 좋다고 생각할 수 있습니다. 그들은 누가 차려 놓았든 자기들 앞에 놓인 진수성찬을 먹고 살겠다고 결심할 수도 있습니다. 그러나 그것은 아무 소용이 없습니다. 그들은 그렇게 할 수 없기 때문입니다.

그들은 무감각한 설교자와 그가 아무 생각 없이 전하는 메시지를 분리시킬 수 없습니다. 어떤 사람이 자신의 사역을 단순한 형식이나 절차로 삼아 버린다면, 그것은 설교자가 단순히 배우에 불과한 하나의 연극으로 전락하고 맙니다. 그는 단지 배우가 극장에서 연극을 하는 것처럼 맡은 역할을 연기합니다. 그는 하나님으로부터 보내심을 받은 사람으로서, 그의 가장 깊은 내면에서 울려나오는 말씀을 전하지 못합니다.

형제 여러분, 여러분에게 간곡히 부탁드립니다. 마음에서 우러나는 말씀을 전하십시오. 그렇지 아니하면 차라리 아무 말도 하지 마십시오. 침묵할 수 있거든, 침묵하십시오. 그러나 여러분이 하나님을 위해 설교해야 한다면, 그것에 관해 철저하게 진실하십시오. 하나님께서 여러분을 복음을 위한 사역자로 부르시지 아니했는데도, 복음전도자인 척하는 것보다는 차라리 일터로 돌아가 버터를 달아 주거나 실 꾸러미를 팔거나 어떤 다른 일을 하는 것이 훨씬 더 낫습니다.

인간이 할 수 있는 가장 끔찍한 일이 있다면 그것은 단순히 배우처럼 복음을 선포하고, 하나님에 대한 예배를 일종의 연극으로 전락시키는 것이라고 생각합니다. 이런 희한한 장면은 하나님보다는 마귀가 더 좋아할 것입니다. 신적 진리는 너무나 보배롭기 때문에 절대로 이런 흉내의 대상이 되어서는 안 됩니다. 일단 사람들이 여러분의 진실성을 의심하면, 그들은 진절머리치며 설교를 절대로 듣지 아니하리라는 것을 명심해야 합니다. 만일 여러분이 스스로 그것을 믿지 못한다는 의심을 그들이 갖게 되면, 그들은 여러분의 메시지를 결코 좋아하지 않을 것입니다.

나는 우리 모두가 주님을 섬기는 일에 철저하게 진실한 모습이 되는데 조금도 하자가 없기를 바랍니다. 그리고 여기서 나는 전도자가 갖추어야 할 세 번째 인간적 자격에 관해 말하기를 원하는데, 그것은 바로 **분명한 열심**입니다. 주 예수 그리스도의 진정한 종이 되려는 사람에게 주시는 명령은 "네 마음을 다하고 목숨을 다하고 뜻을 다하여 주 너의 하나님을 사랑하라"(마 22:37) 입니다. 만일 어떤 사람이 영혼을 구원하는 자가 되기를 바란다면, 그 안에 진실한 마음과 함께 열렬한 감정이 있어야 합니다.

여러분은 아주 준엄한 경고와 아주 두려운 진노에 관한 말씀을 무감각하게 또는 무관심하게 설교할 수 있습니다. 그러나 그렇게 되면 아무도 그 설교에 귀를 기울이지 않을 것입니다. 또 여러분은 별로 마음이 없는 태도로 사랑을 실천하라고 권면할 수 있습니다. 그러나 그렇게 되면 아무도 사랑하거나 경외하라는 권면에 따라 움직이지 않을 것입니다. 형제 여러분, 나는 전도를 위해서는 다른 어떤 것보다 이 열심 문제가 중요하다고 생각합니다. 나는 이전에 무명의 설교자들을 본 적이 있는데, 그들은 아주 열정적으로 메시지를 전함으로써 많은 영혼들을 구주께 인도했습니다. 그들의 설교 속에는 놀랄 만한 내용이 전혀 없었지만(식료품상들은 그의 설교지를 버터를 싸는 종이로 사용할 정도였습니다), 그들의 단순한 설교는 많은 사람들을 그리스도께 이끌었습니다.

회중들의 마음을 확신으로 이끈 것은 그들이 설교한 내용에 있었던 것이 아니라 그들의 설교하는 태도에 있었습니다. 가장 단순한 진리라도 그들의 설교가 그토록 놀라운 효력을 나타낸 것은 열정적인 그들의 말과 감정에 있었습니다. 만일 어떤 사람이 여기서 무게가 50파운드나 100파운드 정도 되는 대포알만 내게 주면서 그것을 방안에서 굴려보라고 말하고, 또 다른 사람은 작은 총알 하나와 권총 한 자루를 주면서 그것을 쏘아보라고 했을 때, 그 둘 가운데 어느 것이 더 파괴적인지를 나는 분명히 압니다. 이때 누구도 이 작은 총알을 무시하지 못할 것입니다. 왜냐하면 그것은 너무나 자주 죄를 죽이거나 죄인을 죽이는 무기가 되기 때문입니다.

형제 여러분, 마찬가지로 여러분이 전하는 말은 그리 크지 않습니다. 그러나 여러분이 그들에게 전하는 말씀 속에 있는 힘이 그들로 하여금 그 말씀에 따라 결단하도록 하는 것입니다. 나는 요새로부터 날아온 대포알에 맞은 배에 관해 들은 적이 있습니다. 요새의 지휘관의 명령에 따라 빗발치듯 총을 쏘아댔지만 그 배는 끄떡도 안했습니다. 그런데 그 중에 한방이 배에 적중하자 3분도 채 안 되어 침몰하고 말았습니다. 그것이 여러분이 해야 하는 설교입니다. 빗발치듯 퍼부으십시오.

사람들이 여러분이 지나치게 열광적이라거나 감정적이라고 말하는 것을 두려워하지 마십시오. 작열하는 총알처럼 쏘아대십시오. 여러분이 염두에 두고 있는 목표를 달성하는 것 외에 다른 것은 생각하지 마십시오. 우리는 주일에 눈싸움이나 하려고 예배당에 가지 않습니다. 우리는 총싸움을 하러 갑니다. 우리는 적진에 수류탄을 세차게 집어던져야 합니다.

우리의 메시지는 얼마나 열심히 전해야 할 가치가 있을까요! 우리는 열렬히 구주와 천국과 지옥에 관해 말해야 합니다. 우리가 감당하는 사역이 불멸의 영혼과 그 영향이 영원한 죄와 죄에 대한 무한한 용서 그리고 영원무궁토록 지속되는 두려움과 즐거움 등을 다루는 것임을 기억할 때, 정말이지 우리가 얼마나 열심히 그 사역을 감당해야 할까요! 이 같은 메시지를 다룰 때 열심이 없는 사람은 도대체 어떤 마음을 가진 사람일까요? 현미경으로 한 번 살펴볼까요? 그의 마음을 낱낱이 쪼개본다면, 아마 돌멩이 곧 돌 같은 마음이 아니면 그와 동일한 돌 같은 감정 상태를 발견하는 것이 전부가 아닐까요? 나는 하나님이 우리 자신을 위해 우리에게 육체의 마음을 주셨다면, 그분은 또한 다른 사람들을 위해서도 똑같이 느낄 수 있는 마음을 주셨다고 믿습니다.

이 사실들이 당연하게 생각된다면, 나는 이제 네 번째로 전도자에게 필요한 자격으로 영혼들을 향한 분명한 사랑을 꼽고 싶습니다. 나는 전도자들이 자신의 회중들을 욕하거나 마치 그들에 관해 나쁜 마음을 먹고 있는 것처럼 말하는데 시간을 다 보내는 것을 도저히 용납할 수 없습니다. 이런 사람들은 자신의 설교를 귀담아 듣지 않는 사람들에게 분풀이할 때나 행복을 느끼는 사람처럼 보입니다.

나는 언젠가 "예루살렘에서 여리고로 내려가다가 강도를 만난 사람"에 관한 본문을 설교하는 한 목사님에 관해 들은 적이 있습니다. 그는 이렇게 설교를 시작했습니다: "나는 이 사람이 우리가 있는 곳으로 왔다고 말하지는 않겠습니다. 하지만 이곳으로 내려와 강도를 만난 사람이 누군지는 압니다." 여러분은 이처럼 얼굴에 황산을 뿌리는 것과 같은 설교의 결과가 무엇인지 쉽게 상상할 수 있을 것입니다.

나는 "아론이 잠잠하니"(레 10:3)라는 본문으로 어떤 목사가 설교한 것을 듣고, 이렇게 말한 사람을 알고 있습니다: "그 목사님과 아론 사이의 차이는 아론은 잠잠했다는 것이고 그 목사님은 그렇지 못했다는 것입니다. 그와는 반대로 목사님은 온 힘을 다해 길길이 날뛰었습니다."

여러분이 사람들에게 진정 큰 영향을 미치려고 한다면, 그들의 유익을 위한 진실된 마음이 있어야 합니다. 심지어는 강아지와 고양이들도 자기를 좋아하는 사람들을 좋아하는데, 인간이 이런 짐승들보다 못해서야 되겠습니까? 청중들은 대리석을 깎아내는 사람처럼 보이는 냉정한 사람이 강단에 올라갈 때 벌써 그 결과를 알아차립니다. 내가 아는 목사님들 중에도 그런 유형의 목사님이 한두 사람 있었는데, 그들은 어디서도 목회에 성공하지 못했습니다. 내가 그들의 실패 이유를 물었을 때, 사람들은 제각기 대답하기를 "그 목사님은 멋진 분, 아주 멋진 분이었습니다. 설교도 참 잘하십니다. 그러나 그는 우리와 사귄 적이 없습니다."

"왜 여러분은 그를 좋아하지 않습니까?"라고 나는 물었습니다. 그 대답은 "지금까지 누구도 그를 좋아한 사람이 없었습니다"는 것이었습니다. "그가 다른 사람들과 다투기를 좋아합니까?" "오! 아닙니다. 나는 그가 차라리 다투는 사람이 되기를 바랍니다." 나는 그 목사님이 약점이 무엇인지 무척 궁금해졌습니다. 그런데 마침 어떤 사람이 그것을 말해 주었습니다: "글쎄요, 목사님, 저는 그 목사님이 어떤 마음을 갖고 있는지 모르겠습니다. 최소한 그는 자신이 갖고 있는 그대로 설교하고 행동하지 않습니다."

목회 사역의 실패 원인이 사랑의 부족에 있다는 것은 참 슬픈 일입니다. 여러분은 포츠머드 혹은 폴리머드 항구처럼 큰 마음을 가지십시오. 그래서 여러분의 모든 회중들이 나아와 그 안에 닻을 내릴 수 있도록 하십시오. 그들이 은혜의 반석의 보호 아래 있다고 느끼게 하십시오. 여러분은 목사들이 큰 마음을 가진 것에 비례해서 목회에 성공하고, 영혼들을 그리스도께 인도한다는 것을 알지 못합니까? 예를 들어 브록(Brock) 박사를 생각해 보십시오. 그는 사랑으로 똘똘 뭉친 거인이었습니다.

목사가 가져야 할 장점이 무엇입니까? 나는 여러분이 육체를 살찌우는 것을 성취할 가치가 있는 대상으로 보는 것이 아닙니다. 아니 그 대신 여러분이 사람들을 예수님께 인도하기를 원한다면, 큰 마음을 가져야 한다고 말하는 것입니다. 여러분이 수많은 순례자들을 천성으로 이끌려면 거대한 마음을 가져야 합니다.

나는 완전히 거룩하다는 말을 듣는 아주 깡마른 사람들을 본 적이 있습니다. 나는 그들이 죄를 결코 범하지 않는 삶을 살았다고 믿습니다. 왜냐하면 그들은 살은 하나도 없고 거의 피부 가죽만 있었기 때문입니다. 그들 속에는 죄를 지을 만한 것이 거의 없는 것처럼 보였습니다. 나는 이전에 이처럼 "완전한" 형제들 가운데 하나를 만나본 적이 있었습니다. 그는 정말로 갈대만큼 비쩍 마른 사람이었는데, 그 안에는 인간적 요소가 전혀 없었습니다. 그러나 나는 사람들 주변에서 인간적 본성을 발견하는 것을 좋아합니다. 사실 일반 사람들도 그것을 좋아합니다. 그들은 인간적 본성이 물씬 풍기는 사람을 더 좋아합니다.

어떤 면에서 인간적 본성은 두려운 것입니다. 그러나 주 예수 그리스도께서 그것을 취하셨고, 자신의 신적 본성을 그것과 연합시켰을 때, 그것은 위대한 성품이 되었습니다. 인간적 본성은 주 예수 그리스도와 결합될 때 위대한 것이 됩니다. 은둔자들처럼 사람들로부터 자신을 격리시키고 의도적으로 자아도취적인 삶을 사는 사람들은 세상에 별로 영향을 미치지 못하거나 다른 사람들에게 유익한 일을 하지 못합니다. 만일 여러분이 사람들의 섬김을 받기 원한다면, 그들을 사랑해야 하고, 그들과 함께 어울려 살아야 합니다. 다른 사람들보다 훨씬 고상한 성품을 갖고 있지만, 그보다 인간적인 사람들 곧 사람들 속에 들어가 그들과 함께 어울리며 그들과 쉽게 친숙해지는 사람들보다 별로 선한 일을 하지 못하는 목사들이 있습니다.

형제 여러분, 사람들이 여러분을 완전히 초월적인 존재로 느끼게 하는 것은 좋지 않습니다. 그렇게 되면 여러분의 설교가 아담의 타락한 후손들이 아니라 천사들 곧 그룹이나 스랍들에게 하는 것이 더 적합하다고 느껴 버리기 때문에 그들에게 별로 상관없는 존재가 된다는 것을 기억하십시오. 어쨌든 사람들 속에 거하는 사람이 되십시오. 그들의 오류와 악으로부터는 분명히 떠나 있되, 온전한 사랑과 동정으로 그들과 어우러지십시오. 그리고 사도 바울이 고백한 것처럼, 그들을 그리스도께 인도하기 위한 힘이 여러분 안에 있음을 확신하십시오.

사도 바울은 이렇게 고백했습니다: "내가 모든 사람에게서 자유로우나 스스로 모든 사람에게 종이 된 것은 더 많은 사람을 얻고자 함이라 유대인들에게 내가 유대인과 같이 된 것은 유대인들을 얻고자 함이요 율법 아래에 있는 자들에게는 내가 율법 아래에 있지 아니하나 율법 아래에 있는 자 같이 된 것은 율법 아래에 있는 자들을 얻고자 함이요 율법 없는 자에게는 내가 하나님께는 율법 없는 자가 아니요 도리어 그리스도의 율법 아래에 있는 자나 율법 없는 자와 같이 된 것은 율법 없는 자들을 얻고자 함이라 약한 자들에게 내가 약한 자와 같이 된 것은 약한 자들을 얻고자 함이요 내가 여러 사람에게 여러 모습이 된 것은 아무쪼록 몇 사람이라도 구원하고자 함이니"(고전 9:19-22).

전도자가 가져야 할 그 다섯 번째 인간적 자격은 **분명한 비이기성**입니다. 누구든 이기적인 사람으로 낙인이 찍히면, 그 순간부터 그는 사람들을 그리스도께 인도하는 것을 멈추게 됩니다. 어떤 사람들을 보면 그들 속에 이기성이 얼마나 깊이 뿌리박혀 있는지 모릅니다. 가정에서 식사할 때, 성전에서, 아니 모든 곳에서 그것을 봅니다. 이런 이기주의자들이 교회와 성도들을 대할 때, 그들의 이기성은 곧 정체를 드러냅니다. 그것은 그들이 세례자로서의 사역을 행할 때에는 좀 덜 나타나지만, 무엇을 하든 그들은 자기들의 욕심을 따라 하려고 합니다.

형제 여러분, 나는 여러분이 기꺼이 "아니오, 나는 그저 오늘 하루 먹을 것과 입을 것이 있으면 됩니다. 그것으로 만족합니다"라고 말하는 자들이 되기를 바랍니다. 만일 여러분이 여러분의 마음속에서 돈에 대한 생각을 제거한다면, 돈은 갑절로 여러분을 찾아올 것입니다. 그러나 반대로 어떻게든 돈을 붙잡아 수중에 두려고 애를 쓴다면, 그것이 여러분에게 잘 돌아오지 않는 것을 금방 알게 될 것입니다. 사례금에 이기적인 욕심을 부리는 목사들은 다른 일에도 똑같이 이기적일 것입니다. 그들은 그의 교회의 성도들이 자기보다 설교를 더 잘하는 다른 목사님들에 관해 아는 것을 좋아하지 않습니다. 그들은 성도들이 자기 교회 외에 다른 교회에서 일어나는 좋은 일에 관해 듣는 것을 참지 못합니다.

만일 다른 교회에서 부흥회가 있어서 영혼들이 구원받는 역사가 일어났다면, 그들은 빈정대는 투로 "오! 그래, 많은 회심자들이 있었다구? 하지만 그들이 누군데? 몇 달만 지나면 어디로 갈지 알게 뭐야?"라고 말합니다. 그들은 이웃 교회에서 한 번에 100명의 신자가 느는 것보다 일 년에 1명 자기 교회의 신자가 느는 것을 훨씬 더 크게 생각합니다. 만일 교회의 성도들이 여러분에게서 이런 종류의 이기심을 본다면, 여러분은 곧 그들에 대한 능력을 상실하게 될 것입니다. 만일 여러분이 위대한 사람이 되기로 결심하고, 누구에게든 일방적으로 밀어붙이기만 한다면, 여러분은 확실하게 비참한 상태에 빠지고 말 것입니다.

사랑하는 형제 여러분, 사람들이 모두 당신에게 절하고 당신을 경배한다면, 세상에서 누가 여러분 곁에 있겠습니까? 아무도 없습니다. 나는 여러분에게 이렇게 말하고 싶습니다: 여러분이 자신을 덜 생각할수록 사람들은 여러분을 더 생각하고, 여러분이 자신을 더 생각할수록 사람들은 여러분을 덜 생각할 것이다. 만일 여러분 중에 누구든 얼마간이라도 이기심을 갖고 있다면, 즉시 그것을 없애 달라고 기도하십시오. 그렇지 않으면 여러분은 주 예수 그리스도를 위해 영혼을 구하는데 합당한 도구가 되지 못할 것입니다.

여섯째로 전도자에게 요청되는 또 다른 자격은 거룩한 성품이라고 나는 생각합니다. 주일에 "경건한 교회생활"에 관해 설교해 놓고, 나머지 6일 동안에 스스로 저급한 삶을 사는 것은 아무 소용이 없습니다. 목사는 실제로 악한 행위를 범하지 않도록 그리고 연약한 양들에 대해 시험거리가 되지 않도록 항상 조심해야 합니다. 만사를 합법적으로 해야지, 편의에 따라 해서는 안 됩니다. 우리는 잘못된 것으로 판단 받는 일을 해서는 안 됩니다. 또 그 자체로는 잘못된 일이 아니더라도 다른 사람들에게 걸림돌이 될 만한 일도 기꺼이 피할 줄 알아야 합니다. 사람들은 거룩에 관해 설교하는 모습만이 아니라 우리가 거룩한 사람들임을 볼 때, 우리의 설교와 함께 인격을 통해서도 거룩한 행동을 하도록 인도 받게 될 것입니다.

일곱째로 우리가 영혼을 구원하는 자가 되려면, 진지한 태도가 있어야 한다고 나는 생각합니다. 어떤 목사들은 성격상 진지합니다. 얼마 전 기차 안에서 한 신사가 앞에 앉은 두 사람의 승객과 나누는 대화를 들은 적이 있었습니다. 두 승객 중 하나가 이렇게 말했습니다: "글쎄, 지금, 로마교회가 큰 힘이 있다고 생각하는데, 사람들을 교회로 끌어들이는데 성공하지 않을까? 그 사제들을 보면 굉장히 거룩하거든. 예를 들어 추기경을 보자구. 그는 마치 해골과 같아. 얼마나 오랫동안 금식과 기도를 했는지, 살이 다 빠져 거의 피골이 상접하단 말이야. 그래서 그런지 그가 설교할 때마다 즉시 거룩한 사람의 힘이 느껴진다니까. 그런데 스펄전 목사를 한 번 보게. 그는 일반인들처럼 먹고 마시곤 하지. 그래서 그의 설교를 들을 때 나는 별로 찔리는 자극이 없거든."

옆의 친구는 그의 얘기를 인내하며 다 듣고 난 다음, 아주 조용한 목소리로 이렇게 말하는 것이었습니다: "그 추기경의 그런 모습이 그의 간에 탈이 생겼기 때문이라는 것을 안다면 자네는 놀라겠지? 나는 그의 삐쩍 마른 몰골이 은혜 받은 징표라고 생각하지 않는다네. 그것은 그의 간 때문이라네." 그렇습니다. 성격적으로 우울한 기질을 가진 목사들이 있습니다. 그들은 항상 아주 진지합니다. 그러나 그들 속에 그것이 있는 것 자체는 은혜의 표지가 아닙니다. 그것은 단지 그들의 간에 탈이 생겼다는 것을 보여 주는 증거일 뿐입니다.

그들은 결코 웃지 않습니다. 그들은 웃는 것이 나쁘다고 생각합니다. 그러나 그들은 세상을 인간의 불행이 점차 증가하고 있는 곳으로 생각하고, 그럴 만한 이유가 없음에도 불구하고 세상을 두려워하며 삽니다. 이런 사람들은 자기들이 인간의 모든 쾌락과 즐거움에 찬물을 끼얹도록 운명지어진 존재들이라고 상상합니다. 사랑하는 형제 여러분, 만일 여러분 가운데 어느 누가 아주 진지하다면, 그것을 무조건 은혜의 결과로 돌려서는 안 됩니다. 그것은 여러분의 간의 건강 상태에 크게 의존하고 있기 때문입니다.

그러나 우리들 대부분은 웃음을 양약처럼 생각하는 경향이 훨씬 강하고, 침체에 빠진 사람들을 위로하고 격려하기 위해서는 항상 유쾌한 마음을 유지하는 것이 필요합니다. 하지만 우리가 어떤 사람들의 특징인 촐싹대는 변덕으로 충만하다면, 많은 사람들을 그리스도께 인도하기는 불가능합니다. 사람들은 "웃기는군. 저 젊은 친구가 기독교를 농담처럼 떠드는 소리 좀 들어봐. 저들이 강단에서 설교하는 소리를 듣는 것과 저녁시간에 식탁에 앉아 떠드는 얘기를 듣는 것은 완전히 별개라니까."

임종 직전에 목사를 만나보기 원했던 한 사람에 관해 들은 얘기가 있습니다. 목사가 오자 그는 목사에게 "목사님, 몇 년 전 설교를 마치고 집으로 돌아가던 어느 날 저녁, 당신과 함께 걷던 한 젊은이를 기억하시는지요?" 목사님은 기억하지 못한다고 대답했습니다. 그러자 그는 "저는 아주 선명하게 기억하고 있습니다. 목사님, 모교회에서 어떤 본문을 가지고 설교한 후 당신과 함께 집으로 돌아가던 젊은이가 기억나지 않습니까?"

"아, 그래요, 이제 생각납니다."

"예, 제가 바로 그날 저녁 목사님과 함께 걸었던 젊은이입니다. 저는 목사님의 그 설교를 지금도 기억합니다. 저는 절대로 그 설교를 잊을 수 없습니다."

"오 하나님, 감사합니다"라고 목사가 말했습니다. 그러자 죽어가던 그 사람은 "아닙니다. 제 얘기를 다 듣고 나면 절대로 하나님께 감사하지 못할 것입니다. 그때 저는 목사님과 함께 걸으며 더 많은 얘기를 나눌 수 없었습니다. 왜냐하면 목사님은 그 설교를 다 잊고 계셨기 때문입니다. 목사님의 설교는 그날 제게 큰 감동을 주었습니다. 그래서 그리스도께 제 마음을 드리려고 생각했습니다. 그래서 저는 목사님께 제 영혼에 대해 말씀드리고 싶었습니다. 그러나 그 순간 목사님은 농담을 하고 계셨고, 그 길 내내 당신은 진지한 주제들을 농담처럼 말씀하셨습니다. 그래서 저는 제가 느꼈던 것을 말씀드릴 수 없었고, 그것은 저로 하여금 기독교와 기독교인임을 고백하는 모든 사람들을 완전히 불신하도록 만드는 원인이 되고 말았습니다. 지금 저는 정죄를 받기 직전입니다. 제 저주의 피는 목사님이 살아 있는 동안 목사님 집 문 앞에 뿌려질 것입니다."

그리고 곧 그는 세상을 떠났습니다. 아마 여러분은 그런 일이 자기에게 일어나는 것을 바라지 않을 것입니다. 그러므로 형제 여러분, 그런 일이 여러분에게 일어나지 않도록 조심하십시오. 우리는 평생 동안 삶에 관해 진지한 태도를 유지해야 합니다. 그렇지 아니하면 우리는 다른 사람들을 그리스도께 인도하리라는 소망을 이룰 수 없습니다.

마지막 여덟 번째로, 우리가 영혼을 구하는 자로서 하나님께 쓰임 받으려면, 우리의 마음속에 분명한 부드러움이 있어야 한다는 것입니다. 나는 적당히 거룩한 담대함을 가진 사람을 좋아합니다. 그러나 그가 지나치게 용감해서 철면피하고 건방진 모습을 보이는 것은 원치 않습니다. 젊은 목사는 강단에 올라가 설교할 때, 설교하는 자신의 입장을 설명하고, 회중들에게 자신의 부족함을 이해해 달라고 간청합니다. 그는 하나님이 성도들에게 메시지를 전하도록 보내셨기 때문에 자신이 설교할 자격이 있다는 것을 모르지 않습니다. 그러나 그는 자신이 진리에 관해 적극적으로 선포하기에는 너무 젊고, 또 경험이 없다고 느낍니다. 이 같은 변명은 생쥐 한 마리도 구원하지 못합니다. 하물며 사람을 구원할 수는 더 없습니다.

주님이 여러분에게 복음을 선포하라고 보내셨다면, 왜 변명을 합니까? 대사들은 외국 정부에 나아갈 때 결코 변명하지 않습니다. 그들은 자기 나라의 대통령이 자기들을 파견했다는 것을 알고 있고, 그래서 그들은 자국의 대통령과 국가의 전권을 위임받아 메시지를 전달합니다. 여러분이 젊다고 해서 그런 식으로 나가는 것은 무가치한 일입니다. 여러분은 단지 양의 뿔로 만든 나팔입니다. 여러분이 양의 머리로부터 어제 잘라졌든 아니면 25년 전에 잘라졌든 그것은 아무 문제가 되지 않습니다. 하나님이 여러분을 통해 나팔을 부신다면, 그 소리는 그 어떤 소리보다도 클 것입니다. 반면에 그분이 부시지 않는다면, 아무리 불어대도 소리가 나지 아니할 것입니다. 그러므로 여러분은 설교할 때, 크게 외치십시오.

그러나 아주 부드럽게 선포하십시오.

만일 선포될 말씀 중에 듣기에 별로 유쾌하지 못한 내용이 있다면, 그것을 가능한 한 가장 부드러운 형식으로 전하도록 주의하십시오. 내가 아는 어떤 목사는 다른 사람에게 메시지를 전달할 때, 잔뜩 겁을 먹도록 부담을 줌으로써 상대방의 기분을 상하게 할 때가 많았습니다. 그러나 내가 똑같은 문제를 그 사람에게 말했을 때, 그는 이렇게 말했습니다: "목사님의 말씀은 듣기에 전혀 부담이 없습니다. 목사님은 아무리 싫어하는 메시지라도 싫어하지 않고 듣도록 전달하는 방법을 알고 계시는군요."

"글쎄요, 하지만 다른 목사님들이 그런 것처럼 나도 당신에게 강하게 전했습니다." 이에 그는 이렇게 대답했습니다: "그랬군요, 하지만 그들은 제가 그 말을 받아들일 수 없을 정도로 아주 불쾌하게 말했답니다. 그런데 목사님, 저는 그 같은 다른 목사님들에게 칭찬 듣는 것보다는 목사님에게 책망 듣는 것이 더 좋습니다."

여러분도 나처럼 그렇게 한다면 책망을 들어도 상대방은 오히려 고마움을 느끼게 될 것입니다. 어떤 사람은 상대방을 기분 좋게 하면서 그를 발로 차 아래 층으로 떨어뜨릴 수도 있습니다. 반면에 어떤 사람은 문을 활짝 열어 놓았어도 기분이 나빠 그가 거기서 사라지기 전까지는 들어가고 싶지 않은 경우도 있습니다. 그런데 만일 우리가 어떤 사람에게 그의 영혼이 구원받아야 한다는 사실을 깨닫게 하는데, 필수적이지만 듣기에는 굉장히 거북한 진리를 말해 주고자 한다면, 그가 확실히 믿도록 단호하게 전달하는 것이 급선무입니다. 그러나 나는 그가 그것 때문에 기분 상하지 않도록 조심스럽게 메시지를 전할 것입니다. 그의 기분이 상하게 되는 경우는 얼마든지 생길 수 있는데, 그런 경우에는 우리가 전하는 것이 그의 양심에 대해 효력을 발휘하도록 해야 합니다.

나는 마치 자기들이 프로 권투선수인 양 설교하는 목사들을 알고 있습니다. 강단에서 설교할 때, 그들은 격투장에서 격투를 벌이고 있는 아일랜드 사람을 상기시킵니다. 설교하는 동안 그들은 시종일관 싸우러 올라오라고 사람들을 부르는 것처럼 보입니다. 그리고 그들은 이런저런 사람들을 가격할 때를 제외하고는 행복해 하지 않습니다. 하지만 그가 공격하는 사람들도 그것을 도저히 참아낼 수 없을 만큼 호전적이기 때문에 그와 자주 다투고 큰 소리를 치는 일이 벌어집니다. 이런 설교는 누가 듣든 간에 귀를 곤두세우도록 하는 설교법입니다. 만일 그런 목사들이 천국에서 설교한다면, 그들이 천사들과 싸우지 않을까 염려됩니다. 나는 이런 취향을 가진 목사들을 많이 알고 있습니다.

내가 알고 있기로는, 별로 길지 않은 기간 동안 교회를 12군데나 옮긴 목사도 있습니다. 여러분은 그가 남겨놓은 폐해를 보면서, 그가 어떻게 사역했는지를 알 수 있을 것입니다. 그는 항상 침체 상태에 있는 교회를 찾아가고, 곧장 그들을 정화시키는 곧 그들을 제거하는 작업을 시작합니다. 전체적으로 볼 때, 가장 먼저 일어나는 일은 핵심 집사들이 교회를 떠나는 것입니다. 그 다음에는 핵심 가정들이 떠나고, 머지않아 얼마 남지 않은 성도들도 그의 곁에 있을 수 없도록 함으로써 아주 효과적으로 그곳을 정화시켜 버렸습니다. 다른 곳에 가서도 그는 똑같이 제거 과정을 반복합니다.

그는 영적인 의미에서 배 밑창의 구멍을 뚫는 역할을 하는 자로서, 튼튼한 배의 밑창에 구멍을 뚫을 때를 제외하고는 행복해 하지 않습니다. 그는 배가 튼튼하지 못한 것 같다고 말합니다. 그래서 그는 배가 침몰할 때까지 구멍을 뚫고 뚫습니다. 그런 다음 그 배를 떠나 다른 배로 옮겨가 똑같은 방법으로 그 배도 가라앉힙니다.

그는 자신이 깨끗한 것과 더러운 것을 분리시키고, 엄격하게 그 더러운 것을 정화시키는 일을 하도록 부르심을 받았다고 생각합니다. 나는 이 목사의 간의 건강 상태를 믿을 수 없습니다. 그의 마음속에는 뭔가 건강하지 못한 것이 들어 있음이 분명합니다. 확실히 그는 항상 자기를 가까이 하는 사람에게 자신의 나쁜 기질을 전염시키는 악질을 갖고 있습니다. 단지 사흘 동안이라도 그와 함께 있는 것은 위험합니다. 왜냐하면 그는 그 사이 세상에서 가장 온유한 사람과도 다툴 것이기 때문입니다. 나는 그에게 새로운 교회를 추천하고 싶지 않습니다. 차라리 가능한 한 스스로 교회를 세우는 것이 좋을 것 같습니다. 왜냐하면 그가 가는 곳마다 교회는 사납기로 소문난 타타르 산 말이 짓밟고 지나가 다시는 풀이 자라지 못할 곳처럼 되어 버릴 것으로 생각되기 때문입니다. 만일 여러분 가운데 이처럼 거칠고, 더러운 기질이 조금이라도 있다면, 바다로 달려가 그것을 깨끗하게 씻어내십시오.

나는 마호메트에 관한 전설을 소개하고 싶은데, 그런 일이 여러분에게도 일어나기를 바랍니다. 그 전설의 내용은 이렇습니다: "모든 인간 속에는 죄의 검은 얼룩이 두 개 있다. 이 위대한 선지자 자신은 통상적인 악의 운명을 피하지 않았다. 하지만 천사가 그의 마음을 취하도록 파송을 받았고, 그것 때문에 두 개의 죄의 검은 얼룩이 제거되었다." 어쨌든 여러분은 신학교에서 공부하는 동안 이 검은 얼룩들을 제거하십시오. 만일 여러분 속에 어떤 악덕이나 악의나 못된 기질이 있다면, 이곳에 있는 동안 그것을 제거해 달라고 주님께 기도하십시오. 다른 목사들이 그런 것처럼, 싸우기 위해 교회를 찾는 목사가 되지 않도록 하십시오.

어떤 형제는 "하지만 저는 성도들이 나를 함부로 대하는 것을 못참습니다. 나는 뿔로 그 황소를 받아버릴 것입니다"라고 말하겠지요. 만일 여러분이 그렇게 한다면, 그것은 참으로 어리석은 짓입니다. 나는 내가 그런 일을 하도록 부르심 받았다고 생각한 적이 결코 없었습니다. 그가 가고 싶은 대로 두십시오. 만약 당신을 받으려고 달려드는 황소의 뿔을 잡는다면, 황소는 아마 여러분을 공중으로 날려 버리기에 아주 적당한 그런 피조물이 아닐까 싶습니다.

또 다른 형제는 "그래도 우리는 잘못된 것은 바로잡아야 합니다"라고 말할 것입니다. 예, 하지만 잘못된 자들을 바로잡는 가장 좋은 길은 현재보다 그들을 더 잘못된 존재가 되지 않도록 만드는 것입니다. 도자기 하나를 깨끗하게 하기 위해 미친 황소를 도자기 가게 안으로 들여보내려고 생각하는 사람은 아무도 없습니다. 악한 기질을 보여 줌으로써 우리 교회에 있는 그릇된 것을 바로잡으려는 사람은 아무도 없습니다. 그러므로 항상 사랑이 담긴 말로 진리를 말하고, 특별히 죄를 책망할 때에는 더욱 그렇게 하도록 하십시오.

형제 여러분, 나는 전도란 내가 지금까지 언급했던 자격의 소유자들에 의해서만 이루어져야 한다고 생각합니다. 그리고 그들은 비슷한 성품을 가진 다른 사람들에게 그 힘을 미칠 수 있습니다. 여러분은 충분하고도 충만한 축복을 기대하기 전에 이런 좋은 성품을 지니고 살고, 활동할 수 있는 사람이 되게 해 달라고 성령께 구하기 바랍니다. 모쪼록 주 예수 그리스도를 위하여 여러분과 여러분의 교회 성도들은 내가 지금까지 언급한 모든 자격들을 구비하기를! 아멘.

제 4 장

전도에 합당한 설교

형제 여러분, 오늘 나는 여러분에게 사람들을 회심시키는데 합당한 설교란 어떤 것인가라는 취지로 말씀을 전하고자 합니다. 우리가 진정 설교를 듣는 청중들이 주 예수 그리스도를 믿고 구원받기를 원한다면, 어떤 설교를 전해 주어야 할까요?

물론 우리 모두는 오직 성령께서만 한 영혼을 회심시킬 수 있다는 것에 전적으로 동의합니다. 누구든지 위로부터 거듭나지 아니하면 하나님 나라에 들어갈 수 없습니다. 모든 역사는 성령께서 행하십니다. 우리는 그 역사의 결과에 대해서는 조금이라도 그 공을 우리 자신에게 돌려서는 안 됩니다. 왜냐하면 하나님의 영원하신 계획에 따라 사람 속에 새롭게 창조하시며 역사하시는 분은 오직 성령이시기 때문입니다.

그러나 우리는 그분의 손에 쥐어져 있는 도구들이 될 수는 있습니다. 그분은 도구들을 선택해서 사용하시되, 합당한 이유를 따라 그것들을 선택하시기 때문입니다. 다윗이 블레셋 족속 골리앗을 죽이기 위해 물매와 돌멩이를 사용한 것처럼, 목적을 위해서는 수단의 선택이 있어야 합니다. 골리앗은 거인이었으나 물맷돌로 얼마든지 맞출 수 있고, 게다가 그 거인은 완전 무장을 하고 있었기 때문에 그의 이마 외에는 공격할 만한 부분이 없었습니다. 따라서 그를 죽이기 위해서는 그곳이 유일한 공격지점이었습니다.

다윗은 물매를 가지고 있었고, 그것 외에 다른 대안이 없었는데, 대부분의 소년들이 자기에게 맞는 나름대로의 무기를 사용했던 것처럼, 그도 그것 외에 다른 무기들을 가지지 못했기 때문이었습니다. 그는 부드러운 조약돌을 선택했는데, 그것이 물매에 적합하다는 것을 알고 있었기 때문이었습니다. 그는 적당한 돌을 취해 골리앗의 머리를 겨누었고, 그것이 그의 이마에 명중하자 그의 머리를 관통했고, 그는 곧 땅에 고꾸라졌습니다.

여러분은 이 선택의 원리가 성령의 전체 역사에 두루 적용된다는 것을 알아야 합니다. 만일 어떤 사람이 이방인의 사도가 되도록 선택받는다면, 성령께서는 대범한 마음을 갖고, 잘 훈련되고, 수준 높은 교육을 받은 바울과 같은 사람을 택하십니다. 왜냐하면 이방인들에게 복음을 전하는 자로서는 강한 마음을 가졌지만 약간은 좁은 마음을 가진 베드로보다는 바울과 같은 마음을 가진 사람이 훨씬 더 적합하기 때문입니다. 베드로는 동족인 유대인들에게 복음을 전하기에 더 적절한 사람으로서, 무할례자들보다는 할례자들에게 전할 때 훨씬 더 효과적으로 쓰임 받은 사람이었습니다.

각자 자기의 자리에서 바울도 합당한 사람이고, 베드로도 역시 합당한 사람입니다. 여러분은 이 원리에 따라 자신에게 주어지는 교훈을 받아 여러분의 목적에 적합한 수단들을 선택해야 합니다. 성령 하나님은 여러분의 설명, 해석, 강해와는 상관없이 어느 본문을 통해서도 영혼을 회심시킬 수 있습니다. 그렇지만 여러분도 아시다시피, 그 중에서도 아직 주님을 모르는 죄인들의 마음에 주어지면 특별히 더 좋은 성경 본문들이 있습니다. 이것이 여러분이 본문을 택하는데 적용된다면, 청중들에게 전하는 여러분의 설교는 얼마나 더 그렇겠습니까? 그것을 듣는 사람들에게 정말 은혜가 되는 설교에 관해 나는 다음과 같이 말하고 싶습니다.

첫째, 그것은 분명히 청중들의 회심을 목표로 하는 설교여야 한다는 것입니다. 나는 언젠가 한 목사님이 자신이 어떤 내용을 전하든 그 설교를 통해 영혼들을 구원해 주시기를 위해서 하나님께 간구하는 것을 들었습니다. 사실 청중들에게 전한 설교가 죄인으로 하여금 자기를 부인하고 구주를 찾도록 이끌기보다는 오히려 죄 가운데서 더 강팍해지도록 만드는 엉터리 같은 설교이기 때문에, 하나님께서 그 설교를 바로 이해하지 못하도록 역사하시는 경우가 아니라면, 하나님은 어떤 설교를 통해서든 은혜가 되도록 역사하실 수 있다는 사실을 나는 지체 없이 말하는 바입니다. 어떤 청자든 설교를 듣고 그것을 샅샅이 살펴보기만 한다면, 그 안에서 은혜 받지 못할 것이 없지는 않을 것입니다.

내가 보기에는 한 신실한 노파가 자기에게 말씀을 전한 목사의 설교를 적용시킨 원리가 좋은 것 같습니다. "할머니는 왜 이 교회에 오십니까?"라고 질문을 받자 "글쎄요, 내가 갈 수 있는 교회가 여기밖에 없기 때문이라오"라고 대답했습니다. 그러자 옆에 있던 그녀의 한 동료가 "이런 헛소리를 듣는 것보다 집에서 쉬는 것이 더 낫지 않아요?"라고 말했습니다. 이에 그녀는 이렇게 대답했습니다:

"어쩌면 그럴 수도 있겠죠. 하지만 나는 아무 소득이 없어도 예배드리는 것이 좋습니다. 때때로 곡식을 찾기 위해 쓰레기더미를 마구 헤치며 뒤지는 암탉을 본적이 있지요. 그렇다고 곡식을 찾는 것은 아니지만, 암탉이 그것을 찾고 있다는 것과 그것을 얻기 위한 수단을 사용하고 있다는 것을 보여 주고, 그것이 암탉을 따뜻하게 해 주는 운동이 되잖아요."

그러면서 노파는 자기가 들은 빈약한 설교를 마구 파헤치는 것은 그것이 자신의 영적 능력을 배양하고, 자신의 영혼에 활력이 넘치도록 만들기 때문에 자기에게 축복이 된다고 하였습니다.

하나님이 눈과 얼음을 사용하여 밀이 익도록 하지 않으면, 안개와 구름을 사용하여 세상을 조명하지 않으신다면, 설교만으로는 절대로 영혼이 구원받을 수 없는 그런 종류의 설교들이 있습니다. 그러나 설교자 자신은 자신의 설교를 통해 누가 회심하게 될지 분명히 생각하지 못합니다. 만일 100명 아니, 다만 6명이라도 그들을 통해 회심했다면, 설교자 자신만큼 놀랄 사람은 없을 것입니다. 실제로 나는 그 같은 목사의 설교를 듣고 회심한, 아니 최소한 죄를 뉘우친 사람을 알고 있습니다.

어떤 교구 교회에서 담당 교구목사의 설교를 듣고 깊이 죄를 뉘우친 사람이 있었습니다. 그때 그 목사님은 그가 어떤 상태에 있는지 전혀 모르고, 그에게 말하기를 "내 설교가 당신의 마음을 상하게 해 드렸다면 정말 미안합니다. 그런 의도로 설교하지는 않았습니다"라고 했습니다.

"아닙니다. 목사님, 당신은 제가 거듭나도록 말씀을 잘 전하셨습니다."

"오! 그것은 세례 받을 때 일어난 일일 겁니다."

이에 그 사람은 지체 없이 "그러나 목사님, 설교할 때 그렇게 말씀하시지 않았습니까? 목사님은 분명히 거듭남의 필요성에 대해 설교하셨습니다."

"어쨌든 제가 한 설교가 당신을 불편하게 했다면 용서하십시오. 나는 정말 좋은 뜻으로 말씀드렸습니다. 당신은 참 마음이 좋으시군요. 함부로 교구를 옮기지 않는다면, 당신은 정말 좋은 사람입니다."

"그건 그렇지만, 목사님, 저는 죄의식을 갖고 있고, 당신은 우리가 새로운 피조물이 되어야 한다고 말씀하셨습니다."

결국 당황한 그 목사님은 이렇게 고백했습니다: "그런 일에 대해서는 모르겠습니다. 나는 거듭나게 한 적이 없으니까요." 어쨌든 그 목사님은 그가 침례교 신학교에 가도록 만드는 역할을 했고, 그는 지금 침례교 목사로 재직 중인데, 그가 목사가 된 것은 순전히 자기가 전한 진리를 자신도 바르게 이해하지 못한 한 설교자의 설교를 들은 것이 계기가 되었습니다.

물론 하나님은 그 같은 설교, 그 같은 목사의 사역을 통해서도 영혼을 회심시킬 수 있습니다. 하지만 그것은 바람직한 것은 아닙니다. 정말 바람직한 것은 하나님이 그 무한하신 주권에 따라 마음이 뜨거운 사람이 다른 사람들이 구원받기를 바라는 간절한 마음을 갖고, 자기들을 구원하신 것처럼 그들도 구원해 주시기를 바라면서, 자기들이 받은 진리를 그들에게 전하는 현장에서 역사하십니다. 하나님은 새 생명이 무엇인지 이해하지 못하거나 또는 적절한 양육이나 보살핌을 받지 못하는 사람들 중에서 새로 거듭난 자녀들을 불러내시지 않습니다. 그러므로 형제 여러분, 만일 여러분의 설교를 듣는 청중들이 회심하기를 바란다면, 설교의 내용은 분명히 회심을 목표로 삼아야 하고, 하나님도 그런 목표가 있는 설교에 역사하기를 좋아하신다는 것을 명심하십시오. 그렇게만 된다면, 영혼들이 구원받을 것을 기대해도 되고, 많은 사람들이 구원받을 것을 기대해도 좋습니다.

한 영혼이 회심하는 것으로 만족하지 마십시오. 천국의 법칙은 "네 믿음대로 되리라"는 것입니다. 나는 어젯밤 설교에서 성경에 "네가 믿지 않는 대로 되리라"고 기록되지 않은 것을 감사했습니다. 우리에게 큰 믿음이 있다면, 하나님은 우리의 믿음에 따라 역사하실 것입니다. 오, 우리가 불신앙을 완전히 근절하고, 마음과 영혼을 다해 하나님의 크신 일들을 믿고 설교할 때, 사람들이 회심하는데 합당한 진리들을 선포하고, 회중들이 변화받기에 합당한 축복의 내용들을 선언한다면, 얼마나 좋을까요! 물론 우리는 항상 성령께서 그 사역의 효력을 일으키시는 당사자라는 것을 믿어야 합니다. 왜냐하면 우리는 그분의 도구에 불과하기 때문입니다.

이제 우리 주제에 더 깊이 다가가도록 합시다. 둘째, 사람들을 구원하는 설교는 그들의 관심을 불러일으키는 설교가 되어야 한다는 것입니다. 여러분은 먼저 그들이 복음의 소리를 들을 수 있는 자리로 나아오도록 해야 합니다. 왜냐하면 여하튼 런던에 사는 불신자들은 예배당에 대해 큰 혐오감을 갖고 있기 때문입니다. 많은 교회와 예배당이 그런 인식을 주고 있는데, 이것은 결코 놀랄 만한 일이 아닙니다.

많은 경우에 불신자들은 강단에서 선포되는 신학적 "술어"(lingo)를 이해하지 못하기 때문에 예배에 참여할 흥미를 느끼지 못합니다. 그것은 영어나 헬라어가 아니라 통 알아들을 수 없는 이상한 말(Double dutch)입니다. 일반 노동자는 이런 전문용어를 듣는 즉시 자신의 아내에게 이렇게 말할 것입니다: "샐, 나는 다시 오고 싶지 않아. 내게 맞는 게 하나도 없어. 아니 당신에게도 마찬가지야. 대학을 나온 엘리트들이나 있어야 할 자리지, 우리 같은 사람들이 있어야 할 곳은 아니야."

형제 여러분, 우리는 휫필드가 "시장 언어"라고 부른 말로 설교해야 합니다. 그래야 모든 계층의 사람들에게 우리의 메시지를 들려주게 될 것입니다.

그 다음, 그들이 예배당 안으로 들어오면, 우리는 그들이 흥미를 잃지 않도록 설교해야 합니다. 그들이 자는 동안에는 회심할 수 없으니까요. 그들이 잠을 자고 있다면, 차라리 편하게 휴식이나 취하도록 집에서 잠을 자게 하는 게 낫습니다. 우리가 사람들을 진정 회심시키기 원한다면 그들의 정신이 깨어 활동하도록 만들어야 합니다. 총으로 새를 잡고자 할 때, 새들이 날아가도록 만들지 않는 한 총을 쏠 수 없습니다. 따라서 새들이 수풀 속에 숨어 있을 때에는 새들을 일부러 놀라게 해서 날아가도록 해야 합니다.

나는 일부 예의 바른 설교자들이 심판의 두려운 사실에 관해 설교할 때 유머를 사용하지 않는 것을 바람직하게 생각하지 않습니다. 나는 다 잠이 들도록 회중들에게 지루한 말씀을 전하기보다는 차라리 그들을 깨어 있게 하는 말씀을 전하고 싶습니다.

로울랜드 힐에 관해 이런 말이 전해집니다: "그가 도대체 무슨 말을 하고 있습니까? 그가 설교하는 동안 사람들은 웃느라고 정신이 없습니다."

그러자 한 지혜로운 사람이 "예, 하지만 그가 사람들을 즉시 잠들게 하는 것을 본 적이 있습니까?"라고 말했습니다. 우리도 그런 말을 듣는 것이 좋습니다. 그것은 좋은 일이고, 결과가 좋기 때문입니다. 나는 때때로 굴같이 말이 없는 사람의 입을 열도록 하기 위해 먼저 그의 몸을 간지럽혀 웃게 만듭니다. 그런 다음에 그에게 칼을 들이댑니다. 그는 내 칼 때문에 입을 연 것이 아닙니다. 다른 이유로 그렇게 했습니다. 그리고 이런 일이 사람들에게 일어나야 할 일입니다.

그들은 어쨌든 그들의 눈과 귀 그리고 영을 열도록 먼저 준비되어야 합니다. 그것들을 열고 나면, "이제 나에게 기회가 왔다"고 느끼게 될 것입니다. 여러분의 설교를 들으러 온 코뿔소같이 완고한 죄인들 속에는 아주 공략하기 쉬운 약한 부분이 있습니다. 그러나 여러분이 그 부분을 통해 복음의 총을 쏜다면, 그 총알은 필요한 부분에 정통으로 박혀 소기의 목적을 달성하게 될 것입니다.

나아가 설교를 듣는 사람들은 자기가 들은 것을 분명히 기억할 정도로 설교에 흥미를 가지고 있어야 합니다. 그들은 주제가 자기들의 관심을 끄는 것이 아니면 들은 것을 기억하려고 하지 않을 것입니다. 흥미가 없다면 우리가 아무리 훌륭한 설교를 해도 그들은 잊어버립니다. 아무리 멋진 시구를 인용해도 그들은 기억할 수 없습니다. 그들이 그것을 기억한다고 해도 그들에게 어떤 유익을 줄지는 잘 모르지만, 최소한 우리는 그들이 잊어버리지 않을 정도의 흥미를 주면서 설교를 해야 합니다. 나는 테일러가 "설교의 놀라운 능력"이라고 부르는 것, 즉 그것을 듣고 있는 사람들이 전혀 기대하지 못한 어떤 능력이 있다고 믿습니다. 그들은 설교자가 아주 진솔하고 정직하게 어떤 사실을 전하고 있다고 믿을 때에는 아주 서툴고 요령 없이 전하는 설교라 해도, 그 내용을 기억할 것입니다. 그러므로 복음을 기억하도록 매듭을 두는 것이 중요합니다.

우리는 큰 부자가 된 재단사에 관한 일화를 알고 있습니다. 그는 동료 재단사들에게 자신의 비결을 솔직히 털어놓겠다고 약속을 했습니다. 그가 죽기 직전 그의 침대 주위에 동료 재단사들이 둘러앉았습니다. 그들이 아주 진지하게 듣는 것을 보고 그는 이렇게 말했습니다: "이제 나는 여러분에게 재단사로서 어떻게 해야 돈을 많이 벌 수 있는지에 대해 말하고자 합니다. 그 비결은 바로 이것입니다. 항상 여러분의 실로 매듭을 두어야 한다는 것입니다."

나는 설교자인 여러분에게도 이와 똑같은 조언을 하고 싶습니다. 항상 여러분의 실에 매듭을 두도록 하십시오. 만일 실로 매듭을 둔다면, 절대로 제품이 잘못되지 않습니다. 어떤 설교자들은 바늘을 제대로 사용하긴 하지만, 그들의 실에 매듭이 없습니다. 곧 설교의 줄거리 속에 요점이 없습니다. 그래서 그들은 그것을 그냥 지나쳐 버리고, 결국엔 아무것도 얻지 못하게 됩니다. 형제 여러분, 여러분의 설교에 좋은 매듭이 많도록 하십시오. 그래야 사람들이 자기들의 기억 속에 그것을 남겨둘 가능성이 훨씬 더 커지는 법입니다.

여러분은 재봉틀로 실을 박는 것처럼 설교를 해서는 안 됩니다. 왜냐하면 만일 그것이 나뭇가지에 걸리기만 해도 그 전체가 다 풀려 버리기 때문입니다. 설교 속에는 "깔쭉깔쭉한 매듭들"이 많이 있어야 합니다. 퍼거슨 씨가 여러분에게 "깔쭉깔쭉한 매듭들"이 무엇인지 말해 줄 것입니다. 퍼거슨 씨를 보십시오. 그는 자신이 좋아하는 스코틀랜드 산 코트를 걸치고 있는데, 보십시오. 그 코트를 보면, 그 깔쭉깔쭉한 매듭들이 많습니다. 이 "깔쭉깔쭉한 매듭들"이 사람들 위에 골고루 떨어지게 하십시오. 그것들을 마주치게 하는 말씀, 오랫동안 그것들을 생각하도록 하는 말씀을 전하십시오. 그때 그들은 그 말씀을 통해 은혜를 받게 될 것입니다.

나는 하나님을 빙그레 웃게 하는 설교가 구원의 능력을 갖고 있는 설교라고 생각합니다. 만약 이런 특징을 갖고 있다면, 그 설교는 듣는 자들에게 직접 구원을 일으키는 능력을 줄 뿐만 아니라 그들의 흥미를 일으키는 것이기도 할 것입니다.

셋째, 영혼을 그리스도께 인도하는데 적합한 설교의 또 다른 특징은 그것이 지식적이어야 한다는 것입니다. 만일 사람들이 설교를 통해 구원받아야 한다면, 그것은 최소한 어느 정도의 지식을 담고 있어야 합니다. 그 안에는 불과 빛이 함께 있어야 합니다. 어떤 설교자들은 오직 빛만 있고, 불은 없습니다. 그러나 우리가 원하는 것은 불과 빛을 겸하는 것입니다. 나는 불꽃으로 충만한 열정적인 설교자들을 판단하지 않겠습니다. 그러나 그들은 자기들이 선포하는 말씀에 관해 깊은 지식을 갖기 바랍니다. 만일 그들이 자기가 선포하는 것을 자기도 이해하지 못하고 있다면 차라리 전하지 않는 것이 더 낫다고 나는 생각합니다.

거리에 서서 "믿으라! 믿으라! 믿으라! 믿으라! 믿으라! 믿으라!"고 외치는 것은 좋은 일입니다. 그러나 사랑하는 형제 여러분, 도대체 무엇을 믿으라는 말입니까? 그 큰 소리가 도대체 무슨 소리입니까? 이런 부류의 설교자들은 울기만 하는 어린아이와 같습니다. 그가 울고 있는 동안 그의 울음을 그치게 하는 어떤 일이 일어났습니다. 그러면 그는 즉각 "엄마, 내가 왜 울었지?" 합니다. 감정과 확신은 강단에서도 아주 중요합니다. 느낌, 감정, 정서, 마음의 권능 등은 올바로 사용하면 정말 좋습니다. 그러나 지식도 필요합니다. 영원한 복음을 선포할 때, 복음이 무엇을 의미하는지 정확하게 선포하십시오.

여러분이 타락에 관한 진리, 율법에 관한 진리, 인간 본성과 그것의 하나님과의 분리에 관한 진리, 예수 그리스도에 관한 진리, 성령에 관한 진리, 영원하신 아버지에 관한 진리, 거듭남에 관한 진리, 하나님에 대한 순종의 진리를 정확하게 선포한다면, 사람들을 회심시키기가 훨씬 수월해질 것이라고 나는 확신합니다. 사랑하는 형제 여러분, 여러분은 설교할 때마다 회중들에게 분명한 진리를 전하십시오. 무엇을 전하든 진리를 전하십시오. 진리를 전하십시오!

물론 여러분의 회중들이 여러분의 설교를 이해하지 못한다고 해도, 전혀 유익이 없는 것은 아닙니다. 나는 그런 설교를 통해서도 얼마든지 은혜를 끼칠 수 있다고 생각합니다. 예를 들면 한 영국의 귀족 부인이 데본주에서 퀘이커 교도들이 모인 한 모임에 초대를 받았는데 이런 일이 있었습니다. 그녀는 성령의 은혜가 충만한 부인으로서, 네덜란드에 거주하는 영국 퀘이커 교도들에게 강연을 하게 되었는데, 그녀는 무리들 가운데 한 형제에게 통역을 부탁했습니다. 하지만 그 자리에 모인 회중들은 통역자가 전혀 알아듣지 못하도록 통역을 했음에도 불구하고, 그녀에게 놀라운 권능과 정신이 있다는 것을 느꼈습니다. 물론 그들은 퀘이커 교도들로서 우리와는 다른 교파의 사람들이고, 그 귀족 부인이 얼마나 좋은 여인인지 모르지만, 내가 그 자리에 있었다면 나는 그녀가 한 말을 알아듣고 싶습니다.

강연 내용이 제대로 통역되지 않았다고 해도, 전혀 유익이 없는 것은 아니라고 생각합니다. 하지만 나는 항상 자기들이 무엇을 설교하는지 그 내용을 분명히 알고 있고, 자기가 말하는 것이 어느 정도의 가치가 있는지를 분명히 확신하고 있는 설교자들을 좋아합니다. 그러므로 사랑하는 형제 여러분, 회중들의 감정의 끈을 잡아당겨 그들을 울부짖게 만드는 것으로 만족하지 말고 그들에게 분명한 진리를 전달하는 설교자가 되십시오. 회중들에게 진리를 말하십시오. 여러분은 그들을 가르쳐야 합니다. 회중들에게 복음을 선포하십시오. 그들에게 진리를 이해시킴으로써 평화를 얻을 수 있도록 설교하십시오. 우리는 회중들에게 전하는 말씀을 통해 실제로 그들을 가르치지 아니하면, 우리의 설교를 통해 사람들이 구원받으리라고 기대해서는 안 됩니다.

넷째, 사람들이 회심하려면 그들은 우리의 설교에 감동을 받아야 한다는 것입니다. 그들은 흥미를 느껴야 하고, 가르침을 받아야 할 뿐만 아니라 또한 감동을 받아야 합니다. 사랑하는 형제 여러분, 사람들이 생각하는 것 이상으로 훨씬 더 감동적인 설교가 많이 있다고 나는 생각합니다. 여러분의 설교를 듣는 사람들에게 하나님의 말씀을 감동스럽게 마음에 심어 주기 위해서는 먼저 여러분 자신이 그 설교에 감동을 받아야 한다는 사실을 명심하십시오. 여러분이 먼저 그것을 느끼고, 그것을 느낀 사람으로서 설교하십시오. 단순히 느낀 것처럼 하지 말고, 그것을 느끼기 때문에 설교하는 자가 되십시오. 사실 다른 방법으로는 절대로 다른 사람들에게 감동을 줄 수 없습니다. 강단에 올라가 다른 사람의 설교를 읽어 주는 것이 회중들에게 어떤 감동을 줄 수 있을지 의심스럽습니다. 우리는 성경을 빌려 온 물건처럼 사용하고, 거기서 머리만 뚝 따옵니다. 그런데 똑같은 일이 종종 빌려 온 설교 곧 머리만 뚝 따온 설교들에서도 일어납니다. 빌려온 설교를 하는 설교자들은 설교를 준비하는데 얼마나 많은 고민을 해야 하는지 또는 간단한 원고만 갖고 설교하는 기쁨이 얼마나 큰지 잘 모릅니다.

내 사랑하는 친구 중에 빌려 온 설교가 아니라 자신의 설교를 하는 친구가 있습니다. 어느 날 나는 그와 설교에 관한 이야기를 나누었습니다. 나는 설교하기 전 그 내용을 생각해 볼 때 그리고 회중들에게 설교하는 동안, 내 영혼이 얼마나 감동을 받고, 내 마음이 얼마나 자극을 받는지에 대해 말해 주었습니다. 그러나 그는 자기는 설교하는 동안 그런 감동을 느끼지 못한다고 말하면서, 나에게 한 소녀 얘기를 해 주었습니다.

이가 너무 아파 울고 있는 소녀에게 그녀의 할머니가 "얘야, 이처럼 작은 일로 울고 있는 네가 부끄럽지 않니?"

그러자 소녀는 "할머니가 그렇게 말하는 것은 당연해요. 하지만 할머니는 이가 아프면 빼 버리면 되지만, 나는 그럴 수 없잖아요"라고 했습니다.

어떤 설교자들은 그들이 택한 설교가 마음에 들지 않을 때, 설교가 들어 있는 서랍을 열고 거기서 다른 설교를 꺼냅니다. 그러나 아무리 기쁨으로 가득 찬 설교를 하더라도, 나 자신이 무겁고 슬픈 마음을 느끼고 있다면, 나는 완전히 비참한 상태에 빠지게 됩니다. 아무리 내가 사람들에게 제발 좀 믿으라고 권면하고 그들이 믿기를 바라더라도, 내 영이 둔감해져 있고 냉랭한 상태에 있다면, 나는 결국 비참한 마음을 느끼게 될 것입니다. 이가 아프다고 그것을 빼낼 수는 없습니다. 그것은 내 일부니까요. 마찬가지로 내 설교도 나 자신의 일부이고, 그래서 나는 설교를 준비할 때나 설교를 전할 때나 큰 고민을 갖게 될 수 있습니다.

나는 언젠가 존경하는 나의 할아버지로부터 들었던 대답을 잊지 못합니다. 그때 나는 할아버지에게 이런 말을 했습니다: "할아버지, 너무 괴로워요. 정말 너무 고민이 되어서 설교를 못하겠어요. 차라리 영국을 떠나는 것이 낫겠어요."

나는 당시 내가 느낀 감정을 어떻게 극복해야 하는지에 대해 그분의 생각을 물었던 것입니다. 그때 그분의 답변은 "네가 극복한다면 네 능력도 사라질 것이다." 사랑하는 형제 여러분, 문제조차 제대로 파악하지 못했는데, 그것이 여러분의 손에 쥐어져 있고, 여러분을 무겁게 내리누르고 있다면, 바로 그때 여러분은 다른 사람들에게 감동을 줄 수 있는 설교를 하게 될 것입니다. 만일 여러분 자신이 여러분의 설교에 감동을 받지 못한다면, 그것을 통해 다른 사람들이 감동을 받으리라는 기대를 해서는 안 됩니다. 그러므로 여러분의 설교가 항상 여러분 자신과 여러분의 설교를 듣는 청자들 모두를 감동시킬 수 있는 설교가 되어야 한다는 사실을 잊지 마십시오.

나는 또한 우리가 어떻게 우리의 설교를 감동적으로 전달할 수 있을까 하는 문제를 생각해 봅니다. 어떤 설교자들의 설교는 그 전달 방법이 아주 잘못되어 있습니다. 만일 여러분의 설교가 그렇다면, 가능한 모든 방법을 다 동원해서 그것을 고치도록 하십시오. 한 젊은이가 노래하는 법을 배우기를 원했습니다. 그러나 그는 선생으로부터 "당신 목소리에는 하나의 음색이 있는데, 노래 부르는 데는 그것이 치명적입니다"라는 말을 들었습니다. 마찬가지로 단지 한 가지 음색만 갖고 있고, 그 속에 노래가 없는 설교자들이 있습니다. 할 수 있는 한 여러분은 여러분이 의도하는 분명한 목적을 잘 전달하는 설교가 되도록 노력하십시오.

예를 들면, 여러분이 심판자 앞에 서 있을 때 친구의 생명을 위해 기도하는 것처럼 절실한 마음으로 설교하십시오. 또는 사랑하는 어떤 사람을 위해 여왕 앞에서 호소하는 것처럼 애타는 심정으로 설교하십시오. 힘이 있는 자에게 자신의 구원의 정당성을 설복시키지 못한다면 그 위에 매달려야 할 교수대가 이 자리에 세워져 있다고 생각하고 죄인들의 구원을 위해 할 수 있는 한 절실한 목소리로 여러분의 음성을 사용하십시오. 그것이 하나님의 대사로서 여러분이 사람들을 위해 간구할 때 가져야 할 열심의 종류입니다. 사람들이 비록 여러분의 설교를 단순히 재미로 듣는다고 할지라도, 그 설교가 그들에게 단순한 유희가 되지 않고, 아무리 사소한 설교라도 여러분이 영생에 관한 문제들에 관해 진정한 열심을 갖고 설교한다는 것을 아무 의심 없이 파악할 수 있도록 해야 합니다.

나는 설교할 때 종종 이런 감정을 느꼈습니다. 나는 내가 가진 무기를 다 사용해야 한다는 것을 알고, 복음의 대포 속에 나 자신을 탄환으로 장전하고, 하나님의 선하심에 대한 나의 모든 경험, 죄에 대한 나의 모든 의식, 복음의 능력에 대한 나의 모든 느낌을 청중들에게 쏘아댐으로써 그들을 집중 포격했습니다. 하지만 설교만으로는 아무런 영향을 미칠 수 없는 사람들이 있습니다. 왜냐하면 그들은 자기들에게 복음만이 아니라 여러분 자신도 전달되는 것을 보기 때문입니다. 청자의 마음을 무너뜨리는데 합당한 설교의 종류는 먼저 설교자 자신의 마음을 무너뜨린 설교입니다. 청자의 마음을 사로잡기에 적합한 설교는 설교자의 마음으로부터 곧장 흘러나온 설교입니다. 그러므로 사랑하는 형제 여러분, 항상 사람들이 관심을 갖고, 가르침을 받을 뿐만 아니라 또한 감동을 받을 수 있는 설교를 하도록 노력하십시오.

다섯째, 우리는 우리가 의도하는 목적에 따라 청자의 마음을 변화시키는데 합당한 모든 것을 우리의 설교로부터 뽑아내야 한다고 나는 생각합니다.

세상에서 가장 좋은 설교의 스타일은 옷 입는 스타일과 마찬가지로 아무도 주목하지 않는 스타일입니다. 어떤 사람이 한나 모어(Hannah More)와 저녁 시간을 함께 보낸 적이 있었습니다. 그가 집에 돌아오자 그의 아내가 그에게 "모어 양이 어떤 옷을 입었던가요? 물론 그녀는 아주 멋진 옷을 입었겠지요"라고 물었습니다. 이에 대해 남편은 "맞아, 그녀는 정말 멋졌소. 그런데 그녀가 옷을 어떻게 입었었지? 그녀가 옷을 어떻게 입었는지 잘 모르겠네. 어쨌든 그녀가 옷 입은 모습이 특별하게 눈에 띄는 것은 없었던 것 같아. 그건 아마 그녀 자신이 관심의 대상이었기 때문일거야." 그것이 멋진 여성이 옷 입는 방식입니다.

우리가 주목하는 것은 그녀 자신이지 그녀의 옷이 아니기 때문입니다. 그녀는 어떻게 옷을 입었는지 모를 정도로 아주 멋진 옷을 입습니다. 그리고 그것이 가장 좋은 설교의 모습입니다. 때때로 일부 인기 있는 설교자들에 대해 말하는 것처럼, "그는 정말 멋지게 설교했어. 정말 멋진 말로 설교했지"라는 말이 여러분에 대한 말이 되지 않도록 해야 합니다.

여러분이 의도하고 있는 목표로부터 청자의 관심을 흩뜨리는 일이 없도록 여러분의 설교 속에 절대로 아무것도 첨가하지 마십시오. 만일 여러분이 인간의 방법에 따라 설교함으로써 죄인들의 관심이 설교의 핵심 주제로부터 멀어지게 한다면, 여러분이 전달하기 바라는 감동을 그가 받아들일 가능성은 그리 크지 않고, 그 결과 그가 회심할 가능성은 더욱 작아질 수밖에 없습니다.

나는 찰스 피니(Charles Finney)가 "부흥"이라는 자신의 저서에서 한 말이 기억이 납니다. 바야흐로 회심하기 직전에 도달한 한 사람이 있었다고 말했습니다. 그런데 나막신을 신은 한 노파가 교회 안에 발을 질질 끌면서 나타나 큰 소리로 그는 타락한 자라고 외쳤습니다. 나는 피니가 그 문제를 제기하는 형식이 마음에 들지 않지만, 여기서 무엇을 말하는지 압니다. 노파의 나막신 소리는 아마 그 사람의 마음을 그가 정신을 집중해야 할 문제로부터 벗어나도록 만들었을 것이고, 그로 인해 그는 정확히 제자리로 되돌아갈 수 없었을 것입니다. 우리는 이 사소한 일들을 마치 모든 것이 그것들에 달려 있는 것처럼 주목하지 않으면 안 되고, 아울러 그러기에 그 사역을 효과적인 것으로 만들 수 있는 분은 오직 성령님밖에 없음을 기억해야 하겠습니다.

여러분은 설교할 때, 본문의 의미를 아주 정확하게 드러냄으로써 사람들의 관심이 다른 곳으로 벗어나지 않도록 해야 합니다. 설교와 본문 사이에는 어떤 식으로든 분명한 관계가 있어야 한다고 믿고 있는 사람들이 아직 많이 있습니다. 만일 그들이 "거기서 목사가 바르게 한 적이 있던가? 그의 설교가 본문과 어떤 상관이 있는가?" 등에 대해 자문하기 시작하면, 여러분은 그들의 관심에서 벗어나고, 여러분의 헤매는 설교는 그들에게 오히려 부정적인 역할을 할 수도 있습니다. 그러므로 형제 여러분, 본문을 정확하게 설교하십시오. 만일 그렇게 하지 못한다면, 여러분은 고기 잡으러 나간 한 작은 소년처럼 될 것입니다.

삼촌이 그에게 "사무엘아, 고기를 많이 잡았니?"하고 묻자 그 소년은 "세 시간 동안 고기를 잡았는데, 한 마리도 잡지 못했어요, 삼촌. 지렁이도 거의 떨어졌어요."

나는 여러분이 다음과 같이 말하는 입장이 되지 않기를 바랍니다: "구주를 위해 한 영혼도 얻지 못했는데, 보배 같은 말씀도 크게 망쳐 놓았어요. 나는 성경의 많은 본문들을 어지럽히고, 뒤죽박죽 혼동시켰지만, 거기서 얻은 것은 아무것도 없어요. 본문을 내 마음 속에 심기 위해 크게 애쓰고 안간힘을 다했지만, 내 마음속에 본문의 의미를 심어 주시기 위해 성령이 계시하시는 대로 배우는 것에는 크게 관심이 없었어요." 그것은 결코 추천할 만한 일이 아닙니다. 형제 여러분, 구두장이가 죽을 때까지 구두 만드는 일에 집착하도록 강요받는 것처럼 본문에 몰두하십시오. 성령이 그 본문들 속에 두신 것을 성경으로부터 끄집어내는데 최선을 다하십시오. 여러분의 청자들이 절대로 "이 설교가 본문과 어떤 관련이 있지?"라고 질문하지 않도록 하십시오. 만일 그렇게 한다면, 사람들은 여러분의 설교 속에서 아무런 유익을 얻지 못하게 되고, 그들은 결코 구원받을 수 없을 것입니다.

형제 여러분, 이 두 대학(이 강의는 금요일 오후, 할리 신학교 교수들과 학생들이 목회자대학을 방문하여 그 대학에 다니는 목사들과 함께 한자리에서 행해졌다)에 속한 여러분은 할 수 있는 한, 모든 공부를 다하고, 교수들이 여러분에게 가르쳐 주는 모든 것을 취하십시오. 그들 속에 있는 모든 것을 그들로부터 얻을 때까지는 한평생이 걸릴 것입니다. 그러나 여러분은 할 수 있는 모든 것을 배우도록 노력해야 합니다. 왜냐하면 지식이 부족하면 영혼을 구원하는 사역을 제대로 감당할 수 없기 때문입니다. horrible이라는 단어에서 "h"라는 글자가 마땅히 있어야 할 자리에서 빠져 버리는 것, 여러분이 그 자리에 채워 넣을 때까지 "h"자가 갖게 될 열망을 생각해 보십시오. 그 실수가 일으킬 수 있는 잘못이 어떨지에 대해 여러분은 상상할 수 없습니다.

회심하고 그리스도인이 된 한 젊은 자매가 있었습니다. 그녀는 여러분의 설교를 통해 크게 감동을 받아 그렇게 되었습니다. 그러나 그녀는 여러분이 "h"자를 마땅히 있어야 할 자리가 아닌 자리에 두거나 있어야 할 자리에서 빼 버리는 그 두려운 실수를 보고 싫증을 느끼게 되어 여러분의 설교를 즐거운 마음으로 들을 수 없게 되고, 그녀의 관심은 여러분의 실수로 말미암아 진리로부터 멀어지게 되었습니다.

"h"를 잘못 두는 것이 큰 죄악인 것은 그것이 많은 사람들의 경우 "죽이는 글자"가 되기 때문입니다. 모든 경우에 문법적 실수는 여러분이 상상하는 것보다 더 큰 해를 낳습니다. 아마 여러분은 그런 경우에 나는 고

려할 가치가 거의 없는 사소한 문제들에 관해 말하고 있다고 생각할 것입니다. 그러나 나는 그렇게 생각하지 않습니다. 왜냐하면 이런 일들은 대부분 심각한 결과를 일으키기 때문입니다. 정확한 영어를 말하고 쓰는 법을 배우는 것은 쉽기 때문에 여러분은 할 수 있는 한 모든 것을 다해 그것을 익히도록 하십시오.

어떤 사람은 "그러나 나는 성공한 아무개 형제를 알고 있는데, 그는 전혀 공부를 하지 못한 사람입니다"라고 말할 것입니다. 그것은 사실입니다. 그러나 여러분은 이것을 주의하십시오, 시대가 바뀌었습니다. 한 젊은 여성이 다른 여성에게 "여자들이 공부를 많이 해야 할 필요가 어디 있는지 모르겠어. 우리 이전의 젊은 여성들은 공부를 많이 하지 못했어도 다 결혼만 잘했잖아." 그러자 그 말을 들은 상대 여성은 "그건 그래, 하지만 그 당시에는 공립학교가 없었지만 지금은 젊은 남자들은 학교를 다니고, 우리에게도 그것은 결코 무관한 일이 아니잖아."

어떤 젊은이가 "아무개 목사는 문법이 엉망이야. 그래도 목회만 잘한다니까" 하고 말할 수 있습니다. 그러나 그 당시의 사람들은 대부분 문법에 지식이 없었고, 그래서 그것은 그리 큰 문제가 아니었습니다. 그러나 지금 그들은 모두 공립학교를 다녔기 때문에, 그들이 여러분의 설교를 듣는다면, 여러분에게서 무식함을 느낄 수밖에 없기 때문에, 그들이 심사숙고하기를 바라는 진지한 영적 사실들에 관해 그들의 관심을 흩뜨리지 않도록 조심해야 합니다. 물론 여러분이 공부를 많이 하지 못했다고 해도, 하나님은 여러분에게 역사하실 수 있습니다. 그러나 우리가 무식하기 때문에 복음이 사람들을 구원하는 것을 방해하는 자가 되어서는 안 된다는 것을 지혜는 우리에게 가르쳐 주고 있습니다.

또 어떤 사람은 "그러나 그들이 그 같은 잘못을 지적하는 것은 비판받아 마땅하다"고 말할 것입니다. 그러나 그렇게 혹평하는 사람들은 다른 사람들보다 구원받을 필요성이 더 적습니까? 나에게도 내 설교가 자신의 귀에 거슬려서 못듣겠고, 그래서 마음이 혼란스럽다고 말하며, 내가 자기에게 전달하려는 교리를 도저히 받아들일 수 없다고 생각하고 내 설교를 혹평하는 사람이 없지는 않았습니다. 여러분은 찰스 디킨스(Charles Dickens)가 심령술을 믿지 못한 이유가 무엇인지 들어본 적이 있습니까?

한 성령강림집회에서 그는 린들리 머리(Lindley Murray)의 영을 만나 보기를 구했습니다. 린들리 머리의 영을 자처하는 존재가 그에게 왔습니다. 디킨스는 "당신이 린들리 머리인가?" 하고 물었습니다. 그 영은 "내가 그들이다"(I are)라고 대답했습니다. 문법에서 벗어난 대답을 들은 후 디킨스는 심령술을 믿을 소망이 사라졌습니다.

여러분은 이 이야기를 듣고 웃어넘길 것입니다. 그러나 여러분이 그런 일을 겪을 가능성이 있음을 유념하기 바랍니다. 여러분은 명사 및 대명사의 주격이나 목적격을 정확하게 사용하는 것을 잊어버리거나 동사의 시제를 잘못 사용함으로써, 그런 실수를 쉽게 범할 수 있습니다. 그때 여러분의 청자의 정신이 여러분이 그에게 전달하려고 하는 것으로부터 벗어날 수 있고, 그래서 진리가 그의 마음과 양심을 변화시킬 기회를 방해할 수 있습니다. 그러므로 여러분의 설교는 여러분이 여러분의 청자들에게 전하고자 하는 한 가지 목적으로부터 그들의 정신을 흔들리게 만드는 모든 것으로부터 최대한 벗어나도록 하십시오. 우리의 목소리를 들으러 온 사람들을 구원하기에 합당한 설교를 하려면 사람들의 전체 관심과 생각이 우리가 그들 앞에 전해 주는 진리에 집중되도록 해야 합니다.

여섯째, 나는 그리스도로 충만한 설교가 청자들의 회심을 일으키기에 가장 합당한 설교라고 확신합니다. 여러분의 설교가 그리스도로 충만하게, 시종일관 복음으로 가득 차도록 준비하십시오. 형제 여러분, 내 경우를 말한다면, 나는 그리스도와 그분의 십자가 외에 다른 것은 절대로 설교하지 않습니다. 왜냐하면 나는 그것 외에 다른 것을 모르기 때문이며, 오래 전에 사도 바울처럼, 나도 예수 그리스도와 십자가에 달려 죽으신 그분 외에 다른 것은 알지 않기로 작정했기 때문입니다. 사람들은 종종 내게 "당신의 성공의 비결이 무엇입니까?" 하고 묻습니다. 그때마다 나는 복음 — 복음에 관한 것이 아니라 복음 자체 — 곧 성육신의 기쁜 소식을 갖고 오신 하나님 곧 충분하고, 값없고, 영광스러운 살아 계신 그리스도를 설교하는 것 외에 다른 비결이 없다고 대답합니다.

형제 여러분, 여러분도 항상 그리고 어디서든 예수 그리스도를 설교하십시오. 여러분은 설교할 때마다 그 설교 속에 예수 그리스도를 최대한 많이 다루도록 하십시오. 여러분은 한 젊은 목사가 전한 설교를 들은 노목사에 관한 이야기를 들은 적이 있을 것입니다. 노목사는 젊은 설교자로부터 자기의 설교가 어떠냐는 질문을 받자 아주 천천히 그러나 최후의 결론처럼 "만일 내가 자네였다면, 절대로 그렇게 설교하지 않겠네, 자네의 설교에는 그리스도가 들어있지 않네." 그러자 젊은이는 "아닙니다. 그것은 본문 속에 그리스도가 나타나 있지 않았기 때문입니다"라고 반응했습니다.

"오! 그러나 자네는 영국의 모든 작은 도시와 촌락과 마을들이 런던으로 통하는 길을 갖고 있다는 말을 들어본 적이 없나? 나는 본문을 택할 때마다 '여기에 예수 그리스도께 가는 길이 있구나. 그렇다면 그분을 만날 때까지 그분의 발자취를 따라가야지' 라고 자문해 본다네."

"하지만, 목사님이 그리스도를 전혀 언급하지 않는 본문을 갖고 설교하신다면 어떻게 하겠습니까?"

"나는 그분을 붙잡을 때까지 모든 난관을 헤치면서 나아갈 것이네."

형제 여러분, 우리도 이와 같이 해야 합니다. 우리도 본문 속에 그리스도가 나타나 있든 안 나타나 있든, 모든 설교 속에서 그분을 드러내야 합니다. 영혼을 구원하기 위해서는 우리의 모든 설교 속에 복음이 충분하게 포함되어 있어야 합니다. 여러분이 이 나라의 군주인 여왕 앞에서 설교하도록 초청을 받았을 때에도 그렇게 하도록 하십시오. 만일 여러분이 파출부 아줌마들이나 사회지도자들에게 설교해야 한다면, 그때에도 항상 참된 복음이 설교 속에 나타나도록 유의해야 합니다.

나는 어느 교회에 설교하러 온 한 젊은 목사가 "어느 교단에 속해 있는 교회입니까? 성도들은 어떤 믿음을 갖고 있습니까? 그들이 갖고 있는 교리적 견해는 어떻습니까?"라는 질문을 들었습니다. 나는 이와 같은 질문이 얼마나 부질없는 것인지를 여러분에게 말해 주고 싶습니다. 그들에게 예수 그리스도를 말해 주면 됩니다. 만일 그것이 그들이 갖고 있는 교리적 견해에 부합하지 않는다면 그 다음, 그 다음, 그 다음 설교에서도 예수 그리스도를 전해 주십시오. 결코 다른 것은 설교하지 마십시오. 예수 그리스도를 좋아하지 않는 사람들이 있으면, 그들이 그분을 좋아할 때까지 계속 그분을 소개시켜 주십시오. 왜냐하면 그들에게는 그분이 최고로 필요하니까요.

세상의 모든 상인들이 상품에 대한 수요가 있을 때, 자기들의 상품을 팔기 위해 어떻게 그것을 선전하는지 상상해 보십시오. 우리의 상품도 그렇게 선전해서 수요를 창출하고, 수요를 충족시켜야 합니다. 우리는 예수 그리스도를 원하는 사람들에게 그분을 전합니다. 또한 우리는 그분을 원하지 않는 사람들에게도 그분을 전합니다. 우리는 그들이 그분을 원할 때까지 그리고 그분 없이는 살 수 없을 때까지 계속 그분을 전해야 합니다.

일곱째, 형제 여러분, 사람들을 회심시키는데 합당한 설교는 진실로 그들의 마음에 호소하는 설교라는 것이 나의 강한 확신입니다. 이런 설교는 단순히 그들의 머리만 불타오르게 하거나 그들의 지성만 충족시키는 것을 목표로 한 설교가 아닙니다. 유감스럽지만 세상에서 별로 좋은 일을 하지 못하는 설교자들을 나는 알고 있다고 말하지 않을 수 없습니다. 그들은 물론 좋은 사람들이고, 아주 유능한 사람들이고, 설교를 무척 잘합니다. 그들은 충분한 역량을 갖고 있습니다. 그러나 웬일인지 그들의 성격 속에는 정말 빠져서는 안 될 것이 빠져 있습니다. 그들을 알고 있는 사람들에게 그들은 심장이 없는 사람처럼 보입니다. 내가 알고 있는 사람들 중에도 바늘로 찔러도 피 한 방울 나올 것 같지 않은 사람이 한두 명 있습니다. 만일 여러분이 해초를 벽에 널어놓는 것처럼 그들을 벽에 매단다면, 어떤 날씨가 되더라도 그들에게는 변화가 전혀 없을 것입니다. 왜냐하면 어떤 날씨도 그들에게 영향을 미칠 수 없기 때문입니다.

그러나 나는 또 이런 사람들과는 정반대되는 기질을 갖고 있는 사람들을 알고 있습니다. 그들도 영혼을 구원하는 일을 하는데 적합하지 않습니다. 왜냐하면 그들은 너무 경박하고, 변덕스럽고, 아주 어리석어서 그들 속에는 심각한 성격이 전혀 없고, 삶을 진지하게 사는 모습을 보여 주지 못하기 때문입니다. 나는 그들 속에서 영혼에 관한 흔적을 발견할 수 없습니다. 그들은 너무 가벼워서 그 안에 아무것도 담아둘 수 없기 때문입니다. 그들이 갖고 있는 것은 1인치나 2인치 정도의 물밖에 담을 수 없는 그릇들이기 때문에 그 속에 영혼을 담을 수는 없고, 그래서 그들은 복음을 전하는 데에 별로 큰일을 할 수 없습니다. 형제 여러분, 여러분 주위의 영혼들을 보살피려면, 그들을 품을 수 있어야 합니다. 여러분이 형제의 마음을 감동시키려면, 먼저 마음을 갖고 있어야 합니다.

또 다른 종류의 사람이 있습니다. 그는 죄인들을 위해 울 수 없는 마음을 가진 사람입니다. 그가 영혼 구원의 사명을 감당할 때 무슨 선을 행할 수 있겠습니까? 그는 한평생 다른 사람들 때문에 울어본 적이 없습니다. 그는 그들을 위해 하나님 앞에서 고민해 본 적이 없습니다. 그는 예레미야 선지자처럼 "어찌하면 내 머리는 물이 되고 내 눈은 눈물 근원이 될꼬 죽임을 당한 딸 내 백성을 위하여 주야로 울리로다"(렘 9:1)라고 말해 본 적이 없습니다. 나는 이런 매정한 마음을 가진 목사를 하나 알고 있습니다.

한 목사회 모임에서 스스로의 결점을 고백하는 시간을 가진 후, 그는 우리 모두에 대해 크게 수치감을 느낀다고 했습니다. 그러나 굳이 그렇게 말할 것도 없이 우리는 우리 자신에 대해 우리가 느끼는 것보다 더 큰 수치감을 사실은 느껴야 합니다. 하지만 그는 만일 우리가 하나님께 고백한 것이 진심어린 고백이라면, 그것은 목회사역에서 크게 불명예스런 일이라고 말했습니다. 물론 그것이 당연할 것입니다. 그는 자신은 결코 그런 적이 없다고 말했습니다. 자기가 아는 한, 자기는 설교할 수 있는 최상의 느낌이 없을 때에는 설교한 적이 없다고 고백했습니다. 그는 자기가 한 것보다 더 좋은 설교를 할 수 없을 것이라고 했습니다. 그는 언제나 매일 여러 시간 연구에 몰두했고, 시간을 정해 놓고 수십 분간 정확히 기도했으며, 설교 시간을 정확히 지켰다고 했습니다. 실제로 내가 알고 있는 사람 중에 그처럼 정확한 사람은 없었습니다.

그가 우리에게 자신이 한 일을 말했을 때, 나는 내 자신에게 "이와 같이 완벽한 행동양식을 갖고 있는 그의 목회가 보여 주는 결과는 무엇일까?" 하고 물어 보았습니다. 그러나 그것은 바람직한 사역의 결과를 보여 주는 것은 아니었습니다. 그는 흩어지게 하는 은사를 갖고 있는 사람입니다. 왜냐하면 만일 그가 그런 식으로 목회한다면, 가득 찬 예배당이 곧 텅 비게 될 것이니까 말입니다. 그는 자신의 눈에 유능한 사람일 뿐, 실제로 유능한 사람이 아니라고 나는 생각합니다.

나는 그의 시계가 때때로 멈추거나 30분 정도 지난 중간에서 타종을 하거나 또는 특별한 어떤 일이 그에게 일어나기를 바랐습니다. 왜냐하면 그래야 거기서 어떤 좋은 일이 일어날 것이라고 생각했기 때문입니다. 그러나 그는 너무나 규칙적이고 규범적이어서 어떤 일이 일어날 희망이 전혀 보이지 않았습니다. 실수가 전혀 없다는 것이 그의 실수였습니다. 형제 여러분, 여러분은 실수가 없는 설교자들은 탁월함도 없다는 것을 직시하기 바랍니다. 그러므로 여러분은 단조롭고, 생명력 없는 그런 삶은 피하십시오. 그런 삶은 사람들을 회심시키는데 아무 쓸모가 없는 삶입니다.

내가 앞에서 말한 사람들의 마음을 사로잡는 문제로 되돌아가 봅시다. 나는 최근에 교회에 등록한 한 젊은 여성에게 "자매님은 좋은 마음을 갖고 있습니까?"라고 물었습니다. 이에 그녀는 "예, 목사님"이라고 대답했습니다.

"그 질문을 다시 생각해 본 적 있습니까? 자매님에게 악한 마음은 없습니까?"

"아, 예!"

"아니 어떻게 대답이 똑같습니까?"

그러자 그녀는 이렇게 대답했습니다. "글쎄요, 저는 제가 좋은 마음을 갖고 있다고 알고 있어요. 왜냐하면 하나님이 저에게 새 마음과 선한 영을 주셨기 때문입니다. 하지만 저는 나쁜 마음도 갖고 있어요. 왜냐하면 그것이 새 마음과 자주 싸우기 때문입니다."

그녀는 옳았습니다. 목사도 자신이 악한 마음을 전혀 갖고 있지 않은 것이 아니라 두 마음을 갖고 있다는 것을 빨리 느끼면 느낄수록 좋습니다. 형제 여러분, 만일 여러분이 많은 영혼을 구원하기 원한다면, 머리의 활동보다는 마음의 활동이 훨씬 더 많아져야 합니다. 모든 연구 활동 속에서 여러분은 여러분의 영적 생명이 결코 무감각하게 되지 않도록 조심하십시오. 연구를 많이 할수록 그 효과 역시 크지만, 그것이 무조건 그런 것은 아닙니다. 사랑하는 형제 여러분, 특별히 이 자리에 함께한 교수님들, 라틴어와 헬라어 그리고 히브리어와 같은 어학은 공부하다 보면 무미건조한 영향력을 받기가 아주 쉬울 것입니다. 다음 시구는 그것이 사실임을 보여 줍니다.

"히브리어 뿌리들은 잘 알려진 것처럼
   메마른 땅에서 가장 잘 자란다."

고전학에서도 무미건조한 영향력은 강하게 나타납니다. 수학도 마찬가지입니다. 여러분은 여러분의 마음이 다 고갈될 때까지 어떤 학문에 빠져들 수도 있습니다. 이것이 여러분의 경우가 되지 않도록 하십시오. 그렇게 되면 아마 사람들이 여러분에 대해 "그는 처음 목회를 시작할 때보다 실력이 크게 늘었어. 하지만 영성은 그때와 정반대야"라고 말할 것입니다. 그렇게 되지 않도록 조심하십시오. 여러분의 벽난로를 문지르는 것으로 만족하지 말고, 여러분의 마음에 불을 붙이십시오. 여러분의 영혼이 그리스도에 대한 사랑으로 활활 타오르게 하십시오. 그렇지 않으면 여러분은 다른 사람들의 영혼을 구원하는 일에 크게 쓰임 받지 못할 것입니다.

형제 여러분, 마지막 여덟 번째로 나는 기도가 동반된 설교가 사람들을 회심시키기에 합당한 설교라고 생각합니다. 내가 여기서 말하는 설교는 그 준비 과정에서나 전달 과정에서나 그것을 위해 참된 기도가 많이 드려진 설교를 가리킵니다. 왜냐하면 단순히 기도의 형식만 취하고 있는 기도도 많기 때문입니다. 얼마 전 나는 어떤 나무의 산성 성분으로 불치병을 고쳤다고 간증하는 사람을 만났습니다. 그가 내게 그 놀라운 이적에 관해 말했을 때, 나는 그에게 "그 나무 속의 무엇이 그토록 놀라운 치료 효과를 갖고 있습니까?" 하고 물었습니다.

"예, 그것은 그 나무 자체에 있는 것이 아니라 내가 행하는 특별한 방법에 있는데, 그것이 치료 효과를 일으키는 비밀입니다. 나는 오랫동안 최대한 힘을 다해 그 나무를 문질렀는데, 거기서 생명을 일으키는 전기가 나와 나를 고쳤습니다."

이것 참, 어떻게 그럴 수 있습니까? 그는 단순히 돌팔이에 불과한 사람이었습니다. 하지만 우리는 그를 통해서도 배우는 것이 있어야 합니다. 왜냐하면 설교를 만드는 일은 사람들 속에 생명을 일으키는 전기를 만드는 일이고, 참된 기도를 통해 여러분 자신의 생명과 하나님의 참생명을 그들 속에 넣는 일이기 때문입니다. 많은 기도가 동반되어 준비된 설교와 기도하지 않는 사람에 의해 준비되고 전해지는 설교의 차이는 퍼거슨(Fergusson)이 말한 것처럼 대제사장이 기름 부음을 받기 전과 받은 후에 하는 기도의 차이와 같습니다.

형제 여러분, 여러분은 여러분의 설교에 기름을 부어야 합니다. 그리고 여러분은 하나님과 친밀한 교제의 시간을 많이 갖지 않는다면, 절대로 그렇게 할 수 없습니다. 성령이 여러분 모두에게 기름을 부으시되, 우리 주 예수 그리스도를 위해 영혼을 구원할 수 있도록 충만하게 부어 주시기를! 아멘.

제 5 장

전도의 장애물

형제 여러분, 지금까지 나는 여러 시간을 통해 여러분에게 가장 고귀한 사역인 영혼을 구원하는 일 곧 전도에 관해 말씀드렸습니다. 나는 여러분 모두가 주님 앞에서 유능한 전도 사역자가 되어 많은 죄인들을 구주 앞으로 인도하기를 바랍니다. 오늘 이 시간에는 우리가 영혼들을 그리스도께 인도하는 사역을 감당하면서 일어나는 장애물들에 관해 몇 가지 말씀드리고자 합니다.

전도의 장애물들은 많습니다. 나는 여기서 그 목록을 다 제시할 수 없습니다. 그러나 그것들 가운데 가장 곤란한 것 가운데 첫 번째로 들어야 할 것은 말할 것도 없이 죄인들의 무관심과 무감각입니다. 모든 사람이 다 똑같이 무관심한 것은 아닙니다. 실제로 일종의 종교적 본능을 갖고 있는 것처럼 보이는 사람들이 있습니다. 그들은 오래 전부터 영적 사실들에 대해 무척 진지한 관심을 갖고 있는 사람들로서 그 본성은 그들에게 좋은 영향을 미칩니다. 그러나 지역적으로 무관심이 팽배해 있는 지역이 있습니다. 예를 들면 시골 지역이 그렇습니다. 똑같은 상황이 런던의 각 지역에서도 존재합니다.

무관심이 불신앙은 아닙니다. 그들은 종교를 반대하는 일에 대해서도 똑같이 무관심합니다. 그들은 여러분이 무엇을 설교하는지 또는 어디서 설교하는지에 대해 아무 관심이 없습니다. 그들은 그 문제 자체에 대해 관심이 없습니다. 그들은 하나님에 관해 전혀 생각하지 않습니다. 그들은 그분이나 그분을 섬기는 일에 대해 아무런 관심이 없습니다. 그들이 그분의 이름을 사용한다면 그것은 단지 그분을 모독하기 위해서입니다. 나는 자주 경제적으로 낙후된 지역은 종교적 관심도 똑같이 낙후되어 있다는 것을 지적했습니다. 자마이카의 흑인들을 보면, 그들이 일할 기회가 많지 않을 때에는 교회의 부흥도 없었습니다. 경제활동이 미진한 이곳에서 멀리 떨어지지 않은 지역을 한 번 보십시오. 아마 여러분은 그곳에서 사역하기가 그리 좋지 않다는 것을 알게 될 것입니다. 템즈 강 유역을 따라 온 마음을 다해 복음을 전파해 보십시오. 얼마 못가 지쳐서 포기하고 말 것입니다. 적극적인 경제 활동이 이루어지지 않는 이런 지역에서는 복음에 대한 선한 열매를 맺기가 거의 불가능합니다.

　그렇다면, 사랑하는 형제 여러분, 여러분이 설교하는 지역에서 이 같은 무관심과 맞닥뜨릴 때, 여러분의 교회 성도들에게 영향을 미치고, 교회 집사들까지 물들게 하는 그런 무관심을 만났을 때, 과연 어떻게 해야 할까요? 그때 그것을 극복하기 위한 여러분의 유일한 소망은 이전보다 두 배로 열심을 내는 것입니다. 여러분의 열심이 항상 살아 있도록 하십시오. 열심이 활활 불타고, 불꽃을 피우며, 몽땅 불타도록 하십시오.

　어쨌든 사람들의 마음에 자극을 주십시오. 그 열심이 헛된 일처럼 보일지라도 활활 타오르십시오. 그렇게 했는데도 사람들에게 아무런 효과가 나타나지 않는다면, 주님이 지시하는 다른 곳으로 가십시오. 사람들의 마음속에 가득 차 있는 이 무관심과 무감각은 우리가 행하는 설교에 악영향을 미치기 쉽습니다. 그러나 우리는 그것을 물리치기 위해 물불을 가리지 않고 싸워야 합니다. 우리 자신과 우리의 설교를 듣는 사람들을 위해 우리는 그렇게 하지 않으면 안 됩니다. 어떤 사람이 복음에 대해 무관심하고 무감각한 것보다는 복음의 적극적인 반대자가 되는 것이 더 낫다고 나는 생각합니다. 어떤 사람이 종교에 관해서는 들은 척도 안하거나 하나님의 일들에 관해 말하는 것을 들으러 오지 않는다면, 여러분은 그에게 별로 할 일이 없기 때문입니다.

　전도에 대한 또 하나의 커다란 장애물은 불신앙입니다. 여러분도 아시다시피, 복음서에는 주 예수님이 자신의 고향에 대해 "그들이 믿지 않음으로 말미암아 거기서 많은 능력을 행하지 아니하시니라"(마 13:58)고 하신 말씀이 기록되어 있습니다. 이 불신앙의 악은 모든 거듭나지 아니한 사람들의 마음속에서 발견되는데, 어떤 사람들에게서는 아주 노골적인 형태로 나타납니다. 그들은 종교에 관해 생각은 있지만, 우리가 자기들에게 선포하는 하나님에 관한 진리를 믿지는 않습니다. 그들에게는 자기자신의 의견이 하나님의 영감 받은 말씀보다 더 비중이 크고, 더 믿을 만한 것입니다.

그들은 성경에 계시된 진리를 전혀 받아들이지 않습니다. 이런 사람들은 변화시키기가 아주 어렵습니다. 하지만 나는 그들이 갖고 있는 무기와 맞서 싸우도록 여러분에게 권면합니다. 나는 그 같은 불신앙을 논쟁을 통해 정복하리라고 믿지 않습니다. 아니 설사 그렇게 된다고 해도, 그것은 아주 드물게 일어나는 일이 될 것입니다. 사람들을 종교의 진리 안으로 들어오도록 설복시키는 논쟁은 스스로를 그리스도를 따르는 자로 고백하는 사람들의 거룩함과 진실함이 더해져야 가능한 것입니다. 대체로 그들은 합리적인 공격에 대항하기 위해 그들의 마음에 장벽을 쌓아놓습니다. 그러므로 우리가 강단을 그들과 논쟁하는데 넘겨준다면, 이익을 얻기 보다는 오히려 손해를 보게 될 것입니다.

아마 우리의 설교를 듣는 사람들 가운데 극소수의 사람들만이 우리가 전하는 말을 이해하고 들을 것입니다. 우리가 그들에게 유익을 주기보다는 이런 일들에 관해 아무것도 모르는 다른 사람들에게 불신앙을 가르치기가 훨씬 쉽습니다. 불신자들이 어떤 이단들에 관해 갖고 있던 지식이 우리의 입술을 통해 그들에게 옮겨가게 될 것입니다. 오류에 대한 우리의 반박은 완전할 수 없고, 그리하여 젊은 지성인들은 우리가 설명하는 내용을 듣고 불신앙에 빠져들지도 모릅니다.

나는 여러분이 이성보다는 신앙으로 불신앙을 물리치게 되는 것을 확신합니다. 오직 믿음으로만 그리고 진리에 대한 확신을 따라 사는 행동을 통해서만, 여러분은 불신앙이 아무리 강력하더라도, 어떤 논쟁보다 더 큰 유익을 얻게 될 것입니다.

주일마다 내 설교를 듣는 한 친구가 있습니다. 어느 날 그는 내게 이렇게 말했습니다: "여보게, 나는 자네와 정말 좋은 친구 관계를 이루고 있네. 그러나 자네의 나에 대한 평가는 너무나 인색한 것 같네. 자네는 나에 대해 전혀 호감이 없으니 말일세. 자네 생각은 어떤가?"

이에 대해 나는 이렇게 대답해 주었습니다: "아닐세, 나는 전혀 그렇지 않네. 나는 다만 자네의 불신앙에 대해서 호감이 없을 뿐이네."

"바로 그것이 나로 하여금 자네에게 집착하도록 만든다네. 앞으로도 계속 이런 불신앙에 빠져있을까봐 두렵기 때문이네. 하지만 나는 자네의 그 한결같은 믿음을 볼 때, 자네가 믿음대로 행할 때, 하나님이 얼마나 크게 역사하시는지를 깨달을 때 그리고 그 믿음의 능력으로 놀라운 일을 행하는 것을 볼 때, 나는 스스로에게 '잭, 너는 참 바보로구나' 라고 말한다네."

그래서 나는 그에게 이렇게 말해 주었습니다: "자네의 판단은 확실히 맞네. 자네가 내 사고방식을 빨리 받아들이면 좋겠네. 왜냐하면 하나님을 믿지 않는 사람보다 바보 같은 사람은 없기 때문일세."

요즘 나는 그가 회심하기를 기대하고 있습니다. 우리 둘 사이에는 끊임없이 논쟁이 진행되고 있습니다. 그러나 나는 그 논쟁에 대해 어떤 해답도 주지 않습니다. 언젠가 나는 그에게 "자네가 나를 거짓말쟁이로 믿는다고 해도, 그것은 자네의 자유일세. 하지만 나는 내가 알고 있는 것과 내가 눈으로 보고, 맛보고, 만져보고, 느낀 것을 증거하는 것이므로 자네는 내 증거를 믿어야 하네. 왜냐하면 나는 자네를 속이려는 마음이 조금도 없었기 때문이지."

만일 내가 이성의 총알로 그를 공격했다면, 그 친구는 오래 전에 나를 패배시켰을 것입니다. 그러므로 여러분에게 충고합니다. 불신앙에 대해서는 신앙으로, 거짓에 대해서는 진리로 싸우십시오. 그리고 복음을 사람들의 어리석음과 망상에 맞추려고 그것을 축소시키거나 깎아내려서는 안 됩니다.

그 다음 세 번째로 전도의 장애물은 사람들이 너무나 자주 빠지는 치명적인 것으로, 미루는 일입니다. 이 악덕은 일반적으로 내가 지금까지 여러분에게 말씀드린 무관심과 무감각 그리고 불신앙보다 얼마나 광범위하고 유해한지 모릅니다. 많은 사람이 벨릭스가 바울에게 "지금은 가라 내가 틈이 있으면 너를 부르리라"(행 24:25)고 한 말을 반복합니다. 이런 사람은 임마누엘의 땅 근처에 이르러 이제 몇 발자국만 내딛으면 그 땅에 발을 들여놓을 것처럼 보입니다. 그러나 그는 "예, 그 문제를 더 깊이 생각해 보고 머지않아 결정을 내리도록 하겠습니다"라고 말함으로써 우리의 권고를 받아넘기고, 우리를 지체시킵니다. 하지만 사람들로 하여금 신속한 결정을 내리도록 압박을 주고, 이 중요한 문제에 대해 즉각 결정을 내리도록 하는 것만큼 중요한 일은 없습니다. 그들이 여러분의 설명에 하자가 있음을 발견하게 되면 어떡할까 걱정하지 마십시오. 하나님이 말씀하시는 것을 선포하는 것은 항상 옳습니다. "보라 지금은 은혜 받을 만한 때요 보라 지금은 구원의 날이로다"(고후 6:2)라고 그분은 말씀합니다.

이것 때문에 나는 전도에 관한 또 다른 장애물을 이야기하지 않을 수 없습니다. 그것은 형식은 다르지만, 미루는 일과 같은 것으로서, 육신의 안일입니다. 많은 사람들이 자기들은 아주 안전하다고 생각합니다. 그들은 자기들이 쌓아놓은 건물의 기초가 얼마나 안전하고 견고한지 실제로 검증해 보지도 않고, 모든 것이 괜찮다고 생각합니다. 비록 자기들이 좋은 그리스도인은 못되지만, 그리스도인을 자처하는 다른 사람들 또는 이름만 그리스도인인 사람들보다는 최소한 자기들이 낫다고 간주합니다. 만일 그들 속에 무엇이 결여되어 있다면, 어떻게든 겉만 번지르르하게 해 놓고, 자기들은 하나님 앞에서 온전하다고 생각합니다. 따라서 그들은 두려움을 모릅니다. 아니 설사 그들이 뭔가 두려움을 갖고 있다고 해도, 그들은 회개하지 않고 주 예수 그리스도를 믿지 않으면 틀림없이 임할 멸망 곧 하나님의 임재와 그분의 권능의 영광으로부터 떨어지는 영원한 파멸에 대한 두려움을 갖고 살지 않습니다.

이 사람들에 대해 우리는 날마다 큰 소리로 심판에 관해 말해 주어야 합니다. 우리는 믿지 않는 죄인들은 "이미 정죄를 받았고," 그리스도를 믿지 않는다면, 그는 영원히 멸망하게 되리라는 것을 그들에게 분명히 선포해 주어야 합니다. 우리는 모든 죄인들이 자기 자리에서 벌벌 떨도록 심판에 관한 말씀을 엄중히 전해야 합니다. 만일 그가 구주께 나아오지 않는다면, 최소한 그가 그분을 멀리하고 있는 동안 그것에 대해 고민하도록 해야 합니다.

나는 우리가 때때로 지나치게 사람들의 비위를 맞추고 그들을 달래주는 부드러운 설교를 하는 것이 염려됩니다. 왜냐하면 그렇게 되면 우리는 그들이 맞이해야 할 실제적인 위험 앞에 서도록 하지 못하기 때문입니다. 만일 우리가 하나님의 모든 경고를 이런 맥락에서 충분히 전하지 않는다면, 적어도 우리 문 앞에서 그들의 멸망이 펼쳐질 때, 우리는 그 책임을 짊어지지 않을 수 없습니다.

전도의 또 다른 장애물은 절망입니다. 시계의 추는 먼저 한 쪽으로 움직였다가 그 다음 다른 쪽으로 움직입니다. 마찬가지로 어제는 두려움을 몰랐던 사람이 오늘은 아무런 소망이 없습니다. 복음을 들은 사람은 수없이 많습니다. 그러나 그들은 지금까지 자기들에게 임했던 능력을 따라 살지 못하고 절망에 빠져 있습니다. 어쩌면 그들은 구원의 역사는 죄인들과는 아무 상관이 없는 하나님의 전적인 사역이라고 가르침을 받았을 것입니다. 그래서 그들은 죄인들이 구원받도록 되어 있다면, 구원받게 될 것이라고 말합니다.

여러분도 아시다시피, 이런 가르침은 어느 정도 하나님의 전적 주권에 대한 진리가 포함되어 있습니다. 그러나 그것이 과연 그렇다고 해도, 무조건 그렇게 말하는 것은 정말 두려운 거짓말입니다. 사람들이 마치 자기들은 아무 할 일이 없는 것처럼 또는 아무 일도 할 수 없는 것처럼 말하는 것은 운명론이지, 예정론이 아닙니다. "만일 구원이 나를 위한 것이라면, 그것은 때가 되면 저절로 나에게 임할 것이다"라고 말하며 이것을 자신의 유일한 소망으로 말한다면, 아아 구원받을 사람은 아무도 없을 것입니다. 여러분은 이같이 말하는 사람들을 만나게 될 것입니다. 그때 여러분이 최선을 다해 말해 준다고 해도, 그들은 마치 강철로 만든 금고 속에 갇혀 있는 것처럼, 아무런 책임의식도 못느끼는 상태에 있을 것입니다. 왜냐하면 그들에게는 영혼을 일깨울 만한 소망이 없기 때문입니다.

오, 만일 그들이 하나님께 자비를 구하기만 하면 그것을 받을 수 있다는 소망을 갖고 있다면, 그래서 그들의 죄로 얼룩진 영혼을 그리스도께 던져버릴 수만 있다면, 그것은 얼마나 복된 일일까요! 그러므로 우리는 할 수만 있다면, 이런 사람들에게 구원이 미칠 수 있도록, 예수를 믿는 모든 사람들에게 충분하고도 자유로운 구원을 선포해야 할 것입니다. 그렇게 하면 육신의 안일에 빠진 사람이 심판에 대해 두려움이 없는 생각에 빠지도록 유혹을 받고, 은밀히 절망에 빠져버린 사람이 용기와 소망을 완전히 상실할지라도, 그리스도께 나아올 수 있는 용기를 가질 수 있게 될 것입니다.

그 다음 의심할 여지 없이 전도의 장애물로 꼽을 수 있는 것은 죄에 대한 사랑입니다. "죄가 문에 엎드려 있느니라"(창 4:7). 우리 주위에는 은밀한 정욕 때문에 구원받지 못하는 사람들이 많습니다. 그것이 간음일 수 있습니다. 나는 그런 사람을 하나 알고 있는데, 그는 그리스도께 확실히 나아왔다고 생각되는 사람이었습니다.

그는 복음의 능력을 잘 알고 있었고, 말씀을 들으면 감동을 받기도 했습니다. 그러나 나는 그가 아내 아닌 다른 여인과 불륜관계를 맺고 있음을 알았고, 구주를 찾고 고백하는 순간에도 여전히 죄 가운데 살았습니다. 그 소식을 들었을 때, 나는 그가 왜 마음의 평화를 누릴 수 없었는지 이해할 수 있었습니다. 그가 어떤 감동을 받든, 이 여인은 항상 그를 죄의 굴레 속에 가두어 놓고 말았습니다.

또 사업할 때 부정직한 거래의 죄를 범하는 사람들도 많이 있습니다. 여러분은 그들이 그 같은 행위를 계속하고 있는 동안에는 절대로 구원받지 못하리라는 것을 알고 있습니다. 그 같은 사기 행위를 그만두지 않는다면, 그들은 결코 구원받지 못할 것입니다. 또 어떤 사람은 지나치게 술을 많이 마시는 죄를 범합니다. 여러분도 아시다시피, 술을 마시는 사람들은 우리의 설교에 아주 쉽게 감동을 받는 경향이 있습니다. 그들은 눈물샘이 많은 눈을 갖고 있어서, 술을 마시면 그들은 금방 바보가 됩니다. 그들 속에는 아주 감상적인 감수성이 들어 있습니다. 그러나 사람이 "악마의 술잔"에 집착하는 한, 그가 그리스도께 나아오기란 쉽지 않습니다.

다른 사람들에게는 전도에 큰 어려움을 주는 또 다른 은밀한 죄나 숨겨진 정욕들이 있습니다. 어떤 사람은 자기는 어쩔 수 없이 정욕에 사로잡히게 된다고 말합니다. 또 어떤 사람은 자기는 절대로 술을 끊을 수 없다고 강변합니다. 반면에 어떤 사람은 자기는 마음이 평안을 누릴 수 없다고 탄식합니다. 그러나 그 죄악의 뿌리에는 항상 그의 길을 가로막는 매춘부가 자리 잡고 있습니다. 이 모든 죄악들에 대해 우리가 한 가지로 할 일은 진리를 계속 선포하는 것입니다. 그러면 하나님께서 죄인들의 갑옷 틈 사이에 화살을 조준하도록 우리를 도우실 것입니다.

우리로 하여금 전도하는 것을 가로막는 또 다른 장애물은 사람들의 자기의입니다. 그들은 내가 방금 언급했던 죄들을 결코 범하지 않았습니다. 그들은 어린시절부터 하나님의 모든 계명을 잘 지켜왔습니다. 그런데 그들에게 무엇이 부족합니까? 그 충분한 마음속에 그리스도를 위한 방이 없다는 것입니다. 어떤 사람이 머리부터 발끝까지 자신의 의로 치장되어 있다면, 그는 그리스도의 의에 대한 필요를 깨닫지 못하게 됩니다.

최소한 그는 자신의 필요가 무엇인지 알지 못하게 됩니다. 만일 복음이 그것을 깨닫도록 하지 않는다면, 율법을 가진 모세가 나타나 그의 참된 상태가 어떠한지를 보여 줄 것입니다. 그런데 그것이야말로 진실로 많은 경우에, 우리가 직면하는 실제적인 어려움입니다. 사람은 자신이 상실된 존재라는 것을 모르기 때문에, 그리스도께 나아오지 못합니다. 그는 자신이 타락한 피조물이라는 것을 깨닫지 못하고 있기 때문에, 구원을 요청하지 않습니다. 또 그는 자신에게 하나님의 은혜나 용서가 필요하다는 것을 느끼지 못하기 때문에, 그것을 구하지 않습니다.

한 가지 더 우리의 전도를 무력하게 만드는 장애물은 사람들의 철저한 세속화입니다. 이 세속화는 두 가지 형태를 취합니다: 가난한 자들에게 그것은 빈곤의 결과입니다. 사람이 먹을 떡이 충분하지 못하고, 어떻게 입을 옷을 구해야 할지 모를 때, 집에서 어린 자녀들이 배고파 울어대는 소리를 듣고, 과로로 지친 아내의 얼굴을 바라볼 때, 우리는 그의 관심이 흩어지지 않고, 다가올 세상에 관해 생각하도록 하기 위해서는 아주 조심스럽게 설교해야 합니다.

"무엇을 먹을까? 무엇을 마실까? 무엇을 입을까?" 이런 질문들은 가난한 자들을 아주 무겁게 압박하는 질문들입니다. 배고픈 사람에게는 손에 떡을 들고 계시는 그리스도가 더 다정스러운 법입니다. 우리 주께서 무리들에게 떡과 물고기를 떼어 주셨을 때, 바로 그런 모습이었습니다. 그때 그분은 배고픈 자들을 먹이시는 일을 무시하지 않으셨습니다. 우리도 궁핍한 자들의 필요를 채워 줄 수 있을 때, 그들에게 필요한 일을 행하고 있는 것이고, 그들로 하여금 그리스도의 복음을 부담 없이 들을 수 있도록 하는 것입니다.

또 다른 형태의 세속화는 이 세상의 것을 너무 많이 소유함으로써 또는 이 세상의 것을 극히 중요하게 여김으로써 나타납니다. 부유한 신사는 유행을 따라 살아야 합니다. 그의 딸들은 가장 멋진 패션의 옷을 입어야 하고, 그의 아들들은 사교춤과 같은 것을 배워야 할 것입니다. 이런 종류의 세속화는 비국교도들(영국 성공회가 아닌 다른 교파에 속한 사람들)에게는 커다란 저주가 되었습니다.

그 외에 아침부터 밤까지 자신의 가게에서만 맴도는 사람이 있습니다. 가게 문이 올려지고, 다시 내려오는 것은 오직 그가 일을 하기 위해서입니다. 그는 새벽에 일어나 밤 늦게까지 일을 합니다. 밥 먹는 시간까지 아까워하면서 열심히 돈을 법니다. 이처럼 욕심 많은 사람들을 위해 우리가 무엇을 할 수 있을까요? 삶의 유일한 목표가 부자가 되는 것에 있는 이런 사람들, 일원짜리 동전까지도 악착같이 긁어 모으는 사람들의 마음에 우리는 어떻게 접근하여 영생의 소망을 안겨줄 수 있을까요?

절약은 좋은 것이지만, 인색함으로 끝나 버리는 절약이 있습니다. 그 인색함은 이처럼 욕심 많은 사람들의 습관이 되곤 합니다. 그들 중 어떤 사람들은 그렇게 하는 것이 품위 있고, 존경받을 만한 일이라고 생각해서 교회에 출석하기도 합니다. 그들은 그 출석을 통해 고객을 확보하기를 원합니다. 유다는 주 예수 그리스도의 제자들 가운데 회심하지 않고 남아 있었습니다. 오늘날 우리 가운데서도 은 삼십 냥 소리가 너무 크게 들려서 복음의 소리를 듣지 못하는 사람들이 있습니다.

마지막으로 우리의 전도를 가로막는 장애물을 한 가지만 더 언급하기로 하겠습니다. 그것은 그들의 습관, 오락 그리고 친구 때문에 전도가 어려운 사람들이 있다는 것입니다. 단칸방에서 살고 있는 노동자의 집을 방문해서 우리가 어떻게 저녁 내내 앉아있을 수 있겠습니까? 어쩌면 두세 명의 자녀들이 칭얼대고, 방안에는 빨래들이 걸려 있으며, 온갖 물건들이 어지럽게 널려 있을지도 모릅니다. 그 사람이 집에 들어오면, 아내는 잔소리를 해대고, 아이들은 칭얼대고, 빨래는 여기저기 널려 있습니다.

만일 여러분이 그 같은 입장이라면 어떻게 하겠습니까? 여러분이 그리스도인이 아니었다면, 아마 어딘가 다른 곳으로 도망치고 싶은 생각이 들 것입니다. 거리를 걷다 보면 가스등이 반짝거리고, 안락한 방이 마련되어 있는 선술집이 있고, 또는 거리 한구석에 모든 것이 휘황찬란하고, 많은 사람들의 왁자지껄한 소리로 가득 찬 술집도 있는 것을 여러분도 알고 있습니다.

자, 그렇다면, 여러분은 그들이 그러한 장소에 가 있는 동안, 그들이 거기서 만나는 사람들과 함께 있는 동안, 여러분은 구원의 도구로서 활동할 수 있으리라는 소망을 가질 수 없을 것입니다.

그들이 주일에 듣는 찬송으로부터 얻는 모든 유익은 술집에서 요란한 노래를 들을 때 사라지고, 성소에서 드려진 예배에 대한 모든 기억들은 술집의 룸에서 들은 허탄한 이야기들에 의해 지워지고 맙니다. 그래서 이 같은 노동자들을 위해 찬양이나 설교나 기도가 전부가 아닌 장소, 곧 그들이 와서 편하게 쉬면서 건전한 대화를 나눌 수 있는 공간을 마련하는 것은 특별한 은총이 될 것입니다. 이렇게 할 때 그는 과거에 물들었던 잘못된 습관들로부터 벗어날 수 있고, 점차 술집으로 향하던 발걸음을 되돌리게 될 것입니다.

그 대신 그는 두 개의 방을 갖게 되고, 아니 어쩌면 작은 집을 하나 더 갖게 되었기 때문에 그의 아내는 뒤뜰에 빨래를 널 수 있게 되고, 그래서 그때부터 아기도 엄마가 자기에게 더 많은 것을 해 줄 수 있게 되기 때문에 예전처럼 그렇게 칭얼대지 않아도 된다는 것을 알게 될 것입니다.

그가 이전에 찾던 곳을 찾지 않게 됨으로써, 모든 것이 호전되고 더 밝아질 것입니다. 나는 목사가 사람들을 그들의 잘못된 교제의 영역으로부터 떼어놓기 위해 최대한 합리적이고 합법적인 수단을 사용하는 것이 정당하다고 생각합니다. 그리고 때때로 특별하게 보이는 수단일지라도, 그것이 사람들을 주 예수 그리스도께 인도하는 방편이 될 수 있다면, 괜찮다고 봅니다.

사람을 주 예수님께 인도하는 것은 우리가 하는 일 중 가장 첫 번째로 해야 할 일입니다. 우리가 그 일을 행하는데 어떤 장애물이 있다고 해도, 우리는 그것들이 제거되도록, 그래서 영혼들이 구원받고 하나님이 영화롭게 되도록, 성령의 도움을 구해야 할 것입니다.

제 6 장

평신도를 전도자로 만드는 길

　형제 여러분, 나는 여러 시간에 걸쳐 여러분에게 우리 인생에서 가장 위대한 사역인 전도에 관해 말해 왔습니다. 우리가 전도하는 다양한 방법, 전도자로 쓰임 받는데 요구되는 신적이고 인간적 자격, 전도에 가장 합당한 설교의 종류 그리고 전도의 장애물에 관해 설명했습니다. 오늘 오후 나는 전도에 관한 또 다른 주제를 가지고 말씀을 전하고자 하는데, 그것은 곧 우리는 어떻게 평신도를 전도자가 되도록 이끌 수 있느냐 하는 것입니다.

　여러분 각자는 주님께서 여러분을 특별히 복음전도자나 이교도 지역의 선교사가 되도록 부르시지 않는 한, 때가 되면 교회의 목사가 되기를 바라고 있을 것입니다. 그러나 여러분은 먼저 천국의 좋은 씨를 뿌리는 한 사람으로서 사역을 시작하게 됩니다. 여러분은 메고 있는 광주리에서 씨를 한 움큼 꺼내 움켜쥐고 뿌립니다. 그러나 여러분은 영적인 농부가 되기를 바라고, 그래서 장차 혼자 힘으로는 씨를 다 뿌릴 수 없어서 여러분을 도와줄 다른 종들이 필요한 넓은 땅을 갖고 싶어 할 것입니다. 그렇게 되면 여러분은 종에게 "가라"고 말하고, 그러면 그는 곧장 달려갑니다. 또 "오라"고 하면, 즉시 달려올 것입니다.

　그리고 여러분은 그들에게 씨 뿌리는 방법과 비결을 가르쳐 줍니다. 그러면 얼마 후에 여러분 주위에 이 선한 일을 감당하는 일꾼들이 많이 존재하고, 나아가 위대한 농부이신 예수 그리스도를 위해 더 많은 땅을 개간할 수 있게 될 것입니다. 우리들 중에는, 하나님의 은혜로 말미암아, 우리의 가르침을 통해 영적으로 빠르게 성장하는 사람들, 곧 우리에게 교육을 받고 힘을 얻어 전도사역을 돕고, 하나님을 위한 선한 사역에 온 몸을 바치는 사람들이 그 주위에 많이 포진해 있는 정말 복 있는 사역자들이 있습니다.

그러나 나는 여러분에게 이 모든 축복을 처음부터 기대해서는 안 된다고 경고하고 싶습니다. 왜냐하면 그것은 시간이 필요한 사역이기 때문입니다. 한 곳에서 20년 정도 계속 수고해야만 얻을 수 있는 결과를 목사가 되는 첫 해부터 기대해서는 안 됩니다. 젊은 목사들은 교회에 등록한 지 6주 정도밖에 안 된 초신자들과 대화를 나눌 때, 때때로 큰 실수를 합니다. 교회에서 20년이나 30년 이상 함께 사역해 온 성도들과 대화할 때 갖게 되는 권위를 초신자들과의 대화에서는 가질 수 없습니다. 비록 그들이 목사의 권위를 인정해 준다고 해도, 그것은 그들에게 일종의 어리석은 허영에 불과합니다. 또 초신자들이 반세기에 걸쳐 경건한 목사에 의해 훈련 받은 성도들과 한 순간에 동등한 수준을 보여 주리라고 기대하는 것도 똑같이 어리석은 생각입니다.

여러분은 다른 목사님이 오랜 세월 동안 충실하게 좋은 씨를 뿌려 놓아 기초를 다져 놓은 교회에 부임할 수 있습니다. 이때 여러분의 사역이 아주 순조롭고 번창하는 상태에서 시작되고, 전임목사님이 신고 있던 신발 속에 발을 넣고 그가 밟아왔던 길을 따라 걸을 수 있다면, 그것은 정말 행운입니다. 말이 새로운 마부가 자기 등 위에 앉았다는 것을 느끼지 못하는 것은 참 좋은 징조입니다. 사랑하는 형제 여러분, 여러분처럼 경험이 없는 목사들에게 이런 일이 일어난다면, 여러분은 정말 행복한 목사들입니다. 그러나 여러분에게 일어날 일은 어쩌면 게으른 목사에 의해 교회가 파산지경에 이르러 아무 대책 없이 방치된 그런 교회에 부임할 가능성이 더 클 것입니다.

만약 그런 교회에 부임을 했다면, 아마 여러분은 그 교회의 오래된 핵심 집사가 여러분의 열심을 본받게 하려고 애를 쓸 것입니다. 그러나 여러분은 순수한 열정을 갖고 있는데, 그는 강철처럼 냉정하다는 것을 발견하게 될 것입니다. 여러분은 물통 속에 들이부어진 뜨거운 강철 덩어리와 같습니다. 그러나 그는 다른 목사님도 처음에는 그렇게 뜨거웠지만, 곧 식어 냉랭해졌다고 상기시키고, 목사님도 그렇게 된다고 해도 전혀 놀라지 않겠다고 말할 것입니다. 그도 처음에는 유능한 사람이었지만, 곧 늙었습니다.

여러분도 지금은 젊습니다. 그러나 우리가 비록 그렇게 하고 싶어도, 젊은이의 머리를 늙은이의 어깨 위에 올려놓을 수는 없습니다. 그 다음에 여러분은 젊은 성도들을 붙잡고 사역을 하려고 할 것입니다. 어쩌면 그들과 하는 것이 차라리 나을지도 모르겠습니다. 그러나 그들도 여러분을 이해하지 못합니다. 그들은 뒷걸음치며 도망칩니다. 그들은 곧 옆길로 새버릴 것입니다. 만일 이런 일이 여러분의 경우가 된다 하더라도, 결코 놀라서는 안 됩니다.

전도와 관련된 일들을 할 때, 여러분에게 이런 일이 일어날 가능성은 아주 높습니다. 어쨌든 그럴 가능성이 많다는 것을 항상 염두에 두십시오. 그러면 실제로 그런 일이 일어났을 때 크게 실망하지 않게 될 것입니다. 물론 그렇지 않을 수도 있습니다. 하지만 여러분은 목회를 시작할 때 전도사역과 관련해서는 성도들로부터 큰 도움이 있으리라는 것을 아예 기대하지 않는 것이 현명합니다.

여러분은 그 일을 여러분 스스로 해야 한다고, 오직 홀로 그 일을 감당해야 한다고 생각하십시오. 그리고 홀로 그 일을 시작하십시오. 홀로 씨를 뿌리고, 그 땅을 부지런히 누비십시오. 하지만 추수 때 주님께서 여러분의 수고를 축복해 주실 것을 기대하십시오. 하나님의 축복 아래, 가라지나 돌멩이나 가시로 가득 차 있고, 여기저기 마구 짓밟혀 있는 황폐한 땅이 잘 경작되어 가장 좋은 씨가 뿌려짐으로써 비옥한 땅이 될 때를 바라보며 열심히 수고하십시오. 그렇게 수고하다 보면, 여러분은 그 일을 돕는 동역자를 얻게 될 것입니다. 그러나 그 모든 일은 시간이 지나야 가능한 일입니다.

나는 이 모든 일이 최소한 몇 개월 정도면 가능하다고 기대해서는 안 된다고 확실히 말해 두고 싶습니다. 비록 부흥의 역사가 사실이라고 해도, 그것은 새바람이 부는 순간 즉각 이루어지는 것은 아닙니다. 한 번 새바람을 일으켜 보고, 과연 부흥이 이루어지는지 보십시오. 엘리야 선지자의 기도에 대한 응답으로 큰 비가 내렸습니다. 그러나 한 번 기도하여 비가 내린 것은 아니었습니다. 우리도 기도하고, 또 기도하고 그렇게 쉬지 말고 계속 기도해야 합니다. 그러면 마지막에 먹구름이 몰려오고, 그 구름으로부터 폭우가 쏟아지게 됩니다. 묵묵히 기다리십시오. 그리고 계속 일하십시오. 부지런히 현장을 누비십시오. 쉬지 말고 기도하십시오. 적절한 때가 되면, 축복은 쏟아지고, 여러분은 여러분의 이상에 따라 교회가 변화되는 것을 볼 것입니다. 그러나 그것은 즉시 이루어지는 일이 아닙니다.

　버밍엄의 존 제임스(John Angell James) 목사에 관해 한마디 하겠습니다. 그 목사님이 부임하신 후 많은 해가 흘렀는데도, 그 교회는 눈에 보이는 두드러진 변화가 없었습니다. 그러나 내가 기억하기로는, 지금 그 목사님이 시무하고 있는 카스 레인 교회는 그가 부임하기 전에는 그리 좋은 평판이 있던 교회가 아니었습니다. 하지만 그 목사님은 꾸준히 복음을 설교했고, 그 결과 드디어 그 주변에는 그의 목회를 돕는 신실한 성도들이 몰려들기 시작했습니다. 그리하여 그들은 당시 버밍엄에서 가장 유능한 목사가 되도록 그를 도왔습니다. 여러분도 그 목사님과 똑같이 하십시오. 그 목사님과 다른 목사님들이 오랜 세월에 걸쳐 이룰 수 있었던 일을 한순간에 이루리라고 기대하지 마십시오.

　평신도들이 전도자가 되어 여러분 주위에 몰려들도록 하기 위해서, 나는 여러분이 어떤 고정된 법칙에 따라 사역하지 말라고 권고합니다. 그 이유는 어떤 순간에는 아주 좋은 법칙이 다른 순간에는 그렇지 못하게 되고, 또 어떤 장소에서는 아주 적합했던 방법이 다른 장소에서는 그렇게 좋은 방법이 아닌 경우가 있기 때문입니다. 때때로 가장 좋은 방법은 교회의 성도들을 한곳에 모아놓고 여러분이 그들에게 요구하는 것을 말하고, 그들 각자가 하나님을 위해 전도자가 되도록 진지하게 부탁하는 것입니다.

그들에게 이렇게 말해 보십시오: "나는 여러분의 목사가 단순히 설교만 하는 목사가 되지 않기를 바랍니다. 나는 많은 영혼들이 구원 받는 장면을 보고 싶습니다. 구원 받은 사람들이 주 예수 그리스도를 위해 다른 사람들을 그분 앞으로 인도하는 모습을 보고 싶습니다. 오순절 날 축복이 어떻게 임했는지 여러분도 알고 있을 것입니다. 온 교회가 한곳에 모여 한 목소리로 부르짖고 부르짖을 때, 성령이 부어졌고, 수천 명의 사람들이 회개하고 예수님을 믿었습니다. 그렇다면 우리도 함께 모여 그들과 똑같은 방법으로 구원의 축복을 위해 하나님께 간절히 간구할 수 없겠습니까?"

그것이 성도들에게 큰 도전을 줄 수 있습니다. 그들을 함께 모으고, 열심히 그 문제를 놓고 기도하십시오. 그리고 여러분이 그들에게 특별히 원하는 목표를 제시하십시오. 하나님께 구하는 것은 마른 장작에 불을 붙이는 것과 같습니다. 그러나 한편으로는 거기서 아무것도 얻지 못할 수도 있습니다. 왜냐하면 영혼을 구하는 일에 그들이 별로 관심을 갖고 있지 않기 때문입니다. 그들은 "정말 좋은 시간이야. 하지만 우리 목사님은 우리에게 너무나 많은 기대를 하는 것 같아. 우리는 목사님이 그 일을 하시기를 바라는데 말야"라고 말할지도 모릅니다. 그렇다면 그들에 관한 한, 그것은 별로 소용이 없습니다.

그 다음 그 방법이 성공하지 못한다면, 하나님은 여러분이 한두 명의 평신도와 함께 시작하도록 인도하실 것입니다. 보통 평신도들 가운데에는 "젊고 유능한 일꾼"이 있게 마련입니다. 그에게서 다른 성도들보다 훨씬 더 깊은 영성을 보게 될 때, 여러분은 그에게 "성도님, 모월 모일 저녁에 사택으로 좀 오십시오. 함께 기도하지 않겠습니까?"라고 말하십시오. 여러분은 이런 식으로 두 명, 세 명, 아니 더 많은 경건한 젊은이들을 얻게 될 것입니다. 또는 어떤 사람들보다 하나님을 가까이 하고, 자기 자신보다 여러분을 위해 더 많이 기도해 줄 신실한 여신도와 함께 시작할 수도 있습니다.

여러분이 그녀의 공감을 얻기만 한다면, 그녀에게 이렇게 말해도 될 것입니다: "지금 우리가 교회 전체에 영향을 미칠 수 없다고 해도 한 번 해 봅시다. 다른 사람들과 함께하기 전에, 우리끼리 먼저 시작합시다. 다른 사람의 본이 되도록 우리가 항상 기도회를 가집시다. 또한 우리 집안 식구들끼리 기도 모임을 가짐으로써 가족들을 기도회에 참여시킵시다. 사랑하는 자매여, 당신은 그렇게 해서 작은 가족기도회에 6명의 가족들이 참여하도록 할 수 있게 될 것입니다. 또 당신은 당신의 친구들에게 '우리가 목사님을 위해 기도하지 않겠습니까?' 라고 말할 수 있게 될 것입니다."

집을 태워 버리는 가장 효과적인 방법은 그 한복판 밑바닥에 석유를 붓고 불을 지르는 것입니다. 그렇게 하면, 프랑스혁명 당시 파리에서 혁명정부가 그랬던 것처럼, 그 불길이 확 번질 것입니다. 그러나 때때로 가장 빠른 방법은 집의 사방 네 귀퉁이에 불을 붙이는 것입니다. 나는 이렇게 해 본 적은 없지만, 아마 이것이 가장 빠르지 않을까 싶습니다. 나는 집보다는 교회를 더 불태우고 싶습니다. 왜냐하면 교회는 타오를수록 타서 없어지는 것이 아니라 그 지점에서 불이 타오르기만 하면, 계속 활활 타오르기 때문입니다.

떨기나무가 단지 떨기나무에 지나지 않으면, 불이 나면 금방 타 버리고 맙니다. 그러나 그것이 소멸되지 않고 계속 타오르고 있다면, 하나님이 그곳에 임재하고 계신 증거임을 우리는 알 수 있습니다. 뜨거운 열정으로 불타오르는 교회도 이와 마찬가지입니다.

형제 여러분, 여러분의 사역은 어쨌든 여러분의 교회에 불을 지르는 것이 되어야 합니다. 여러분은 온 교회 성도들에게 설교하는 것으로 그렇게 할 수 있고, 또는 일부 신실한 영혼들에게 설교하는 것으로 그렇게 할 수 있습니다. 그러나 여러분은 어쨌든 그 일을 해야 합니다. 이 거룩한 목적을 위한 은밀한 모임을 가짐으로써, 온 교회를 불로 활활 태우는 것을 목표로 하는 천상의 비밀 결사대가 되어야 합니다. 여러분이 그렇게 하면, 마귀는 그것을 좋아하지 않을 것이고, 그때 여러분은 마귀로 하여금 조바심을 내게 함으로써 그 세력을 완전히 와해시키게 되는데, 그것이야말로 여러분이 원하는 것이 아니고 무엇이겠습니까?

우리는 교회가 세상과 세상의 모든 악한 습관들 및 풍습들을 상대로 칼을 휘두르는 것 외에는 바라지 않습니다. 그러나 다시 말하지만 이 모든 것은 시간을 요하는 일입니다. 나는 어떤 사람들은 처음부터 너무 빠르게 달리다가 헐떡거리는 말처럼 금방 지쳐 버리는 것을 보았습니다. 이 얼마나 불쌍한 모습일까요! 형제 여러분, 다시 말하지만 시간이 필요합니다. 그러므로 여러분이 바라는 바를 순식간에 이룰 것이라고 기대하지 마십시오.

대부분의 교회는 월요일 저녁에 기도회를 갖습니다. 만일 여러분 자신과 여러분의 교회 성도들이 영혼을 구원하는 전도자가 되기 원한다면, 할 수 있는 한 기도회를 많이 갖되, 계속해서 가지십시오. 런던 교외에 있는 어떤 목사들처럼 되지 마십시오. 그들은 기도회나 특강 시간에 성도들이 나오도록 할 수 없기 때문에, 한 주일에 한 번 간단한 설교를 곁들인 기도회로 대체한다고 합니다.

언젠가 한 게으른 목사는 말하기를 주중 저녁 집회 때는 설교가 별로 효력이 없기 때문에 자기는 설교를 단축시켜 기도회에 통합시킨 모임을 갖는다고 했습니다. 그런데 그것은 기도회도 아니고 설교시간도 아닙니다. 그것은 물고기도 아니고 어육도 아니며, 새도 아니고, 그렇다고 잘 익은 훈제청어도 아닙니다. 아마 그는 곧 그것이 별로 유익하지 않다고 말하고 포기할 것입니다. 성도들도 그렇게 생각하리라고 나는 확신합니다. 그렇다면 그가 주일 예배 가운데 하나를 포기하지 않는다고 볼 이유가 어디 있겠습니까? 똑같은 추론이 주중 저녁 집회에 대해서도 적용될 수 있습니다.

오늘 나는 어느 미국 신문에서 다음과 같은 기사를 보았습니다: "영국 런던에 있는 스펄전 목사의 교회는 정규적으로 출석하는 교인들이 석 달에 한 번씩 돌아가면서 주일 저녁예배에 불참하고, 그 빈자리는 외부인들로 채워진다는 것은 잘 알려진 사실이다. 이 점에서 영국인들은 자랑할 만하다. 그런데 우리 미국 기독교는 희한하게도 매 주일 저녁마다 그 자리를 외부인들에게 넘겨주고 있다."

형제 여러분, 나는 주일 예배나 기도회 때 여러분의 교회 성도들에게 이런 일이 일어나지 않기를 바랍니다.

만일 내가 여러분이라면, 나는 그 기도회를 전도사역을 위한 특별집회가 되도록 하겠습니다. 7천 마일 내에서는 그같이 특별한 집회를 찾아볼 수 없는 독보적인 기도회가 되도록 하십시오. 많은 사람들이 그러는 것처럼, 그 순간 일어난 일에 대해 별로 말할 것이 없는 그런 기도회가 되지 않게 하십시오. 그 대신 모인 사람들이 흥미를 가질 수 있도록 최선을 다하십시오. 그때 하나님이 여러분을 도우시면, 그가 5시간이 넘도록 기도하지 않아도 시시하다고 말하지 않게 될 것입니다. 주어진 시간 안에 간단히 기도하도록 요청하십시오. 만약 그렇게 하지 않는다면, 기도를 끝내라고 말하십시오.

어떤 사람이 아내와 싸우기 위해 내 집에 들어왔다면, 나는 그에게 그렇게 하면 안 되는 이유를 설명하고, 그가 아내에게 악한 짓을 하지 못하도록 적절하게 제지할 것입니다.

나는 내 아내를 사랑하는 것만큼 교회도 사랑합니다. 그래서 만일 어떤 사람이 기도를 너무 오랫동안 한다면, 내가 인도하는 기도회가 아니라 다른 기도회에 가서 기도하도록 할 것입니다. 공식 기도회를 마칠 때까지 기도를 다 끝내지 못했다면, 집에 돌아가 기도하라고 말해 주십시오. 만일 성도들이 따분해 하고, 분위기가 가라앉았다면, 부흥집회에서 무디 목사와 생키가 불렀던 찬송을 부르도록 하십시오. 그래서 분위기가 달아올라 그들이 온 마음으로 찬송하게 되면, "무디와 생키의 찬송"을 잠시 멈추고, 여러분이 준비한 찬송가를 부르도록 하십시오.

아무리 시시해지더라도, 기도회를 꼭 가지십시오. 그것은 평일 저녁에 드리는 큰 의무요, 주일과 주일 사이에 드려지는 최고의 경배입니다. 그러므로 여러분은 그것을 확실히 시행하십시오. 만일 여러분이 여러분 교회의 성도들이 저녁집회에 참석하지 않는다면, 그들이 참석할 수 있는 시간에 기도회를 가지십시오. 그럴 경우 새벽 4시 반에 기도회를 가질 수 있습니다. 왜 안 되겠습니까?

저녁 5시보다 새벽 5시에 성도들을 더 많이 모이도록 할 수 있다면, 얼마든지 그렇게 할 수 있습니다. 농사를 짓는 성도들은 새벽 6시에 기도회를 가지면, 큰 관심을 가지리라고 확신합니다. 그렇게 되면 아침 일찍 일어나 잠시 기도하고 일터로 나갈 수 있게 되는데, 그들은 그런 기회를 갖게 된 것을 크게 감사하게 될 것입니다. 또 필요하면 밤 12시에 기도회를 가질 수도 있습니다. 다른 시간에 성도들을 모으기가 불가능하다면 말입니다.

1시, 2시, 3시, 4시, 낮이든 밤이든 아무 시간이나 시도해 보십시오. 그리하여 어떻게든 성도들을 기도의 자리로 불러내십시오. 만일 그들로 하여금 기도회에 나오도록 유도할 수 없다면, 그들 집으로 찾아가 "나는 성도님 집 거실에서 기도회를 갖고자 합니다"라고 말하십시오. "오, 목사님! 아내를 준비시키겠습니다." "아닙니다! 그럴 필요 없습니다. 아내를 번거롭게 하지 마십시오. 우리가 차고나 정원이나 다른 어떤 곳으로 갈 수 있으니까요. 하지만 오늘은 우리끼리 여기서 기도회를 가집시다."

그들이 기도회에 나오지 않는다면, 그들에게 찾아가야 합니다. 우리들 50명이 교회를 떠나 길거리를 걸으면서 기도회를 갖는다고 합시다. 그때 많은 애로 사항이 있을 수 있습니다. 번잡한 거리에서 어려움을 무릅쓰고 기도할 때, 미국에서 여성들이 술을 팔기 위해 얼마나 애쓰고 있는지를 기억합시다. 그녀들이 술을 팔기 위해 그 힘든 수고를 하고 있는 것과 비교하면 우리의 어려움은 아무것도 아닙니다. 만일 우리가 특별한 일을 하지 않고서는 성도들에게 자극을 줄 수 없다면, 특별한 일을 해야 합니다. 그러나 기도회는 무조건 가져야 합니다. 어떤 애로사항이 있더라도 멈추어서는 안 됩니다. 왜냐하면 그것은 하나님과 인간들 모두의 비밀한 능력의 원천이기 때문입니다.

우리는 항상 성실의 본보기가 되어야 합니다. 게으른 목사는 생명력 있고 열심이 넘치는 교회를 만들 수 없다고 생각합니다. 무관심한 성격을 가진 사람이나 무슨 일을 하든 안일하게 처신하는 사람은 영혼 구원에 열심 있는 성도들이 자기 주위에 몰려들 것이라고 기대해서는 안 됩니다. 형제 여러분, 여러분은 자기 친구나 이웃들의 구원을 간절히 바라는 평신도들이 옆에 있기를 바랄 것입니다. 여러분의 설교에 대해 하나님의 축복이 함께하기를 항상 기도하고, 다른 회중들이 그 설교에 감동받고 있는지 그 얼굴을 살피며, 그들이 회심하지 않으면 크게 슬퍼하고 그들이 구원받지 못하면 크게 낙심하는 성도들이 여러분 주위에 있기를 원할 것입니다.

아마 이런 사람들은 여러분이 혹 실수를 하더라도 불평하지 아니하고, 여러분을 위해 하나님께 기도할 것입니다. 또 그들은 문제가 있으면 그 것을 여러분과 상의할 것입니다. 나는 우리 교회 집사 한 사람이 나에게 한 말을 기억합니다. 어느 날 주일 저녁에 우리는 새 신자를 만나기 위해 내려가고 있었는데, 그날은 고작 14명이 참석했습니다. 그때 그는 "목사님, 너무 적네요"라고 말했습니다. 당시 우리 교회는 매달 40명 아니면 50명 정도가 새로 출석했습니다. 그 착한 집사는 적은 숫자로 만족하지 못했던 것이지요. 우리 교회가 장래에는 더 많은 성도를 갖게 될 것이라는 그의 말에 나는 공감했습니다. 어떤 목사들은 그 같은 말을 들으면 실망이 되고, 짜증이 나리라고 생각됩니다. 그러나 나는 그 착한 집사가 해준 말이 정말 기뻤습니다. 왜냐하면 그것은 내가 느꼈던 심정과 딱 부합하는 말이었기 때문입니다.

그 다음 우리는 전도 사역을 돕기 위해 자기들이 할 수 있는 모든 일을 기꺼이 행하는 평신도들을 우리 주위에 두기를 원합니다. 목사가 쉽게 접할 수 없는 사람들이 많습니다. 여러분은 "단춧구멍"과 같은 평신도 사역자들을 얻기를 바랄 터인데, 이것이 무슨 말인지 아마 잘 알 것입니다. "단춧구멍과 같다"는 말은 남들과 쉽게 잘 어울리고 대화를 오래 나눈다는 뜻입니다. 여러분이 그의 머리카락 한 올이나 외투단추라도 잡고 친구를 붙잡을 수 있다면, 그것은 정말 유익한 일입니다.

압살롬은 그 머리카락이 상수리나무에 걸렸을 때 거기서 쉽게 빠져나올 수 없음을 알았습니다. 마찬가지로 우리도 죄인들에게 쉽게 접근할 수 있는 진영을 가져야 합니다. 여러분은 그들에게 천국을 소개할 때, 그들의 귀에 영혼의 평화와 기쁨을 가져다 줄 그 복된 이야기를 해 줄 때 최대한 친절하게 말하십시오. 우리는 그리스도의 교회 안에 불신자들에게 개인적으로 접촉할 잘 훈련된 일단의 저격병들이 있기를 원합니다. 그들은 항상 불신자들이 불쾌하지 않게 하면서 그들을 한자리로 모으는 역할을 하기 위해 대기하고 있습니다. 그들은 불신자들이 개인적인 경고, 개인적인 초청 그리고 그리스도께 나아오라는 개인적인 권면을 받기 전에는 그곳을 떠나지 않도록 그들을 붙들어 두는 역할을 합니다. 우리는 교회의 평신도들이 이 사역을 감당하도록 훈련시켜서 그들 가운데서 구원의 전사가 나오기를 원합니다.

남녀노소를 불문하고 우리 교회 안에 있는 모든 성도들이 주님을 위해 수고하는 자가 되어야 합니다. 그들은 미국인들이 그토록 좋아하는 기분 좋은 설교들만 맛보도록 해서는 안 됩니다. 그런 설교를 들을 때, 그들은 "아이구, 안 됩니다! 우리는 그런 일 하기를 원치 않습니다"라고 말할 것입니다. 추수 밭에서 일하는 사람들이 천둥과 번개를 원하겠습니까? 그들은 이마에 흐르는 땀을 닦기 위해, 지친 몸의 기력을 회복시키고, 그런 다음 다시 일하기 위해 나무 그늘 아래 쉬기를 원할 것입니다. 하지만 우리의 설교는 군대 사령관의 명령과 같아야 합니다. 우리는 "저기 원수들이 있습니다. 그들이 내일은 어디에 있을지 우리는 알 수 없습니다"라고 강력히 외쳐야 합니다. 간단하면서 달콤하고, 그러면서도 성도들에게 자극과 도전을 줄 수 있는 설교가 그들에게 필요한 설교입니다.

우리는 우리가 살고 있는 환경의 전체 분위기가 전도하기에 합당할 때, 우리가 구하는 축복이 주어지리라는 확신을 가져야 합니다. 어느 날 저녁, 내 친구 한 사람이 내게 이렇게 말한 것을 기억합니다: "오늘 밤에는 놀라운 축복의 역사가 있을 거야. 오늘 밤은 다른 날과 달리 많은 이슬이 맺혔거든." 여러분도 이슬이 많은 곳에서 설교한다는 것이 무슨 뜻인지 알기를 원합니다.

아일랜드 사람들은 햇볕이 내리쬘 때 밭에 물을 대는 것은 무익한 일이라고 말합니다. 왜냐하면 햇볕이 내리쬘 때 물을 주면 금방 말라 버리기 때문입니다. 그래서 그들은 해가 구름에 가려져 있을 때, 곧 비가 올 조짐이 있을 때 밭에 물을 댑니다. 아일랜드 사람의 말은 자세히 살펴볼수록 의미심장합니다. 소나기는 비가 쏟아지기에 적당한 환경이 조성되어 있기 때문에 식물에 도움이 됩니다. 말하자면 그늘진 하늘, 축축한 공기, 습기로 가득 차 있는 주변환경 등 만물이 비를 맞이할 충분한 준비를 하고 있기 때문에 소나기가 식물에 유익하다는 것입니다. 그러나 여러분이 태양이 밝게 비취는 동안에 똑같은 양의 물을 식물에 주어 보십시오. 아마 그 잎사귀가 곧 노랗게 변하고, 열 때문에 시들어 죽고 말 것입니다.

어느 정원사에게 물어보든 간에, 그는 해가 서산에 지고 난 후인 저녁에 꽃밭에 물을 준다고 말할 것입니다. 아무리 밭에 물을 잘 대더라도, 비만큼 그 일에 도움을 주는 것이 없는 이유가 바로 이것입니다. 식물이나 꽃이 축축한 물기로부터 유익을 얻고자 한다면, 이와 같이 모든 환경이 적당한 조건 속에 있어야 합니다. 그것은 영적 현실에서도 마찬가지입니다. 나는 하나님이 나의 사역을 놀라울 정도로 축복하실 때, 그럴 때 보면, 우리 교회의 평신도들이 다른 때보다 특별히 기도를 더 많이 하는 분위기 속에 있었음을 종종 발견합니다. 성령의 이슬로 충만한 분위기 속에서 설교하는 것은 큰 축복입니다.

나는 그것 없이 설교하는 것이 어떤 것인지 잘 압니다. 그것은 이슬도 비도 없었던 때의 길보아와 같습니다. 여러분은 설교할 수 있고, 하나님이 여러분의 메시지를 축복하실 것을 바랄 수 있습니다. 그러나 그것만으로는 아무 소용이 없습니다. 형제 여러분, 나는 그것이 여러분의 경우가 아니기를 바랍니다. 어쩌면 여러분의 목회지가 이미 사랑하는 다른 형제가 주님을 위해 오래 수고하고, 기도하고, 땀을 흘려놓은 곳으로서, 가자마자 성도들이 축복의 열매를 거두는 교회일 수도 있습니다.

설교하러 갈 때 설교하기에 적당히 준비된 교회라고 느끼게 되는 교회가 종종 있습니다. 그곳에는 좋은 무리들이 앉아 있습니다. 입을 크게 벌리고 축복을 기다립니다. 대부분의 사람들이 내가 무엇이든 좋은 말씀을 전해 주기를 기대하고 있습니다. 그들이 좋은 설교를 기대하고 있기 때문에, 그들은 거기서 유익을 얻습니다. 내가 떠나자 그들은 축복을 위해 계속 기도했고, 결국 그들은 그것을 받습니다.

　어떤 사람이 달리는 말 위에 앉혀지게 되면, 그는 말과 함께 달리게 됩니다. 마찬가지로 내가 아무리 좋은 설교를 한다 할지라도, 축복은 주변의 모든 환경이 합당할 때 주어졌습니다. 여러분은 종종 설교자의 설교 때문만이 아니라 설교와 관련된 주변환경들이 너무 좋아서 은혜가 충만한 경우를 보았을 것입니다. 오순절 날 3천 명의 영혼들을 그리스도께 돌아오게 한 베드로의 설교도 마찬가지였습니다. 그의 설교는 모인 사람들에게 구주를 십자가에 못 박아 죽인 죄를 회개하라고 촉구하는 단순한 개인적 메시지 이상의 설교가 아니었습니다.

　나는 사도의 설교만으로 그 많은 사람들이 회심했다고 생각하지 않습니다. 왜냐하면 그 주위에 구름이 모여 있었고, 공기는 습기로 가득 차 있었기 때문입니다. 앞에서 친구가 내게 말한 것처럼, "이슬이 많이 맺혀 있었던" 것입니다. 제자들이 오랫동안 지속적으로 성령의 강림을 위해 기도하고 간구하지 않았더라면, 그리고 성령께서 베드로를 비롯한 그들 모두에게 임하지 않았더라면, 그런 역사가 일어날 수 있었을까요? 때가 맞아서 오순절의 축복이 충만하게 쏟아진 것이었습니다. 교회가 사도들과 제자들이 활동하던 그 기념할 만한 당시와 똑같은 상태에 들어갈 때마다 하늘의 놀라운 역사는 그 특별한 곳에 집중될 것입니다. 그러나 여러분은 심지어 그리스도 자신도 사람들의 불신 때문에 어떤 곳에서는 이적을 많이 행하시지 않았음을 기억해야 합니다.

　철저하게 주의 사역에 헌신하는 주의 종들도 때때로 주님과 똑같이 구원의 역사를 일으키는데 방해를 받을 때가 있다고 나는 생각합니다. 여러분 가운데 일부는 세속적이고, 그리스도를 모르는 사람들을 교인으로 두고 있을 수 있습니다. 그러나 그렇다고 해서 그들로부터 도망쳐서는 안 된다고 생각합니다. 가능한 한, 그들이 세상으로 나가는 것을 멈추고 그리스도를 닮는 삶을 살도록 인도해야 한다고 생각합니다.

　나는 또 다른 경험을 갖고 있는데, 그것은 정말 즐거운 마음으로 설명할 수 있는 사건입니다. 어느 날 밤, 나는 한동안 담임목사가 없었던 한 교회에서 설교를 하게 되었습니다. 예배당에 도착했을 때, 나는 환영이라곤 받지 못했습니다. 나는 아무 조건 없이 설교하기로 되어 있었지만, 그들은 나를 전혀 환대하지 않았습니다. 그런데 사실은 나를 초청하는데 대다수의 성도들은 찬성을 했는데, 집사들이 내가 "건전한" 목사가 아니라고 반대했다는 것이었습니다.

　그곳에는 다른 교회에서 온 형제, 자매들도 있었습니다. 그들은 즐겁게 은혜를 받았습니다. 그러나 그 교회 소속 성도들은 은혜를 전혀 받지 못했습니다. 그들은 처음부터 은혜 받는 것을 기대하지 않았고, 그래서 당연히 은혜를 받지 못했습니다. 예배를 마치고 나는 사무실로 갔습니다. 그곳에는 두 명의 집사가 각각 벽난로의 양편 자리를 차지하고 서 있었습니다.

　나는 그들에게 "집사님들이세요?"하고 물었습니다. 그들은 "예"하고 대답했습니다. "교회가 부흥이 안 되는군요. 그렇죠?"

　"그렇습니다, 목사님."

　"나는 그 원인이 집사님들에게 있다고 봅니다."

　"목사님은 집사들에 대해 알면서 그런 말씀을 하십니까?"

　"예, 압니다. 하지만 나는 그들이 잘하는 것은 모르겠고, 잘못하는 것은 압니다."

　그들은 짜증이 났겠지만, 그 후 나는 내 설교와 충고가 그들에게 변화를 일으킨 것을 알고 정말 감사했습니다. 그곳에 있던 집사님 가운데 하나는 오늘까지 아주 잘하고 있습니다. 그들 중 하나는 내가 한 말에 화가 나 그곳을 박차고 나가 버렸지만, 나머지 한 집사는 당장은 화가 났으나 그곳을 떠나지 않고, 내 말이 좋게 받아들여질 때까지 기도했습니다.

126

여러분은 바람과 파도를 뚫고 노를 저을 때 참 힘들 것입니다. 말이 제방 위에서 줄을 잡아당겨 여러분의 배가 엉뚱한 곳으로 가게 한다면, 그것은 훨씬 더 힘든 일입니다. 그러나 형제 여러분, 걱정하지 마십시오. 만일 그것이 여러분의 경우라면, 무척 힘들겠지만, 오히려 그 말을 물 속으로 끌어당기십시오. 하지만 일단 좋은 분위기가 형성되면, 문제는 그것을 유지하는 것임을 잊지 마십시오.

여러분은 내가 "분위기가 형성되면"이라고 말한 것을 주목하십시오. 그 표현은 우리가 할 수 있는 일이 얼마나 적은지를 상기시켜 줍니다. 사실 우리는 하나님 없이는 아무것도 할 수 없습니다. 왜냐하면 분위기를 주도하시는 분은 그분이기 때문입니다. 그분만이 분위기를 창출할 수 있고, 그것을 유지시킬 수 있습니다. 그러므로 우리의 눈은 계속해서 모든 도움의 근원이신 하나님을 바라보아야 합니다.

여러분 가운데 어떤 이는 정말 진지하게 그리고 유창하게 설교를 잘하고, 또 그 설교들이 사람들에게 은혜를 많이 끼칠 수도 있습니다. 그러나 그것만으로 죄인들이 구원받는 역사를 맛보지는 못할 것입니다. 그렇다고 설교를 포기하지는 마십시오. 그 대신 여러분 스스로에게 이렇게 말하십시오: "나는 내 주변에 나와 함께 그리고 나를 위해 전폭적으로 기도해 주고, 자기 친구들에게 하나님에 관한 사실들을 전해 주며, 신앙생활을 모범적으로 잘해서 주님이 때를 따라 은혜의 소낙비를 풍족하게 내려주시고, 또 남들이 축복을 받도록 도움을 주는 그런 사람들이 많이 몰려들도록 수고하지 않으면 안 된다."

나는 목사님들로부터 교회에서 설교하던 중에 회중들 위에 놀라운 능력의 역사가 일어난 적이 있다는 이야기를 듣곤 합니다. 나는 그것이 교회 안에 은혜가 충만한 기도회가 있고, 성도들 가운데 기도의 영이 충만한 사람들이 있으며, 그들 중 많은 이들이 영혼들을 위해 기도한 결과라고 생각합니다. 우리 교회에는 특별히 설교에 감동을 받은 사람들을 주목하고, 그들을 항상 보살피는 한 형제가 있습니다. 나는 그를 나의 사냥개라고 부릅니다. 그는 내가 쏘아 떨어뜨린 새를 나에게 물어다줄 준비를 항상 하고 있습니다. 나는 그가 사람들을 예수님께 인도할 수 있도록 적재적소에서 매복하고 기다리고 있는 것을 봅니다. 나는 이런 친구가 옆에 있는 것이 즐겁습니다.

내가 알고 있는 형제인 풀레톤과 스미스는 설교를 무척 길게 하는 습관을 가진 아주 저명한 한 설교자의 부흥집회 예배를 돕는 사역을 담당하고 있는데, 그 설교자는 그 형제들에 대해 말하기를 "결단을 촉발시키는" 능력을 갖고 있다고 했습니다. 그는 주님께서 사람들이 그리스도를 위해 결단하도록 돕는 자로 그들을 쓰신다는 말을 그렇게 한 것입니다. 결단을 촉발시키는 능력을 갖고 있는 사람을 옆에 두고 있는 것은 큰 축복입니다. 그러나 예배 때마다 사람들을 찾아가 "형제님, 오늘 설교가 어땠습니까? 당신에게 특별히 감명 깊었던 내용은 없었습니까? 당신은 구원받았습니까? 그 길을 알고 있습니까?" 하고 말해 주는 사람을 주변에 많이 두고 있다면, 그것 역시 복된 일입니다.

항상 성경을 준비하고 다니면서 질문하는 자들에게 그 구절을 찾아 보여 줄 수 있도록 하십시오. 나는 내가 방금 말했던 친구를 가끔 생각합니다. 그는 나에게 자신의 성경책을 펼쳐서 필요한 성경구절들을 보여 준 적이 있습니다. 그는 성경을 항상 휴대하고 다니면서 필요할 때마다 적절한 본문을 즉시 보여 줄 준비를 하고 있습니다.

여러분도 아시다시피, 여기서 말하는 본문은 진리를 찾는 영혼이 발견하기를 바라는 그런 구절들입니다. 예를 들면 다음과 같은 구절들입니다: "인자가 온 것은 잃어버린 자를 찾아 구원하려 함이니라"(눅 19:10). "아들을 믿는 자에게는 영생이 있고"(요 3:36). "그 아들 예수의 피가 우리를 모든 죄에서 깨끗하게 하실 것이요"(요일 1:7). "내게 오는 자는 내가 결코 내쫓지 아니하리라"(요 6:37). "누구든지 주의 이름을 부르는 자는 구원을 받으리라"(롬 10:13).

그렇습니다. 이 형제는 굵은 글자로 인쇄한 이런 구절들을 무수히 자신의 성경책 안쪽에 끼워놓고 다니면서 필요할 때마다 즉시 그것을 보여 줄 수 있도록 했습니다. 그리하여 그는 고통 속에 있는 수많은 영혼들을 구주께 인도할 수 있었습니다. 여러분도 그가 크게 도움을 받은 이 방법을 취해 보십시오. 결코 어리석은 방법은 아닐 것입니다.

형제 여러분, 이제 마지막으로 당부하는데, 여러분이 아주 열악한 조건 속에 있는 교회에 부임하더라도 절대로 걱정하지 말라는 것입니다. 젊은 목사가 침체된 상태에 있는 교회에서 사역하는 것은 오히려 좋은 일입니다. 왜냐하면 제대로 사역할 때, 때가 되면 더 좋아질 것이 틀림없기 때문입니다. 만일 여러분이 부임한 교회의 예배당이 텅 비어 있다면, 그보다 더 악화되는 일은 일어나지 않을 것이고, 여러분은 사람들을 교회로 인도하는 도구가 될 것이며, 여러분에게는 더 좋은 일들이 일어날 가능성만 남아있는 것입니다.

만일 내가 사역할 교회를 선택해야 한다면, 열악한 환경 속에 있는 교회를 선택할 것입니다. 왜냐하면 죄인들이 더 많이 포진되어 있는 사람들 속에서 사역하는 것이 하나님께 더 큰 영광이 된다고 확신하기 때문입니다. 여러분의 사명을 이 같은 사람들을 구원하는데 둔다면, 여러분은 평생을 통해 그들이 여러분에게 나아오는 것을 보게 될 것입니다. 그러나 정말 힘든 사람들은 오랫동안 자신이 그리스도인임을 고백해 왔지만 사실은 은혜를 결여하고 있어서, 살았다는 이름은 있으나 실상은 죽은 사람들입니다. 슬프도다! 우리 교회 집사들 중에도 이런 사람들이 있습니다. 일반 신자들 중에도 이런 사람들이 있습니다. 그렇다고 우리는 그들을 교회 밖으로 내쫓을 수 없습니다. 교회에 남아있는 한, 그들은 악영향만 끼칠 것입니다. 영적 생명으로 충만해야 할 몸의 각 부분에 죽은 지체가 있다는 것은 두려운 일입니다. 그러나 많은 경우에 그런 일이 일어나고, 우리는 그 악을 치유하는데 아무 능력이 없습니다.

우리는 추수할 때까지 가라지를 내버려 두어야 합니다. 그러나 여러분이 가라지를 근절시킬 수 없을 때 최선의 대책은 알곡에 물을 주는 것입니다. 왜냐하면 강한 알곡처럼 가라지를 억제시키는 것은 없기 때문입니다. 나는 교회 안에 있는 불경건한 사람들이 참신자들로 하여금 올바른 길을 더 절실하게 추구하도록 만든다는 것을 알았습니다.

그들은 "설교는 우리에게 너무 강하다. 이 사람들은 지나치게 청교도적이고, 우리가 적응할 수 없을 정도로 엄격하다"고 말했습니다. 그것이 사실이라면 얼마나 복된 일일까요! 우리는 진리를 설교함으로써 그들을 제거하려고 시도하지 않았습니다. 하지만 그들이 자기들의 길을 갔을 때, 우리는 그들을 따라가지 않고, 그들과 멀리 떨어져 하나님의 크신 은혜 속에서 그들이 잘못된 길에서 돌이켜 주님께 돌아오도록 기도합니다. 그때 우리는 그들이 우리에게 돌아와 우리와 함께 주님을 위해 살고 수고하는 것을 감사하게 될 것입니다.

제 7 장
죽은 자를 살리는 방법

하나님의 포도원에서 수고하는 동역자 여러분, 나는 이제 열왕기하 4장에 기록되어 있는 것처럼, 엘리사 선지자가 행한 아주 교훈적인 이적으로 여러분의 관심을 이끌고자 합니다. 기록을 보면, 수넴 여인은 엘리사를 극진히 대접한 결과로서 아들을 선물로 받게 되었습니다. 그러나 슬프도다! 세상의 모든 은혜는 얼마나 불확실한 수명을 갖고 있을까! 얼마 후 그 아들은 병들어 죽고 말았습니다.

크게 낙심했지만, 믿음이 있었던 그 어머니는 즉각 서둘러 하나님의 사람 엘리사에게 달려왔습니다. 하나님은 선지자를 통해 그녀의 마음의 소원이 이루어질 것이라고 약속하셨기 때문에, 그녀는 그에게 자신의 처지를 하소연하기로 결심했습니다. 그렇게 해서 그는 그 문제를 자신의 하늘의 주님께 내어놓았고, 그녀를 위해 축복의 응답을 받아냅니다. 그때 엘리사의 행동을 성경은 다음과 같이 기록하고 있습니다:

> 엘리사가 게하시에게 이르되 네 허리를 묶고 내 지팡이를 손에 들고 가라 사람을 만나거든 인사하지 말며 사람이 네게 인사할지라도 대답하지 말고 내 지팡이를 그 아이 얼굴에 놓으라 하는지라 아이의 어머니가 이르되 여호와께서 살아 계심과 당신의 영혼이 살아 계심을 두고 맹세하노니 내가 당신을 떠나지 아니하리이다 엘리사가 이에 일어나 여인을 따라가니라 게하시가 그들보다 앞서 가서 지팡이를 그 아이의 얼굴에 놓았으나 소리도 없고 듣지도 아니하는지라 돌

아와서 엘리사를 맞아 그에게 말하여 아이가 깨지 아니하였나이다 하니라 엘리사가 집에 들어가 보니 아이가 죽었는데 자기의 침상에 눕혔는지라 들어가서는 문을 닫으니 두 사람 뿐이라 엘리사가 여호와께 기도하고 아이 위에 올라 엎드려 자기 입을 그의 입에, 자기 눈을 그의 눈에, 자기 손을 그의 손에 대고 그의 몸에 엎드리니 아이의 살이 차차 따뜻하더라 엘리사가 내려서 집 안에서 한 번 이리저리 다니고 다시 아이 위에 올라 엎드리니 아이가 일곱 번 재채기 하고 눈을 뜨는지라 엘리사가 게하시를 불러 저 수넴 여인을 불러오라 하니 곧 부르매 여인이 들어가니 엘리사가 이르되 네 아들을 데리고 가라 하니라 여인이 들어가서 엘리사의 발 앞에서 땅에 엎드려 절하고 아들을 안고 나가니라(왕하 4:29-37).

형제 여러분, 이 사건에서 엘리사의 입장은 그리스도를 위한 사역과 관련해서 볼 때, 정확히 여러분의 입장입니다. 엘리사는 죽은 아이를 살려내야 했습니다. 그의 경우에, 그 죽음은 자연적인 죽음이었지만, 여러분의 경우에 그것은 실제 죽음이 아니라 영적 죽음이라는 것입니다. 여러분 학교의 학생들도 어른들처럼 "죄와 허물로 죽은" 자들입니다. 모든 인간 존재들에게서 자연적으로 발견되는 상태를 여러분 가운데 하나라도 깨닫지 못하는 일이 없기를 바랍니다!

여러분의 자녀들의 전적 부패와 영적 죽음의 상태를 아주 분명하게 깨닫지 못하고 있다면, 여러분은 그들에게 축복의 역사를 행할 수 없습니다. 나는 여러분이 그들에게 다가가되, 그들을 여러분 자신의 힘으로 깨울 수 있는 잠꾸러기 정도가 아니라 하나님의 능력으로만 소생시킬 수 있는 영적 시체로 생각하도록 기도합니다.

엘리사가 그녀의 집에 간 목적은 아이의 죽은 몸을 깨끗하게 씻어주거나 그것에 향유를 바르거나 깨끗한 수의를 입히거나 적절한 장소에 묻어주기 위해서가 아니었습니다. 만약 그랬다면 그것은 여전히 죽어 있는 시체로 남아있었을 것입니다. 그의 유일한 목적은 그 아이의 생명을 회복시키는 것이었습니다.

사랑하는 선생들이여, 여러분은 부차적인 목적이나 또는 그들의 무지를 일깨워주는 것으로 만족하지 않기를 바랍니다. 여러분은 목적 중의 목적 곧 최고의 목적인 결코 소멸되지 않는 영혼들의 구원을 위해 힘써야 합니다. 학급의 학생들에 대한 여러분의 임무는 단순히 성경을 읽도록 가르치거나 도덕적 의무를 교훈하거나 또는 복음서의 교훈을 가르치는데 있는 것이 아닙니다. 여러분의 위대한 소명은 하나님의 손 안에서, 죽은 영혼들에게 하늘의 생명을 전달하는 도구가 되는 것입니다.

여러분이 주의 날에 대해 아무리 잘 가르친다고 할지라도, 여러분의 학생들이 죄 가운데 여전히 죽어 있다면, 그 가르침은 아무 소용이 없을 것입니다. 일반 학교 교사의 경우를 보면, 학생이 지식적으로 능숙한 상태에 들어가면, 선생은 자신의 수고가 헛되지 않았다고 생각해도 됩니다. 그러나 여러분의 경우에는, 비록 여러분의 제자들이 사회에서 훌륭한 인물로 성장했다고 할지라도, 또 그들이 교회에 충실하게 출석하는 교인이 되었다고 할지라도, 여러분의 학생들에 관해 "주께서 그들을 그리스도와 함께 살리셨다"고 말할 수 없다면, 여러분의 천국 초청은 응답받지 못한 것으로 느껴야 하고, 여러분의 소원은 충족되지 못했고, 여러분의 궁극적 목표는 이루어지지 못했다고 보아야 합니다.

그렇습니다. 다시 사는 것 곧 부활이 우리의 목표입니다! 죽은 자를 살리는 것이 우리의 사명입니다! 우리는 욥바에서의 베드로, 드로아에서의 바울과 같습니다. 오늘날 우리도 젊은 도르가나 유두고를 살려내야 합니다. 우리가 감당해야 할 이 사역은 얼마나 희한합니까? 그러면 우리가 이 사역을 어떻게 감당할 수 있습니까? 만일 우리가 불신앙에 굴복한다면, 주님이 감당하도록 우리를 부르신 사역이 우리 자신의 힘으로는 불가능하다는 명백한 사실을 망각하게 될 것입니다.

우리 스스로의 힘으로는 결코 죽은 자를 살릴 수 없습니다. 만일 그렇게 하도록 요구받는다면, 우리 각자는 과거 이스라엘의 왕처럼, 옷을 찢으며 "내가 사람을 죽이고 살리는 하나님이냐"(왕하 5:7)고 반문해야 할

것입니다. 그러나 엘리사도 우리만큼 무력한 사람입니다. 왜냐하면 그
역시 자신의 힘으로 수넴 여인의 아들을 살려낸 것이 아니기 때문입니
다. 우리가 우리 자신의 힘으로 학생들의 죽어 있는 영혼을 영적 생명이
고동치는 상태로 만들 수 없는 것은 사실입니다. 그러나 이것은 바울이
나 아볼로에게도 마찬가지였습니다. 그런데도 이것 때문에 우리가 실망
할 필요가 있습니까? 우리 자신의 근거 없는 힘에 대한 기대를 버림으로
써 오히려 우리는 참된 능력의 길로 나아갈 수 있지 않습니까? 나는 믿
음의 영역 안에서 사는 사람은 이적의 영역 안에 거하는 사람이라는 사
실을 우리 모두가 이미 잘 알고 있다고 생각합니다. 믿음은 기적을 거래
하고, 믿음의 상인은 표적과 함께 다닙니다.

> "믿음, 전능의 믿음은 약속을 바라보고,
> 오직 그것만 기대한다.
> 불가능을 조롱하며,
> '그것은 이루어지리라' 고 외친다."

하나님의 사역을 위해 부르심 받고, 그 안에서 살았던 엘리사는 하나님
의 신이 그에게 임했다는 점에서 평범한 사람이 아니었습니다. 그리고 헌신
적이고, 열정적이며, 기도에 충실한 교사인 여러분도 더 이상 평범한 존
재가 아닙니다. 여러분은 특별한 방법으로 하나님이 여러분 안에 거하시
는 성령의 전이 되었고, 그래서 여러분은 믿음으로 얼마든지 이적을 행
하는 자가 될 수 있습니다. 여러분은 사람에게 가능한 일을 하도록 세상
으로 보냄을 받은 것이 아니라 하나님이 성령을 통해, 그의 믿는 백성들
을 도구로 삼아 불가능한 일을 하도록 보냄을 받은 것입니다.

여러분은 놀라운 일들을 보여 줌으로써 이적을 행해야 합니다. 그러므
로 여러분은 이 죽어 있는 아이들의 회복을 방관해서는 안 됩니다. 그들
은 하나님의 이름으로 일으키도록 여러분에게 맡겨진 존재들입니다. 여
러분처럼 연약한 도구를 통해 그 일을 행하시는 분이 누구인가를 여러분

이 기억한다면, 그 일은 그리 불가능하거나 어려운 일이 아닐 것입니다. "하나님이 죽은 자를 살리신다는 데, 여러분이 그것을 못믿겠다고 생각할 이유가 어디 있습니까?"

여러분이 가르치는 아이들 가운데 혹 마음이 강팍하거나 완강한 아이를 만났을 때, 불신앙은 여러분에게 "이 마른 뼈를 살려낼 수 있겠어요?"라고 속삭일 것입니다. 그러나 여러분의 대답은 "주 여호와여 주께서 아시나이다"(겔 37:3)여야 합니다. 전능자의 손에 모든 것을 의탁하고, 여러분이 할 일은 마른 뼈들에게 하늘의 생기가 들어가도록 하나님의 명령을 따라 대언하기만 하면 됩니다. 그러면 오래지 않아 여러분은 여러분의 환상의 골짜기에서 죽음을 이겨낸 생명의 큰 군대가 행진하는 모습을 보게 될 것입니다. 그러므로 우리는 이때 우리의 참된 위치를 잘 잡아서 그대로 실천해야 합니다.

우리는 우리 앞에 죽어 있는 아이들을 두고 있습니다. 우리의 영혼은 그들을 생명으로 인도하기를 간절히 소원합니다. 우리는 모든 소생의 역사는 오직 하나님에 의해서만 일어나게 됨을 고백하고, 그래서 우리는 겸손히 "주께서 우리를 그의 은혜의 이적을 행하는 도구로 사용하고자 하신다면, 지금 우리가 무엇을 해야 할지 가르쳐 주옵소서!"라는 간구를 드려야 합니다.

만일 엘리사가 엘리야의 제자였던 자신의 과거를 상기하고, 그의 선생이 보여 주었던 사례를 본받기 위해 힘썼다면, 그 일은 훨씬 더 수월하게 이루어졌을 것입니다. 그렇게 했다면, 그는 게하시를 먼저 보내 지팡이를 그 아이의 얼굴에 놓도록 하지 않고, 즉시 자신이 해야 할 일을 했을 것입니다. 열왕기상 17장을 보면, 엘리야가 죽은 아이를 살리는 기사가 나옵니다. 거기서 여러분은 선생인 엘리야가 제자인 엘리사에게 완전한 본을 보여 준 것을 발견하게 될 것입니다. 엘리사가 그 본을 철저하게 따르기 전에는 이적의 능력이 나타나지 아니했습니다. 처음부터 엘리사가 자신의 옷을 자기에게 입혀 준 그의 선생의 본을 따랐더라면 훨씬 더 현명했을 것입니다.

사랑하는 동역자 여러분, 교사로서 우리가 우리 주님을 본받는다면, 영광스러운 주님의 행동양식과 방법을 연구하고, 그분의 발자취를 따라 효과적인 전도의 비결을 배운다면, 우리가 훨씬 더 잘할 수 있으리라는 것을 나는 여러분에게 강력히 천명합니다. 그분이 세상에 오셔서 깊은 연민을 갖고 비천한 인간에게 가장 가까이 다가오고, 우리의 비참한 상태에까지 스스로 낮아지신 것처럼, 우리도 우리가 구해야 할 영혼들에게 그분의 열망을 갖고 탄식하고, 그분의 눈물을 갖고 슬퍼하며, 나아가야 합니다. 그렇게 하지 않는다면, 우리는 그들이 죄 가운데서 일어나는 것을 보지 못할 것입니다. 오로지 주 예수님의 정신과 방식을 본 받을 때에만, 우리는 영혼을 구하는 일에 지혜로운 사람이 될 것입니다.

그러나 이것을 망각했던 엘리사는 스스로 방법을 찾아내지 않을 수 없었고, 그는 그것이 자신의 선지자로서의 위상을 더 분명히 보여 준다고 생각했던 것 같습니다. 그는 자신의 지팡이를 사환인 게하시의 손에 건네주고, 그것을 죽은 아이의 얼굴에 놓으라고 명령했습니다. 마치 자기는 하나님의 권능이 극히 충만하기 때문에, 결과적으로 직접 가지 않고 어떤 방법을 쓰더라도, 효과가 나타날 것이라고 생각한 것처럼 말입니다. 하지만 하나님의 생각은 그것이 아니었습니다. 나는 우리가 강단에서 설교하는 진리가 너무나 자주 우리 자신과는 아무 상관없는 외부적인 일이 되어 버리는 것이 두렵습니다. 그리고 이것은 주일학교 학생들을 가르치는 여러분에게도 똑같이 해당됩니다. 말하자면 우리가 손에 들고는 있지만, 우리 몸의 한 부분은 아닌 지팡이처럼 말입니다.

우리는 게하시가 지팡이로 했던 것처럼, 교리적, 실천적 진리에 대해서도 똑같이 합니다. 우리는 그것을 아이의 얼굴 위에 올려 놓지만, 우리 자신은 그의 영혼에 대해 아무 감각이 없습니다. 우리는 이 교리와 저 진리, 이 예화와 저 실례, 교훈을 가르치는 이 방법과 의사를 전달하는 저 방법을 사용하지만, 우리가 전하는 진리가 우리 자신과는 별개의 문제가 되고, 우리 심층의 내적 존재와 무관한 사실이 되어 버리는 한, 그것은 엘리사의 지팡이가 죽은 아이의 얼굴 위에 놓여진 것만큼이나 죽은 영혼에 대해 아무 효과가 없을 것입니다.

슬프도다! 나는 이곳에서 복음에 관해 자주 설교했던 것이 두렵습니다. 그것이 나의 주님의 복음, 곧 참 선지자의 지팡이였다는 것을 확신하지만, 그것에 당연히 수반되어야 할 열심과 진지함과 진정함 없이 설교했기 때문에 아무런 결과가 나타나지 않았던 것이 아닌가! 그리고 여러분도 똑같은 고백을 하지 않습니까? 여러분도 때때로 진리를 가르쳤는데, 스스로 확신하건대, 그것은 분명히 진리였습니다. 그것은 여러분이 성경에서 발견해낸 참 진리로서, 때로 여러분의 영혼에도 그것은 정말 보배로운 진리였습니다.

그러나 그것으로부터 선한 결과가 나타나지 않았습니다. 왜냐하면 여러분은 진리를 가르쳤지만, 그것을 느끼지 못했고, 또 진리를 전달받은 아이에 대해서도 아무런 감각이 없었기 때문입니다. 그것은 게하시가 선지자의 지팡이를 아무 감각 없이 손에 들고 아이의 얼굴 위에 놓았던 것과 같습니다. 그러므로 여러분이 게하시처럼 "아이가 깨지 아니하였나이다"(왕하 4:31)라고 말할 수밖에 없는 것은 전혀 이상한 일이 아니었습니다. 그것은 여러분의 생명력 없는 가르침 속에 적절한 매개체가 없는 한, 참된 생명의 역사는 일어나지 않기 때문입니다.

우리는 게하시가 아이가 실제로 죽었다고 생각했는지에 대해서는 확인할 수 없습니다. 그는 아이가 단순히 잠을 자고 있어서 깨워야 했던 것처럼 말했습니다. 하나님은 자신의 마음속에 죄 가운데 놓여 있는 아이들의 상태를 정확하게 파악하지 못하고 있는 교사들에게는 역사하시지 않습니다. 만일 여러분이 아이가 실제로 타락한 존재라는 것을 생각하지 못하고 있다면, 만일 여러분이 어린아이는 죄가 없고, 인간의 본성은 타락한 것이 아니라는 어리석은 관념을 갖고 있다면, 여러분에게 아무런 소득이 없고, 열매가 없는 것은 놀라운 일이 아닙니다. 비록 하나님이 여러분을 통해 부활의 역사를 행하신다고 해도, 여러분이 부활의 영광스러운 속성을 이해하지 못할 때, 그분이 어떻게 여러분이 부활의 역사를 이루도록 역사하실 수 있겠습니까?

아이가 깨어났다고 해도, 사실 게하시에게는 그것이 놀라운 일이 아니었을 것입니다. 그는 지팡이의 무게 때문에 아이가 놀라 깊은 잠에서 깨어났다고 생각했을 것입니다. 만일 하나님이 인간의 전적 타락을 믿지 않는 사람들의 증거를 통해 영혼이 회심하도록 역사하신다면, 그들은 단순히 "복음은 아주 도덕적이야. 굉장히 유익한 영향을 끼쳤어"라고 말할 뿐이고, 만물을 새롭게 하시는 보좌에 앉아 계신 분이 거듭남의 은총을 베푸신 것을 찬미하거나 찬양하지 않을 것입니다.

이처럼 첫 번째 시도가 수포로 돌아갔을 때, 엘리사 선지자가 그 다음에 어떻게 행동했는지 자세히 살펴보기 바랍니다. 우리는 첫 번째 시도가 실패했을 때, 그것 때문에 일을 포기해서는 안 됩니다. 사랑하는 형제, 자매 여러분, 지금까지 비록 여러분이 성공하지 못했다고 할지라도, 그것 때문에 여러분이 그 일에 대해 부르심을 받은 것이 아니라고 결론지어서는 안 됩니다. 엘리사 선지자는 그 아이가 살아나지 아니했을 때, 그렇게 생각하지 않았습니다. 여러분이 실패를 통해 배워야 할 교훈은 그 일을 그만두는 것이 아니라 방법을 바꿔보는 것입니다. 그것은 여러분이 적합지 않은 사람이라서가 아니라 지혜롭지 못한 방법이어서 그렇습니다. 만일 여러분이 원하는 바를 성취할 수 없다면, 초등학교 아이들이 부르는 다음과 같은 노래를 상기하기 바랍니다:

"처음에 성공하지 못하면,
  다시 해 보고, 해 보고, 해 보라."

그러나 그것이 최선의 방법이라는 확신이 없다면, 똑같은 방법을 다시 시도하지는 마십시오. 만일 첫 번째 방법으로 성공하지 못했다면, 여러분은 그것을 더 좋은 방법으로 바꾸어야 합니다. 어디서 실패하게 되었는지 검토해 보고, 여러분의 방법이나 마음가짐을 바꾸어 보십시오. 그러면 주님께서 기대 이상으로 적절한 대책을 세워 주실 것입니다. 엘리사는 자신이 아이를 살려내지 못했다는 사실을 알았을 때, 낙심하기는커녕 오히려 크게 분발해서 자기 앞에 놓여 있는 일에 더 큰 정력을 쏟았습니다.

죽은 아이가 눕혀져 있었던 곳을 주목해 보십시오: "엘리사가 집에 들어가 보니 아이가 죽었는데 자기의 침상에 눕혔는지라"(32절). 이것은 수넴 여인이 엘리사에게 호의를 베풀기 위해 마련해 둔 것으로, 강대상과 의자와 촛불과 함께, 하나님의 교회 안에서 절대로 잊혀져서는 안 되는 유명한 침상입니다. 그 유명한 침상은 이 선한 여인이 그렇게 사용되리라고는 전혀 상상하지 못했던 목적을 위해 사용되었습니다. 사실 그녀는 그것을 선지자를 사랑하는 마음에서 그가 잠시 앉아 쉬도록 하기 위해서 준비했던 것이었습니다. 그러나 그것은 그녀의 아들을 살리는 도구로 사용되었습니다.

나는 죽은 아이가 침상에 눕혀 있던 장면을 생각해 보는 것이 즐겁습니다. 왜냐하면 그것은 우리가 구원해야 할 아이들이 구원받기 위해 눕혀져 있는 자리를 상징하기 때문입니다. 만일 우리가 그들을 구원의 길로 인도하고자 한다면, 그들은 우리 마음속에 눕혀져 있어야 합니다. 그래서 그들은 날마다 우리에게 관심의 대상이 되어야 합니다. 또 우리는 우리 아이들의 문제를 우리의 조용한 침상으로 가져와야 합니다. 그래서 우리는 그들의 문제를 밤이 새도록 생각해 보아야 합니다. 그것들 때문에 잠을 이룰 수 없을 때, 그들로 하여금 밤잠을 못이루게 하는 문제들에 동참하게 되는 것입니다.

그리고 우리의 침상은 부르짖음의 장소가 되어야 합니다. "오, 당신의 이스마엘이 하나님 앞에 살기를 원하나이다! 오, 내가 가르치는 사랑하는 아이들이 살아 계신 하나님의 자녀가 되기를 바라나이다!" 엘리야와 엘리사는 똑같이 우리에게 아이를 우리로부터 멀리 떨어지도록 문 밖에 두거나 냉랭한 망각의 방에 가두어 두어서는 안 된다고 가르칩니다. 만일 우리가 아이를 살려내기를 원한다면, 그를 우리 마음의 가장 따스한 감정의 자리에 두어야 합니다.

본문을 계속 읽어 보면, 다음과 같은 내용을 발견하게 됩니다: "들어가서는 문을 닫으니 두 사람 뿐이라 엘리사가 여호와께 기도하고"(33절). 이제 선지자는 올바른 방법으로 자신의 사역을 수행하고 있습니다. 우리는 여기서 엘리사로부터 죽은 자로부터 아이들을 살리는 비결을 배울 아주 좋은 기회를 갖습니다. 만일 여러분이 엘리야에 관한 기록으로 돌아가 살펴보면, 엘리사가 가장 정통적인 방법 곧 자신의 스승 엘리야의 방법을 취하고 있음을 발견하게 될 것입니다.

거기서 여러분은 다음과 같은 내용을 읽을 수 있습니다: "엘리야가 그에게 그의 아들을 달라 하여 그를 그 여인의 품에서 받아 안고 자기가 거처하는 다락에 올라가서 자기 침상에 누이고 여호와께 부르짖어 이르되 내 하나님 여호와여 주께서 또 내가 우거하는 집 과부에게 재앙을 내리사 그 아들이 죽게 하셨나이까 하고 그 아이 위에 몸을 세 번 펴서 엎드리고 여호와께 부르짖어 이르되 내 하나님 여호와여 원하건대 이 아이의 혼으로 그의 몸에 돌아오게 하옵소서 하니 여호와께서 엘리야의 소리를 들으시므로 그 아이의 혼이 몸으로 돌아오고 살아난지라"(왕상 17:19 - 22).

결론적으로 말해 영혼을 살리는 최고의 비결은 능력 있는 간구에 있다는 것입니다. 엘리사도 스승을 본받아 그렇게 기도했습니다: "들어가서는 문을 닫으니 두 사람뿐이라 엘리사가 여호와께 기도하고"(33절).

옛 속담에 "모든 참된 강단은 하늘에 세워져 있다"는 말이 있는데, 이것은 참설교자는 하나님과 함께하는 시간을 많이 가져야 한다는 것을 의미합니다. 만일 우리가 영혼구원을 위해 하나님께 기도하지 않는다면, 만일 강단의 기초석이 은밀한 기도의 자리에 세워져 있지 않다면, 우리의 복음전도 사역은 결코 성공하지 못할 것입니다. 그것은 여러분에게도 마찬가지입니다. 참된 교사의 모든 능력은 하늘에서 와야 합니다. 만일 여러분이 골방에 들어가 문을 걸어 잠그고 기도하지 않는다면, 여러분이 가르치는 아이를 위해 은혜의 보좌 앞에서 간청하지 않는다면, 어떻게 하나님께서 아이를 회심시키는 데에 여러분을 사용하실 것을 기대할 수 있겠습니까? 내가 생각하기로, 여러분은 실제로 아이들을 한 명씩 여러분의 방으로 데리고 들어가 그들과 함께 기도해야 합니다.

하나님께서 여러분에게 여러분의 아이들의 문제를 자기 개인의 문제로 인식하고, 그들 때문에 고민하고, 그들을 하나씩 데리고 골방에 들어가 그들과 함께 그들을 위해 기도하도록 하실 때, 여러분은 그들이 회심하고 주님께 돌아오는 것을 보게 될 것입니다. 학교에서 공개적으로 기도할 때보다 하나씩 붙들고 은밀하게 기도할 때 그 영향력이 더 큰 법입니다. 물론 이것은 하나님에 대해서 영향력이 더 크다는 것이 아니라 각 아이들에게 그렇다는 뜻입니다.

이런 기도는 종종 즉시 응답을 받기도 합니다. 왜냐하면 하나님께서는 여러분의 영혼이 토로하는 동안, 여러분의 기도가 단순한 말로는 결코 감동시킬 수 없는 아이의 완악한 마음을 단숨에 부숴버리는 망치가 되도록 하시기 때문입니다. 아이들과 함께 개별적으로 기도하십시오. 그러면 그것은 확실히 위대한 역사의 수단이 될 것입니다. 비록 그렇게 될 수 없다고 해도, 무조건 기도하십시오. 더 많이 기도하고, 쉬지 말고 기도하고, 간절히 기도하십시오. 이렇게 하는 기도는 루터의 기도와 같아서 절대로 거부하지 않습니다. 루터는 이런 기도를 "천국을 폭격하는 기도"라고 불렀습니다. 말하자면, 천국의 문이 열리도록 대포를 쏘아대는 것이라는 뜻입니다. 이런 식으로 열렬히 기도하는 사람은 반드시 기도로 승리하게 됩니다.

그들은 루터처럼 "나는 승리했노라. 내가 원했던 축복을 얻었노라"고 할 때까지 속죄소를 떠나지 않을 것입니다. "천국은 침노를 당하나니 침노하는 자는 빼앗느니라"(마 11:12). 우리는 하나님을 귀찮게 하고, 천국을 강제하는 기도를 드림으로써, 이처럼 침노하는 자가 되어야 하고, 그때 하나님은 자신의 얼굴을 헛되이 우리에게 보여 주시지 아니하실 것이라!

기도를 마친 후, 엘리사는 행동을 시작했습니다. 기도와 행동은 함께 가는 것입니다. 기도 없는 행동, 그것은 주제넘은 짓! 행동 없는 기도, 그것은 위선! 거기에 아이가 눕혀져 있었고, 거기에 하나님의 사람이 엄숙하게 서 있도다! 그의 단순한 행동을 주목해 보십시오. 그는 시체를 향해 몸을 굽히고, 아이의 입에 자신의 입을 댑니다. 아이의 싸늘하게 식어 있는 죽은 입술이 선지자의 따스하게 살아 있는 입술과 포개졌습니다. 활력 있고, 뜨거운 생명의 기운이 으시시하고, 돌 같은 시체의 입술과 목과 폐를 타고 흘러들어갔습니다.

그 다음 경건한 선지자는 소망으로 가득 찬 사랑의 정열을 갖고 자신의 눈을 아이의 눈에 고정시키고, 자신의 손을 그 아이의 손에 포갰습니다. 노인의 따스한 손이 이미 죽은 아이의 차가운 팔을 덮었습니다. 이어서 그는 자신의 온몸을 펼쳐서 아이를 감싸 안았습니다. 그것은 마치 자신의 생명을 무생물체에 전이시키고, 그와 함께 죽든지 아니면 그를 살려내든지 할 것처럼 보였습니다.

우리는 두려움이 많은 여행자들의 길 안내자로 활동하는 샤무아 사냥꾼에 관한 이야기를 알고 있습니다. 그들은 아주 위험한 지역을 통과할 때, 여행자를 자신의 몸에 단단히 붙들어 매고, "우리는 둘이 아닙니다. 우리가 살면 같이 살고, 죽으면 같이 죽습니다. 우리는 한 몸이니까요"라고 말했다고 합니다. 마찬가지로 선지자도 자신이 그 아이와 하나가 됨으로써 신비로운 연합을 이루었습니다. 그리고 그는 아이의 죽음과 함께 시체가 되든지 아이를 생명으로 따스하게 만들든지 둘 중의 하나라고 마음속으로 굳게 결심했습니다. 이것이 우리에게 무엇을 가르칩니까?

그 교훈들은 다양하고, 또 분명합니다. 여기서 우리는 하나의 그림을 보는 것처럼, 아이에게 영적 생명을 부여하려면, 아이의 상태를 아주 명확하게 깨닫고 있어야 한다는 것을 봅니다. 그것은 죽은 상태, 곧 송장입니다. 하나님은 여러분이 과거에 그랬던 것처럼 아이가 허물과 죄로 죽은 상태에 있음을 느끼도록 하실 것입니다.

사랑하는 교사 여러분, 하나님은 여러분에게 그 죽음에 대해 고통스럽고, 애절하고, 비천한 감정을 품고 다가가도록 하실 것입니다. 영혼을 구하는 일에서 우리는 우리 주님이 어떻게 행동하셨는지를 살펴보아야 한다고 나는 이미 말했습니다. 그러면 그분이 어떻게 하셨을까요? 우리를 죄로부터 살리셨을 때, 그분은 어떻게 하셨습니까? 그분은 자신이 죽으셔야 했습니다. 그 길 외에 다른 길이 없었습니다. 마찬가지로 여러분도 그렇게 해야 합니다. 만일 여러분이 죽은 아이를 살리고자 한다면, 여러분 자신이 그 아이의 죽음의 냉기와 공포를 체험하지 않으면 안 됩니다.

함께 죽어가는 사람이 죽어가는 사람을 살릴 수 있습니다. 어딘가에 낙인을 찍으려면, 쇠가 충분히 달구어질 때까지 여러분의 손은 풀무불의 뜨거움을 가까이 하지 않아도 된다는 것을 믿을 수 없습니다. 여러분은 크든 작든 하나님의 두려운 진노와 다가올 심판의 공포에 대한 분명한 의식을 가져야 합니다. 그렇지 않으면 여러분은 맡겨진 사역에 힘쓸 수 없고, 따라서 성공에 가장 본질적인 요소 가운데 하나를 결여하게 될 것입니다. 나는 설교자가 지금까지 이런 주제들에 관한 설교를 잘해 왔다고 생각하지 않습니다. 존 번연은 "나는 옥중에 있는 자들에게 설교할 때 나 역시 수감된 상태가 되어 설교했다"고 했습니다. 그러므로 여러분이 가르치는 아이들 속에 있는 죽음의 상태가 여러분을 놀라게 하고, 낙심시키고, 좌절하도록 만들 때, 여러분도 그렇게 하십시오. 그러면 하나님께서 여러분을 축복하시고, 여러분을 통해 큰 역사를 행하실 것입니다.

이처럼 아이의 상태를 깨닫고 여러분의 입술을 아이의 입술에 포개고, 여러분의 손을 그의 손에 대고 난 후에 여러분이 할 그 다음 단계는 아이의 성격과 습관과 기질에 적응하도록 최대한 힘쓰는 것입니다. 여러분의 입술은 여러분이 하는 말을 아이가 알아들을 수 있도록 아이의 수준이 되어야 합니다. 여러분은 사물을 볼 때에도 아이의 눈으로 보아야 합니다. 여러분의 마음은 아이의 감정을 느낄 정도가 됨으로써, 그의 동료와 친구가 되어 주어야 합니다.

여러분은 아이들이 저지르는 죄악에 대해 전문가가 되어야 합니다. 아이들이 쉽게 넘어가는 유혹에 대한 충분한 공감대가 있어야 합니다. 또 여러분은 가능한 한 빨리 아이들의 기쁨과 슬픔에 동참해야 합니다. 여러분은 이 문제가 어렵다고 부담스러워 하거나 체면을 손상시키는 일이라고 느낄 필요가 없습니다. 왜냐하면 만일 여러분이 이런 일을 어렵다고 느끼거나 하찮은 일이라고 생각한다면, 주일학교에서 여러분이 할 일이 없기 때문입니다. 비록 어떤 일이 여러분을 곤란하게 한다고 해도, 그것을 어렵다고 생각하지 말고 기꺼이 해야 합니다. 만일 여러분이 아이에 관한 모든 일을 기꺼이 감당하지 못한다면, 어떤 가능성 때문에 죽은 아이의 영혼을 살릴 수 있다고 생각한다면, 하나님은 여러분을 통해 그를 살리지 아니할 것입니다.

본문을 보면, 선지자가 "아이 위에 올라 엎드려"(34절)라고 기록되어 있습니다. 어떤 이는 '그가 엎드렸다'는 말씀을 "그가 자신의 몸을 움추렸다"는 뜻으로 번역해야 한다고 생각했습니다. 선지자는 어른이고, 상대방은 작은 아이였습니다. 그렇다면 "그가 자신의 몸을 움추렸다"고 말해도 되지 않겠느냐는 것입니다. 그러나 아닙니다. 오히려 "그는 자신의 몸을 폈습니다."

여러분도 알아 두어야 할 것은 사람이 아이에게 자신의 몸을 펴는 것만큼 어려운 펼침은 없다는 것입니다. 아이들에게 알아듣도록 말할 수 있는 사람은 바보가 아닙니다. 자신의 바보짓이 아이들을 재미있게 할 수 있다고 생각하고 그렇게 한다면, 그를 바보라고 부르는 것은 잘못입니다. 어린 아이들을 가르치기 위해서 우리는 최고의 유머와 부지런한 연구와 진지한 사색과 성숙한 능력이 필요합니다. 여러분은 스스로의 몸을 어린 아이 위에 펴기 전에는 그를 소생시킬 수 없습니다. 이상한 일처럼 보일지 모르지만, 그것이 사실입니다.

정말 지혜로운 사람이라면, 교사로서 아이들을 지도하는데 성공하기 위해 자신이 갖고 있는 모든 능력을 활용하지 않으면 안 됩니다.

그 다음 우리는 엘리사가 아이의 죽음을 느끼면서도 자신의 일을 감당하는 것을 봅니다. 그러나 무엇보다 우리는 그에게서 아이와 공감(sympathy)하는 모습을 봅니다. 엘리사 자신은 시체의 싸늘함을 느꼈고, 그의 체온의 따스함은 차가운 시체에 들어갔습니다. 물론 이것이 아이를 일으킨 원인은 아니었습니다. 그러나 하나님은 그것을 통해 역사하셨습니다. 노선지자의 체온이 아이의 시체 속에 스며들었고, 그것은 소생의 매개체가 되었습니다.

　모든 교사는 다음과 같은 바울의 말을 명심해야 합니다: "도리어 너희 가운데서 유순한 자가 되어 유모가 자기 자녀를 기름과 같이 하였으니 우리가 이같이 너희를 사모하여 하나님의 복음뿐 아니라 우리의 목숨까지도 너희에게 주기를 기뻐함은 너희가 우리를 사랑하는 자 됨이라"(살전 2:7-8). 참된 전도자는 이것이 무엇을 의미하는지 알 것입니다. 내 경우를 보면, 설교하는 과정을 전투와 비교할 수 있습니다.

　나는 주님이 내 설교를 도우신다는 생각이 들면, 신속하게 불같이 총을 쏘아대는데, 때로는 그 총에 내 영혼을 장전하고 쏘기도 합니다. 그러면 내 심정이 회중들에게 점화되고, 이 발사는 하나님의 인도 아래 승리를 보장합니다. 하나님은 그의 영을 통해 우리의 간절한 마음이 자신의 진리와 진정으로 공감하도록 역사하십니다.

　냉정하게 말하면, 진리 자체만으로는 그런 역사가 일어나지 않습니다. 그렇다면, 비결은 바로 이것입니다: 사랑하는 교사 여러분, 여러분은 아이들에게 여러분 자신의 영혼을 나누어 주어야 합니다. 여러분은 그 아이의 파멸을 여러분 자신의 파멸로 느껴야 합니다. 아이가 하나님의 진노 아래 있다면, 여러분 자신이 그 진노 아래 있는 것처럼 그 상황에 대해 진정한 슬픔을 느껴야 합니다. 여러분은 아이의 죄를 여러분 자신의 죄인 것처럼 그것을 하나님 앞에 고백해야 하고, 그것을 중보하기 위해 주님 앞에 제사장으로 서 있어야 합니다.

　아이는 엘리사의 몸으로 덮여졌습니다. 여러분도 여러분이 가르치는 아이들을 여러분의 연민으로 덮어야 합니다. 곧 그들의 죄를 위해 주님 앞에 여러분의 고뇌를 펼쳐놓아야 합니다. 이 이적 속에서 죽은 아이를 살리는 절차가 어떻게 진행되고 있는지를 주목해 보십시오. 성령은 신비적으로 역사하지만, 여기서 외적 수단들의 과정은 분명히 드러나 있습니다.

　선지자의 사역의 결과는 곧 나타났습니다: "아이의 살이 차차 따뜻하더라"(34절). 이 광경을 보고 엘리사가 얼마나 기뻐했을까요! 그러나 그가 이제 다 끝났다고 방심할 정도로 자신의 즐거움과 만족에 빠졌다는 사실은 어디에도 없습니다. 사랑하는 교사 여러분, 아이들에게서 약간의 소망이 보인다고 해서 만족하지 말기를 바랍니다.

한 소녀가 여러분을 찾아와 "선생님, 저를 위해 기도해 주세요"라고 말했다고 칩시다. 이것은 정말 긍정적인 반응으로 기뻐할 만합니다. 그러나 그 이상을 기대하기 바랍니다. 여러분이 그리스도의 사랑에 관한 말씀을 전하는데, 한 소년의 눈에 눈물이 맺히는 모습을 보았습니까? 살이 따스해지는 현상이니, 감사하십시오. 그러나 거기서 멈추어서는 안 됩니다.

여기서 여러분의 사역을 멈출 수 있습니까? 여러분의 목적이 아직 이루어지지 않았음을 기억하시기 바랍니다. 여러분이 원하는 것은 살이 따뜻해지는 것이 아니라 생명입니다. 사랑하는 교사 여러분, 여러분이 돌보는 아이들에게서 여러분이 원하는 바는 단순한 반성이 아니라 회심입니다. 여러분은 단지 감동이 아니라 거듭남 — 생명, 하나님으로부터 오는 생명, 예수님의 생명 — 을 원하고 있습니다. 이것이 아이들에게 필요한 것이고, 이것이 아니라면 여러분을 만족시킬 수 있는 것은 아무것도 없습니다.

다시 한 번 나는 여러분에게 엘리사를 주목하도록 요청합니다. 그는 잠시 한숨을 돌렸습니다. "엘리사가 내려서 집 안에서 한 번 이리저리 다니고"(35절). 결코 쉬지 않는 하나님의 사람의 모습을 보십시오. 그는 편안하게 있을 수 없었습니다. 아이는 몸이 따스해지고 있습니다. 그것은 하나님께 감사할 일입니다. 하지만 아이는 아직 살아난 것이 아닙니다. 그래서 선지자는 식탁 옆 의자에 앉아 쉬지 않고, 걱정하며, 탄식하며, 헐떡거리며, 갈망하며, 안절부절 못하고 이리저리 돌아다니고 있습니다.

그는 수심에 잠긴 어머니의 얼굴을 바라볼 수가 없었습니다. 또는 그녀가 "아들이 살아날까요?"라고 묻는 말을 들을 수가 없었습니다. 그는 자신의 영혼이 만족하지 못하는 것만큼 자신의 육체도 편히 쉴 수는 없다는 듯이 계속 서성대고 다녔습니다. 이 헌신적인 부지런함을 여러분도 본받으십시오. 어느 정도 반응을 보이는 아이를 볼 때, 여러분은 그저 주저앉아 "아이가 아주 희망적입니다. 하나님 감사합니다. 저는 충분히 만족합니다"라고 말해서는 안 됩니다.

여러분은 그런 식으로 구원 받은 영혼이라는 무한한 가치를 지닌 보석을 얻을 수 없습니다. 여러분이 교회에서 부모 입장이 되어 아이들을 보살핀다면, 안타깝고 걱정스러운 마음에 조금도 쉴 틈이 없을 것입니다. "너희 속에 그리스도의 형상을 이루기까지 다시 너희를 위하여 해산하는 수고를 하노니"(갈 4:19)라는 바울의 표현은 말로 다 설명되는 말씀이 아닙니다. 여러분은 그 의미를 심정으로 느껴야 합니다. 오, 성령께서 여러분의 학생들이 완전히 회심하여 구원받는 것을 볼 때까지, 여러분이 편히 있지 못하고, 걱정하며, 거룩한 불안을 갖고 이 같은 내적 수고를 할 수 있도록 역사하시기를!

잠시 이리저리 돌아다니는 순간이 지난 다음, 선지자는 다시 "아이 위에 올라 엎드렸습니다"(35절). 첫 번째 시도에서 그것이 좋았다면, 두 번째 시도에도 그렇게 하는 것이 좋습니다. 두 번째에도 좋았다면, 일곱 번이라도 하는 것이 좋습니다. 그러나 그렇게 하기 위해서는 인내와 끈기가 필요합니다. 여러분이 지난 주일에 열심히 가르쳤다면, 다음 주일에 게으름을 피워서는 안 됩니다.

우리는 과거에 열심히 쌓아놓았던 것을 어느 날 얼마나 쉽게 허물어 버릴까요! 비록 어느 주일 사역을 열심히 하자 하나님께서 아이에게 큰 확신을 주었다고 해도, 그 다음 주일에 열심히 하지 않는다면, 그 아이는 다시 그 이전으로 돌아가고 말 것입니다. 비록 과거에 나의 따스함이 아이의 살을 따스하게 만들었다고 해도, 그 후에 내가 냉랭해진다면, 하나님은 아이의 마음을 다시 차갑게 만들어 버리시리라! 엘리사의 따스함이 아이를 따스하게 만든 것처럼, 여러분이 열심 없는 마음 상태가 된다면, 학생들도 똑같이 냉랭하게 될 것입니다.

엘리사가 여러 번 기도하고, 깊은 탄식을 토해내고, 큰 믿음을 갖고 다시 자신의 몸을 침상 위에 엎드렸을 때, 드디어 그의 소원이 이루어졌습니다: "아이가 일곱 번 재채기 하고 눈을 뜨더라"(35절). 아이의 그런 행동양식은 그가 살아났음을 보여 주는 증거였기에, 그것을 보고 선지자는 만족합니다.

아이는 "재채기를 했습니다." 어떤 사람들은 그 아이가 "내 머리야! 내 머리야!"라고 그의 아버지에게 아픔을 호소했던 것으로 보아 그가 두통으로 죽었기 때문에, 재채기가 그의 죽음의 원인이었던 두통을 몰아낸 것이라고 말합니다. 이것이 사실인지 우리는 모릅니다. 다만 엘리사가 그의 허파 속으로 불어넣은 새로운 공기가 재채기를 일으킨 것은 틀림없습니다. 재채기 소리는 분명히 알아들을 수 있거나 듣기 좋은 소리는 아닙니다. 그러나 그것은 살아났음을 보여 주는 증거였습니다. 이것이 하나님께서 아이들에게 영적 생명을 주실 때, 우리가 그들에게서 보기 원하는 것의 전부입니다.

어떤 교인들은 그 이상의 증거를 원하겠지만, 나로서는 아이들이 재채기를 한다면, 그것으로 만족합니다. 아무리 빈약하고 불분명하다고 해도, 그것은 참된 은혜의 표시를 분명히 보여 주기 때문입니다. 만일 사랑하는 아이가 자신의 상실된 상태를 조금이라도 느끼고, 예수님의 완전한 사역에 의탁한다면, 비록 우리가 신학박사가 옳다고 인정하거나 성숙한 어른이 기대하는 그런 대답은 못되고, 아주 애매한 말로 그의 말이 진실이라는 것을 확인하는 정도에 그친다고 할지라도, 하나님이 그를 받으시고, 살리셨다는 것을 감사해야 하지 않겠습니까?

어쩌면, 게하시가 그 자리에 있었을지라도, 그는 이 재채기를 크게 주목하지 않았을 것입니다. 왜냐하면 그는 그 아이에게 자신의 몸을 엎드린 적이 결코 없었기 때문입니다. 하지만 엘리사는 그것으로 만족했습니다. 우리도 영혼들의 구원을 위해 간절히 기도했다면, 첫 번째 은혜의 증거를 신속하게 알아차리게 될 것이고, 그때 그 증거가 재채기에 지나지 않는다고 할지라도 우리는 하나님께 감사하게 될 것입니다.

드디어 아이가 눈을 떴습니다. 여기서 우리는 엘리사가 이전에는 그토록 사랑스러운 눈길로 바라본 적이 없다고 생각했다는 사실을 말하지 않을 수 없습니다. 나는 그 아이의 눈이 어떤 색깔인지, 곧 갈색인지 아니면 푸른색인지 전혀 모르지만, 하나님이 여러분을 도와 뜨도록 하신 눈은 여러분에게 정말 아름다울 것이라는 사실은 알고 있습니다.

나는 얼마 전에 어떤 선생님은 자기 반의 구원받은 아이를 가리켜 "멋진 친구"로 부르고, 또 어떤 선생님은 자기 반의 주님을 사랑하는 여자 아이를 가리켜 "사랑하는 소녀"라고 말하는 것을 들었습니다. 그것은 당연한 일입니다. 그들을 예수님께 인도한 여러분의 눈에 그들이 "멋지지" 않거나 "사랑스럽지" 않다면, 그것이 오히려 이상한 일입니다. 왜냐하면 예수 그리스도의 눈에 그들은 더 멋지고, 더 사랑스러운 존재들이기 때문입니다.

사랑하는 교사 여러분, 여러분은 종종 여러분의 가르침 속에 역사하시는 하나님의 은혜를 힘입어 영적 죽음의 피막으로 흐려졌던 아이들의 눈이 떠지는 장면을 목격하는 축복이 있기를 바랍니다. 그때 여러분은 정말 행복할 것입니다.

마지막으로 한마디 경계의 말을 해야 하겠습니다. 혹시 이 자리에 게하시와 같은 사람은 없습니까? 만일 이 자리에 참석한 주일학교 교사들 가운데 지팡이나 들고 가는 사람이 있다면, 그는 정말 불쌍한 사람입니다. 아! 형제들이여, 하나님께서 은혜로 여러분에게 생명을 주시기를! 그렇게 되지 않고서 어떻게 여러분이 다른 사람들을 소생시키는 도구가 될 수 있겠습니까?

만일 엘리사 자신이 시체에 불과했다면, 그의 사역은 아무 희망 없는 일이 되고 말았을 것입니다. 어떻게 한 시체가 다른 시체에 생명을 전달할 수 있겠습니까? 죽은 영혼을 가진 아이들이 여러분처럼 또 다른 죽은 영혼에게 몰려드는 것은 헛된 일입니다. 냉담하고 차가운, 죽은 어머니는 자기 아들을 소중히 할 수 없습니다. 비어 있는 벽난로 앞에서 떨고 있는 사람들에게 어떤 따스함, 어떤 위로가 있을 수 있겠습니까? 그런데 이것이 바로 여러분의 경우란 말입니다. 무엇보다 먼저 여러분의 영혼 속에 하나님의 은혜의 역사가 일어나고, 그런 다음에 영혼을 소생시킬 수 있는 유일한 분이신, 영원하신 은혜의 성령께서 여러분을 자신의 영광을 위해 많은 죽은 자들을 소생시키는 도구로 사용하시기를!

사랑하는 교사 여러분, 형제로서 드리는 마지막 인사를 받아 주십시오. 나는 항상 여러분이 하나님의 축복을 받고, 또 축복을 나누어 주는 자가 되기를 간절히 기도하겠습니다.

제 8 장
전도의 비결

　이처럼 훌륭한 목사님들에게 설교하는 것은 커다란 특권입니다. 그런 의미에서 오늘 나는 그 책임을 더 잘 감당하고 싶습니다. 유창한 설교의 은과 심오한 사상의 금이 나에게는 없습니다. 하지만 내가 갖고 있는 것을 여러분에게 나눠 드리고 싶습니다.

　그것은 영혼을 얻는 일 곧 전도에 관한 것입니다. 영혼을 얻는다는 것은 무슨 뜻일까요? 나는 여러분이 이 말을 전통적인 의미로 받아들이기를 바랍니다. 요즘은 만사가 흔들리는 시대이고, 모든 것이 과거의 기반으로부터 자리를 옮겨가는 것처럼 보입니다. 우리는 인간들 속에 있는 선을 더 높은 수준으로 진화시킬 수 있다고 생각합니다. 물론 그런 과정을 거칠 때, 얻을 수 있는 선이 많은 것은 사실입니다. 그러나 진화 과정 속에 마귀들이 개입할 여지가 많은 것을 나는 두려워하지 않을 수 없습니다.

　인간 본성으로부터 얼마나 좋은 것들이 나올 수 있는지 잘 모르겠습니다. 왜냐하면 인간성은 죄로 가득 차 있기 때문입니다. 그러므로 죄의 진화는 끊임없는 악재를 낳을 것이 틀림없습니다. 하나님의 이름으로 만물이 새롭게 되는 것을 보기 위해 우리 모두는 스스로 전도자가 되어야 한다고 생각합니다. 이 옛 사람은 죽었고, 부패했으며, 그러기에 장사되어야 하고, 그러면 그럴수록 좋습니다.

　예수님은 옛 것들을 지나가게 하고, 만물을 새롭게 하기 위해 오셨습니다. 우리는 우리의 사역을 통해 사람들이 옛 본성을 절제하도록 가르침으로써, 그들을 복된 길로 인도하려고 노력합니다. 하나님께서 이 사역을 축복하시기를! 그러나 비록 우리가 완전한 절제자들의 세계를 만들었다고 해도, 그들이 여전히 불신자로 남아 있다면, 우리는 실패했다고 생각하지 않으면 안 됩니다.

우리는 절제 이상의 어떤 것을 목표로 합니다. 그것은 사람들이 거듭나야 한다는 것을 알고 있기 때문입니다. 시체를 깨끗하게 씻어주는 것, 곧 거듭나지 못한 자들을 도덕적으로 깨끗하게 살도록 만드는 것은 좋은 일입니다. 이 도시에 가득 차 있는 악덕들을 일소시킴으로써 이곳을 하나님과 선인들의 생기를 마실 수 있는 공간으로 만드는 것은 정말 큰 일입니다. 그러나 우리가 진정 해야 할 일은 죄로 말미암아 죽은 자들을 살리는 일, 영적 생명으로 사람들을 소생시키는 일 그리고 현재 공중의 권세 잡은 자가 지배하고 있는 곳을 그리스도께서 다스리도록 만드는 일이고, 그것은 이 일들과 비교하면 별로 큰 일이 아닙니다.

형제 여러분, 여러분은 이 목적 곧 사람들이 자기들의 죄를 청산할 수 있도록, 죄 사함을 위해 그리스도께 달려갈 수 있도록 그리고 그의 성령을 통해 그들이 새로운 피조물이 되고, 그들이 현재 죄와 결탁된 모든 것을 사랑하는 대신 거룩한 모든 것을 그만큼 사랑하도록 만드는 것에 대해 설교하는 자들입니다.

여러분은 근본적인 치유를 목표로 하고 있는 자들입니다. 지금 도끼가 나무뿌리에 놓여 있습니다. 옛 본성을 적당히 고치는 것으로 여러분은 만족하지 않을 것입니다. 그 대신 여러분은 하나님의 능력을 통해 새 본성을 심음으로써, 여러분 주위에 있는 사람들이 하나님을 위해 살아가도록 추구합니다.

그렇습니다. 우리의 목적은 세상을 뒤집어놓는 것입니다. 아니 다른 말로 하면, 죄가 충만한 곳에 은혜가 더 충만하도록 만드는 것입니다. 우리는 이런 이적을 목표로 하고 있는데, 처음부터 그 목적을 가지고 시작하는 것이 좋습니다. 어떤 목사들은 평신도들의 영적 능력에 대한 기준을 더 낮추어야 한다고 생각합니다. 그러나 그것은 잘못입니다. 이런 목사들에 따르면, 어떤 죄인이 스스로 회개하고 믿을 수 있는 수준이라고 확신할 수 없으면, 그에게 회개하고 믿으라고 권면해서는 안 된다는 것입니다. 그러나 이에 대한 나의 대답은 이렇습니다.

나는 사람들이 하나님의 은혜를 떠나서는 아무것도 할 수 없는 존재들임을 알고 있습니다. 그러나 나는 예수의 이름으로 그들에게 회개하고 복음을 믿으라고 권면합니다. 왜냐하면 나는 내 개인적인 생각을 전달하도록 보냄을 받은 것이 아니라 나의 주님이자 주인이신 분의 명령을 전하는 사역자로 보냄을 받았기 때문입니다.

우리의 방법은 단순한 방법이 아니라 자신의 사역자들에게 거룩하신 아들 예수의 이름으로 이적을 행하도록 명하시는 하나님의 영의 역사로부터 오는 기적적 방법입니다. 우리는 눈 먼 자들에게 "보라," 귀먹은 자들에게 "들으라," 죽은 심령들에게 "일어나라"고 말하도록, 그리고 심지어는 지금 이 순간도 고약한 냄새를 풍기며 무덤 속에서 썩어가고 있는 나사로들에게 "나사로야, 나오라"고 말하도록 부르심을 받았습니다.

그러면 우리가 과연 그렇게 하고 있습니까? 주님이 우리를 보내시지 않았고 우리와 함께 하시지 않는다면, 이에 대해 우리는 완전히 무력한 존재일 뿐이라는 생각을 갖고 시작하는 것이 현명합니다. 그러나 우리를 보내신 그분이 우리와 함께 하신다면, 믿는 자에게 불가능한 일은 전혀 없을 것입니다. 오 설교자여, 만일 당신이 할 수 있는 것을 보여 주기 위해 서 있다면, 어서 빨리 앉으십시오. 그것이 당신의 지혜입니다. 그러나 당신이 당신의 전능하신 주님이자 주인이신 분이 당신을 통해 하실 수 있는 일을 증거하기 위해 서 있다면, 당신 주변에 무한한 가능성이 놓여 있으리라!

만일 하나님이 당신의 심장과 목소리를 통해 일하신다면, 하나님이 이루실 수 있는 것에는 한계가 없습니다. 주일 아침 강단에 올라가기 전, 우리 교회의 사랑하는 직분자들 곧 집사님과 장로님들은 내 주위에 모여 함께 기도합니다. 함께 모이면, 그들 가운데 한 사람이 "주여, 목사님을 당신의 손으로 강하게 붙들어 주시고, 당신의 도구로 삼으시며, 당신의 뜻을 드러내는 수단으로 사용해 주소서"라고 기도합니다. 그런데 그것은 모든 사역자들에게 필수적인 기도입니다. 하나님이 그들을 통해 일하시는 분이 되어야 하기 때문입니다.

여러분은 하나님의 손의 도구가 되어야 합니다. 물론 여러분은 주님이 여러분에게 맡겨 주신 모든 재능과 능력을 적극적으로 활용해야 합니다. 하지만 그렇다고 해서 여러분의 개인 능력에만 의존해서는 절대로 안 됩니다. 여러분 안에서, 여러분을 통해 그리고 여러분과 함께 일하시는 하나님의 거룩하고 신비로운 능력에 의존할 때에만 여러분의 능력은 사람들의 마음과 영혼에 영향을 미치게 될 것입니다.

형제 여러분, 그런데 우리가 그렇게 하지 못한다면, 우리가 변화시킨 성도들에게 크게 실망하는 경우가 있지 않겠습니까? 그들이 우리의 개종자들이라면, 우리는 항상 실망하게 될 것입니다. 그들이 주님의 사역의 결과로 입증될 때 비로소 우리는 그들로 말미암아 크게 기뻐하게 될 것입니다. 은혜의 능력이 그들 속에 역사할 때에만, 그것은 하나님께 "영광!", 오직 그분께 영광이 될 것입니다. 그 까닭은 하나님의 은혜만이 영광을 낳고, 단순한 인간의 웅변은 결국 속이는 것(sham)과 부끄러운 것(shame)을 낳기 때문입니다.

우리는 설교할 때 미사여구나 멋진 시구를 사용하는 것을 중시하지만, 사도 바울이 "그리스도의 십자가가 헛되지 않게 하려고"(고전 1:17) 말의 지혜로 하지 아니한다고 말했을 때, 가졌던 두려움을 우리도 가져야 합니다. 안에서든 밖에서든 어디서나 우리 복음 설교자는 다음과 같이 말할 의무가 있습니다:

"나는 아주 그럴듯하게 말할 수 있다. 그러나 그렇게 되면 사람들은 내가 멋지게 말하는 것만 주목할 것이다. 그러므로 나는 그들로 하여금 내가 가르치는 진리의 본질적 가치를 바라보도록 말해야 한다."

영혼을 구원하는 비결은 복음을 전하는 우리의 솜씨에 있는 것도 아니고 그것을 설명하는 우리의 멋진 방법에 있는 것도 아닙니다. 복음 자체가 성령의 손 안에서 역사를 일으켜야 합니다. 그러므로 우리는 사람들의 온전한 회심을 성령께 의탁해야 합니다. 우리의 회중들이 하나님이 그리스도를 죽은 자로부터 일으키시고, 모든 정사와 권세를 훨씬 능가하는 천국에서 그분을 자신의 오른편 보좌에 앉히셨을 때 그분이 그리스도께 일으키신 그 전능하신 권능의 대상이 되면, 이적은 자동적으로 일어나게 되어 있습니다. 이것 때문에 우리는 우리 자신이 아니라 살아 계신 하나님을 바라보아야 합니다. 그런데 왜 그렇게 하지 않습니까?

우리는 완전한 회심을 위해 나아가야 하고, 그래서 우리는 성령의 능력을 의존해야 합니다. 만일 그것이 이적이라면, 그것은 하나님이 행하시는 일이 분명합니다. 그것은 우리의 논리나 설득 또는 권고에 의해 일어나는 일이 아닙니다. 그것은 오직 주님으로부터만 오는 일입니다.

영혼 구원의 역사가 이렇게 일어난다면, 우리는 어떻게 하나님의 영을 힘입고, 그분의 능력을 드러내도록 바랄 수 있을까요? 나는 이렇게 대답하겠습니다. 그것은 그 사람 자신의 상태에 크게 의존한다고 말입니다. 내가 이렇게 말할 때, 그것은 우리가 하나님을 섬길 때, 우리 자아 안에서 행하시는 하나님의 역사를 중요하게 생각하지 않는다는 것을 의미하는 것이 아닙니다.

성결한 사람은 자기 주위에 있는 사람이 하나님의 능력을 느끼도록 그것을 보여 줄 책임이 있습니다. 물론 사람들은 그것이 무엇인지, 그것이 어디서 왔는지 또는 어디로 가는지 말할 수 없습니다. 그러나 통상적인 사물의 질서를 크게 뛰어넘는 능력이 그에게는 있습니다. 물론 어떤 때는 연약해지거나 침체에 빠질 수 있고, 그것을 그 자신도 느낄 수 있습니다. 보십시오! 그는 어떤 때는 흔들리고, 그때 그는 강한 모습을 보여 줄 수 없습니다.

삼손은 좋은 상태 속에 있었을 때 승리할 수 있었습니다. 그렇지 못하면 그는 결코 승리할 수 없습니다. 만일 그의 머리가 깎여지면, 블레셋 사람들은 삼손을 갖고 놀 것입니다. 만일 주님이 사람에게서 떠나신다면, 그는 효과적인 사역을 감당하는데 아무런 힘이 없을 것입니다. 그러므로 사랑하는 형제 여러분, 하나님 앞에서 자신의 모습을 항상 살펴보기 바랍니다. 여러분의 목장을 잘 돌보십시오. 양떼들을 잘 돌보십시오.

그러나 여러분이 하나님과 함께 걸어가지 않는다면, 또 하나님의 보좌를 밝게 비추고, 오직 영원하신 하나님과 교통하는 사람들에게만 알려져 있는 영원한 빛 속에 거하지 않으면, 목장을 오가며 아무리 분주하게 일한다고 할지라도, 거기서 얻는 소득은 아무것도 없을 것입니다.

토기는 흙으로 만들어진 것이지만, 그것은 하나님이 어떻게 다루느냐에 따라 그 가치가 달라집니다. 만약 그것이 깨끗하게 비어 있지 않다면, 하나님의 보물로 채워지지 못할 것입니다. 다른 것들로 채워져 있지 않다면, 그것은 주님이 쓰시기에 합당한 그릇입니다. 여러분이 전도 사역을 행할 때, 사람으로서 감당해야 할 일이 무엇인지 설명하도록 하겠습니다.

우리는 증인으로 활동함으로써 영혼들을 그리스도께 인도하게 됩니다. 우리는 어떤 진리를 선포하든, 모든 일 속에서 주 예수 그리스도를 높이고, 그분을 증거합니다. 그런데 나는 신문자를 설복시킬 수 있는 능력을 가져본 적이 없습니다. 만일 내가 신문이나 반대신문을 받기 위해 증인석에 앉아 있다면, 과연 어떻게 해야 할지를 때때로 생각해 봅니다. 그때 나는 그저 서서 내가 알고 있는 진실을 솔직히 말해야지, 나의 지식이나 말재주나 또는 내가 어떻게 생각하는지 나의 의견을 보여 주려고 해서는 안 된다고 생각합니다.

만일 내가 신문자의 질문에 솔직히 대답한다면, 하늘 아래 어떤 신문자라도 패배시킬 수 있을 것입니다. 그러나 어려움은 증인이 증인석에 앉아 있을 때, 너무 자주 자기가 말해야 할 것보다 자기 자신에 대해 더 크게 의식하는 것입니다. 그리하여 그는 곧 지치고, 짜증이 나며, 싫증을 느끼게 됩니다. 평정심을 잃어버림으로써 그는 자기가 주장해야 할 사실에 대한 참증인의 역할을 못하게 됩니다. 그래서 노방전도자인 여러분은 종종 속임을 당하는 일이 벌어집니다.

마귀 편의 신문자들은 손쉽게 여러분에게 접근하는데, 마귀는 언제든 자신의 공작을 펼치는데 어려움이 없을 정도로 이런 신문자들을 무수히 거느리고 있습니다. 이때 여러분이 해야 할 유일한 일은 그저 솔직히 진실을 증거하는 것입니다. 만일 여러분이 마음속으로 "내가 어떻게 영리하게 말해야 저 사람을 제압할 수 있을까?"라고 생각한다면, 여러분은 결코 영리하지 못한 것입니다. 재치 있는 답변도 종종 효과가 있기는 합니다. 그러나 더 좋은 것은 은혜에 입각한 답변입니다.

스스로에게 이렇게 말해 보십시오: "결국, 사람에게 내가 바보가 아니라는 것을 보여 주는 것은 문제가 아니다. 왜냐하면 나는 이미 그리스도를 위한 바보로 생각되는 것을 기뻐하고, 나 자신의 명성은 전혀 좋아하지 않기 때문이다. 내가 아는 것을 증거해야 한다. 나는 하나님의 도우심을 받아 솔직히 말할 뿐이다. 만일 신문자가 나에게 다른 사실들에 관해 질문한다면, 나는 그에게 그것들에 대해 증언하러 온 것이 아니고, 지금 말하고 있는 이 한 가지를 말하기 위해 온 것이라고 말해 줄 것이다. 내가 말할 것은 바로 그 한 가지이지 다른 것이 아니다."

형제 여러분, 그러므로 증인은 자신이 먼저 구원받은 자여야 하고, 구원에 대한 확신을 갖고 있는 자라야 합니다. 나는 여러분이 여러분 자신의 구원을 의심하는지 어떤지 잘 모릅니다. 그러나 여러분에게 그것이 사실이라고 할지라도, 나는 여러분이 계속 설교하도록 권면할 것입니다. 설사 여러분이 자신을 구원하지 못했다고 해도, 다른 사람들이 구원받기를 바라십시오.

여러분은 과거에 자신의 구원에 관해 충만한 확신을 갖고 있었음을 나는 의심하지 않습니다. 그런데 지금, 여러분이 애석하게도 "슬프다! 나는 복음의 충만한 능력을 마음으로 느끼지 못하고 있다"고 고백해야 한다고 해도, "나는 그것이 진리라는 것은 알고 있다. 나는 그것이 다른 사람들을 구원하는 것을 보았고, 나를 구원할 수 있는 다른 능력은 없다는 것을 알고 있기 때문이다"라고 덧붙일 수 있습니다. 어쩌면 더듬거리는 말로 증거한다고 해도, 그 말이 참으로 정직하다면, 여러분의 반대자의 눈에 눈물이 맺히도록 감동을 주고, 그로 하여금 여러분의 의견에 동조하도록 만들 수도 있을 것입니다.

존 번연은 이렇게 말했습니다: "나는 때로 아무 소망이 없는 상태 곧 사슬에 매인 죄수로서 다른 죄수들에게 설교를 했다. 그때 나는 나를 결박하고 있던 사슬이 덜그럭거리는 소리를 들으면서, 그들에게 구원이 있음을 전했고, 위대하신 구원자를 바라보도록 설교했다.”

나는 존 번연에게 그런 식으로 설교해서는 안 된다고 말하지 않겠습니다. 그러나 주님이 옥문을 부수고, 쇠창살을 잘라내신 것을 여러분 자신의 경험을 통해서 선포할 수 있다면, 그것은 금상첨화입니다. 그때 우리의 증언을 들은 사람들은 “당신은 그것을 확신합니까?”라고 말하겠지요. 그것을 확신합니까? 나는 내가 살아 있는 것을 확신하는 것만큼 그것을 확신합니다.

그들은 이것을 독단이라고 말할 것입니다. 그러나 절대로 그것을 염려하지 마십시오. 누구든 설교자는 자신이 설교하는 것을 확신해야 합니다. 그렇지 않으면 그만 두어야 합니다. 만일 내가 이 강단에서 설교하는 내용들에 관해 조금이라도 어떤 의심을 갖고 있다면, 나는 이 교회의 목사로서 계속 사역하는 것을 부끄러워해야 할 것입니다. 그러나 나는 내가 알고 있는 것을 설교하고, 내가 본 것을 증언합니다. 만일 그렇지 않다면, 나는 정말 그리고 크게 잘못을 저지르는 것입니다.

내가 설교하는 것의 진리성을 나는 내 영혼과 그와 관련된 모든 것들을 걸고 확신합니다. 만일 내가 선포하는 복음이 나를 구원하지 못한다면, 나는 절대로 구원받지 못할 것입니다. 내가 다른 사람들에게 선포하는 것은 내 자신의 개인적 신뢰의 근거이기 때문입니다. 나는 나를 태우지 못하는 구명정을 갖고 있지 않습니다. 내가 다른 사람들을 태우려고 초청하는 방주에는 나도 타고 있고, 그것이 내가 갖고 있는 구명정입니다.

좋은 증인은 자기가 말하고자 하는 모든 내용을 알고 있어야 합니다. 그는 자신이 말하는 주제에 관해 정통해야 합니다. 어떤 강도사건에서 목격자라면 그는 증인석에 서게 됩니다. 그때 그는 자기가 본 것을 알고 있고, 오직 그것만을 말해야 합니다. 만약 신문자들이 집안의 그림이나 옷장 속에 걸려 있는 옷의 색깔 등에 관해 질문하기 시작한다면, 그는

"여러분은 내 증언의 범주를 벗어난 질문을 하고 있습니다. 나는 다만 내가 본 것에 대해서만 말할 뿐입니다"라고 대답할 것입니다.

우리가 알고 있는 것과 우리가 모르는 것을 책으로 만들면, 아주 두꺼운 두 권의 책이 될 것입니다. 그러나 우리는 두 번째 책에 대해서는 묻지 말아달라고 당연히 요구할 수 있습니다.

형제 여러분, 여러분이 알고 있는 것을 말하고 앉으십시오. 그러나 그것에 관해 말하는 동안에는 조용히 말하고, 편안한 마음을 가지십시오. 여러분은 설교할 때, 지나치게 흥분하여 자신의 감정에 휩쓸리지 마십시오. 여러분이 자신이 전하는 주제에 대해 편안한 모습을 보이지 않는다면, 청중들도 편안한 마음을 가질 수 없습니다. 여러분이 무엇을 목표로 삼고 있는지를 알고 있다면, 여러분의 마음은 지나친 열정으로부터 벗어날 것입니다.

여러분과 같은 노방전도 설교자들은 복음을 처음부터 끝까지 철저하게 파악하고 있지 못하고, 그래서 자신이 무엇을 설교하는지 모르고 있다면, 적절한 감정을 갖고 설교하기가 어렵습니다. 그러나 여러분이 자신의 설교 내용에 대해 익히 알고 있어서 편안한 마음을 갖고 있다면, 담대하게 그리고 진지하게 여러분이 원하는 대로 절실하게 선포하십시오. 여러분 앞에 있는 사람들이 여러분이 전하는 말을 들을 만하다고 느끼는 것은 그것을 여러분이 확신하고 있고, 그것이 여러분에게 참된 생명의 근원이기 때문입니다.

옥외 집회든 옥내 집회든 모든 집회에서 말씀을 전할 때, 설교자에게 필요한 마음은 청중들이 오직 진실한 믿음으로 그것을 듣기를 바라는 정직한 마음입니다. 그때 비로소 그들은 그것을 받아들이고, 주 예수 그리스도를 믿는 길로 인도를 받게 될 것입니다.

그러나 여러분은 증인일 뿐만 아니라 주 예수 그리스도를 위한 **변론자**이기도 합니다. 변론자로서의 역할은 사람에게 크게 좌우되는 일입니다. 어떤 설교자들의 경우를 보면, 기독교의 표지와 증거가 불의 혀가 아니라 얼음조각인 것처럼 보일 때가 있습니다. 여러분은 변호사가 차갑고 냉정한 모습으로 여러분의 사건을 변론하는 것을 좋아하지 않을 것입니다. 그런 모습은 그가 죄나 무죄를 찾아내는 데에는 아무 관심이 없는 것처럼 보입니다.

여러분 자신이 교수형에 처해지는 상황이 되었다면, 그의 무성의한 변론을 어떻게 참을 수 있겠습니까? 오, 절대로 못참겠지요! 여러분은 이런 가식적인 변호사를 죽이고 싶을 것입니다. 마찬가지로 누가 그리스도를 위해 말씀을 전할 때, 그가 열심을 내지 않고 무성의하게 전한다면, 가서 잠이나 자라고 하십시오.

이 말이 우습습니까? 하지만 전체 회중을 침대로 보내지 않고 잠을 자게 만드는 것보다 그가 침대로 가는 것이 더 낫지 않겠습니까? 그렇습니다. 우리는 정말 열심을 내야 합니다. 진정 우리가 사람들을 설복시키고자 한다면, 무엇보다 그들을 사랑해야 합니다. 사람들에게는 어떤 사람들은 용납할 수 있는 사랑이 있는 반면에 다른 사람들은 받아줄 수 없는 혐오감이 있습니다.

보기에 따라서는, 예를 들면 노동자 계층에 속하는 사람들이 보기에는 아주 사악한 사람들로서, 도저히 상종할 수 없다고 느끼는 상류층 사람들이 있습니다. 그들은 그런 사람들이 자기들을 무시하고 항상 군림하려든다고 생각합니다. 이런 사람들은 노동자들을 회심시키기가 거의 불가능할 것입니다.

사람들을 전도하려면 여러분은 다음과 같이 느껴야 합니다: "나는 그들 가운데 한 사람이다. 만일 그들이 슬픈 운명의 소유자라면 나도 그들 가운데 하나다. 만일 그들이 길을 잃은 죄인들이라면, 나도 그들 가운데 한 사람이다. 만일 그들에게 구주가 필요하다면, 나도 그들 가운데 속해 있다."

죄인들 앞에 섰을 때, 여러분은 "너희 중에 이와 같은 자들이 있더니"(고전 6:11)라는 본문을 앞에 두고 설교해야 합니다. 오직 은혜만이 우리를 변화시키고, 우리는 오직 그 은혜를 선포할 뿐입니다. 하나님을 향한 참사랑과 죄인을 향한 열렬한 사랑, 이 두 가지 사랑이 그리스도의 변론자가 가져야 할 중요한 자격입니다.

어떤 사람들은 그것을 부정할지 모르지만, 두려움의 감정은 청중들의 마음속에도 주입되어야 하고, 설교자 자신의 마음속에도 작용해야 한다고 나는 믿습니다. "믿음으로 노아는 아직 보이지 않는 일에 경고하심을 받아 경외함으로 방주를 준비하여 그 집을 구원하였으니"(히 11:7). 노아의 두려움으로 말미암아 홍수로 멸망당할 세상이 구원을 받게 되었습니다.

어떤 사람이 다른 사람을 위해 두려워하는 마음을 품게 되면, 그의 마음은 "그들이 멸망당할 것이다. 멸망당할 것이다. 그들이 지옥으로 떨어질 것이다. 그들이 영원히 하나님 앞에서 사라질 것이다"라고 부르짖습니다. 그리고 이 두려운 마음이 그의 영혼을 압박하고, 그의 마음을 짓누르며, 그를 밖으로 이끌어 눈물을 흘리며 선포하도록 할 때, 오, 그때, 그는 사람들을 구원의 길로 이끌기 위해 변론을 시작하리라! 하나님에 관한 두려움을 알기에 그는 사람들을 설득할 것입니다.

하나님에 관한 두려움을 아는 것은 우리로 하여금 사람들을 권면하도록 가르치는 수단으로서, 무감각하게 말하지 않도록 만듭니다. 어떤 사람들은 하나님에 관한 두려움을 단순히 공포를 느끼게 하는 수단으로 사용했습니다. 그러나 사도 바울은 그것을 권면의 수단으로 사용했습니다. 우리도 그를 본받아야 합니다.

"사람들아, 너희에게 말하는데, 세상은 곧 불타 없어질 것이다. 그러니 어서 도망가 생명을 보존하라. 산으로 도망하여 멸망함을 면하라"고 말하십시오. 우리는 이 경고가 사실임을 굳게 확신하고 전해 주어야 합니다. 그렇지 않으면 우리는 거짓말을 일삼던 어리석은 소년이 "이리야!"라고 외쳤던 것과 같은 존재가 되고 말 것입니다. 우리는 두려운 마지막 날을 항상 명심함으로써, 우리의 영혼이 하나님의 은혜에 관해 더 큰 확신을 가질 수 있도록 해야 합니다. 그렇지 않으면 우리는 변론자로서의 참된 능력을 상실하고 말 것입니다.

형제 여러분, 우리는 사람들에게 그들이 구주를 필요로 하는 절박한 상황 속에 있음을 말해 주어야 하고, 우리가 그들의 위기와 필요에 대해 인식하고 있고, 느끼고 있는 것을 분명히 보여 주어야 합니다. 그렇지 않으면 우리는 그들을 구주께 인도하기가 쉽지 않을 것이니까요.

그리스도를 위해 변론하는 사람은 심판 날에 대한 안목을 가지고 움직여야 합니다. 강단 뒷문을 통해 강단으로 들어오면 무수한 성도들의 모습이 눈으로 들어옵니다. 그때 나는 자주 오싹 소름이 끼치곤 합니다. 이 수천 명의 영혼들이 소원이 가득 찬 눈으로 강단을 응시하는 장면을 상상해 보십시오. 나는 그들 모두에게 설교해야 하고, 만일 내가 그들에게 충실하지 못하다면, 그들의 피에 대해 책임을 져야 합니다. 그것은 나로 하여금 금방이라도 뒷걸음질치도록 할 것 같은 느낌을 갖게 합니다.

그러나 그때 나에게는 두려움만 있는 것은 아닙니다. 나는 하나님이 나를 구원하실 수 있는 말씀을 통해 이 사람들을 축복하시리라는 소망과 믿음으로 용기를 얻습니다. 그 무리들 속에 있는 사람은 누구나 어떤 목적 때문에 하나님에 의해 보내심을 받은 자들이고, 나는 그 목적을 이루도록 보내심을 받은 자라고 생각합니다.

나는 가끔 설교할 때, "지금 누가 회심하고 있는가?"라고 자신에게 물어봅니다. 하나님의 말씀이 이루지 못하는 일이 내게는 일어나지 않습니다. 아니, 절대로 그런 일이 일어날 수 없습니다. 나는 종종 사람들이 회심하는 것을 확실히 느끼고, 하나님은 항상 자신의 진리를 증언하도록 함으로써 영광을 받으신다고 확신합니다. 여러분이 하나님의 말씀은 절대로 그분께 공허한 메아리로 되돌아갈 수 없다는 낙관적인 확신을 갖고 있다면, 그것은 여러분 자신에게나 회중들에게나 커다란 힘이 될 것이라는 사실을 믿으시기 바랍니다.

사람들이 회심하게 되리라고 확신하는 여러분의 확고한 신념은 어머니가 자기 아이에게 내미는 새끼손가락과 같습니다. 그것은 그녀로 하여금 더 열심히 일하도록 하는 자극제가 됩니다. 여러분은 마음속에 있는 영적 생명의 불길이 사람들 속에서 활활 타오르도록 그들의 영혼 속에 하나의 불똥을 던질 수 있습니다. 우리 모두는 사람들의 영혼을 설복시킬 수 있는 기술을 배워야 합니다.

그러나 사랑하는 동역자 여러분, 그리고 이 자리에 모인 성도 여러분, 우리는 증인이자 변론자일 뿐만 아니라 또한 본보기가 되어야 할 사람들입니다. 야생오리들을 잡는 가장 효과적인 방법 가운데 하나는 후림새(유인하기 위해 미끼로 쓰는 새)를 이용하는 것입니다. 그렇게 하면 나머지 오리들은 그 후림새를 따라 자동적으로 그물로 들어갑니다. 우리도 교회에서 거룩한 후림새의 방법을 유효적절하게 사용할 필요가 있습니다. 말하자면 우리 자신이 그런 미끼가 되는 것입니다.

그리스도께 나아가는 데에, 패역한 세대의 한복판에서 경건한 삶을 살아가는데에, 우리가 본보기가 되는 것입니다. 우리 자신이 기쁨과 슬픔의 본보기, 고난 속에서도 하나님의 뜻에 복종하는 삶을 살아가는 본보기, 은혜의 모든 방법들을 따라 사는 본보기가 됨으로써, 다른 사람들이 우리들의 삶의 방식을 따라 살도록 유도하는 도구가 되는 것입니다. 물론 여러분은 거리에 나와 자신의 본보기됨을 스스로 말할 수는 없습니다. 그러나 거리 설교자는 자기가 생각하는 것보다 더 많이 알려져 있게 마련입니다. 그 중에서 어떤 사람은 자신의 사생활을 비밀에 붙일 수 있습니다.

나는 이전에 한 거리 설교자에 대해 들은 적이 있는데, 그에 대해 한 청중이 "야, 잭, 당신 집 문 앞에서 그런 식으로 설교하지 마라!" 하고 외쳤습니다. 또 내가 아는 존 목사는 과거에 아주 사소한 문제로 그의 이웃 중 한 사람과 싸운 적이 있는데, 유감스럽게도 이런 일은 흔히 일어나는 일입니다. 그러므로 그는 자기 집과 가까운 지역에서는 차라리 설교를 하지 않는 것이 더 좋았을 것입니다.

이것은 전도를 골치 아픈 문제로 만듭니다. 만일 어떤 사람이 가정에서 별로 모범적이지 못하다면, 그가 사람들 앞에 나서서 설교하려면 자기 집에서 멀리 떨어진 곳으로 가야 합니다. 그렇게 하지 않으려면 사람들 앞에서 침묵을 지키고 있어야 할 것입니다. 형제 여러분, 사람들은 우리를 잘 알고 있습니다. 그들은 우리가 생각하는 것보다 우리에 관해 훨씬 더 많은 것을 알고 있습니다. 그리고 그들은 자기들이 모르는 것이 있으면 어떻게든 알아냅니다. 그러므로 우리의 생활과 대화도 잘 사용하면 효과적인 전도사역을 위한 강력한 한 요소가 됩니다. 이것을 바로 언행일치라고 말하는 것입니다.

나에게 주어진 시간이 그리 많지 않지만, 나는 또 다른 요점에 대해 말씀을 전하고자 합니다. 나는 앞에서 성령의 역사는 사역자 자신에게 크게 좌우된다는 사실을 말했습니다. 그러나 나는 여기에 덧붙여서 성령의 역사는 설교자 주위에 있는 사람들에 의해서도 크게 좌우된다는 사실을 말하고 싶습니다.

홀로 나서야 하는 거리 설교자는 아주 불리한 입장에서 사역하게 마련입니다. 그러므로 여러분을 위해 기도해 주는 생명력 있는 교회와 연결되어 있다면, 그것은 굉장히 큰 힘이 될 것입니다. 만일 여러분이 그런 교회를 찾을 수 없다면, 그 차선책은 여러분과 함께 수고할 대여섯 명 정도의 젊은이들을 모아 그들과 함께 사역을 하고, 특별히 그들과 함께 기도하는 것입니다.

어떤 설교자들은 돕는 자들 없이 독립적으로 사역을 감당하는데, 고독이 찾아오지 않는다면, 그것도 괜찮습니다. 그러나 그들을 데리고 나가 함께 사역함으로써, 그들의 도움을 받고자 하려면, 아직 젊은 그들을 사역자로 훈련시켜야 하는 문제가 생기지 않겠습니까? 그러므로 비록 젊은이들은 아니지만, 영적 진리에 대한 지식이 풍부한 동역자들과 함께 할 수 있다면, 여러분의 사역에 큰 유익이 될 것입니다.

여러분에게 솔직히 고백하는데, 하나님께서 나를 아무리 크게 들어 쓰신다고 해도, 나를 믿고 밀어주는 사람들이 없었다면, 우리 교회의 성도들이 나를 신뢰하지 못했다면, 아니 전세계에 있는 성도들이 나를 위해 특별히 기도해 주지 않았더라면, 아무것도 이룰 수 없었을 것입니다. 전도자는 나처럼 자기 주위에 돕는 자들이 있어야 그 사역을 제대로 감당하는 법입니다.

사랑하는 내 친구이자 우리 교회 집사인 윌리엄 올네이 씨는 언젠가

"우리 목사님은 지금까지 우리를 이끄셨고, 우리는 목사님을 성실하게 따라갔습니다. 그 결과는 대성공이었습니다. 여러분은 목사님의 지도력을 믿지 않습니까?"라고 말했습니다. 그러자 성도들은 "믿습니다"라고 대답했습니다.

그때 그는 이렇게 말했습니다: "만일 우리 목사님이 도저히 건널 수 없는 것처럼 보이는 강을 만난다면, 우리 몸으로 그곳을 채워 그가 건너가도록 합시다." 이것은 놀라운 말이었습니다. 강이 채워졌습니다. 아니, 즉시 채워진 것처럼 보였습니다. 만일 여러분에게 참된 동역자가 있다면, 여러분의 힘은 배가될 것입니다.

좋은 아내는 얼마나 큰 축복일까요! 여러분이 아내라면, 남편들이 거리에서 설교를 시작할 때 함께 있지 않고 집안에 있을 때, 그들이 집에 돌아와 편히 쉬고 행복해 할 수 있도록 준비하고, 그들이 더 좋은 설교를 마련할 수 있도록 돕는 자가 되십시오! 여러분 가운데 신중하고 조용한 성품을 지닌 이가 있다면, 다른 방식으로 그들을 도울 수 있을 것입니다. 여러분은 여러분의 남편이 작은 문제에 대해 무감각해질 때, 그것을 넌지시 지적해 줌으로써, 그로 하여금 그 문제를 시정할 수 있도록 할 수 있습니다.

한 신실한 형제가 어느 날 내게 자기가 깨달은 교훈을 말해 주었습니다. "저에게 유일한 조언자는 제 아내입니다. 아내는 저보다 공부를 더 많이 했습니다. 나는 종종 문법적으로 말을 잘못 사용했습니다. 예를 들면 'We was'나 'Us did it'라는 표현을 썼습니다. 그럴 때 아내는 문법에 신경 쓰지 않으면 사람들이 비웃을 것이라고 나의 잘못을 조용히 지적해 주었습니다." 이처럼 그의 아내는 그에게 국어 선생님이 되어 주었습니다. 그에게 아내는 금보다 더 가치 있는 존재였고, 그 역시 그것을 잘 알고 있었습니다. 이같이 돕는 자가 옆에 있는 사람은 날마다 그로 인하여 하나님께 감사해야 할 것입니다.

그 다음으로 우리가 알고 있는 것보다 더 많이 알고 있고, 그래서 지혜로운 조언을 받음으로써 큰 유익을 얻을 수 있는 전문적인 기독교 공동체에 참여하는 것이 전도사역에 큰 도움을 줍니다. 하나님은 우리 스스로의 힘만으로는 할 수 없는 일을 다른 사람들의 도움을 받아 할 수 있도록 역사하실 수 있습니다. 아마 여러분은 설교를 통해 많은 영혼들을 그리스도께 인도함으로써 큰 존경을 받았던 한 수도사의 이야기를 들었을 것입니다.

그는 마지막 날 자기에게 돌아올 영광이 전혀 없다는 계시를 받았습니다. 그는 꿈속에서 그 전달자인 천사에게 그 이유를 물었습니다. 그러자 천사는 "귀 먹은 노인이 강단 위에 앉아 그대를 위해 기도했는데, 그것이 그대를 통해 나타난 축복의 수단이었기 때문이네"라고 대답했습니다. 우리도 우리에게 축복의 역사가 임하도록 그 귀 먹은 노인과 같이 중보기도를 드리고 있는 주변 사람들에게 감사합시다. 하나님의 영은 한편이 아니라 두 편을 통해 축복의 역사를 일으키십니다.

비록 아브라함이 1톤이 넘는 강력한 기도를 드렸다고 해도, 그 혼자 힘만으로는 다섯 성읍 가운데 한 군데도 구원할 수 없었습니다. 그러나 비록 연약하다고는 하나 그의 조카 롯이 함께했습니다. 그의 기도는 1온스의 절반밖에 되지 않는 가벼운 것이었습니다. 그러나 그 작은 조각이 전체를 변화시켰고, 소알은 보존을 받았습니다. 그러므로 여러분의 반 온스에 탁월한 성도들의 그 큰 무게의 간구를 더해 보십시오. 그 위력이 얼마나 더하겠습니까?

사랑하는 노방전도 설교자 여러분, 나는 여러분을 가르치고 싶은 마음은 없습니다. 여러분 가운데 어떤 이들은 나보다 훨씬 더 많이 알고 있습니다. 사실 지금 내가 들은 것은 아주 오래 전에 배운 것들입니다. 금년 (1887년) 초, 한 노파가 구걸하기 위해 나를 찾아왔습니다. 그런데 그녀는 "40년이 넘은 과거에 목사님의 은혜로운 음성을 들은 기억이 납니다"라고 말했습니다.

"40년 전에 내 목소리를 들으셨다구요! 그곳이 어디였습니까?"

"사우데이 목사님 교회 근방의 팬튼빌 언덕의 한 구석에서 설교하신 적이 있었습니다."

"글쎄요, 그때가 40년도 더 되었다구요?"

"예, 목사님 아마 50년쯤 됐을 것입니다."

"오, 그때 내가 아주 젊었을 때였겠군요?"

"오, 예! 그때 아주 멋쟁이 목사님이셨지요."

물론 그것은 전혀 사실이 아니었습니다. 하지만 내가 팬튼빌 언덕 한 구석에서 설교한 적이 없고, 50년 전이라면, 나는 단지 세 살밖에 되지 않은 어린 아기였을 때이며, 그 거짓말을 들을 때 그 대가로 돈을 몇 푼 쥐어주고 보내야 하겠다고 생각한 것을 부끄럽게 여긴다고 그녀에게 말해 주었을 때, 그때에도 그녀는 나에 대한 존경심을 버리지 않았던 것을 기억합니다. 그러나 오늘 밤 나는 그녀의 말을 사실로 믿을 것이며, 그녀가 나를 잘못 알고 설명했던 그 훌륭한 목사님이 되기로 했습니다. 그리고 담대한 마음을 가지고 여러분에게 이렇게 말씀드립니다. 사랑하는 형제 여러분, 만일 우리가 영혼을 구원하고자 한다면, 우리는 철저히 수고하고 부지런히 활동해야 한다는 것입니다.

무엇보다 먼저, 우리는 전도하는 일에 부지런해야 합니다. 여러분은 혹시 전도의 위력에 대해 불신하고 있지는 않습니까? 나는 정말 여러분이 그런 불신에 빠지지 않기를 바랍니다. 한 번씩 그런 경우가 없지는 않겠지만 말입니다. 구두장이가 구두 만드는 일에 몰두하는 것처럼 전도자는 전도하는 일에 몰두해야 합니다.

생명책에 기록된 이름들이 읽혀질 마지막 날이 되면, 찬송과 교회 행사와 종교적 의식들을 통해 회심한 사람들은 십분의 일도 안 되고, 그들 대부분은 전도의 미련한 것으로 구원받은 사람들로서 항상 하나님을 기쁘시게 할 것입니다. 그러므로 전도에 부지런하십시오. 만일 여러분이 다른 일을 하려면, 그 일이 여러분의 전도를 방해하는 일이 되지 않도록 하십시오. 첫 번째도 전도, 두 번째도 전도, 세 번째도 전도입니다.

그리스도의 사랑을 믿고 전도하십시오. 그분의 대속적 희생을 믿고 전도하십시오. 거듭남을 믿고 전도하십시오. 하나님의 온전하신 인도를 믿고 전도하십시오. 오래된 복음의 망치는 지금도 바위를 조각낼 수 있는 힘이 있습니다. 과거 오순절에 임했던 뜨거운 성령의 불은 아직도 사람들 사이에서 뜨겁게 타오를 수 있습니다. 굳이 새로운 것을 시도할 필요가 없습니다. 오직 전하기만 하십시오. 만일 우리 모두가 하늘로부터 임하신 성령과 함께 전도한다면, 그 전도의 결과는 우리를 깜짝 놀라게 할 것입니다.

아니, 혀의 능력에는 결코 끝이 없도다! 악한 혀를 가진 사람들을 한번 보십시오. 그 입으로부터 얼마나 큰 죄악이 저질러질까요! 우리가 혀를 올바르게 사용하기만 한다면, 하나님께서는 그 혀에 얼마나 큰 능력을 더하실까요? 불의 힘을 보십시오. 하나의 불꽃이 도시 전체를 화염으로 휩싸이게 할 수도 있습니다. 마찬가지로 성령이 함께하시면, 우리도 얼마나 큰일을 할 수 있을지, 또는 무슨 일을 할 수 있을지 상상할 수 없습니다.

불꽃의 잠재 능력을 계산할 수 없습니다. 마찬가지로 하나님의 영으로부터 나오는 열심과 함께 선포되는 진리의 가능성은 끝이 없습니다. 형제 여러분, 한밤에 얼굴을 화끈거리게 만드는 거리의 타락한 모습에도 불구하고, 모든 거리 한구석에서 어지럽게 벌어지고 있는 난투극에도 불구하고, 부자들의 사악함과 가난한 자들의 무지에도 불구하고, 희망을 잃지 마십시오. 절대로 희망을 포기하지 마십시오. 그리고 가십시오. 가십시오, 가십시오. 하나님의 이름으로 가십시오. 가서 복음을 전하는데 사람들이 구원을 받지 못한다면, 그때 희망을 버리십시오.

만일 주님의 은혜의 방법이 실패한다면, 하늘은 슬퍼하고, 해는 영원히 흑암에 싸일 것입니다. 왜냐하면 그렇게 되면 우리의 경주 앞에 흑암의 흑암 외에는 아무것도 남아있지 않을 것이니 말입니다. 예수님의 희생으로 말미암은 구원은 하나님의 최후 결론입니다. 그것이 절대로 실패하지 않음을 즐거워하십시오. 우리는 무조건 믿고, 말씀을 전하는 자로서 전진해야 합니다.

진실한 거리 전도자들은 개인적인 대화를 전도에 크게 활용할 수 있습니다. 우리 교회만 보아도, 누구라고 구체적으로 밝히지는 않겠지만, 여기 앉아 있는 형제들 가운데 개인적인 대화를 통해서 회심하게 된 사람들이 참으로 많습니다.

어느 월요일 밤에 한 형제가 나를 찾아온 것을 기억합니다. 그날 그는 무엇이 그토록 바쁜지 나에게 속삭이듯이 한마디하고는 갑자기 사라졌습니다. 나는 그가 무슨 말을 하려고 했는지 알지 못했습니다. 그런데 하루는 그가 내가 전혀 모르는 한 여인과 왼편에 있는 화랑(畵廊)에 함께 앉아 있는 것을 보았습니다.

예배 후 내가 그에게 "형제님 그때 어디 계셨어요?"라고 물었더니 그는 이렇게 말했습니다:

"창문으로 햇빛이 들어오는데, 그 틈으로 화랑에 크게 슬픈 얼굴을 한 여인이 있는 것을 보았습니다. 그래서 부리나케 그곳으로 올라가 그녀 옆에 자리를 잡았지요."

"그녀에게 전도했습니까?"

"오, 예! 그녀는 주 예수님을 아주 쉽게 영접했습니다. 그녀에게 그렇게 하고 난 다음, 나는 도움이 필요한 또 다른 사람을 찾았습니다. 나는 그녀에게 일을 다 마치고 돌아올 때까지 그 자리에서 기다리라고 말하고, 다른 사람 — 한 젊은이 — 을 찾아 갔습니다."

그는 자기가 만난 두 사람을 위해 기도했습니다. 그들이 주님을 향해 마음의 문을 열 때까지 그는 만족하지 않았습니다. 그것이 방심하지 않는 파수꾼의 모습입니다. 우리가 사람들을 한사람씩 포획하기 위해서는 저격병이 필요합니다. 우리가 강단에서 대포를 쏘아댈 때, 적중이 되기도 하지만, 많은 사람들이 그것을 피합니다. 우리는 골고루 영혼들을 사랑하기 원하고, 경고와 격려를 통해 영혼들을 개인적으로 대하기를 원합니다. 모든 거리전도자들은 많은 사람들을 대상으로 전도해야 할 뿐만 아니라 한 사람을 붙잡고 전도해야 할 준비도 해야 합니다. 또 그는 자기와 함께 똑같은 비결을 가지고 전도에 동참할 사람들을 옆에 두고 있어야 합니다. 거리 설교자가 개인적인 대화를 통해 전도에 동참할 사람들과 함께 다닌다면 얼마나 효과적인 전도를 할 수 있을까요!

지난 주일 밤, 사랑하는 한 목사님이 정말 잊지 못할 한 가지 이야기를 내게 해 주었습니다. 그는 어느 날 밤 크로이든 병원에 갔는데, 그날 그곳에서 전도하도록 되어 있었습니다. 모든 직원들이 집에 돌아가고 병원 문을 닫을 시간이 되었습니다. 그는 의사를 빼고는 병원 안에 있던 유일한 사람이었습니다. 그때 한 소년이 병원 안으로 뛰어들어 와 열차 사고가 났으니 누구든 들것을 들고 그곳에 가야 한다고 소리를 질렀습니다.

의사가 그 목사님에게 "내가 이 들것을 들고 갈 테니, 당신은 다른 들것을 들고 가 주시겠어요?"라고 말했습니다. "오, 예! 그렇게 하지요." 그는 선선히 대답했습니다. 그래서 의사와 목사가 들것을 들고 사고현장으로 달려갔습니다. 그들은 들것 위에 부상자들을 실었습니다. 그때 목사님은 이렇게 말했습니다: "그때 나는 내가 병원으로 실어 날랐던 사람에게 굉장히 큰 관심을 느꼈기 때문에 한두 주 정도 계속 그 병원을 방문했습니다."

나는 그 목사님이 그 사람에게 항상 관심을 갖고 있을 것이라고 믿습니다. 왜냐하면 그는 그때 벌써 그에 대해 책임감을 느꼈기 때문입니다. 여러분의 마음속에 한 사람을 옮겨놓는 법을 알고, 그의 질고에 대한 책임감을 느꼈을 때, 여러분은 그의 이름을 여러분의 영혼 속에 각인시켜 놓을 것입니다. 또한 여러분이 사람들과 개인적인 대화를 나누는 경우와 어떤 영혼들에 대한 책임감을 느끼게 된 경우도 마찬가지입니다. 나는 이것을 많은 복음 전도자들이 더 깊이 알 필요가 있고, 그럴수록 그들은 더 좋은 복음전도자가 되리라고 생각합니다.

전도와 개인적인 대화가 아무 소용이 없을 때, 여러분은 책을 준비해야 합니다. 이것은 때로는 아주 효과적인 전도방법이 됩니다. 어떤 책들은 벌레 한 마리도 변화시키지 못합니다. 그것들 속에는 한 마리의 파리도 관심을 가질 만한 내용이 없습니다. 그러므로 좋은 책을 선택해야 합니다. 그렇지 않으면 아무 소용이 없습니다. 그러나 복음을 다루고 있는 소책자를 읽어 주는 것이 영생의 씨앗이 될 수도 있습니다. 그러므로 책 없이 전도하러 가지 마십시오.

나는 또 여기서 책을 주는 것 외에, 만일 할 수만 있다면, 여러분이 전하는 말씀을 자주 듣는 사람이 어디에 사는지를 알아서 그에게 전화를 하는 방법을 추천합니다. 거리 전도자가 심방을 하는 것은 얼마나 효과가 클까요! 심방을 받아야 할 사람에게 "당신을 만나 보기 원하는 사람이 있는데, 빌이라고 합니다. 저쪽 길 모퉁이에서 전도하는 신사가 바로 그 사람입니다"라고 말해 주십시오. 그러면 그녀는 "오, 그러세요! 나는 그의 말씀을 여러 번 들었습니다. 그는 훌륭한 사람이에요"라고 대답할 것입니다. 할 수 있는 한 자주 심방하십시오. 왜냐하면 여러분 자신에게나 사람들에게나 모두 유익하기 때문입니다.

특별한 개인에게 편지를 쓰는 방법은 또 얼마나 효력이 클까요! 어떤 사람들은 아직도 편지에 대해 굉장히 미신적인 기대를 갖고 있습니다. 그들은 여러분처럼 존경하는 사람들 가운데 한 사람으로부터 진지한 편지를 받게 되면, 그것을 결코 무시하지 않고 심각하게 생각합니다. 편지 한 구절이 여러분의 설교를 무감각하게 지나친 사람의 마음을 감동시킬 수도 있습니다. 아직 설교에 익숙하지 못한 젊은 목사가 젊은 친구들의 영혼에 대해 편지를 쓴다면, 그것이 굉장히 큰 힘을 발휘할 것입니다. 그들은 혀로 말할 때와는 다르게 펜으로 진리를 더 명쾌하게 피력할 수도 있습니다.

우리는 하늘 아래 있는 모든 수단을 다 동원해서 사람들을 구원해야 합니다. 우리는 사람들이 지옥에 가지 않도록 막아야 합니다. 우리는 우리가 해야 할 일에 대해 열심이 반감되어서는 안 됩니다. 여러분은 한 젊은이가 죽어가면서 그의 형에게 "형, 형은 내 영혼에 대해 어떻게 그렇게 무관심할 수 있지?"라고 물었던 일을 기억하지 않습니까?

그 질문에 형은 "나는 네 영혼에 대해 무관심하지 않았어. 내가 너에게 그토록 자주 그것에 관해 말하지 않았니?"

"오, 그래 형! 형은 그렇게 말했지. 하지만 그래도 어쨌든 형이 내가 지옥에 떨어질 것이라고 생각한다면, 나에 대해 더 진지했어야 된다고 생각해. 형은 나에 대해 슬퍼하는데, 형이라면 내가 멸망하지 않도록 했어야지"라고 했습니다. 누구도 여러분에 대해 이런 말을 하지 않도록 하십시오.

그러나 대부분의 사역자들이 하는 말을 들어보면, 열심을 낼 때, 그 열심이 진정한 열심이라면, 아주 특별한 역사가 일어나고, 아주 희한한 일들이 일어났음을 증거했습니다. 우리는 단순히 열심을 흉내 내는 말이나 행동을 원하지 않습니다. 불타오르는 참된 열심은 시대의 요구이고, 그것을 볼 때, 그것을 부정적인 것으로 비판하는 것은 유감스러운 일입니다.

여러분은 폭풍 같은 열정을 품고 전도의 사명을 감당해야 합니다. 여러분은 할 수 있는 한 피를 토하는 목소리를 발해야 합니다. 만일 여러분이 열심이 있는데 말할 수 없다면, 여러분의 열심은 그 목적을 달성하는데 적절한 방법을 반드시 찾아내고야 말 것입니다. 한니발이 식초로 바위를 녹였다는 일화가 전해지는 것처럼, 열심은 사람들의 돌 같은 마음을 어떻게든 녹여 버리고 말 것입니다. 하나님의 영이 예수 그리스도로 말미암아 여러분 각자에게 임하기를! 아멘.

제 9 장

전도자가 치러야 할 희생

영혼들을 예수님께 인도하기 위해 수고하는 여러분들에게 특별히 한 말씀 전하고 싶습니다. 여러분은 하나님께 쓰임 받기를 간절히 바라고 기도할 것입니다. 그렇다면 여러분은 이것이 무엇을 필요로 하는지 알고 있습니까? 여러분은 자신이 하는 일에 대해 확신을 갖고 있습니까? 그렇다면 여러분은 오히려 아직 모르고 있는 많은 사실들을 보고 경험할 준비를 하십시오. 만일 하나님께서 여러분을 다른 사람들을 구원하기 위한 도구로 쓰시고자 한다면, 개인적으로 여러분에게 불필요했던 경험들이 주어질 것입니다.

일반인은 밤새 자신의 침대에서 쉴 수 있지만, 의사는 왕진 갈 때를 위해 항상 비상대기를 해야 합니다. 농부는 화롯가에서 편안히 휴식을 취할 수 있지만, 만일 그가 목자라면, 항상 양떼 사이에 있어야 하고, 양들을 위해 경계태세를 갖추고 있어야 합니다. 바로 그렇기 때문에 사도 바울은 "그러므로 내가 택함 받은 자들을 위하여 모든 것을 참음은 그들도 그리스도 예수 안에 있는 구원을 영원한 영광과 함께 받게 하려 함이라" (딤후 2:10)고 말합니다. 이런 이유로 우리도 우리를 깜짝 놀라게 하는 경험들을 맛볼 준비를 해야 합니다.

몇 년 전, 나는 극심한 영적 침체에 빠진 적이 있었습니다. 그때 나에게는 아주 괴로운 사건들이 일어났습니다. 나는 마음이 영 좋지 못했고, 나의 기분은 깊이 가라앉아 있었습니다. 마음 깊은 곳으로부터 나는 어쩔 수 없이 주님을 향해 부르짖지 않을 수 없었습니다. 급기야는 휴식을 위해 망통(프랑스의 휴양 도시)으로 휴가를 떠났습니다.

나는 육체도 고달팠지만, 영이 깊은 침체 속에 있었기 때문에 영혼은 더 많이 괴로웠습니다. 이런 압박 때문에 "나의 하나님, 나의 하나님, 어찌하여 나를 버리셨나이까"라는 말씀으로 설교를 했습니다. 그런데 이 설교로부터 내가 기대했던 것보다 훨씬 더 큰 능력이 임했습니다. 참으로 나는 사랑하는 성도들이 이 가슴을 저미게 하는 말씀의 은혜 속에 깊이 들어가기를 바랍니다. 나는 하나님으로부터 포기당한 영혼의 두려움이 내 마음속에 가득 차 있음을 느꼈습니다. 그런데 그것은 내가 원했던 경험은 아니었습니다. 나는 지금도 과거에 겪었던 영적 침체를 다시 겪을까봐 두렵습니다. 그래서 나는 그런 경험이 과거와 똑같은 경험을 가져다줄 것 같으면, 그것을 다시 겪지 않게 해 달라고 기도합니다.

그날 밤, 설교를 마치자 정신병원에서 도망쳐 나온 사람처럼 거의 제정신이 아닌 한 사람이 교회 사무실로 찾아왔습니다. 그는 눈을 머리까지 치켜뜨고, 그날 설교를 듣지 않았으면 자기는 완전히 절망에 빠져 버렸을 것이라고 말했습니다. 그날 설교는 그로 하여금 자기 마음을 알아주는 한 사람이 있다는 것을 느끼도록 했고, 그래서 그는 나를 찾아와 자신의 처지를 다 털어놓게 되었습니다.

나는 그와 대화를 나누었고, 월요일 저녁에 다시 만나 더 깊은 이야기를 나누자고 요청했습니다. 나는 그를 다시 만나 그가 분명히 회복될 것이라고 내 생각을 말해 주었고, 설교를 통해 그의 병에 대해 적합한 이야기를 해준 것을 참으로 감사했습니다. 겉으로 보면, 그는 내가 자신을 인정해 주는 데서 오는 위로를 거부하는 듯했지만, 내가 전해 준 보배로운 진리가 그의 마음속에서 역사하고 있고, 그래서 그의 영혼의 폭풍은 곧 잠잠해지고, 깊은 평화 속에 들어갈 것이라는 확신을 가질 수 있었습니다.

그리고 그 이후의 결과를 들어보십시오. 지난 밤, 공교롭게도 "전능자께서 내 영혼을 고민에 빠뜨렸다"는 말씀을 설교하고 나오는데, 5년 전에 나를 찾아왔던 그 형제가 찾아왔습니다. 그때 그는 한밤으로부터 한 낮으로, 또는 죽음에서 생명으로 나온 사람처럼 달라져 있었습니다. 나는 그에게 "당신을 다시 만나게 되어 반갑습니다. 그동안 당신 생각을 자주 했는데, 어떻게 그토록 평화로운 모습으로 회복하게 되었는지 궁금합니다"라고 말했습니다.

앞에서 말한 것처럼 나는 휴양 차 망통으로 갔고, 그도 역시 시골로 내려갔기 때문에 우리는 5년 동안 만나지 못했던 것입니다. 내 질문에 이 형제는 이렇게 대답했습니다: "예, 목사님은 내 병이 반드시 나을 것이라고 말씀하셨지요. 그 말씀 때문에 그날부터 지금까지 제가 어둠이 아니라 밝은 햇빛 속에서 살았다는 것을 아시면 목사님도 기뻐하시리라고 믿습니다. 그때부터 저에게는 모든 것이 변했고, 나는 나았습니다."

사랑하는 형제 여러분, 처음에 내가 절망 속에서 신음하는 그 불쌍한 환자를 만났을 때, 하나님은 나에게 고민을 털어놓는 설교를 준비시킴으로써 그가 공감하고, 그가 인도받을 수 있도록 역사하셨던 것입니다. 그러나 지난 밤 완전히 회복된 그를 만났을 때, 나는 과거의 나의 고통스런 감정들에 대해 오히려 하나님께 주체할 수 없이 감사하는 마음을 갖지 않을 수 없었습니다. 이제 나는 침체에 빠진 영혼들에게 힘을 줄 수 있다면, 백 번이라도 그 심연 속에 뛰어들 용의가 있습니다. 피곤한 영혼에 대해 적절한 말씀을 전해 주기 위해서 스스로 고통 속에 빠져보는 것은 좋은 일입니다.

만약 고통스러운 수술을 해서 여러분의 오른팔을 약간 더 길게 늘여야 한다면, 여러분은 틀림없이 그 수술을 받으려 하지 않을 것입니다. 반면에 여러분 눈앞에서 어떤 다른 사람이 물에 빠져 허우적거리고 있는데, 여러분이 좀 고생을 하면 그를 건져낼 수 있다면, 나는 여러분이 기꺼이 고생을 각오하고 그를 도와주리라고 생각합니다. 또 여러분은 사람들을 고쳐주는 자격을 갖춘 의사가 되기 위해서 많은 비용을 부담할 것입니다. 그렇다면 영혼을 구하는 능력을 얻기 위해 여러분은 불과 물도 통과하고, 의심과 절망의 통로도 통과하며, 정신적 고뇌와 영혼의 질고도 거쳐야 하는 과정을 계산에 넣기 바랍니다.

물론 이런 경험을 여러분 누구나 다 겪어야 되는 것은 아닙니다. 그러나 여러분 가운데 누가 됐든 그것이 여러분에게 주어진 몫이라면, 그것을 감수해야 합니다. 만일 여러분이 다른 사람들을 불 속에서 끄집어내어야 한다면, 그 속으로 들어가야 합니다. 또 물 속에서 허우적대는 다른 사람들을 꺼내 주어야 한다면, 그 속으로 들어가야 합니다.

여러분은 화염에 그슬리지 않고서는 화재 구조 작업을 수행할 수 없습니다. 또 파도에 휩쓸리지 않고서는 구명정 역할을 할 수 없습니다. 만일 요셉이 형들의 목숨을 보존해야 한다면, 애굽으로 내려가지 않으면 안 됩니다. 만일 모세가 가나안 땅으로 하나님의 백성들을 인도하려고 한다면, 그는 먼저 40년 동안 광야에서 가축들과 함께 세월을 보내야 합니다.

이에 대해 페이슨(Payson)은 "만일 어떤 사람이 성공적인 목회자가 되는 길을 묻는다면, 그는 자기가 무엇을 묻고 있는지 모르고 있는 사람이다. 그리스도의 쓴잔을 고스란히 마실 수 있고 그분이 받은 세례를 받을 수 있다고 생각할 때, 성공적인 목회자가 될 것이다"라고 올바르게 말했습니다.

나는 여기서 우리가 존경하는 형제인 레빈슨 성도가 방금 했던 기도를 생각하지 않을 수 없습니다. 여러분도 아시다시피, 그는 아브라함의 후손인 유대인으로서, 동족인 도시 선교사를 통해 회심하고 기독교로 개종한 사람입니다. 만일 그 도시선교사가 유대인이 아니었더라면, 그는 젊은 이교도인 레빈슨의 마음을 제대로 이해해 주지도 못했을 것이고, 또 그에게 복음메시지를 효과적으로 전달하지도 못했을 것입니다.

사람들은 적합한 도구들을 통해서 그리스도께 나아가는 법입니다. 그리고 이 적합성은 공감을 얻는데 큰 힘을 발휘합니다. 열쇠가 문을 열게 되는 것은 그것이 자물통의 구멍에 딱 맞을 때입니다. 진실한 말이 마음을 움직이는 것은 그 말이 그 사람의 마음의 상태에 온전하게 부합하기 때문입니다. 여러분과 나는 모든 형식의 정신과 마음에 합당하도록 온갖 모양으로 변화될 필요가 있습니다. 이것은 마치 바울이 다음과 같이 말

한 것과 같습니다:

"유대인들에게 내가 유대인과 같이 된 것은 유대인들을 얻고자 함이요 율법 아래에 있는 자들에게는 내가 율법 아래에 있지 아니하나 율법 아래에 있는 자 같이 된 것은 율법 아래에 있는 자들을 얻고자 함이요 율법 없는 자에게는 내가 하나님께는 율법 없는 자가 아니요 도리어 그리스도의 율법 아래에 있는 자나 율법 없는 자와 같이 된 것은 율법 없는 자들을 얻고자 함이라 약한 자들에게 내가 약한 자와 같이 된 것은 약한 자들을 얻고자 함이요 내가 여러 사람에게 여러 모습이 된 것은 아무쪼록 몇 사람이라도 구원하고자 함이니"(고전 9:20-22).

이러한 과정이 우리에게도 일어나야 합니다. 우리는 성령이 우리의 영혼 속에서 우리 주변 사람들에게 복음을 전하도록 뜨겁게 역사하시는 것은 무엇이든 기쁨으로 감당해야 합니다. 형제들이여, 어서 와서 제단 위에 여러분의 모든 것을 올려 놓으라! 여러분 자신을 포기하고, 주님의 손에 모든 것을 내려놓으십시오. 여러분이 너무 예민하고 소심한 사람이라면, 거칠고 대범한 사람들을 예수님께 인도하기 위해 그들과 같은 능력을 공급받을 필요가 있습니다. 또 여러분이 지혜롭고 지식이 많은 사람이라면, 무식한 사람들을 예수님께 인도하기 위하여 무식한 척 할 수도 있어야 합니다. 왜냐하면 그들도 구원이 필요한 자들이고, 그들 가운데 많은 이들이 공부를 많이 한 사람들은 가질 수 없는 수단들이 아니면 구원받을 수 없기 때문입니다.

해야 할 일이 고상한 일이 아니라 육체의 힘이 필요한 일일 때, 기꺼이 그 일을 하러 가는 사람들은 얼마나 아름다울까요! 반면에 요구되는 일이 재치와 우아함이 필요하고 힘이 필요한 일이 아닌 때, 어떤 사람들은 어리석게도 왜 그토록 힘으로 밀어붙일까요! 우리는 이것을 배워야 합니다. 우리는 개들이 사냥감을 쫓아가는 것처럼 훈련받아야 합니다. 여기서 한 가지 경험 사례를 소개하겠습니다.

한 형제가 있는데, 그는 조용한 사람입니다. 그는 열정적으로 설교하기를 원했습니다. 하지만 그러기 위해서는 자신의 성격을 고쳐야 합니다. 그는 잘 준비된 설교 원고를 작성했습니다. 그의 설교 구성은 아주 치밀하게 전개되고 있습니다. 그러나 슬프도다! 그는 그 보배 같은 원고를 그만 집에 두고 왔습니다. 그가 어떻게 해야 하겠습니까? 그만두기에는 그의 설교가 너무 은혜스럽습니다. 그래서 그는 일단 설교를 시작할 것입니다. 처음에는 멋지게 시작합니다.

"정중하고 부드럽고, 선한 성도 여러분," 그 다음은 어떻게 합니까? 보십시오, 그는 두 번째 말을 잇기 위해 허공을 응시합니다. 무엇을 해야 할까? 무슨 말을 할 수 있을까? 그 조용한 사람은 헤엄을 쳐보려고 발버둥치지만, 결국엔 할 수 없습니다.

그는 목적지에 닿기 위해 갖은 애를 다 써보지만, 여러분은 그가 마음속으로 "이젠 끝장이야"라고 중얼거리는 소리를 들을 수 있을 것입니다. 그러나 그것은 끝장이 아닙니다. 그는 다시 설교할 기회가 있습니다. 다시 신뢰를 회복할 수 있습니다. 그것은 오히려 그를 은혜로운 설교자로 자라가게 합니다. 이것이 그를 겸손하게 만들기 때문에, 주님은 이 실수를 그가 더 효과적으로 자신의 사역을 준비하는 계기로 삼도록 하십니다.

우리는 처음부터 아주 세련되거나 굉장히 위대한 설교를 하려고 합니다. 그러나 우리는 견습공 단계를 거쳐야 하고, 그 다음에 비로소 직공이 됩니다. 연필은 그것을 깎아 그 심이 드러나기 전에는 아무 소용이 없습니다. 아무리 품질 좋은 삼목이라도 먼저 잘라내야 사용이 가능합니다. 마찬가지로 내면의 마음판도 표를 하고 기록이 되어야 비로소 유익한 역할을 하는 법입니다.

형제 여러분, 고통의 칼날은 날카롭지만, 건강에 좋습니다. 여러분은 그것을 좋아하지 않겠지만, 믿음은 그 가치를 여러분에게 가르쳐 줄 것입니다. 여러분도 만일 어떤 수단을 통해 누구를 구원하고자 한다면, 호된 시련의 과정을 반드시 통과해야 하지 않겠습니까? 만일 이것이 여러분의 정신이 아니라면, 여러분은 차라리 농사를 짓거나 장사를 하는 것이 더 나을 것입니다. 왜냐하면 영혼 구원을 위해 모든 것을 감내할 준비가 되어 있지 않은 사람은 영혼을 주님께 인도할 수 없기 때문입니다.

두려움 때문에 우리는 많은 고통을 겪을 수 있습니다. 그러나 그 두려움은 영혼을 분발시키는데 도움을 주고, 영혼으로 하여금 적절한 사역의 자세를 취하도록 이끌어 줍니다. 적어도 그것은 영혼을 기도하도록 이끌고, 그때 그 기도는 사역을 위한 가장 큰 필수 준비 가운데 하나입니다. 한 신실한 사람이 처음으로 어떤 집회에서 회원들에게 그들의 영적 상태에 대해 설교하도록 초청을 받았던 순간의 경험에 대해 이렇게 말한 적이 있습니다:

"나는 그 집회에 가는 동안 주제를 어떻게 소개하고, 어떻게 말씀을 전해야 할지 내내 생각했습니다. 그러는 동안 나는 두려워졌고, 초조한 마음을 갖게 되었습니다. 문 앞에 다다르자 마치 돌 밑에 깔려 있는 것 같은 느낌이 들었습니다. 용기는 사라지고, 문을 두드리기 위해 손을 올렸다가 차마 두드리지 못하고 도로 내려놓고 말았습니다. 말할 수 없는 두려움 때문에 나는 계단을 조금씩 내려갔습니다. 그러나 다시 마음을 가다듬고 문을 두드린 후 안으로 들어갔습니다. 설교를 시작했고, 기도를 했지만 정신이 하나도 없었습니다. 그러나 감사하게도, 참으로 감사하게도, 두려움과 초조함이 사라지고 없었습니다. '엉켰던 실타래가 풀렸습니다.'"

엉켰던 실타래가 풀리는 과정을 반드시 거쳐야 하고, 그 결과는 굉장히 유익합니다.

오, 구주를 찾기 원하는 불쌍한 영혼들이여, 예수님은 여러분을 위해 죽으셨고, 지금은 그의 백성들이 여러분을 위해 살고 있도다! 우리가 여러분을 위해 대속제물을 제공할 수는 없습니다. 우리가 굳이 그렇게 할 필요가 없습니다. 하지만 여러분의 영혼을 위해 우리는 기꺼이 희생하겠습니다. 여러분은 우리 형제가 방금 전에 우리가 여러분을 오직 그리스도께 인도하기 위해서라면, 무엇이든 하고, 무엇이든 되며, 무엇이든 주고, 무엇이든 감당하겠다고 말하던 기도를 듣지 않았습니까? 우리들 가운데 많은 사람들이 그렇게 느끼고 있다는 것을 여러분은 아실 것입니

다. 여러분도 관심을 갖지 않겠습니까? 우리가 여러분의 영혼에 대해 그
토록 진지한 관심을 갖고 있는데, 여러분은 그것을 사소한 것으로 취급
하겠습니까? 제발 부탁드립니다. 더욱 지혜롭게 판단하십시오. 무한한
지혜가 즉시 여러분을 우리의 사랑하는 구주의 발 앞으로 인도하시기를!
아멘.

제 10 장

전도자의 상급

이 모임에 오는 도중, 나는 경찰서 게시판의 벽보를 보게 되었습니다. 그 벽보에는 강력범죄 사건의 범인들을 발견하거나 신고하는 사람들에게 큰 보상을 하겠다는 내용이 적혀 있었습니다. 의심할 것도 없이 입법자들은 커다란 보상이 신고자들에게 신고하도록 힘을 주는 유일한 동기라는 것을 알고 있습니다. 일반적인 밀고자는 경멸을 당하고 미움을 받기 때문에 금 덩어리가 주어진다고 해도, 그 일에 끼어들려고 하지 않을 것입니다. 그것은 별로 할 만한 일이 아닙니다.

사람들을 은혜의 길로 이끌 때 상급이 있고, 그것도 사람들을 정의의 길로 이끌 때 얻는 것보다 훨씬 더 높은 수준의 상급이라는 것은 생각만 해도 즐거운 일입니다. 나아가 그것은 우리에게 충분히 가능한 일이고, 또 우리가 그것을 해볼 만한 실제적 가치가 충분히 있다는 것입니다. 우리는 범죄자들을 낱낱이 찾아내 잡게 할 수는 없지만, 멸망 속에 있는 죄인들을 모두 구원할 수 있습니다. 또 살인자들과 강도들은 비교적 많지 않지만, 구원받아야 할 죄인들은 우리 주변에 수두룩하다는 것을 하나님께 감사합시다. 여기에는 여러분 모두가 속해 있습니다. 영혼을 구원하는 모든 자에게 하나님이 사랑으로 베푸시는 상급으로부터 자신은 차단되어 있다고 생각할 사람이 아무도 없습니다.

상급이라는 말을 사용하면 어떤 사람들은 귀를 쫑긋 세우고, 그것은 "적법한 대가"라고 중얼거릴 것입니다. 그러나 우리가 말하는 상급은 대가로 주어지는 보상이 아니고 은혜로 주어지는 상입니다. 그것은 공로에 대한 교만한 자랑이 아니라 겸손한 마음에서 우러나오는 감사의 즐거움으로 누리는 것입니다.

또 다른 친구들은 "그것은 너무 저급하고 계산적인 동기가 아니냐?"고 속삭일 것입니다. 이에 대해 우리는 그것이 "상 주심을 바랐던"(히 11:26) 모세의 경우처럼, 돈을 바라는 것이 아니라고 대답하겠습니다. 이 문제에서 모든 것은 상급이 무엇이냐에 달려 있습니다.

만일 그것이 선을 행하는 데서 오는 즐거움, 영광의 하나님을 소유하는 데서 오는 위로, 주 예수를 즐거워하는 데서 오는 행복에 있다면, 우리 주위의 사람들을 멸망의 구렁텅이로부터 구해내기 위해 애쓰는 열망은 그 자체로 하나님이 주시는 은혜입니다. 그러기에 비록 우리가 그 일에 성공하지 못했다고 할지라도, 하나님이 성전 건축에 대한 마음을 갖고 있던 다윗에게 "이 마음이 네게 있는 것이 좋도다"(대하 6:8) 말씀하신 것처럼 우리에게도 그렇게 말씀하실 것입니다.

비록 우리가 구원하고자 하는 영혼들이 계속 불신앙 속에서 산다고 해도, 그들 모두가 우리를 멸시하고, 거부하고, 조롱한다고 해도, 우리가 최소한 그들의 구원을 시도만 해도, 그것은 거룩한 활동이 될 것입니다. 비록 구름만 잔뜩 긴 채 비가 오지 않는다고 해도, 그것은 태양의 뜨거운 열을 가로막고 있는 것입니다. 비록 계획대로 이루어지지 않는다고 해도, 우리는 모든 것을 잃어버리지 않습니다.

우리가 눈물을 흘리시며 "내게 네 자녀를 모으려 한 일이 몇 번이더냐 그러나 너희가 원하지 아니하였도다"(마 23:37)라고 탄식하시는 주님과 연합하는 방법을 알고 있다면 어떻게 될까요? 예수님과 똑같은 자리에 서서 그분과 함께 울고 있는 것은 그 자체로 숭고한 행동입니다. 다른 사람들은 이런 슬픔을 갖고 있지 않기 때문에 그것을 갖고 있다면, 우리가 훨씬 더 고귀한 존재입니다.

그러나 우리의 수고가 주 안에서 결코 헛되지 않게 되리라는 것을 하나님께 감사하기 바랍니다. 나는 성령의 능력 안에서, 성경의 가르침과 기도로 말미암아, 여러분 대부분은 다른 사람들을 예수님께 인도해 보았고, 그 결과 그들을 인도하는데 성공한 적이 있었음을 알고 있습니다. 그래서 나는 성공하지 못한 소수의 사람들에게 말씀드립니다. 만일 그렇다면, 나는 그들에게 그들의 동기, 그들의 정신, 그들의 사역 그리고 그들의 기도를 부단히 살펴보고, 다시 한 번 시작하도록 권면하겠습니다.

아마 그들은 이전보다 훨씬 더 지혜롭고, 훨씬 더 큰 믿음으로, 더 겸손하게 그리고 더 크신 성령의 능력 안에서 사역을 하게 될 것입니다. 농부들이 흉년이 든 다음에 다시 한 번 소망을 갖고 밭을 가는 것처럼, 그들도 그렇게 해야 합니다. 절대로 낙심에 빠져서는 안 되고, 다시 일어서야 합니다. 만일 실패했다면, 우리는 그 실패의 이유를 찾아내는데 심혈을 기울여야 하고, 다른 동역자들에게서 배울 준비가 되어 있어야 합니다.

그러나 어떻게든 우리가 다른 사람들을 구원하려면 끊임없이 철저한 준비를 해야 하고, 무슨 일이 일어나든 우리는 우리 주위에 있는 사람들의 구원을 위해 총력을 경주해야 합니다. 우리와 함께 즐겁게 달려갈 수 있는 바퀴들도 없이 우리가 어떻게 세상을 벗어날 수 있겠습니까? 지금 이 순간 기도하기 위해 모인 우리 대부분은 우리가 기대한 것 이상의 성과를 거두었다고 나는 믿습니다. 하나님은 우리의 욕심대로는 아니지만 우리의 소망 이상으로 우리를 축복하셨습니다.

나는 종종 나 자신을 향해 베푸시는 하나님의 은혜에 대해 깜짝 놀라곤 합니다. 예배를 마치고 집에 돌아가 나의 빈약한 설교를 십자가에 비추어보면, 참으로 놀랍게도, 사람들이 그렇게 말하는 것처럼, 평범한 말, 단순한 문장 등이 희한하게도 하나님으로부터 날아온 화살이 되어 사람들의 심장을 꿰뚫고, 상처받은 그들을 예수 그리스도의 발 앞으로 인도하도록 역사하셨음을 발견합니다.

나는 가끔 놀라움 속에서 손을 높이 들고 "하나님이 이처럼 연약한 도구를 어떻게 그토록 축복하실 수 있을까?"라고 부르짖습니다. 그러나 이것은 나만의 경험이 아니라 사람을 낚는 복된 어부들이라면 누구나 체험하는 느낌입니다. 영혼 구원에 대한 갈망은 천사들의 마음을 움직일 수 있을 정도로 순전한 동기를 제공하고, 그것은 진실로 자기 앞에 두어진 기쁨을 위해 구주께서 십자가를 참고 수치를 당하셨을 때, 그분을 지배했던 갈망처럼 순전한 것입니다.

"욥이 어찌 까닭 없이 하나님을 경외하리이까"(욥 1:9)라고 사탄은 말했습니다. 욥이 그 질문에 긍정적으로 답변할 수 있었다고 해도, 온전하고 정직한 사람은 자신의 거룩한 삶에 대해 어떤 보상을 바라지 않는다는 것을 입증할 수 있었다고 해도, 사탄은 하나님의 공의에 대해 트집을 잡을 것이고, 사람들로 하여금 무조건적인 섬김을 거부하도록 획책할 것입니다. 진실로 의인에게는 상급이 있고, 고귀한 하늘의 은혜를 추구하는 곳에는 무한한 가치의 보상이 있습니다.

사람들을 하나님께 인도하기 위해 수고할 때, 우리는 진주를 채취하는 어부가 바다 속으로 잠수하거나 다이아몬드를 채취하는 광부가 산을 파헤치는 것보다 훨씬 더 큰 유익을 얻는 사업을 하는 것입니다. 세속적 인간이 세상 속에서 추구하는 것과 전도자가 추구하는 것은 애당초 비교되지 않습니다. 사람들이 국회의원이 되거나 권좌를 차지할 때 갖게 될 보상에 대해 생각하는 것처럼, 여러분은 전도자의 상급에 대해 생각할 때, 그것이 무슨 뜻인지 알 것입니다. 그것은 왕의 사업이요, 그것을 성공적으로 완수하는 자들은 진정 왕들과 같다는 뜻입니다.

전도 사역의 추수는 아직 끝나지 않았습니다. "우리는 그것을 참음으로 기다리고 있습니다"(롬 8:25). 그러나 우리는 우리의 상급을 위해 열심히 수고하고, 우리를 위해 천국에 쌓이는 상급의 보증을 항상 새롭게 합니다. 부분적으로 이 상급은 그 사역 자체에 있습니다. 사람들은 단순한 오락을 위해 사냥을 하고 총을 쏩니다. 그러나 우리는 확실히 그보다는 훨씬 더 고상한 영역에서, 즐거운 마음으로 사람들의 영혼을 사냥할 것입니다.

우리들 가운데 어떤 이에게는 사람들이 지옥에 떨어져 그들의 구원이 아무 소용이 없게 되는 것을 보는 것이 견딜 수 없는 불행일 것입니다.

우리 내면의 뜨거운 불꽃을 배출시키는 통로를 갖고 있다면, 그것은 곧 우리에게 상급입니다. 불꽃으로부터 관솔을 뽑아내는 것을 목표로 하는 이 거룩한 활동을 못하게 되는 것이 우리에게는 고뇌요, 슬픔입니다. 우리는 우리 주변 사람들에게 깊은 연민을 갖고 있고, 그래서 어느 정도 그들의 죄를 우리의 죄로, 그들이 처한 위험을 우리가 처한 위험으로 느끼고 있습니다.

> 만일 다른 형제가 길을 잃고 헤매고 있다면
> 나의 발도 역시 길을 잃고 헤매고 있으리라.
> 만일 다른 형제가 나락으로 떨어진다면,
> 내 마음 또한 고뇌에 떨어지리라.

그러므로 우리가 우리 마음속에서 영혼 파멸의 소리가 울려 퍼지는 그 비참한 불행으로부터 우리 자신을 구하기 위해 복음을 선포하는 것이 구원입니다.

전도는 그 일에 전념하는 사람에게 커다란 유익을 가져다주는 사역입니다. 영혼을 주시하고, 그를 위해 기도하고, 그것을 위해 계획을 세우고, 크게 떨리는 심정으로 복음을 전하며, 그를 감동시키기 위해 애를 쓰는 사람은 그 수고를 통해 자신을 계발시킵니다. 실망할 때 그는 하나님께 더 열렬하게 부르짖고, 다시 시험에 빠져도 죄책이 있는 사람의 죄를 만족시키는 하나님의 약속을 바라보며, 두려워 떠는 믿음에 용기를 주는 하나님의 속성을 의지합니다.

그는 모든 발걸음마다 유익을 얻습니다. 그는 그 오래되고, 오래된 십자가 이야기를 눈물을 흘리고 회개하면서 묵상하고, "예수님이 나를 위해 죽으신 것을 나는 믿습니다. 나는 이제 믿을 것입니다"라고 고백하는 자의 손을 꼭 붙잡게 될 것입니다. 그러므로 그는 그 자신의 마음이 거쳐 온 과정 속에서 이미 상급을 받은 것이라고 나는 말하지 않을 수 없습니다.

그것은 그의 상실된 상태를 그에게 상기시켜 주었습니다. 그것은 그에게 성령이 자기를 회개하도록 인도하실 때 행하셨던 싸움을 보여 주었습니다. 그것은 그가 먼저 예수님을 바라보았던 보배로운 순간을 그에게 상기시켜 주었습니다. 그리고 그것은 그리스도께서 사람들을 구원하시리라는 그의 견고한 확신을 더욱 강화시켜 주었습니다. 우리가 예수님이 다른 사람들을 구원하시는 것을 볼 때, 그리고 구원받은 자의 얼굴에 일어나는 놀라운 변화를 볼 때, 우리의 믿음은 더 크게 성장할 것입니다.

회의론자들과 현대 사상가들은 회심할 준비가 거의 되어 있지 않습니다. 거듭남의 과정을 목격하는 사람들은 이적이 일어나는 것을 보고, "이것이 하나님의 손"의 역사임을 확신하게 됩니다. 다른 사람들을 사랑하는 대속주의 발 아래로 이끄는 일에 인생을 투자하는 것은 영혼이 행하는 가장 복된 사역이고, 가장 영광스러운 심령의 상급입니다.

그 일을 다 마쳤다면, 여러분은 하나님께서 여러분을 전도 사역으로 부르셔서 그토록 위로하시고, 그토록 힘을 주시며, 그토록 격려하시고, 그토록 확신을 주시는 것에 대해서도, 다른 사람들이 자기의 악한 길에서 돌이켜 회개한 것에 대해 그토록 감사했던 것처럼, 하나님께 감사할 것입니다.

또 다른 보배로운 상급은 여러분이 그리스도께 이끄는 사람들의 감사와 호의에서 발견됩니다. 다른 사람의 기쁨을 즐거워하는 축복, 여러분이 한 영혼을 예수님께 인도한 이야기를 듣는 행복 — 이것은 정말 특별한 상급입니다. 이 상급의 달콤한 맛과 그 반대편의 쓴 맛을 비교해 보십시오. 하나님의 사람들은 많은 사람들을 예수님께 인도했고, 선한 사람들이 핍박을 받는 말세나 세상풍조가 급격히 변하는 시기가 오기 전까지는 교회 안의 모든 일들이 괜찮을 것입니다.

그러나 그때가 되면 목사가 양육한 믿음의 아들들이 목사를 내쫓는데 열심을 내는 일이 벌어질 것입니다. 그 중에서도 가장 냉혹한 배신은 목사를 통해 직접 그 영혼이 구원받은 사람들로부터 옵니다. 그때 목사의 마음은 깨어지고, "나를 배신한 사람들이 내가 구주께 인도한 사람들만 아니었더라도, 이 아픔을 참을 수 있을 텐데" 하고 탄식하게 될 것입니다. 나에게도 그런 고통이 있었습니다.

나는 한 가정을 잊을 수가 없습니다. 처음에 하나님은 그 가정을 통해 나에게 큰 기쁨을 주셨습니다. 그 가정에 속한 4명의 고용인과 다수의 사람들이 예수님의 발 앞으로 인도를 받았기 때문입니다. 극히 문란한 세속적인 생활을 포기하고, 과거에는 하나님의 은혜가 뭔지 전혀 몰랐던 사람들이 기쁘게 믿음을 고백했습니다. 그런데 얼마 후, 그들은 우리가 가르치는 것과는 다른 사상을 받아들였고, 그 순간부터 그들 중 일부는 내가 전하는 말과 선포하는 메시지를 전혀 받아들이지 아니했습니다.

나는 내가 알고 있는 모든 진리를 가지고 최선을 다해 그들을 가르쳤습니다. 만일 그들이 내가 발견했던 진리보다 더 큰 진리를 발견했다면, 최소한 그들은 자기들이 어디서 신앙의 기초들을 배웠는지 상기했어야 했습니다. 그러나 그들은 그렇지 못했습니다.

이 일은 지금부터 몇 년 전에 있었던 일이고, 나는 이 일에 대해 지금까지 한 번도 말하지 않았습니다. 하지만 이 일로 내가 얻은 상처는 컸습니다. 내가 이 심각한 상처를 언급하는 이유는 오직 여러분이 여러분 주위에 있던 사람들을 구주께 인도했던 일이 얼마나 감격스러운 일인가를 보여 주기 위해서입니다.

어머니는 자기 자녀들에게서 큰 기쁨을 느낍니다. 왜냐하면 그들과의 자연적인 관계에 친밀한 사랑이 끼어 있기 때문입니다. 그러나 영적 가족 관계 속에는 이보다 훨씬 더 깊은 사랑이 들어 있습니다. 그 사랑은 한평생 아니 앞으로도 영원히 계속될 것입니다. 왜냐하면 그것은 심지어 천국에서도 주의 모든 종들이 "당신이 저에게 주신 자녀들이 여기 있습니다"라고 말할 것이기 때문입니다.

천국에서 그들은 결혼하거나 혼인 관계에 들어가지 않습니다. 그들은 그리스도 안에서 갖게 되는 부자 관계와 형제 관계만이 영원히 존속될 것입니다. 은혜가 형성시킨 이 감미롭고 영광스러운 관계는 영원히 계속되고, 영적 관계는 영원한 천국에 가면 해체되는 것이 아니라 더 깊어지게 될 것입니다. 만일 여러분이 생각하고 있거나 꿈꾸고 있는 것과 같은 참기쁨을 누리기를 바란다면, 다른 기쁨을 구하지 말고, 오직 영혼을 구원하는 데서 오는 기쁨을 구하시기 바랍니다.

부를 축적하는 데서 오는 기쁨, 지식을 증가시키는 데서 오는 기쁨, 다른 사람들에 대한 영향력이 높아지는 데서 오는 기쁨, 또는 어떤 다른 종류의 기쁨도 영혼을 죽음으로부터 구원하고, 죄로 말미암아 상실된 존재가 된 다른 사람들을 하늘의 크신 아버지 집으로 나아가도록 돕는 데서 오는 기쁨과는 도저히 비교할 수 없다고 나는 확신합니다. 일만 파운드의 상금에 대해 말해 보십시오! 그것은 우리가 받을 상급과 비교하면 쉽게 셀 수 있을 정도로 아무것도 아닙니다. 하지만 잘못된 멸망의 길로부터 돌이킨 영혼들의 감사로부터 오는 말할 수 없는 기쁨은 도저히 셀 수가 없습니다.

그러나 전도의 최고의 상급은 하나님을 기뻐하고, 대속주로 하여금 그의 영혼의 해산의 즐거움을 보도록 하는데 있습니다. 예수님이 갖고 계신 자신의 상급은 영원하신 아버지께도 가치가 있습니다. 그러나 아버지께서 우리를 자신의 고뇌를 값 주고 사신 그리스도께 주시기 위해 사용하신다는 것은 놀라운 일입니다.

이것은 경이 중의 경이로다! 오 내 영혼아, 이것이 그대에게는 참으로 큰 영예로다! 형언할 수 없는 깊은 축복이로다! 사랑하는 형제 여러분, 들어보고 내 말에 대답을 해 보십시오. 여러분이 사랑받는 아들의 마음속에 기쁨의 전율을 일으키게 할 수 있는 것이 무엇입니까? 여러분 때문에 그분이 대가를 치른 슬픔을 생각해 보십시오.

그분이 여러분의 죄와 그 결과로부터 여러분을 구원하기 위해 겪으신 고통을 상기해 보십시오. 그분께 진정 감사하지 않습니까? 여러분이 다른 사람들을 그분 발 앞으로 인도할 때 여러분은 그분께 기쁨을 드리는 것인데, 그것은 절대로 작은 기쁨이 아닙니다. 다음 본문은 얼마나 놀라운 말씀일까요? "이와 같이 죄인 한 사람이 회개하면 하나님의 사자들 앞에 기쁨이 되느니라"(눅 15:10).

이게 무슨 뜻입니까? 하나님의 사자들이 기뻐한다는 뜻입니까? 일반적으로 그렇게 해석합니다. 그러나 그것이 그 구절의 의도가 아닙니다. 그것은 "하나님의 사자들 앞에 기쁨이 되느니라"고 말씀합니다. 즉 사자들이 그 주위를 둘러싸고 있는 보좌에 앉아 계신 하나님의 마음속에 기쁨이 있다는 뜻입니다. 그것은 사자들이 바라보고 즐거워하는 기쁨이라는 것입니다. 그렇지 않습니까? 은혜로우신 하나님이 그분 자신의 한량없는 행복보다 더 큰 기쁨을 가질 수 있습니까? 이것은 정말 놀라운 말씀입니다!

하나님의 한량없으신 축복이 그 이상 더 크게 드러날 수 없을 정도로 분명히 보이게 된다는 것입니다. 우리가 이 복된 일을 위한 도구가 될 수 있습니까? 우리가 항상 은혜로우신 주님이 기뻐하도록 무엇을 할 수 있습니까? 할 수 있습니다. 그것은 우리가 크신 아버지께서 죽은 탕자가 다시 살아났을 때, 잃어버린 아들을 다시 찾았을 때, 가장 크게 기뻐하신다고 말씀하기 때문입니다.

만일 내가 말해야 하기 때문에 이것을 말하는 것이라면, 나는 모든 그리스도인으로 하여금 "나는 영혼들을 구주께 인도하는데 전념하리라"고 외치도록 할 것입니다. 그리고 많은 사람을 예수님께 이끈 사람들도 때를 얻든지 못 얻든지 더욱 힘써 더 많은 사람을 그분께 인도해야 한다고 말할 것입니다.

불신 친구에게 친절을 베푸는 것도 참 좋은 일이지만, 예수님을 위해 진정 좋은 일 곧 세상의 모든 일들 중에서 그분에게 가장 큰 기쁨이 되는 일을 행하는 것, 그것이야말로 가장 큰 즐거움이로다! 예배당을 건축하는 것도 좋은 일이고, 만일 그것이 올바르고 적절한 동기를 따라 행해진다면, 하나님을 위해 큰일을 하는 것으로 선한 일입니다. 그러나 우리의 수고를 통해 하나의 살아 있는 반석을 견고한 기초 위에 세우는 것은 주님께 가장 큰 즐거움을 드릴 것입니다.

그러므로 사랑하는 형제 여러분, 이제 가서 여러분의 자녀들, 여러분의 이웃들, 여러분의 친구들 그리고 여러분의 친척들에게 나아가십시오.

그리하여 그들을 구주의 발 앞으로 데리고 오십시오. 그들을 그분 앞으로 인도해서 살아나는 것을 보는 것만큼 그분에게 기쁨을 드리는 일은 절대로 없기 때문입니다. 예수님을 사랑하는 여러분의 사랑으로 말미암아 사람을 낚는 어부가 되기를 간절히 소원합니다.

제 11 장

전도자의 삶과 사역

의인의 열매는 생명나무라 지혜로운 자는 사람을 얻느니라

— 잠 11:30

　나로서는 단순히 신자들이 구원받았다는 데서 나오는 기쁨보다는 그들의 삶을 바라볼 때 나오는 기쁨이 더 큰 것처럼 생각됩니다. 이것은 구원 속에 큰 기쁨이 없다는 뜻은 아닙니다. 구원의 기쁨은 천사들의 수금을 감동시킬 정도의 기쁨입니다. 구원 받은 백성들의 모든 죄를 대속하실 때 겪으신 구주의 고뇌를 생각해 보십시오. 거듭난 모든 심령 속에서 활동하는 성령의 역사를 생각해 보십시오. 거듭난 모든 자들에게 미치는 성부 하나님의 사랑을 생각해 보십시오.

　한 달 내내 이야기를 계속한다고 해도, 하나님이 그들을 위해 행하시고, 그들에게 약속하시며, 그들 안에서 충만하게 이루시는 역사를 바라본다면, 수많은 신자들 속에서 보이는 엄청난 기쁨을 다 말할 수 없습니다. 그러나 그보다 더 깊이 생각해야 할 것이 있는데, 오늘 하루 내 마음은 오직 그 생각으로 가득 차 있었습니다. 그것은 무수한 신자들이 갖고 있는 섬김의 능력에 대한 생각, 곧 거듭난 사람들의 가슴 속에 내포되어 있는 다른 사람들을 구원하려는 가능성에 대한 생각입니다.

　우리는 이미 얻은 것에 대해서는 더 이상 생각할 필요가 없으며, 주님이 다른 사람들을 위해 우리를 통해 이루고자 하시는 것을 잊어서는 안

됩니다. 여기에 석탄이 있습니다. 하지만 누가 그것에 불을 붙일 수 있을까요?

우리는 교회를 기독교적 신사들이 편하게 잠시 머물렀다 떠나는 호사스러운 여관으로 간주해서는 안 됩니다. 그 대신 병사들이 전쟁을 위해 교육을 받고, 훈련을 받기 위해 모이는 병영으로 생각해야 합니다. 우리는 교회를 서로에게 칭찬과 위로를 주는 사교단체로서가 아니라 그리스도를 위해 요란스럽게 행군하며 승리를 취하고, 원수의 요새를 쳐부수며, 대속자의 나라의 땅을 넓혀가기 위해 깃발을 드날리는 군대로 간주해야 합니다.

우리는 교회 구성원으로 등록한 개종자들을 곳간 속의 밀알처럼 보아야 합니다. 하나님은 그것이 그곳에 있는 것을 기뻐하시고, 추수 때 씨 뿌리는 자에게 상급 주시기를 즐거워하십니다. 그러나 영혼 구원자가 받는 훨씬 더 큰 축복은 이런 신자들 각자를 예수님 나라의 확장을 위한 생명력 있는 농부로 삼으실 때 주어집니다. 왜냐하면 그때 우리는 그들이 세상의 척박한 계곡에 씨를 뿌리는 모습을 보고, 머지않아 30배, 40배, 50배, 나아가서는 100배의 결실이 맺을 것이라고 약속하고 있기 때문입니다.

생명의 능력은 무한하고, 한 사람이 간단히 일천 명을 회개시키기도 합니다. 불과 몇 개의 낟알이 짧은 시간 안에 온 세계에 충분히 퍼질 수 있습니다. 마찬가지로 몇 명의 신실한 성도가 모든 족속들을 충분히 회개시킬 수 있습니다. 한 알의 밀이라도 그것을 잘 보관해 두었다 밭에 뿌리고, 그 다음 해에도 똑같이 씨를 뿌리면, 계산이 불가능할 정도로 배가된 곡식을 얻게 됩니다.

오, 모든 그리스도인이 이처럼 해마다 주님의 씨앗들을 수확하기를! 만일 세상에 있는 모든 밀알이 하나만 제외하고 다 죽는다면, 그것이 온 땅에 퍼져 밭에 심겨지고 열매를 거두는 것은 시간문제입니다. 그러나 성령의 능력으로 행하면 그 시간은 더욱 단축될 것입니다. 한 사람의 바울 또는 베드로가 온 세계를 복음화시킨 것처럼 말입니다.

여러분은 스스로를 세상에 뿌려지도록 예정을 입은 밀알처럼 생각하십시오. 그 사람은 마치 기독교가 자신에게 달려 있는 것처럼, 그리고 모든 사람들에게 그리스도의 측량할 수 없는 부요함을 알려 주는 것이 자신의 역할에 따라 결정되는 것으로 알고 열심히 수고하는 삶을 살 것입니다.

만일 그리스도께서 우리를 자신의 밀알로 즐거이 사용하신다면, 그래서 우리가 곳곳에 흩뿌려져 싹이 나고, 푸른 잎을 틔우며, 이삭 속의 낟알이 된다면, 얼마나 풍성한 추수가 될까요! 그렇게 되면 "산꼭대기의 땅에도 곡식이 풍성하고 그것의 열매가 레바논 같이 흔들리며 — 가장 악한 조건 속에서도 — 성에 있는 자가 땅의 풀 같이 왕성하리로다"(시 72:16)는 말씀이 성취될 것입니다.

하나님이 지금 이 순간 말씀을 함께 나누고 있는 우리에게 성령의 소성케 하시는 능력을 느낄 수 있도록 역사하시기를! 그리하여 하나님이 우리를 위해 무엇을 해 주셨는가보다 우리를 통해 무엇을 행하셨는가를 보도록 하시고, 참으로 우리가 하나님께 쓰임 받기 위해 적절한 자리에 있도록 역사하시기를!

본문(잠 11:30)에는 두 가지 사실이 담겨 있습니다. 이것들은 두 문장으로 확실히 구별되도록 나타나 있습니다. 첫 번째 사실은 신자의 생명은 영혼의 축복으로 충만하고, 또 충만해야 한다는 것입니다. "의인의 열매는 생명나무라." 두 번째 사실은 신자의 목표는 항상 영혼을 구원하는 일이 되어야 한다는 것입니다. "지혜로운 자는 사람을 얻느니라."

두 번째 사실은 첫 번째 사실과 아주 밀접한 관계에 있습니다. 왜냐하면 첫 번째 사실은, 원인으로서 우리에게 무의식적으로 영향을 미치고, 그리하여 두 번째 사실 곧 그리스도를 위해 영혼을 구하는 일을 인생의 목표로 삼도록 하기 때문입니다.

우리는 먼저 첫 번째 사실에 대해 살펴보아야 합니다. 왜냐하면 두 번째 사실은 첫 번째 사실이 없이는 이루어질 수 없기 때문입니다. 먼저 내면에 생명이 충만하지 않으면 그것을 다른 사람들에게 나누어 줄 만큼 흘러넘칠 수 없습니다. 여러분은 누가 되었든 스스로의 삶 속에서 그 열매가 맺어지지 않는다면, 전도자가 되는 것은 아무 소용이 없습니다. 만일 여러분이 삶을 통해 주님을 섬기지 못한다면, 어떻게 여러분이 입술로 그분을 섬길 수 있겠습니까?

여러분이 손과 발과 마음으로 마귀의 복음을 선포하고, 실천적으로 거룩하지 못한 생활을 함으로써 적그리스도를 숭배한다면, 여러분의 혀로 어떻게 그분의 복음을 설교할 수 있겠습니까? 우리는 먼저 하나님의 영광을 위해 경건할 삶을 살고, 인격적 열매를 맺어야 합니다. 그때 우리는 삶의 모범을 통해 다른 사람들의 회심에 자극을 줄 것입니다. 우리는 원천으로 나아가 다른 사람들에게 유익을 주는 것이 신자의 삶에 얼마나 본질적인지를 보아야 하겠습니다.

1. 신자의 삶은 영혼의 축복으로 충만합니다. 우리는 이 사실을 성경 본문에 나타나 있는 몇 가지 관찰들을 통해 고찰해 볼 것입니다. 첫째, 우리는 신자의 외적 생활은 내적 생명의 열매로서 나타난다는 것을 주목해야 합니다. "의인의 열매", 말하자면 그의 생명은 그에게 고정되어 있는 것이 아니라 그로부터 자라나는 것입니다. 그것은 그가 입었다 벗었다 할 수 있는 의복 같은 것도 아니고, 그 자신과 분리시킬 수 없는 불가분의 것입니다.

신실한 사람의 종교는 그 사람 자신이지, 그를 은폐시키는 가면이 아닙니다. 진정한 경건은 거듭난 본성의 자연적 결과이지, 경건을 쥐어짜는 자극으로부터 나오는 강요된 산물이 아닙니다. 포도나무가 포도송이를 맺고, 종려나무가 종려 열매를 맺는 것이 자연스럽지 않습니까?

확실히 소돔의 사과열매들은 소돔의 사과나무에서 발견되고, 유독성 식물들은 독 있는 과실들을 맺는 것이 자연스럽습니다. 하나님이 그의 백성들에게 새 본성을 주실 때, 그 새 본성으로부터 나오는 삶은 그것으로부터 자연스럽게 나오는 것입니다.

종교가 자신의 한 부분이 아닌 사람은 얼마 안 있어 그것이 자신에게 무익하다는 것을 발견하게 될 것입니다. 카니발에서 가면을 쓰는 것처럼 경건을 자신의 몸에 걸치고 사는 사람은 집에 돌아오면 성도에서 야만인으로, 천사에서 마귀로, 요한에서 유다로, 자선가에서 사기꾼으로 탈바꿈하고 맙니다. 이런 사람은 형식과 위선이 자기에게 도움을 줄 수 있는 것이 무엇인지 너무나 잘 알고 있습니다. 그러나 그는 참종교의 흔적은 갖고 있지 않습니다. 무화과나무는 어느 시기에는 무화과 열매 대신 가시를 맺지 않습니다. 그것은 어느 때나 항상 그 본질에 따라 무화과 열매를 맺습니다.

경건은 의복의 문제로서, 그것은 푸르거나 빨갛거나 부드럽거나 하는 옷감과 밀접한 관련이 있다고 생각하는 사람들은 그들의 거룩한 척 하는 교만의 옷을 걸치기에 적당한 때가 되면 그들의 종교를 유지하는데 전력을 다합니다. 그러나 기독교가 무엇인지 알고 있는 사람은 그것이 하나의 행위, 하나의 형식 또는 하나의 고백이 아니라 삶 자체라고 알고 있습니다.

나는 기독교의 신조를 소중히 여깁니다. 그러나 참기독교는 신조 이상의 것으로, 그것은 생명이라고 말하고 싶습니다. 그것은 신조와 그 규례들을 갖고 있습니다. 그러나 그것은 주로 삶입니다. 그것은 인간의 가슴 속에 떨어져 그 안에서 타올라 영혼 속에 숨겨져 있는 더러운 것들을 태워 버리는 천국 불길의 신적 불꽃입니다. 그리고 결국에는 천국 생명을 활활 타오르게 함으로써, 그 주변 사람들에게 그것이 보이고 느껴지도록 합니다.

내주하시는 성령의 능력을 따라 거듭난 사람은 호렙산 떨기나무 사이에서 신성으로 활활 타오르던 것처럼 타오릅니다. 그 안에 거하시는 하나님이 그 주변의 장소를 거룩한 땅으로 만들기 위해 그를 밝게 비추시고, 그를 바라보는 사람들이 그의 거룩한 삶의 능력을 느끼도록 하십니다.

사랑하는 형제 여러분, 우리는 기독교가 우리 영혼으로부터 자연스럽게 흘러나오는 열매의 문제임을 유념해야 하겠습니다. 많은 신앙고백자들이 "당신은 이것 또는 저것을 해서는 안 된다"는 계명으로 자신을 속박시킵니다. 또 나아가 그들은 "당신은 이것 또는 저것을 해야 한다"는 조항으로 스스로를 제약합니다. 그러나 너무나 자주 악용되기는 하지만, 그럼에도 불구하고 정말 은혜로운 진리로서, 여러분의 마음속에 깊이 심겨 있어야 하는 교리가 있는데, 그것은 "이는 너희가 법 아래에 있지 아니하고 은혜 아래에 있음이라"(롬 6:14)는 말씀입니다.

따라서 여러분이 여러분 자신의 행위를 통해 천국을 얻으려고 소망하거나 또는 하나님의 진노를 피하리라고 생각한다면, 그것은 하나님의 뜻에 순종하는 것이 아닙니다. 오히려 여러분 속에는 생명이 있는데, 그 생명이 거룩하고, 순전하고, 의롭고, 진실한 삶을 추구하고, 악한 일에 대해서는 참을 수 없는 삶을 살기 때문에, 여러분이 하나님의 뜻에 순종하는 자가 되는 것입니다.

여러분은 율법적 기대 또는 율법적 두려움 때문이 아니라 여러분 속에 하나님이 심어 주신 거룩한 실재가 있어서, 그것이 그 본성에 따라 하나님이 기뻐하시는 일을 행하려고 하기 때문에 선행을 행하는 자가 되도록 해야 합니다. 여러분의 종교가 감정에 의해 일시적으로 촉발된 현상, 어떤 집회나 모임에서 순간적으로 자극받아 일어난 일시적 흥분과 같이, 때와 장소와 분위기에 따라 좌우되는 자의적이고, 강제적이고, 피상적인 것이 되지 않고, 항상 변함없고, 진실하고, 자연적이고, 활력적인 것이 되도록 하십시오.

우리 모두는 아무도 없는 광야에 있을 때나 사람들이 우글거리는 혼잡한 거리에 있을 때나 변함없이 살아남을 수 있는 종교, 매일의 일상적 삶과 모든 사람들 속에서 그 진면목을 보여 줄 수 있는 종교가 필요합니다. 나는 집에서, 특히 화롯가에서 경건의 능력을 보여 줄 수 있는 종교를 갖고 싶습니다. 왜냐하면 거기서 보여 주는 경건만큼 아름다운 종교의 모습은 없기 때문입니다. 그리고 나는 그리스도인들 사이에서 뿐만 아니라 직장의 조소하는 사람들과 비판하는 사람들과 고투를 벌일 때에도 경건을 보여 주기를 원합니다.

또한 나는 살쾡이의 눈을 갖고 노려보는 세상 사람들을 아무렇지 않게 바라보는 믿음을 갖기를 바라고, 또 사랑의 눈으로 바라보는 사람들과 관대하게 판단하는 친구들이 있는 곳에서 뿐만 아니라 험악한 얼굴들이 사나운 적의의 눈으로 노려보고 있는 곳에서도 두려움 없이 살기를 바랍니다. 여러분도 성령의 능력으로 충만해서 여러분의 전체 행동과 모든 대화가 내주하시는 성령으로부터 나오는 자연적이고 은혜로운 역사의 산물이 되기를 바랍니다!

그 다음, 그리스도인이 맺는 열매는 그의 인격의 열매라는 사실을 주목해야 합니다. "의인의 열매는 생명 나무라." 모든 나무는 그만의 고유의 열매가 있고, 그것으로 그 나무가 어떤 나무인지를 압니다. 의인은 의의 열매를 맺습니다. 그러므로 형제 여러분, 우리는 "무릇 의를 행하지 아니하는 자나 또는 그 형제를 사랑하지 아니하는 자는 하나님께 속하지 아니하나라"(요일 3:10)는 말씀에 대해 절대로 속거나 어떤 오류를 범하거나 해서는 안 되겠습니다.

나는 우리가 이신칭의 교리를 위해 죽고, 또 모든 대적자들 앞에서 구원은 행위로 말미암는 것이 아님을 확증시켜 줄 준비가 되어 있기를 바랍니다. 그러나 우리는 또한 이신칭의는 행위라는 결과를 맺는다는 사실을 천명합니다. 그러므로 만일 어떤 사람이 선행을 보여 주는 믿음을 갖고 있지 못하다면, 그것은 마귀의 믿음입니다.

구원에 합당한 믿음은 주 예수님이 이루신 사역으로 온전케 되고, 따라서 그분의 사역은 그 자체만으로 구원을 이룹니다. 왜냐하면 우리는 행위가 아닌 믿음으로 의롭게 되기 때문입니다. 하지만 행함이 없는 믿음은 누구든 구원으로 이끌 수 없습니다. 우리는 행위가 아닌 믿음으로 구원을 받습니다. 그러나 행함이 없는 것은 믿음이 아닙니다. 왜냐하면 영혼을 구원하는 참된 믿음은 사랑으로 역사하고, 인격을 순화시키기 때문입니다.

만일 여러분이 속이는 사람이 된다면, 여러분의 천국에 대한 소망도 거짓입니다. 여러분이 다른 사람들처럼 경건하게 기도하고, 실천적인 외적 경건의 모습이 다른 위선자들처럼 완벽하다고 할지라도, 아무리 여러분이 궁극적으로 의인이 되기를 소망한다고 해도, 그것은 속이는 것에 지나지 않습니다.

만일 여러분이 종으로서 게으르고, 거짓말하고, 빈둥거린다면, 또는 주인으로서 종들에 대해 강퍅하고, 포악하고, 몰인정하다면, 여러분의 열매는 여러분이 사탄이 주인인 과수원의 나무들임을 증거하고, 사탄의 입맛에 맞는 열매가 될 것입니다. 만일 여러분이 장사를 할 때 속임수를 쓰고, 거짓말이나 한다면, 여러분의 이웃 사람들에 대해 그리고 여러분의 파는 물건에 대해 날마다 얼마나 많은 거짓말을 하게 될까요!

여러분은 이신칭의 교리를 좋아한다고 말할지 모르지만, 여러분이 거짓말쟁이들 속에 끼어 있다면, 모든 거짓말쟁이들이 가야 하는 불못이 여러분의 자리가 될 것입니다. 왜냐하면 여러분은 "나는 그리스도인이야"라고 말하면서 그리스도인이 아닌 삶을 살아감으로써 거짓말의 죄를 저질렀기 때문입니다.

거짓된 고백은 가장 악한 거짓말 가운데 하나로서, 그것은 그리스도와 그의 백성들의 명예를 가장 크게 실추시키는 결과를 낳습니다. 의인의 열매는 의로운 행동입니다. 무화과나무는 가시를 맺지 않습니다. 또 우리는 포도나무로부터 엉겅퀴를 얻을 수 없습니다. 나무는 그 열매로 압니다. 만일 우리가 사람들의 마음을 판단할 수 없다면, 판단해서는 안 됩니다. 하지만 우리는 그들의 삶을 보면 그 마음을 판단할 수 있습니다.

나는 우리 모두가 우리 자신의 삶을 판단할 수 있도록 해 달라고 하나님께 기도합니다. 또 우리가 의의 열매를 맺는 삶을 살게 해 달라고 기도합니다. 만약 그렇지 못하다면, 우리는 의인이 아니기 때문입니다.

그러나 의인의 열매는 그 자신으로부터 자연스럽게 나오는 것이라 해도, 그의 거듭난 본성이 순종의 아름다운 열매를 맺는 것이기 때문에, 그것은 항상 은혜의 결과요, 하나님의 선물이라는 것입니다. 여기서 다음과 같은 진리를 기억하는 것만큼 좋은 것은 없습니다: "나로부터 나오는 모든 열매는 당신의 것입니다."

우리는 그리스도 안에 거할 때가 아니면 절대로 열매를 맺을 수 없습니다. 의인은 가지로서 자라야 하고, 오직 가지로 있을 때만 열매를 맺습니다. 그러면 가지가 어떻게 열매를 맺습니까? 줄기에 붙어 있어 줄기로부터 수액을 공급받을 때 열매를 맺습니다. 마찬가지로 의인의 의로운 행동도 그 자신으로부터 나오지만, 그것은 항상 그에게 주입되는 은혜를 통해서 이루어집니다. 그러므로 그는 그것에 대해 어떤 신뢰도 취하지 않고, 다만 "오 주여, 내가 아니라, 절대로 내가 아니라 당신의 이름이 찬송을 받으소서"라고 노래합니다.

만일 그가 실족한다면, 그는 자신에게 그 책임을 돌립니다. 반면에 그가 성공한다면, 그는 하나님을 찬양합니다. 여러분도 이것을 본받으십시오. 모든 실수, 모든 연약함, 모든 결함은 여러분 자신의 문 앞에 두십시오. 만일 여러분이 온전치 못한 상태에 떨어진다면, 그 모든 것은 여러분 자신의 탓으로 돌려야 합니다. 절대로 핑계대지 마십시오. 하지만 어떤 장점, 어떤 찬송, 어떤 진실한 소원, 어떤 참된 기도, 어떤 선한 것 등이 있다면, 그것은 모두 하나님의 영의 공로로 돌리십시오. 하나님이 그를 의롭게 하시지 않는 한, 의인은 절대로 의를 행할 수 없음을 명심하십시오. 그 안에 있는 신적 수액이 합당한 열매를 맺도록 하지 않는 한, 그로부터 의의 열매는 절대로 맺어질 수 없습니다. 그러므로 오직 하나님께 모든 영예와 영광을 드려야 합니다.

본문에서 배우는 핵심 교훈은 그리스도인으로부터 나오는 이 생명의 발현, 그 안에 있는 생명의 이러한 결과, 곧 그의 영혼의 이 같은 열매는 다른 사람들에게 축복을 가져다준다는 것입니다. 나무처럼, 그것은 주변의 모든 존재들에게 그늘을 만들고, 양분을 제공합니다. 그것은 생명나무인데, 나는 내가 원하는 것만큼 그것에 대해 충분히 표현할 능력이 없습니다. 왜냐하면 그 교훈을 말로 표현하기에는 역부족이기 때문입니다. 신자 자신에게 열매가 되는 것이 다른 사람들에게는 나무가 됩니다. 그것은 일종의 비유지만, 불완전한 비유가 아닙니다.

하나님의 자녀로부터는, 마치 도토리가 참나무가 되는 것처럼, 거룩한 삶의 열매가 떨어집니다. 이 거룩한 삶은 다른 사람들에게 영향을 미치고, 그들 안에서 최상의 결과를 일으켜, 공중의 새가 깃들이는 그늘을 이룹니다. 그렇게 그리스도인의 거룩은 생명나무가 됩니다. 나는 그것이 생명나무 곧 생명을 일으키고, 다른 사람들 속에 생명이 자라도록 만드는 나무를 의미한다고 생각합니다. 열매가 나무가 되도다! 그것도 생명나무로다! 이것은 얼마나 놀라운 결과일까요! 그리스도께서 그리스도인 속에서 생명나무가 되는 속성을 창출하십니다.

외적 인격은 내적 생명의 결과입니다. 이 외적으로 표현된 생명 자체는 열매로부터 나무가 되는 변화를 거치고, 나무로서 그것은 다른 사람들로 하여금 하나님을 찬양하고 영화롭게 하도록 만드는 열매를 맺습니다. 사랑하는 형제, 자매 여러분, 나는 하나님을 아주 가까이 하는 그분의 거룩한 백성들을 좀 알고 있습니다. 그들은 분명히 생명나무입니다. 왜냐하면 그들이 만드는 그늘은 삶에 지쳐 피곤한 많은 영혼들을 위로하고, 시원하게 하고, 마음을 새롭게 하기 때문입니다.

나는 젊은이들, 지친 자들, 풀이 죽은 자들이 그들에게 가서 그들의 그늘 아래 앉아 자기 고민을 털어놓는 것을 보았습니다. 그때 그 사람들은 그들에게서 사랑을 받고, 주님의 신실하심에 관한 이야기를 듣고, 지혜의 길로 인도 받는 것이 얼마나 놀라운 축복인지 느꼈습니다. 이 세상에는 많지는 않지만, 알고 있는 지식으로 남을 부요하게 만드는 선한 사람들이 있습니다. 이런 사람들은 복음 진리의 도서관 같습니다. 그러나 그들은 책보다 더 보배로운 사람들입니다. 그 이유는 그들 속에 있는 진리는 살아 있는 종이 위에 기록되어 있는 것이기 때문입니다.

그들의 인격은 진리나무요 생명나무입니다. 그것은 단순히 비문이 새겨져 있고, 그동안 썩어가고 있는 죽어 있는 교리 나무의 기둥이 아닙니다. 그것은 주님의 오른손으로 심으신 나무로서, 살아 있고, 유기적이며, 열매를 맺는 나무입니다.

어떤 성도들은 다른 사람들에게 위로를 제공할 뿐만 아니라 그들에게 영적 영양분까지 제공합니다. 잘 훈련받은 성숙한 그리스도인들은 다른 사람들을 돌보는 영적 아버지와 어머니가 됩니다. 그들은 약한 자들을 강건하게 하고, 마음이 상한 사람들의 상처를 싸매 줍니다. 또한 마음이 넓은 그리스도인들의 강하고, 담대하고, 자비로운 행실은 동료 그리스도인들에게 큰 도움이 됩니다. 그것들은 그들의 신앙이 더 높은 수준으로 나아가도록 자극을 줍니다. 그들이 어떻게 행동하는지 관찰해 보면, 아마 여러분은 신선한 충격을 받을 것입니다.

고난 속에서 그들이 인내하는 장면, 위험 속에서 그들이 보여 주는 용기, 하나님을 의지하는 그들의 경건한 믿음, 시험 속에서도 행복한 모습을 잃지 않는 그들의 얼굴 — 이 모든 것들은 여러분이 갈등 속에 있을 때 큰 힘을 줍니다. 성화된 신자들의 본보기는 다양한 방법으로 그의 주변 형제들을 회복시키고 위로하는데 영향을 미치고, 그들로 하여금 염려와 불신앙을 초월하도록 도움을 줍니다. 생명나무의 잎사귀들이 열방들을 고치는데 사용되는 것처럼, 성도들의 말과 행실도 무수한 악을 치료하는 특효약입니다.

그렇다면 경건하고 성숙한 신자들이 맺는 열매의 맛은 얼마나 달콤할까요! 우리는 주님을 의지하기 때문에 사람들을 의지할 수 없습니다. 그러나 주님은 그 머리로서 지체들을 축복하시기 위해 자신이 항상 준비하고 계시는 것처럼 우리를 축복하도록 다른 지체들을 일으키실 수 있습니다. 오직 예수님만이 그 생명나무이십니다. 하지만 그분은 자신의 종들을 도구로 사용하셔서 우리를 작은 생명나무로 만드십니다. 그때 그분은 자신이 맺으시는 것과 똑같은 종류의 열매를 우리에게 주십니다. 그것은 그분이 그것을 그곳에 두셨기 때문입니다. 그의 성도들로 하여금 우리 영혼이 그토록 기뻐하는 황금의 열매를 맺도록 하는 것은 바로 그들 속에 거하시는 주님 자신입니다. 우리가 모두 우리 주님처럼 되고, 그분의 열매가 우리의 가지들에서 발견될 수 있기를!

우리는 편히 잠자고 있는 무수한 성도들의 무덤 속에 들어가 본 적이 있습니다. 그들에 관해 지금 이 순간 나는 부분적으로밖에 말할 수 없는데, 그것은 내가 바라본 그들의 삶은 지금도 내게는 생명나무라는 것입니다. 그래서 나는 나도 그들처럼 되게 해 달라고 하나님께 기도합니다.

여러분도 대부분 그들을 알고 있습니다. 만일 여러분이 그들의 거룩하고, 헌신적인 삶을 회상해 본다면, 그들이 후세에 남겨 놓은 영향력은 여러분에게도 그들이 충분히 생명나무가 될 것입니다. 그들은 죽었지만, 지금도 말하고 있습니다. 그들의 감동적인 권면을 들으십시오! 심지어는 그들의 재 속에도 그들이 피운 불꽃이 살아 있습니다. 여러분의 영혼을 그들의 온기로 뜨겁게 하십시오. 그들의 고귀한 본보기는 교회의 유산이고, 그래서 교회의 아들들은 그들의 믿음의 발자취와 사랑의 수고를 기억함으로써 더 고결하고, 더 부요한 삶을 살게 될 것입니다.

사랑하는 형제 여러분, 우리 모두 교회의 정원에 심겨져 있는 참된 축복의 나무가 됩시다! "오! 나는 너무 약하고, 너무 보잘 것 없는 존재라서 도저히 그런 나무가 되지 못할 것 같습니다"라고 말할 사람이 있겠지요. 만일 여러분이 겨자씨만한 믿음을 갖고 있다면, 여러분은 그 가지들에 공중의 새들이 쉴 만한 그늘이 있는 나무가 될 것입니다. 아주 작은 그 씨를 먹은 새들이 와서 그 씨로부터 자라나는 나무에 보금자리를 만들 것입니다. 여러분을 애송이라고 멸시하고 조롱하던 사람들이, 만일 하나님이 여러분을 축복하신다면, 오늘날에도 얼마든지 여러분의 실례와 경험으로부터 위로를 받고 기뻐할 것입니다.

그러나 이 점에 관해 한 가지 더 생각할 것이 있습니다. 경건한 삶의 온전함과 성장은 위를 바라볼 때 주어진다는 것입니다. 요한계시록에 보면, 한 도성이 있는데, 그 성에 대해 "길 가운데로 흐르더라 강 좌우에 생명나무가 있어 열두 가지 열매를 맺되 달마다 그 열매를 맺고 그 나무 잎사귀들은 만국을 치료하기 위하여 있더라"(계 22:2)는 말씀이 있습니다. 생명나무는 천국의 나무이고, 따라서 그리스도인의 열매는 천국의 열매입니다. 영광의 땅에 옮겨 심어진 것은 아니지만, 그것은 그곳이 최후의 처소가 되기에 충분합니다.

땅 위에서 천국을 이룰 만한 것이 거룩 외에 무엇이 있겠습니까? 하나님을 위한 삶 외에 천국의 본질을 이루는 것이 무엇이겠습니까? 정직,

성실, 그리스도를 닮는 것이 무엇입니까? 이것들이야말로 수금과 종려 나무와 순금 길보다 훨씬 더 천국에 가까운 것들이 아니겠습니까? 거룩, 순결, 자비로운 인격 ― 이것들은 인간의 가슴 속에 천국을 만들어 주는 것들입니다. 그리고 비록 천국으로 불릴 만한 장소는 없을지라도, 그 마음은 죄로부터 해방되고 주 예수님을 닮은 천상의 행복을 누릴 것입니다.

그렇다면, 사랑하는 형제 여러분, 보십시오. 우리가 참으로 하나님 앞에서 의를 실천하는 것이 얼마나 중요한 일인지를 말입니다. 그렇게 될 때, 의의 결과는 다른 사람들에게 생명나무가 될 열매가 되고, 또 저 위에 있는 하늘나라 곧 영원한 나라에 있는 생명나무가 될 것입니다. 오 은혜의 성령이여, 그렇게 하시고, 그리하여 당신이 모든 영광을 취하소서!

2.이것은 두 번째 주제로 이끄는데, 그것은 신자의 삶의 목표는 영혼 구원에 있어야 한다는 것입니다. 왜냐하면 "지혜로운 자는 사람을 얻느니라"(잠 11:30)고 말씀하고 있기 때문입니다. 여기에는 두 가지 사실 곧 첫째 생명과 두 번째 그 결과가 짝을 이루고 있습니다: "하나님이 짝지어 주신 것을 사람이 나누지 못할지니라"(마 19:6).

본문에는 전도가 필요한 영혼들이 있다는 것이 함축되어 있습니다. 아, 그러나 안타깝도다! 모든 사람의 영혼이 본성상 타락했도다! 여러분은 런던 거리를 걸어보았을 텐데, 어떻습니까? 여러분은 길을 걸어가면서 만나는 무수한 사람들에 대해 한숨을 쉬고 눈물을 흘리며 "잃어버렸도다, 잃어버렸도다, 잃어버렸도다!" 하고 소리치게 될 것입니다.

그리스도를 믿지 않고, 성령이 새 마음을 창조하지 않으며, 영혼이 크신 아버지께 나아오지 않는 곳에는 반드시 잃어버린 영혼들이 있게 마련입니다. 그러나 여기에 자비가 있고, 이 잃어버린 영혼들은 구원받을 수 있습니다. 그들은 아무 소망 없는 상태로 잃어버리지 아니했습니다. 하나님께서는 그들이 영원히 현재의 상태로 살도록 아직 결정하지 않으셨습니다. 아직은 "불의를 행하는 자는 그대로 불의를 행하고 더러운 자는 그대로 더럽고 의로운 자는 그대로 의를 행하고 거룩한 자는 그대로 거룩되게 하라"(계 22:11)고 말할 때가 아닙니다. 그들은 은혜가 그들에게 임할 수 있는 소망의 땅에 있습니다. 왜냐하면 그들은 얻을 가능성이 있다고 언급되기 때문입니다. 그들은 아직 구원받을 수 있고, "지혜로운 자는 사람을 얻느니라"는 말씀은 우리 모두의 수고를 요청하고 있다는 것을 암시합니다.

그러면 '얻는다'(win)는 말이 무슨 뜻일까요? 우리는 그 말을 구애(求愛)할 때 사용합니다. 우리는 신랑이 신부를 얻는 경우에 관해 말합니다. 때때로 사랑하는 대상의 마음을 구혼자의 소유로 만들기 전에는 값비싼 사랑의 수고를 하고, 애원하는 말을 하며, 적극적으로 애정을 표현하는 행동이 있어야 합니다. 여기서 내가 이런 설명을 하는 것은 어떤 면에서 그것이 최선이기 때문입니다. 왜냐하면 영혼들은 그리스도께 시집을 가는 방식으로 그분의 구애를 받아야 하기 때문입니다.

우리는 그리스도를 위해 죄인들을 사랑해야 합니다. 그것이 그분을 위해 영혼을 얻는 방법입니다. 예수님은 신랑이고, 우리는 그분의 대변자가 되어야 합니다. 우리는 아브라함의 종이 이삭의 아내를 얻기 위해 아브라함을 대신하여 구애자로 나섰던 것처럼, 그분의 아름다움을 선전해야 합니다. 여러분은 그 이야기를 읽어본 적이 없습니까? 그가 그곳에 도착해서 자기 주인에 대해 어떻게 말했는지 잘 보십시오.

그는 자기 주인인 아브라함의 재산이 얼마인지, 이삭이 어떻게 그 재산의 상속자가 되었는지 등등에 관해 역설했고, 그의 사명은 리브가가 자기를 따라가겠다고 말할 때까지 계속되었습니다. 드디어 "네가 이 사람과 함께 가려느냐"(창 24:58)는 질문이 그녀에게 주어졌습니다. 마찬가지로 전도자의 사명은 그의 주님과 그 주님의 부요함을 영혼들에게 선전하고, "당신은 그리스도와 혼인하지 않겠소?"라고 말해 주는 것입니다. 이 고귀한 사명을 성공시킬 수 있는 사람이 지혜로운 사람입니다.

우리는 또한 그 말을 군사용어로 사용합니다. 우리는 도시, 성을 얻는 것 또는 승리를 얻는 것에 관해 말합니다. 잠을 자게 되면 승리를 얻을 수 없습니다. 확신하건대, 반만 깨어 있는 사람은 절대로 성을 얻을 수 없습니다. 승리를 얻기 위해서는 최상의 전술, 최대의 인내 그리고 최고의 용기가 요구됩니다. 거의 난공불락으로 간주되고 있는 요새를 습격하기 위해서는 한밤중에 불을 밝히고, 공격전술을 철저하게 연구하는 사람들이 필요합니다. 또 공격할 시간이 되면, 군사는 느림보가 되어서는 안 되고, 모든 전력과 군사력을 공격지점에 집중시켜야 합니다.

은혜의 힘으로 사람의 마음을 움직이고, 그것을 얻으며, 그 속에 있는 놋창살을 부수고 철문을 산산조각 내기 위해서는 오직 그리스도만이 주실 수 있는 전술 훈련이 필요합니다. 큰 공성망치를 동원해 죄인들의 마음속에 있는 모든 돌덩어리를 깨뜨리고, 다가올 진노에 대한 두려움을 가로막고 차단시키기 위해 그 속에 방벽을 만들고, 얼레를 감기 위해서는, 한마디로 말해, 복음의 모든 무기로 영혼을 공격하기 위해서는 자신의 사역을 충분히 감당할 만한 지혜로운 사람이 필요합니다.

은혜의 흰색 깃발을 올리기 위해서는, 그것이 무시된다면 파괴가 이루어질 때까지 위협의 공성망치를 사용하기 위해서는, 그런 다음 성령의 검을 손에 쥐고 도성을 취하며, 죄의 검은 깃발을 찢고 십자가의 기를 올리기 위해서는 최고의 설교자가 최대한 발휘할 수 있는 모든 힘이 필요합니다. 북극지방처럼 그 영혼이 차갑고, 그 힘이 급격히 쇠잔해지는 사람들은 임마누엘 왕을 위해 인간 영혼의 도성을 취하는 일을 좋아하지 않을 것입니다. 만일 영혼을 얻기를 바란다면, 병사가 자신의 영혼을 전투 속에 던져 버려야 하는 것처럼, 여러분의 영혼을 여러분의 사역 속에 던져야 합니다. 그렇지 않으면 승리는 여러분의 것이 되지 못할 것입니다.

우리는 또 '얻는다'는 말을 돈 버는 일과 연관시켜 사용합니다. 우리 모두는 백만장자가 되려면 아침에는 일찍 일어나고 밤에는 늦게 자며, 근면의 빵을 먹고, 일과 저축을 많이 하는 사람이 되어야 한다는 것을 잘 알고 있습니다. 막대한 부를 축적하기 위해서는 그 밖에 무슨 일을 해야 하는지에 대해서는 잘 모르겠습니다. 우리는 영혼을 얻는 일을 위해서도 이와 똑같이 해야 합니다.

과거 뉴욕의 대부호였던 애스터가 모피상으로서 엄청난 돈을 벌어 거액의 유산을 남겨 놓은 것처럼, 우리도 우리의 목표에 대한 똑같은 열정과 집중력을 갖고 그렇게 해야 합니다. 사실을 말하면 그것은 일종의 경주입니다. 여러분도 아시는 것처럼, 경주할 때는 젖 먹던 힘까지 다 발휘하지 않으면 아무도 승리를 얻지 못합니다. "운동장에서 달음질하는 자들이 다 달릴지라도 오직 상을 받는 사람은 한 사람인 줄을 너희가 알지 못하느냐 너희도 상을 받도록 이와 같이 달음질하라"(고전 9:24).

일반적으로 경주에서 승리하는 사람은 다른 사람들보다 더 강한 힘을 갖고 있게 마련입니다. 확실히 말하면, 그는 더 강한 힘이 있든지 없든지 간에, 자기가 갖고 있는 모든 힘을 쏟아 붓습니다. 우리도 이 점을 본받지 않는다면, 결코 영혼을 얻지 못할 것입니다.

본문에서 솔로몬은 "지혜로운 자는 사람을 얻느니라"고 말합니다. 이 선언은 가장 지혜로운 사람으로부터 나온 말이기 때문에 더욱 가치가 있습니다. 나는 여러분에게 영혼을 얻는 자가 왜 지혜로운 자인지를 보여주고자 합니다. 첫째, 그는 그 일을 시도하기 전에 하나님으로부터 가르침을 받아야 하기 때문입니다. 그것을 모르는 사람은 자기가 과거에는 눈이 멀었었지만 지금은 보고 있는 상태가 되었기 때문에, 눈 먼 자기 친구를 올바른 길로 인도하려고 시도하기 전에 과거 자신의 눈먼 상태를 생각해 보는 것이 좋습니다. 만일 여러분 자신이 구원받지 못했다면, 여러분은 다른 사람들을 구원하는 도구가 될 수 없습니다. 영혼을 얻는 자는 먼저 자신을 구원할 정도로 지혜로워야 합니다.

둘째, 당연한 것으로 생각되지만, 그는 이 목표를 선택할 만큼 지혜로운 사람이기 때문입니다. 젊은이 여러분, 여러분은 여러분의 인생의 최대 목적이라고 할 만한 목표를 선택하고 있습니까? 나는 여러분이 지혜롭게 판단해서 고결한 야망을 선택하기를 바랍니다. 만일 하나님이 여러분에게 큰 은총을 베푸셨다면, 그것들이 어떤 저급하거나 비천한 또는 이기적인 목표에 허비되지 않기를 바랍니다.

지금 내가 많은 달란트를 갖고 있거나 자기가 원하는 바를 얼마든지 할 수 있는 기회를 갖고 국회의원이 되거나 고시에 합격하기를 바라거나 사업을 시작하거나 뭔가 중요한 일을 하기를 원하는 사람에게 말씀을 전하고 있다고 생각해 봅시다. 나는 그에게 그런 사실들 못지않게 예수님의 말씀과 영원한 생명에 관해서도 비중을 두고 생각하도록 말할 것입니다.

공부를 해 볼까? 사업을 시작해 볼까? 여행을 할까? 쾌락에 빠져볼까? 시골에 가서 여우사냥이나 해 볼까? 정치개혁과 사회개혁에 투신해 볼까? 물론 이런 생각들도 중요합니다. 그러나 사랑하는 형제 여러분, 만일 여러분이 그리스도인이라면, 영혼을 얻는 일에 투자하는 것만큼 즐거움을 주고, 유익이 있고, 영예가 크며, 영원한 상급이 넘치는 일은 없다는 것도 생각하기 바랍니다. 오, 그것이야말로 위대한 사냥이라고 말할 수 있도다! 세상에 있는 모든 여우들을 사냥하는 것만큼 통쾌하고 상쾌한 일이 어디 있을까요!

나는 때때로 어떤 불쌍한 죄인이 벽에 부딪히고, 도랑에 빠져 신음 소리를 낼 때, 그와 함께하면서 하나님의 은혜로 말미암아 그를 정복시킬 때까지, 모든 곤란한 상황과 전환점에서 그를 붙들어 주고, 그리하여 그가 주님을 붙드는 것을 볼 때 크게 기뻐하지 않겠습니까?

우리 주 예수님은 그의 사역자들을 사람을 낚는 어부로 부르시고, 어떤 어부도 우리가 갖고 있는 것과 같은 수고, 슬픔 그리고 기쁨을 갖고 있지 못합니다. 여러분이 예수님을 위해 영혼을 얻을 수 있고, 일반 직업을 갖고 있으면서도 이 사명을 감당할 수 있다는 것은 얼마나 복된 일일까요!

여러분 가운데 어떤 이들은 강단에서 영혼을 얻지 못했을 수도 있는데, 해 보았는데도 그런 결과가 빚어졌다면 그것은 매우 유감스러운 일입니다. 하지만 여러분은 강단이 아니라 직장에서, 세탁소에서, 보육원에서, 응접실에서, 삶의 현장 어디서든 영혼을 얻을 수 있습니다. 우리의 사냥터는 모든 곳입니다. 길가든, 화롯가든, 구석이든 그리고 사람들 틈

바구니 속이든 어디서나 우리는 영혼을 사냥할 수 있습니다.

사람들 속에 있을 때 우리는 예수님을 대화의 주제로 삼습니다. 그것만큼 위대한 주제는 없습니다. 사랑하는 형제 여러분, 여러분에게 한 가지 몰두할 욕망이 있다면, 그것은 불신자들이 잘못된 길에서 방향을 바꾸도록 만드는 것이고, 그 욕망이 있을 때 여러분은 지혜로운 사람입니다. 그때 여러분에게는 무수한 별들처럼 반짝거리는 면류관이 주어질 것이고, 여러분은 이 면류관을 그분이 재림하실 때 그분 앞에 벗어놓아야 합니다.

또한 이것을 여러분의 삶의 목표로 삼는 것만으로도 지혜로운 일이지만, 여러분이 그 일에 성공하려면, 더욱 지혜로워야 하기 때문입니다. 그것은 구원받아야 할 영혼들의 성격, 감정 그리고 상태 등이 여러분과 너무 다르고, 그래서 여러분은 그것들을 특별히 여러분 자신에게 적절하게 적응시켜야 하기 때문입니다.

북아메리카에서 사냥을 하려는 사람들은 그 지역 사냥감들의 습성을 바로 파악해야 합니다. 마찬가지로 여러분도 여러분이 구원하고자 하는 사람들의 상태에 따라 그들을 적절하게 다루는 법을 배우지 않으면 안 됩니다. 어떤 사람이 삶의 의욕이 전혀 없다면, 여러분은 그들을 위로해 줄 수 있어야 합니다. 그러나 어쩌면 지나치게 도가 넘는 위로를 베풀어서 그들로 하여금 오히려 믿음을 가질 수 없도록 할 수도 있습니다. 그러므로 그때에는 위로를 베풀기보다는 그들을 낙심에 빠뜨린 잘못된 상황을 고칠 수 있도록 날카롭게 잘못을 지적해 주는 말을 해 주는 것이 필요합니다.

또 다른 사람은 경박한 사람일 수도 있습니다. 그런데 여러분이 심각한 얼굴을 하고 있다면, 그 새는 무서워서 달아나 버릴 것입니다. 그런 사람을 상대하기 위해서 여러분은 쾌활해야 하고, 마치 우연인 것처럼 가볍게 말씀을 전해야 합니다. 또 어떤 사람들은 여러분이 자기들에게 말할 기회는 전혀 주지 않고 오직 자기 말만 하는 사람일 수도 있습니다. 그때 여러분은 적절하게 그의 말에 끼어들 수 있는 기교를 알고 있어야 합니다.

여러분은 정말 지혜롭게 행동해야 합니다. 바울처럼 모든 사람들에게 모든 것이 되어야 하고, 그렇게 해서 여러분이 성공한다면 그것은 여러분의 지혜의 결과입니다. 영혼을 다루는 이론들은 아주 지혜롭게 보일 수 있지만, 실제로 적용할 때는 아무 소용이 없을 때가 있습니다. 어쩌면 이론에 대해서는 전혀 무지하더라도, 하나님의 은혜를 힘입어 사역을 성취하는 자가 진정 지혜로운 사람입니다. 이 사역에는 여러분의 모든 지혜, 아니 그 이상의 것들이 필요합니다. 그렇다고 할지라도 그 무엇보다 성령의 인도를 구하는 것이 영혼을 얻는 최고의 비결입니다.

그러나 여러분이 명심할 것은 영혼을 얻는 자는 그 일이 사람들을 지혜롭게 만드는 사역이기 때문에 그 일에 종사할수록 지혜롭게 된다는 것입니다. 여러분은 처음에 이 일에 무척 서투르고, 그래서 죄인들을 그리스도께 인도할 때, 인도하기는커녕 오히려 그분으로부터 더 멀어지게 하기가 십상입니다.

나 역시 어떤 성경 구절을 사용하여 온 힘을 다해 영혼들을 감동시켜 보려고 애를 썼지만, 그들은 성경이 가르치는 것과는 정반대 입장을 취하고, 잘못된 방향으로 움직이기 시작했습니다. 이처럼 당혹스럽게 만드는 전도대상자들을 다루는 법을 터득하기란 무척 어렵습니다. 만일 여러분이 이 같은 사람들이 앞으로 가도록 하려면, 그들을 뒤로 끌어당겨야 합니다. 또 여러분이 그들을 오른쪽으로 가도록 하려면, 왼쪽으로 가도록 주장해야 합니다. 그래야 그들은 오른쪽으로 바로 가게 될 것입니다.

여러분은 이같이 불쌍한 인간들의 어리석음에 대해 준비가 되어 있어야 합니다. 나는 불쌍한 한 늙은 여성도를 알고 있는데, 그녀는 50년 동안 하나님을 믿어 왔지만, 우울증과 신경증에 시달리는 상태에 있었고, 그것을 누구도 고쳐줄 수가 없었습니다. 나는 여러 번에 걸쳐 그녀를 찾아가 고쳐보려고 애를 썼습니다. 그러나 내가 떠나고 나면, 대체로 그녀의 상태는 그 전보다 더 악화되는 것이었습니다. 그래서 다음번에 그녀를 찾았을 때는 그리스도나 종교에 관한 이야기를 일체 하지 않았습니다. 그러자 그녀는 즉각 자신에 관한 이야기를 털어놓기 시작했고, 그때 나는 거룩한 일들에 관한 이야기를 꺼내지 못했습니다.

그녀는 그런 일들에 대해서는 전혀 몰랐고, 그것은 실제로 그녀가 그리스도를 믿는 신자가 아니었기 때문입니다. 의심할 것도 없이 그녀는 그 많은 세월 동안 거짓 신자로 살아온 것입니다. 그러나 그녀는 계속 자기방어만 하면서 살 수는 없었습니다. 하나님께서는 나보다 그녀를 훨씬 더 잘 알고 계셨고, 그분은 그녀가 주 예수 그리스도를 사랑했음을 증언해 주셨기 때문입니다. 그 후 그녀는 그 사실을 인정했고, 더 이상 절망적으로 나에게 말하지 않았습니다.

사람들의 영혼을 진실로 사랑하는 자는 그들을 다루는 비결을 알고 있고, 성령은 예수님을 위해 그를 숙달된 영혼의 의사로 만드십니다. 그것은 사람이 그만한 능력을 갖고 있기 때문도 아니고 그가 더 큰 은혜를 받았기 때문도 아닙니다. 그것은 주님이 그로 하여금 사람들의 영혼을 절실하게 사랑하도록 만드시고, 이 신비한 비결을 그에게 나누어 주시기 때문입니다. 그러므로 대부분의 경우 죄인들을 그리스도께 인도하는 비결은 그리스도를 위해 그들을 사랑하는 것입니다.

사랑하는 형제 여러분, 다시 한 번 여러분에게 강조하는데, 예수님을 위해 진실로 영혼을 얻는 자는, 그들을 어떻게 얻었든 막론하고, 지혜로운 사람이라는 것입니다. 여러분 가운데 어떤 이는 이것을 쉽게 인정하지 못할 것입니다. 여러분은 "글쎄, 아무개는 다 괜찮은데, 성격이 너무 거칠어"라고 말합니다. 그가 영혼을 얻는다면, 그의 거친 성격이 무슨 문제입니까? 또 다른 사람은 "아! 하지만 나는 그 목사님 밑에서 양육 받고 싶지 않아"라고 말할 것입니다. 그런데 왜 당신은 양육받기 위해 그의 설교를 들으러 갑니까?

만일 주님이 그 목사님을 전도하기 위해 보내셨다면, 그가 하는 대로 놔두십시오. 그리고 당신은 다른 곳으로 가 양육을 받으십시오. 한 가지 사역을 감당하고 있는 사람에게 다른 사역을 감당하지 못한다고 불평하지 마십시오. 우리는 또한 한 사역자와 다른 사역자를 비교하기를 좋아합니다. 그래서 간혹 "우리 목사님의 설교를 들어보세요"라고 말합니다. 경우에 따라서는 그렇게 해도 될 것입니다. 하지만 여러분은 여러분을 가르치는 목사에게 설교를 듣는 것이 좋고, 다른 사람은 또 그를 가르치는 목사에게 듣는 것이 좋습니다.

"지혜로운 자는 사람을 얻느니라." 나는 여러분에게 그가 어떻게 했는지에 대해서는 묻지 않겠습니다. 그는 복음을 노래했고, 여러분은 그것을 듣기를 좋아하지 않았습니다. 그러나 만일 그가 영혼을 얻었다면, 그는 지혜로운 사람입니다. 영혼을 얻는 자는 그들 나름대로의 방식을 갖고 있습니다. 만일 그들이 어떻게든 영혼을 얻었다면, 그들은 지혜로운 사람들입니다. 여러분에게 무엇이 지혜롭지 못한 것인지 말해 보겠습니다. 예를 들어 자신은 교회를 위해 아무 일도 하지 않으면서 교회를 위해 충성을 다하는 주님의 유능한 종들에 대해 험담을 늘어놓는 것은 절대로 지혜롭다고 말할 수 없습니다.

여기 침상에 누워 죽어가는 사랑하는 한 형제가 있다고 합시다. 그는 주님이 자기를 많은 영혼들을 예수님께 인도할 수 있도록 역사하신 것에 대해 크게 만족하게 생각하고, 많은 심령들이 자기를 만나기 위해 나아올 천국 문에 나아갈 때를 기대하고 있습니다. 그 심령들은 새 예루살렘으로 올라가기 위해 몰려들어 자기들을 예수님께 인도한 그를 환영할 것입니다. 그들은 그의 수고에 대한 불멸의 기념물들입니다. 그는 지혜로운 사람입니다.

여기 또 다른 한 사람이 있습니다. 그는 성경의 예언들을 해석하는데 한평생을 바쳤습니다. 그는 신문에 나오는 모든 사건들을 다니엘서나 요한계시록에 비추어 읽을 수 있도록 했습니다. 그도 역시 지혜로운 사람이라고 어떤 이들은 말할 것입니다. 그러나 나 같으면 영혼을 얻는 일에 인생을 투자하겠습니다. 하나님의 말씀의 모든 비밀들을 파헤치는 것보다 한 영혼을 예수 그리스도께 인도하는 것이 더 낫기 때문입니다. 구원은 우리가 한평생 가져야 할 삶의 목표니까요.

나는 내가 모든 신비를 이해하기를 바라지만, 그 중에서도 어린양의 피 안에서 믿음으로 말미암아 얻는 영혼 구원의 신비를 선포하는 자가 되게 해 달라고 하나님께 기도합니다. 목사가 당대에 정통주의의 철저한 수호자가 되고, 교회를 훼방자들로부터 지키는 것은 비교적 작은 문제입니다. 그것보다 영혼 구원이 제일 큰 관심사입니다.

이전에 성도들을 구원했던 믿음을 열렬히 변증하는 것은 참으로 선한 일입니다. 그러나 삶의 마지막 순간에 "주여, 나는 한평생을 로마교회와 국교회에 대항해 싸우고, 다양한 이단들을 쓰러뜨리는데 바쳤지만, 죄인을 십자가로 이끌지는 못했습니다"라고 고백하고 싶지 않습니다.

물론 우리는 믿음의 선한 싸움을 싸워야 합니다. 하지만 영혼을 얻는 일이 더 큰 일이고, 그 일에 평생을 바치는 사람이 지혜로운 사람입니다. 또 어떤 형제는 진실을 선포하지만, 세련된 설교를 하는 데만 집착하다 복음을 가리는 경우도 있습니다. 그는 키케로와 퀸틸리아누스를 기준으로 삼고 매번 설교의 문장이 완벽한 구조를 이룰 때까지 신경을 쓰고, 그런 다음 유창한 웅변술로 복음을 전하지 않으면, 적절한 설교가 아니라고 생각합니다.

그것이 지혜롭습니까? 글쎄요, 철저한 웅변가가 되는 것이 지혜로운 사람이 아닐 이유는 없겠지요. 하지만 만일 유창한 설교가 복음을 전하는데 방해가 된다면, 웅변가가 되지 않는 것이 더 낫습니다. 영혼을 얻지 못하는 웅변은 개에게 던져 버려야 합니다. 우리가 원하는 것은 영혼을 얻는 것이고, 그것은 유창한 언변으로 이루어지는 일이 아닙니다.

우리는 마음속에 영혼을 얻고자 하는 소원을 갖고 있어야 하고, 그의 구원을 위해 열렬한 마음으로 뜨겁게 달아올라야 합니다. 그렇게 한다면, 우리가 아무리 큰 실수를 하더라도, 사람들은 우리를 비판할지 모르지만, 주님은 자신이 지혜롭다고 부르는 사람들 중에 우리를 두실 것입니다.

그러므로 그리스도인 형제, 자매 여러분, 나는 여러분이 이 문제를 실천하기를 원하고, 오늘 밤 당장 영혼을 얻는 일에 인생을 투자하겠다고 결심하기를 바랍니다. 만약 그렇게 할 만한 사람이 생각나지 않는다면,

어디서나 여러분 옆에 앉아 있는 사람에게 하십시오. 잠시 후 집으로 돌아가는 길에 그렇게 하십시오. 집에 가서는 여러분의 자녀들에게 그렇게 하십시오.

언젠가 주일 저녁에 우리 교회에서 일어났던 일에 대해 들어보지 않겠습니까? 그때 나는 이렇게 설교했습니다: "그렇다면 어머니 여러분, 여러분은 지금까지 여러분의 자녀들 각자를 위해 기도하고, 그들이 그리스도 위에 견고히 서도록 간구하고 있습니까? 사랑하는 딸 제인이 지금 침대에서 잠을 자고 있을 텐데, 그녀에게 영생에 관한 일들에 대해 말해 준 적이 있습니까? 오늘 밤 집에 돌아가서 그녀를 깨우십시오. 그리고 '제인, 엄마로서 개인적으로 구주에 관해 너에게 말해 주지 못하고, 너를 위해 기도하지 못한 것을 정말 미안하게 생각한다. 하지만 이제는 그렇게 하기로 했다' 라고 말하십시오. 그녀를 깨워 팔로 안아 주며 하나님이 그녀와 함께 해 주시기를 진심으로 토로하십시오."

그런데 그 자리에 실제로 제인이라는 이름의 딸을 가진 어머니가 있었습니다. 여러분은 어떻게 생각하십니까? 그 다음 날 그녀는 딸을 데리고 당회실로 나를 찾아왔습니다.

내가 권면한 대로 그녀는 집에 도착하자마자 딸을 깨운 후 "딸아, 내가 그동안 너에게 예수님이나 예수님에 관한 사실들에 관해 말해 준 적이 없었구나."

"오, 엄마, 나는 이미 지난 6개월 동안 예수님을 사랑하고 있었어요. 사실 나는 엄마께서 왜 나에게 그분에 관해 말씀해 주시지 않는지 의아했어요."

그 순간 모녀는 서로 얼싸안고 기쁨의 입맞춤을 했습니다. 어쩌면 여러분도 사랑하는 자녀와 함께 그런 멋진 포옹을 할 수 있을지 모르겠습니다. 비록 여러분에게 그런 일이 일어나지 않는다고 해도, 여러분이 즉시 예수님에 관해 말해 주어야 할 이유는 훨씬 더 많습니다.

여러분은 예수님을 위해 영혼을 얻지 못했습니까? 그렇다면 여러분은 천국에서 면류관을 받되, 그 안에 보석이 박히지 않은 것을 받게 될 것입니다. 여러분이 자식이 없는 상태로 천국에 가게 된다면, 구약시대에 여인들이 자식이 없는 것을 얼마나 두려워했었는지를 알아야 할 것입니다. 모든 그리스도인들이 그런 두려움을 느껴야 합니다.

우리는 영적으로 불임 상태가 되는 것을 정말 두려워해야 합니다. 우리는 하나님이 자신을 위해 우리의 수단들을 통해 낳도록 허락하신 사람들의 부르짖음을 들어야 합니다. 우리는 그 소리를 들어야 합니다. 그렇지 않으면 고뇌 속에서 "나에게 회심자를 주소서. 아니면 차라리 죽여 주소서!"라고 외쳐야 합니다. 젊은이든 노인이든, 모든 시대의 사람들은, 하나님을 사랑한다면, 영혼에 대한 열정이 있어야 합니다.

여러분은 그 영혼들을 눈으로 보고 있지 않습니까? 그들은 지금도 수없이 지옥에 떨어지고 있습니다. 다이얼 위에 있는 손이 자주 그 돌리는 일을 반복하는 것처럼, 지옥도 무수한 사람들을 그렇게 잡아먹는데, 그들 가운데 많은 사람들이 그리스도를 모르거나 어떤 사람들은 알면서도 그리스도를 거부함으로써 그런 일을 당하게 됩니다.

세상은 어둠 속에 있습니다. 이 큰 도시는 아직도 빛을 갈망하고 있습니다. 여러분의 친구들과 친척들은 아직 구원을 받지 못했습니다. 그들은 이번 주가 다 가기 전에 죽을 수도 있습니다. 오, 여러분이 조금이라도 연민의 정을 갖고 있다면, 오직 기독교만이 그들을 죽음으로부터 고칠 수 있는 치료제임을 명심하고, 병든 자들에게 그것을 알려 주기 바랍니다. 만일 여러분이 생명을 발견했다면, 죽은 자들에게 여러분이 발견한 생명을 전해 주십시오. 만일 여러분이 자유를 발견했다면, 그것을 포로들에게 발표하십시오. 만일 여러분이 그리스도를 발견했다면, 다른 사람들에게 그분에 관해 말해 주십시오.

사랑하는 신학생 여러분, 공부하는 동안 이것이 여러분의 최고의 사역이 되기를 바랍니다. 또 공부를 다 마치고 목회를 시작할 때에도 이것이 여러분의 삶의 유일한 목표가 되도록 하십시오. 또 여러분은 한 명의 회심자를 얻는 것으로 만족하지 말고, 많은 영혼들을 얻기 위해 계속 수고하십시오. 여러분이 이렇게 할 때, 하나님은 여러분을 축복하실 것입니다. 우리는 남은 생애 동안 그 전도자(The Soul-Winner)이신 분을 본받아 살고, 우리를 전도자로 삼으시는 그분의 손 안에서 우리의 인생이 길지만 어리석게 사는 인생이 아니라 지혜의 인도를 받아 가치 있게 사는 인생임을 증명할 수 있어야 하겠습니다.

오 예수님께 나아와 구원을 얻지 못한 영혼들이여, 그리스도를 믿는 믿음이 여러분을 구원하신다는 사실을 기억하십시오! 그분을 믿으십시오. 모쪼록 여러분이 그리스도의 이름을 위해 그분을 믿는 믿음으로 인도받기를 바랍니다! 아멘.

제 12 장

전도에 대한 해명(解明)

지혜로운 자는 사람을 얻느니라 — 잠 11:30

　본문은 "지혜로운 자는 주권을 얻느니라"고 말씀하지 않습니다. 오늘날과 같은 경쟁시대에는 의심할 여지 없이 자신이 지혜롭다고 생각하는 자는, 아주 겸손한 의미에서, 아마 그렇게 되어야 할 것입니다. 그러나 이런 지혜는 세상에 속한 것으로, 세상에서 끝나는 것입니다.

　유럽의 통화가 받아들여지지 않는 다른 세계가 있습니다. 그곳에서는 그 통화를 아무리 많이 가지고 있어도 그것을 부나 지혜의 표시로 보지 않습니다. 우리가 앞에서 살펴본 본문에서 솔로몬은 유능한 정치나 심지어는 가장 탁월한 지배자에게도 지혜의 면류관을 씌워 주지 않습니다. 그는 철학자, 시인 또는 아무리 뛰어난 사람이라 할지라도 지혜의 자격증을 주지 않습니다. 그는 오직 영혼을 얻는 자들에게만 지혜의 월계관을 씌워 줍니다.

　그는 설교자라고 무조건 지혜롭다고 선언하지 않습니다. 그런데 슬프도다! 설교자들 가운데 회중들의 갈채를 받고 크게 인기가 있지만, 영혼을 얻지 못하는 자들이 얼마나 많을까요! 그들은 마지막 날 그로 인해 고통을 받게 될 것입니다. 왜냐하면 그들은 부지런히 달려가겠지만, 유감스럽게도 주님이 파송한 자들이 아니기 때문입니다.

　또 솔로몬은 영혼을 얻는 일에 관해 선포하는 자가 지혜롭다고도 말하지 않습니다. 그 이유는 다른 사람들에게 법을 정하는 것은 아주 단순한 일이지만, 그들로 하여금 그것을 지키도록 하는 일이야말로 훨씬 더 어렵기 때문입니다. 실제로 그리고 진실로 사람들로 하여금 그들의 잘못된 길로부터 돌이켜 하나님을 향하도록 하는 사람, 그래서 지옥으로 떨어질 사람들을 구원하는 도구가 되는 사람이 지혜로운 사람입니다. 그리고 어떤 방법을 통해 영혼을 얻느냐를 막론하고, 그것은 그에게 해당됩니다.

그는 바울처럼 교리에 대한 지식이 아주 논리적이고 심원하고, 그 판단이 아주 명확할 수도 있습니다. 만일 그 능력으로 영혼을 얻는다면, 그는 지혜로운 사람입니다. 그는 아볼로처럼, 굉장히 수사학적이고, 그 웅변이 금방이라도 하늘로 날아오르게 할 정도로 천재적인 사람일 수도 있습니다. 만일 그 능력으로 영혼을 얻는다면, 그 역시 아주 지혜로운 사람입니다. 또는 그는 세련되지 못한 비유를 사용하고 과격한 설교를 하는 거칠고 억센 게바와 같은 사람일 수도 있습니다. 하지만 그가 영혼을 얻는다면, 아주 세련된 모습이지만 그 이상도 이하도 아닌 형제나 변론에 능하지만 그것뿐인 친구보다 훨씬 더 지혜로운 사람입니다.

본문에 따르면, 영혼을 얻는 자의 위대한 지혜는 실제로 영혼을 구원하는데 성공할 때에 비로소 입증됩니다. 우리가 아니라 주님을 위해 그들은 자기들의 사역에 책임을 집니다. 그러므로 우리는 이 목사와 저 목사를 비교하거나 견주어서는 안 됩니다. 다른 사람의 종들을 판단하는 자가 누구입니까? 지혜는 그의 모든 자녀들을 의롭게 합니다. 오직 자녀들만이 부수적인 방법들에 대해 왈가왈부할 수 있습니다.

사람들은 최고의 결과만을 주목합니다. 영혼을 얻는 자들이 다양한 방식을 취하고, 각자 나름대로 다양한 방법을 사용합니까? 그렇다면 그들은 지혜롭습니다. 비록 여러분이 그들의 판단자로 서 있다고 할지라도, 여러분 자신이 열매가 없으면서 그들을 비판한다면, 결코 지혜롭지 않습니다. 하나님은 영혼을 얻는 자들을 지혜롭다고 선언하십니다. 천국대학으로부터 얻는 이 학위는 확실히 그들에게 크게 도움이 되고, 그들을 통해 구원받은 형제들은 그들로부터 크게 도움을 받았다고 말할 것입니다.

"지혜로운 자는 사람을 얻느니라." 이는 아주 분명하게 입증될 수 있습니다. 은혜로 말미암아 하나님의 이적을 만들어 낼 수 있는 사람은 일상생활에서도 지혜로운 사람이어야 합니다. 영혼을 얻는 위대한 자는 결코 바보인 적이 없었습니다. 하나님이 영혼을 얻도록 능력을 준 사람은 아마 하나님께서 그에게 다른 능력도 틀림없이 주셨을 것입니다.

예를 들어 마틴 루터(Martin Luther)를 보겠습니다. 형제 여러분, 그는 종교개혁을 위해서만 유능한 사람이 아니라 아마 국가를 다스리거나 군대를 지휘하는 데도 탁월한 사람이 되었을 것입니다! 휫필드(Whitefield)를 생각해 보십시오. 전 영국인을 감동시킨 그의 천둥 같은 웅변 솜씨는 정확한 판단력이나 명석한 두뇌와 무관한 것이 아니었습니다. 그는 대설교가였는 데, 만일 그가 장사하는데 몰두했다면, 아마 상인들 가운데 최고가 되었을 것입니다. 또는 그가 정치가가 되었더라면 국민들의 칭송을 한몸에 받는 위대한 국회의원이 되었을 것입니다.

영혼을 얻는 사람은 대체로 하나님이 그를 그 일로 부르셨다면, 대체로 다른 일을 하는 데에도 유능한 사람이 될 것입니다. 주님은 자신이 원하시는 대로 수단들을 사용하시지만, 항상 목적에 가장 합당한 수단들을 사용하십니다. 만일 여러분이 다윗은 골리앗을 물매로 돌을 던져 죽였다고 말한다면, 나는 이렇게 대답하겠습니다. 그것은 키가 큰 거인을 죽이는 데는 세상에서 가장 좋은 무기요, 다윗이 사용할 수 있는 가장 적절한 무기였다고 말입니다. 왜냐하면 그는 어린 시절부터 그것을 다루는 데 크게 익숙해져 있었기 때문입니다.

하나님이 계획하신 결과를 이끌어내기 위해 사용하는 도구들에는 항상 적절한 선택이 있습니다. 도구들에 영광이 돌려지거나 그것들 안에 탁월한 능력이 있는 것이 아니라 모든 것이 하나님께 귀속되어야 하지만, 비록 우리가 보기에는 그렇지 아니할지라도, 하나님이 보시기에는 적합성과 준비성이 있습니다. 영혼 구원자들은 절대로 백치나 바보가 아니라는 것은 진정 사실이지만, 하나님께서는 자신을 위해 그들을 지혜롭게 하시기 때문에 짐짓 아는 체하며 지혜자인 것처럼 꾸미는 사람들은 자신을 바보로 부르도록 만드는 것입니다.

"사람을 얻는 자가 지혜롭다"는 것은 그가 지혜로운 목표를 선택했기 때문입니다. 과거에 얼음 위에 아주 거대한 조상(彫像)을 새긴 적이 있는 미켈란젤로를 생각해 봅니다. 그것들은 녹아 없어집니다. 그 재료들은 눈이 응축되어 만들어졌기 때문에 열에 쉽게 녹아 버리는 것입니다. 계속 보존되고, 오랜 세월이 흘러도 그 작품이 남아있는 대리석에 그가 조각을 했다면 훨씬 더 지혜로웠을 것입니다. 그러나 심지어는 대리석 자체도 세월의 흐름에 의해 소멸되고 부식될 것입니다.

그러나 자신의 원석 위에 불멸의 영혼을 새기는 지혜로운 자는 그의 존재가 별과 같이 영원토록 빛날 것입니다. 만일 하나님이 영혼을 얻도록 우리를 축복하신다면, 우리의 사역은 세상의 예술과 과학의 나무와 풀과 그루터기가 그것들이 일으킨 먼지 속으로 사라질 때까지 존재할 것입니다. 천국에서 영혼을 얻은 자는 하나님의 축복을 받고, 그의 사역의 기념물들은 하늘의 광채 속에서 영원토록 보존될 것입니다.

그는 지혜로운 목표를 선택했습니다. 왜냐하면 하나님을 영화롭게 하는 것보다 지혜로운 일은 있을 수 없고, 그리고 가장 고상한 의미에서, 다른 사람들을 축복하는 것, 곧 입을 크게 벌리고 있는 심연으로부터 영혼을 끄집어내는 것, 영광스러운 천국으로 영혼을 들어올리는 것, 사탄의 속박으로부터 영혼을 구원하고 그를 그리스도의 자유 안으로 인도하는 것보다 더 지혜로운 일이 있을 수 없기 때문입니다. 이것보다 훌륭한 일이 있을 수 있습니까?

나는 이 목적을 올바른 정신을 가진 모든 사람들에게 추천합니다. 그리고 우리처럼 연약한 존재들이 이 필생의 목표 곧 예수 그리스도를 위해 영혼을 얻는 일을 감당하도록 허락받은 것을 천사들도 부러워하리라고 생각합니다. 지혜도 그 목적의 탁월성을 적극 찬성할 것입니다.

이 사역을 수행하기 원하는 사람은 지혜롭지 않으면 안 됩니다. 그 이유는 영혼을 얻는 데에는 무한한 지혜가 필요하기 때문입니다. 하나님 자신도 지혜 없이 영혼을 구원하지 않으십니다. 영원한 구원계획은 절대 오류가 없는 판단을 전제로 했고, 또 그 모든 세부적인 과정들은 그분의 무한한 지혜를 분명히 보여 줍니다. 하나님의 위대하신 영혼구원자인 그리스도는 "하나님의 능력"일 뿐만 아니라 "하나님의 지혜"이기도 하십니다.

창조 당시의 피조물처럼 구원으로 말미암은 새로운 피조물 속에도 풍부한 지혜가 들어 있습니다. 구속받은 죄인 속에는 무로부터 창조된 우주처럼 하나님에 관한 사실들이 풍성하게 들어 있습니다. 그렇다면 하나님과 함께 일하는 사역자들로서, 영혼을 구원하는 위대한 사역에 그분과 나란히 길을 가고 있는 우리 역시 똑같이 지혜로운 사람들이지 않으면 안 됩니다.

그것은 구주의 마음을 가득 채웠던 사역이고, 영원하신 여호와 곧 땅을 창조하신 분의 마음을 감동시킨 사역입니다. 그것은 어린아이의 장난이 아닙니다. 그것은 우리가 절반은 잠을 자면서 하는 일이 아니고, 유일하신 지혜의 하나님, 우리 구주의 도우심이 없이는 조금도 수행될 수 없는 사역입니다. 그러므로 그 일을 추구하는 자는 지혜롭습니다.

사랑하는 형제 여러분, 영혼 구원에 성공하는 사람은 처음과 끝을 동시에 보는 사람들의 판단에서 볼 때에도 지혜로운 사람으로 판명되리라는 점을 명심하기 바랍니다. 비록 내가 철저하게 이기적인 존재이고, 나 자신의 행복 이외에는 다른 관심이 없는 사람이라고 할지라도, 하나님 아래에서 할 수만 있다면, 영혼을 구하는 일을 택하겠습니다. 왜냐하면 나의 수고를 통해 구주를 찾고 만난 사람에 관하여 들을 때만큼, 가장 순전하고, 가장 고결한 질서에 속하는 완전하고도 충만한 그리고 형언할 수 없는 행복을 지금까지 알고 있었던 적이 결코 없기 때문입니다.

나는 나의 전체를 휘감던 기쁨의 전율을 지금도 상기하고 있습니다. 그것은 신혼의 어머니가 첫아이를 낳을 때만큼 큰 기쁨이 없고, 병사가 격렬한 전투에서 승리했을 때 느끼는 감정처럼 신나는 감정이 없는 것과 같습니다.

오! 성령의 도우심을 받아, 우리의 힘없는 입술의 증거를 통해, 이제껏 불화 속에 있던 죄인이 하나님과 화해했다는 사실을 아는 것만큼 큰 즐거움이 있을까요! 은혜로 말미암아 겸손하게 자신을 낮추는 생각이 나에게 주어진 이후, 수백 번이 아니라 수천 번에 걸쳐, 내 안에서 역사하시는 하나님의 증거로 말미암아, 나는 죄인들이 잘못된 길에서 돌이키는 것을 보았고, 또 들었습니다.

하나님이 원하시는 대로 고난이 오고, 시험이 많았지만, 그 와중에서도 이 기쁨은 다른 모든 사람들에게 영향을 미치고 있습니다. 이 기쁨은 지금도 우리가 도처에서 하나님을 위해 그리스도의 아름다운 향기로 나타나고 있고, 우리가 하나님의 말씀을 선포할 때마다 심령들은 속박으로부터 벗어나고, 마음들은 새 생명으로 채워지며, 눈들은 죄를 슬퍼하는 눈물을 흘리고, 그렇게 흘린 그들의 눈물은 죄를 위해 죽으시고 다시 살아나신 위대하신 대속주를 보기에 충분하도록 눈을 깨끗이 닦아 줍니다.

논란의 여지 없이 영혼을 구원하는 것은 지상 최대의 기쁨입니다. 그러므로 이 세상에서 사는 인생에게 결코 멈추지 않는 기쁨은 이것 외에 없음을 하나님께 감사하십시오. 한쪽 날개는 영원한 보좌 위로 날아가고, 다른 한쪽 날개는 동일한 영광을 향해 퍼덕거리며 우리를 둘러싸고, "우리는 당신과 함께 진주문을 통과하고 있습니다. 당신이 우리를 구주께 인도했습니다"라고 말하는 소리를 듣고, 우리를 하나님 안에서 자기들 영혼의 아버지— 지상의 육신의 아버지보다 더 가깝고, 은혜로 말미암아 영원토록 부르게 될 호칭 — 라고 부르는 사람들로부터 천국에서 환영을 받는 것은 절대로 작은 축복이 아닙니다.

그리스도 예수 안에서 우리가 낳은 사람들과 함께 하늘 저편 영원한 보좌에 앉아 있게 되는 것은 비교할 수 없는 축복입니다. 왜냐하면 그들은 그리스도께서 그들 안에 영광의 소망으로 형성될 때까지 우리가 해산의 수고를 겪은 자들이기 때문입니다. 이것은 많은 천국들—"많은 사람을 옳은 데로 돌아오게 한 자는 별과 같이 영원토록 빛나리라"(단 12:3)는 주님의 약속에 따르면, 그리스도를 위해 영혼을 얻은 사람은 누구나 그 안에 천국을 갖고 있다 — 을 갖고 있습니다.

형제 여러분, 확신하건대, 여러분이 영혼을 얻는 자의 자리를 차지하려는 욕망은 가질 만한 가치가 있다는 것을 여러분에게 충분히 말했습니다. 그러나 본문을 나에게 적용시키기 전에 나는 여러분에게 그 영예가 단지 목사들만의 전유물이 아니라는 것을 상기시키고자 합니다. 목사들도 그 일에 대해 충분한 몫을 차지할 수 있지만, 그것은 그리스도께 헌신하는 자들은 누구에게나 속해 있는 일입니다. 이 영예는 성도라면 누구나 갖고 있습니다.

여기 있는 모든 남자 성도들과 모든 여자 성도들 그리고 모든 아이들까지, 그 마음이 진실로 하나님을 향한 사람은 누구나 영혼을 얻는 자가 될 수 있습니다. 하나님의 섭리에 따라 어떤 선을 행할 수 없는 자리에 있는 사람은 아무도 없습니다. 아무리 하찮은 울타리 밑의 개똥벌레라도 필요한 빛은 비추는 법입니다. 일하는 남자, 고통 속에 있는 여자, 하녀, 굴뚝청소부나 건널목 청소부도 하나님을 섬길 어느 정도의 기회를 갖게 마련입니다.

내가 영혼을 얻는 자들에 관해 말했던 내용은 신학박사 학위를 가진 사람들이나 유능한 설교자에게만 해당되는 것이 아닙니다. 그리스도 예수 안에 있는 모든 사람에게 해당되는 내용입니다. 만일 하나님의 은혜가 여러분으로 하여금 할 수 있도록 한다면, 여러분은 할 수 있고, 여러분은 성령을 통해 영혼들을 그리스도께 인도하는 사람의 행복을 누리게 될 것입니다.

나는 여기서 "지혜로운 자는 사람을 얻느니라"는 본문을 다음과 같이 강조하고자 합니다. 첫 번째로, 나는 그 사실을 본문에 사용된 비유 ─ 사람을 얻느니라 ─ 를 설명함으로써, 그 다음 두 번째로 사람을 얻는 일 속에 포함되어 있는 몇 가지 교훈을 여러분에게 제시함으로써 그 의미를 좀 더 분명하게 밝혀보겠습니다. 믿는 모든 사람은 그 사역에 최고의 지혜가 필요하다는 확신을 가져야 한다고 생각합니다.

1. 첫째, "지혜로운 자는 사람을 얻느니라"는 본문에 사용된 비유를 고찰해야 합니다.

우리는 "얻는다"는 말을 다양한 의미로 사용합니다. 그 말은 때때로 아주 악한 사람들 사이에서 사용되곤 합니다. 예를 들면 도박판에서 전문 도박꾼들이 속임수나 교묘한 손재주 또는 손에 끼우는 어떤 고리를 사용함으로써 돈을 긁어모으는데 사용합니다. 허다한 눈속임과 속임수가 기독교 안에서 발견된다고 말하는 것이 유감스럽습니다. 그러나 희한한 기술이나 복잡한 계교 또는 교묘한 위장술로 영혼들을 구원하려고 애쓰는 사람들이 있습니다.

물 한 동이, 아니 몇 방울의 물 또는 간단한 말 한마디 — 어어, 빨리! — 그리고 유아도 하나님의 자녀, 그리스도의 지체, 천국의 상속자가 될 수 있도다! 이 물의 거듭나게 하는 능력은 내 믿음을 능가합니다. 그것은 내가 이해하지 못하는 기법입니다. 허락된 자만이 천재마법사 월터 스코트의 마술을 능가하는 이 아름다운 마술을 보여 줄 수 있습니다. 손을 머리 위에 둠으로써 영혼을 얻는 방법도 있습니다. 이 경우 팔꿈치는 잔디밭에 있는데, 이런 마술을 통해서 은혜가 전달되기도 합니다.

나는 이런 마술을 이해하지 못한다고 고백하지 않을 수 없습니다. 하지만 그런 기법에 대해서는 놀라지 않습니다. 왜냐하면 이런 요술을 통해 영혼을 얻는 일이 갸룻 유다의 사도직을 계승하는 거짓 선지자들에 의해 일어날 수 있기 때문입니다. 이러한 신비적 의식은 사람들이 그것이 은혜를 전달한다고 속을 때, 아주 악랄한 속임수가 되고 맙니다. 이 모든 일은 가증한 일입니다.

그뿐만이 아닙니다. 오늘날 19세기에도 성례전을 행하기만 해도, 정말 그 자체만으로도 구원을 얻는다고 설교하는 사람들이 있습니다. 하지만 형제 여러분, 이 허탄한 기법이 오늘날 우리에게 통용되기에는 이제 너무 늦었습니다.

마술은 구시대물이고, 성례전을 통한 구원은 시대착오적입니다. 이런 것들은 글을 읽지 못하거나 책이 거의 없었던 시대 사람들에게 적용되었던 것입니다. 그러나 존경하는 루터가 하나님의 도우심을 받아 "너희는 그 은혜에 의하여 믿음으로 말미암아 구원을 받았으니 이것은 너희에게서 난 것이 아니요 하나님의 선물이라"(엡 2:8)고 청천벽력 같은 소리로 해방된 진리를 선포한 이후, 가톨릭 교회에 속은 사람들에게 너무나 큰 빛이 비추어지게 되었습니다. 그들은 담쟁이 덩굴로 뒤덮인 그들의 교회로 돌아가 가톨릭이라는 옛 흑암의 왕국에 의해 약탈당한 사람들의 불행에 대해 불평할 것입니다.

속이는 사제들의 잘려진 왕관은 정신병원으로 보내고, 주홍빛 모자는 홍등가의 창녀들에게 보내야 합니다. 그리고 우리 영국인들은 그들을 절대로 존경하지 맙시다. 근대의 옥스퍼드 운동은 가톨릭의 변종으로서, 정직한 마음을 가진 사람들을 기만하는 아주 비열하고, 극히 부정직하며 이중적인 운동입니다. 만일 우리가 영혼을 구원한다면, 그것은 예수교도들과 그 따르는 무리들이 쓰는 방법이 아닌 다른 방법으로 해야 할 것입니다.

성직의 권위를 강조하는 사람들의 말은 절대로 신뢰하지 마십시오. 그런 성직자들은 직업상 거짓말쟁이들이고, 하는 말마다 속이는 자들입니다. 우리는 그들의 속이는 연극을 통해서 영혼들을 얻을 수 없습니다. 또 그렇게 하기를 바라지도 않습니다. 왜냐하면 우리는 그 같은 속임수를 쓰는데, 사탄은 최고로 유능한 손을 갖고 있으며, 자기의 카드를 돌리는 성직자들을 결국 조롱하리라는 것을 알고 있기 때문입니다.

그렇다면 우리는 어떤 방법으로 영혼을 얻어야 할까요? "얻는다"는 말은 그보다 훨씬 더 좋은 의미를 갖고 있습니다. 그 말은 전쟁할 때 사용됩니다. 병사들은 전쟁에서 이김으로써, 도시와 지방들을 얻습니다. 그런데 영혼을 얻는 것은 도시를 얻는 것보다 훨씬 더 어려운 일입니다. 자신의 사역에 진정으로 헌신하는 전도자를 한 번 살펴보십시오. 그가 죽어가는 구주에게 사랑으로 다가가 복종하도록 마음을 초청하기 위해 언제 백기를 들고 흔들어야 할지 그때를 알기 위해 자신의 주인의 명령을 얼마나 조심스럽게 확인할까요!

적절한 때, 곧 위협의 검은 기를 흔들고 그것을 보여 주며, 만일 은혜를 받아들이지 않는다면, 분명히 심판이 임할 것이라고 말해 줄 때, 완고

하고 회개하지 않는 영혼들에게 주어질 하나님의 진노의 붉은 기를 어쩔 수 없이 두려운 마음으로 올릴 때를 조심스럽게 살핍니다.

영혼을 얻는 자는 위대한 대장이 성벽으로 둘러싸인 도시 앞에 앉아 있는 것처럼 영혼 앞에 앉아 있어야 합니다. 성벽의 둘레를 따라 공격의 선을 긋고, 참호를 구축하며, 공격의 포대를 배치시킵니다. 그는 성급하게 진군해서는 안 됩니다. 만약 그렇게 한다면 그는 무리한 전투를 하게 됩니다. 또 그는 너무 느리게 움직여서도 안 됩니다. 만약 그렇게 했다간 최선을 다하지 않는 것처럼 보이고, 오히려 손해를 볼 수 있습니다.

그 대신 그는 어떤 성문을 공격하고, 갑문에 어떻게 대포를 조준해야 할지 그리고 어떻게 그것들을 발포해야 할지 알아야 합니다. 또 혹시 불시에 영혼을 취해야 할 때가 오거나 전혀 예기치 못한 때에 진리를 선포해야 할 시점이 주어진다면, 영혼 속에 폭탄을 터뜨려야 하고, 죄의 세력들에 대해 치명적인 손상을 입히기 위해, 때때로 그 성벽을 무너뜨리기 위해 밤낮으로 포탄을 짊어진 포병들을 어떻게 진군시켜야 할지, 어떤 때 후퇴하고 휴식을 취해야 하며, 또 돌발적인 사태에 대비하여 갑자기 모든 포문을 열어야 할 때는 언제인지에 대해서도 알아야 합니다.

그리스도인 군사는 조금씩 전진하는 법을 알아야 합니다. 다시 말해 그는 편견을 때려눕히는 법, 해묵은 적대감을 파괴시키는 법, 정욕을 허공 속에 날려 버리는 법 그리고 마지막으로는 최후의 보루를 공격하는 법 등을 알아야 합니다. 사다리를 성벽으로 던지는 것도 그의 몫이고, 마음의 성벽 위에서 째깍째깍 울리는 소리를 듣고, 올라가는 사다리를 단단히 묶으라고 말하는 것도 그의 몫입니다. 그리고 그 사이에 칼을 물고, 사다리를 타고, 사람 위로 튀어 올라가 하나님의 이름으로 그의 불신앙을 죽이고, 성을 접수하고, 그리스도의 십자가의 피로 물든 붉은 기를 높이 올리고, "마음을 얻었노라 드디어 그리스도를 위해 영혼을 얻었노라" 고 선언합니다. 이것이 잘 훈련된 군사의 필수조건입니다.

많은 날들 동안 공격하고, 오랜 주간을 기다리고, 많은 시간들을 기도로 습격하고 간구로 포격한 다음에야 비로소 타락한 영혼을 이끌어낼 수 있는데, 이것이 바로 전도사역이고, 이것이 전도의 어려움입니다. 인간 영혼을 얻기 위해서는, 그 포로상태로부터 이끌어내 임마누엘 왕께서 그 안에 들어갈 수 있도록 마음의 문을 크게 열어 놓기 위해서는 이처럼 하나님의 은혜가 사람을 지혜롭게 만들어야 합니다. 이것이 영혼을 얻는 비결입니다.

"얻는다"는 말은 보통 고대 희랍에서 레슬링 경기에서 승리하는 것을 의미하는 말이었습니다. 희랍 사람은 월계관이나 담쟁이덩굴 왕관을 얻기 위해서 오랜 세월 동안 혹독한 훈련 과정을 거쳐야 했습니다. 드디어 그가 대적자와 맞서기 위해 옷을 벗을 때, 그의 모든 근육과 모든 신경이 얼마나 잘 발달해 있는지 보면, 그가 얼마나 훈련을 많이 했는가를 깨닫게 될 것입니다.

그에게는 냉혹한 대적자가 있고, 그는 그것을 익히 알고 있으며, 그러므로 그는 젖 먹던 힘까지 다 발휘해 싸워야 했습니다. 레슬링 경기가 진행되는 동안 여러분은 그의 눈이 얼마나 예리하게 대적자의 일거수일투족을 살피는지, 그의 손과 발 그리고 온 몸이 대적자를 쓰러뜨리는데 어떻게 사용되고 있는지를 볼 수 있을 것입니다.

그는 패배당하는 것을 두려워했습니다. 그는 대적자에게 패배를 안겨 주기를 바랍니다. 그런데 참된 영혼 구원자도 종종 사람들 속에 있는 마귀와 한판 대결을 펼쳐야 합니다. 그는 그들의 편견, 그들의 죄를 사랑하는 마음, 그들의 불신앙, 그들의 교만과 싸워야 하며, 어떤 경우에는 갑작스럽게 그들의 절망과도 맞붙어 싸워야 합니다. 또 어떤 순간에는 그들의 자기의와 승부를 겨루어야 하고, 그 다음 순간에는 하나님을 믿지 못하는 그들의 불신과 맞닥뜨려야 합니다.

영혼 구원자가 상대방을 정복시키기 위해서는 만 가지 기술이 사용됩니다. 그러나 만일 하나님이 그를 보내셨다면, 그는 죄의 권세를 던져 버리고, 그리스도를 위해 또 하나의 영혼을 얻을 때까지 그가 구원하기 바라는 영혼에 대해 결코 주도권을 놓지 않을 것입니다.

나아가 "얻는다"는 말에는 또 다른 의미가 있는데, 나는 그 의미를 여기서 상세히 설명할 수 없습니다. 여러분도 아시다시피, 그 말은 앞에서 언급한 의미들보다 훨씬 더 부드러운 의미에서 곧 우리가 사람들을 다룰 때 사용됩니다. 사랑하는 사람들은 자기들이 사랑하는 대상을 얻는데, 그들만의 은밀하고 신비로운 비결이 있습니다. 그것은 그 목적을 이루는 데에는 아주 적절하다는 면에서 지혜롭습니다.

나는 여러분에게 연인이 사랑하는 상대방을 어떻게 얻게 되었는지 말해 줄 수 없습니다. 하지만 여러분은 그것을 경험을 통해 아마 배웠을 것입니다. 이 전투에서 무기는 반드시 똑같지는 않습니다. 하지만 승리가 있는 곳에는 반드시 수단의 지혜가 누구에게나 분명히 드러나게 되어 있습니다. 사랑의 무기는 때때로 표정이나 속삭이는 부드러운 말이나 열심히 귀담아 들어주는 것일 수 있습니다. 또 때로는 눈물일 수도 있습니다. 그러나 내가 알고 있는 한, 우리 대부분은 우리 차례가 되면, 깨뜨리고 싶지 않고, 우리 인생을 즐겁게 하는 복된 포로 상태에 우리를 가두어 놓는 사슬을 다른 마음에 던져 버리는 것이 최대의 무기입니다.

그렇습니다. 우리가 영혼을 구원하기 위한 비결도 이와 아주 유사합니다. 그 예증은 다른 어떤 것들보다 훨씬 유사한 특징을 갖습니다. 사랑이야말로 영혼을 얻는 가장 참된 길입니다. 왜냐하면 성벽을 공격하는 것에 관해 말했을 때, 그리고 레슬링에 관해 말했을 때, 그것들은 하나의 비유에 불과했지만, 이것은 사실 그대로이기 때문입니다. 우리는 사랑으로 영혼을 얻습니다. 우리는 사랑으로, 그들의 슬픔에 대한 연민의 정으로, 그들이 멸망당해야 한다는 사실에 대한 걱정으로, 온 마음을 다해 그들이 구원받지 못하고 죽은 상태로 남아 있지 않고 구원하시도록 하나님께 간구하는 것으로, 그리고 그들 자신을 위해 그들이 자비를 구하고 은혜를 발견하도록 그들과 함께 하나님께 나아감으로써, 예수님을 위해 영혼을 얻습니다.

형제 여러분, 그렇습니다. 주 예수님을 위해 영혼을 사랑하고 영혼을 얻는 영적 길이 여기에 있습니다. 그리고 그 길을 배우고자 한다면, 여러분은 하나님께 자신에게 부드러운 마음을 주시고, 영혼을 동정하는 마음을 달라고 구해야 합니다. 나는 영혼 구원의 비결은 대부분 사랑의 감정에 달려 있다고 봅니다. 말하자면 그것은 인간의 연약함에 대해 연민을 갖고 다가갈 수 있는 영혼들에게 달려 있다는 것입니다.

설교자가 돌덩어리처럼 굳은 마음으로 말씀을 전한다고 해 보십시오. 비록 여러분이 그를 천사의 입술이라고 칭찬한다 해도, 그는 아무도 회심시킬 수 없습니다. 그가 멋진 강단에서 설교하도록 해 보십시오. 그의 웅변은 정말 완벽하고, 그의 설교는 심오한 정통성을 갖고 있습니다. 그러나 그의 가슴 속에 굳은 마음이 들어 있다면, 그는 절대로 영혼을 얻을 수 없습니다. 영혼구원은 갈빗대 사이에서 강하게 고동치는 심장이 필요합니다. 그것은 인간의 사랑이라는 우유로 가득 찬 영혼이 필요합니다. 이것이 성공의 필수조건(sine qua non)입니다. 이것이 하나님 아래에서 그분의 축복을 받아 이적을 일으키는 영혼구원자의 첫 번째 자격조건입니다.

나는 히브리어 원문을 찾아보지 않았습니다만, 아마 난외주가 있는 성경을 갖고 계신 분은 거기서 "지혜로운 자는 사람을 취하느니라(taketh)"는 주를 보게 될 것입니다. 여기서 "취한다"는 말은 고기를 낚거나 새를 잡는 것을 가리키는 말입니다.

매주일 집을 떠나 교회로 오면서 보면, 사로잡은 새가 들어있는 새장을 들고, 공원이나 들판에서 즐겁게 지저귀며 날아다니는 작은 새들을 잡기 위해 부지런히 돌아다니는 사람들을 봅니다. 그들은 새를 유인하고 붙잡는 방법을 잘 알고 있습니다. 영혼구원자들도 그들로부터 배워야 할 것이 많습니다.

우리는 영혼들에 대해 그들을 매혹시키고, 감격시키며, 붙잡을 수 있는 미끼를 놓아야 합니다. 우리는 우리의 올무, 우리의 유인물, 우리의 그물, 우리의 먹이를 가지고 나아가 사람들의 영혼을 포획할 수 있도록 해야 합니다. 그들의 원수는 가장 비열하고 아주 대단한 궤계를 가진 사냥꾼입니다. 우리는 정직의 간계와 은혜의 술책으로 그보다 선수를 쳐야 합니다. 그러나 그 기술은 어디까지나 하나님의 가르침을 통해 배워야 합니다. 그리고 거기서 우리는 지혜롭게 되고, 기꺼이 배우게 됩니다.

고기를 낚는 사람도 역시 자기만의 어떤 기술이 있어야 합니다. 워싱턴 어빙(Washington Irving)은 아이작 월턴(Izaak Walton)이 쓴 낚시의 즐거움에 관한 책을 읽은 세 명의 신사에 관해 우리에게 말한 적이 있습니다.

그들은 똑같이 낚시의 즐거움에 빠져 들었고, 그래서 결국에는 이 신사적인 오락의 제자들이 되었습니다. 그들은 뉴욕에 가서 고기를 낚을 수 있는 최고의 낚싯대와 줄을 샀습니다. 그들은 특정한 날이나 달에 물고기를 더 많이 잡기 위해서 고기들에게 잘 먹히는 낚싯밥을 찾았습니다. 그렇게 그들은 잡은 고기를 신속하게 바구니에 던져 넣을 수 있도록 준비를 했습니다. 그리고 물가로 가 고기를 잡고, 또 잡았습니다. 하루종일 고기를 잡았습니다.

그러나 바구니는 여전히 비어 있었습니다. 누더기를 입은 한 소년이 신발과 양말도 신지 않은 채 언덕에서 내려와 고기 한 마리 못잡았다고 그들을 크게 모욕했을 때, 그들은 아무 소득이 없는 운동에 싫증이 났습니다. 그때 소년은 나무에서 큰 가지를 하나 꺾어 오더니 거기에 줄과 구부러진 핀을 하나 달았습니다. 그는 그곳에 벌레를 한 마리 끼우더니 물 속으로 던졌습니다. 그러자 마치 바늘이 자석에 끌려올라오는 것처럼, 즉각 고기 한 마리가 물려 올라왔습니다. 다시 그렇게 하자 또 다른 고기가 물려 올라왔습니다. 그는 바구니에 고기가 가득 찰 때까지 그 일을 반복했습니다. 그들은 소년에게 어떻게 했느냐고 그 비결을 물었습니다. 그러자 그는 그것을 말해 줄 수는 없지만, 당신들이 그 비결을 알기만 하면, 그것은 너무 쉽다고 말했습니다.

사람을 낚는 방법도 이와 똑같습니다. 비단줄이 새겨진 훌륭한 지팡이를 가진 어떤 설교자들은 아주 웅변적이고 크게 은혜로운 설교를 합니다. 그러나 그들은 결코 영혼을 얻지는 못합니다. 나는 그들이 왜 그런지 모르겠지만, 다른 사람이 와서 아주 단순한 말이지만, 뜨거운 가슴으로 솔직하게 설교하면 많은 사람들이 회심하고 하나님께 돌아오는 역사가 일어납니다. 확실히 목사와 그가 구원한 영혼들 사이에는 사랑의 감정이 있어야 합니다.

하나님은 자신이 영혼 구원의 도구로 삼은 사람들에게 그 사역에 대해 자연스러운 애정을 갖도록 역사하시고, 그에 합당한 영성을 허락하십니다. 축복을 받아야 할 사람들과 축복의 도구가 되어야 할 사람들 사이에 사랑이 있습니다. 그리고 이 극진한 사랑으로 말미암아 하나님의 은혜 아래 영혼들이 취해집니다. 하지만 사람들을 낚는 어부가 되기 위해서 지혜로워야 한다는 것은 한낮의 햇볕만큼이나 분명한 사실입니다. "지혜로운 자는 사람을 얻느니라."

2.날마다 주님의 사역에 쓰임 받고 사람들의 영혼을 그리스도께 인도하기를 구하는 형제, 자매 여러분, 나는 이제 두 번째로 영혼들을 구원하는 길 몇 가지를 여러분에게 말씀드리는 것으로 이것을 예증하고자 합니다.

설교자 자신은 자신의 사역의 실재성을 믿을 때, 곧 그가 영혼의 즉각적인 회심의 역사를 믿을 때, 영혼을 가장 잘 구원하게 된다고 생각합니다. 그가 자신이 하는 일에 대해 하나님이 해 주시리라고 믿지 않으면서 어떻게 할 수 있겠습니까? 설교할 때마다 회심의 역사가 일어나리라고 기대하는 사람이 가장 크게 성공하는 법입니다.

그의 믿음에 따라 그에게 일어나는 일도 좌우됩니다. 회심의 역사가 없어도 만족하는 것은 회심의 역사를 일으키지 못하는 가장 확실한 길입니다. 영혼 구원이라는 한 가지 목표에 전적으로 몰두하는 것이 가장 효과적인 전도 방법입니다. 만일 우리가 사람들이 구원받을 때까지 탄식하며 부르짖는다면, 그들은 곧 구원받게 될 것입니다.

영혼을 구원하는 진리에 가장 가까운 사람이 가장 큰 성공을 거두게 될 것입니다. 그런데 모든 진리가 교훈을 주는 것이지만, 모든 진리가 영혼을 구원하는 것은 아닙니다. 십자가의 단순한 이야기를 믿는 사람은 사람들에게 그리스도를 믿는 자는 누구든지 정죄를 받지 않고, 구원을 받으며, 십자가에 달리신 대속주를 단순히 믿는 것 외에 더 요구되는 것이 아무것도 없다고 말해 줄 것입니다.

그 사역이 영광스러운 십자가 이야기, 죽어가는 어린양의 고난당하심, 하나님의 자비, 회개하고 돌아오는 탕자를 받아 주시는 크신 아버지의 은혜를 중심으로 이루어져 있는 사람, 실제로 날마다 "보라 세상 죄를 지고 가는 하나님의 어린 양이로다"(요 1:29)라고 외치는 사람이 특별히 여기에 많은 기도를 더하고, 사람들을 예수님께 인도하기를 간절히 바라는 욕구가 있으며, 공적 사역에서나 사적 생활에서나 똑같이 사랑하는 구주의 사람들에 대한 사랑을 다른 사람들에게 전해 주려고 애를 쓴다면, 쉽게 영혼을 구원하는 자가 될 것입니다.

그러나 나는 목사들에게 말하는 것이 아니라 회중석에 앉아 설교를 듣고 있는 여러분들에게 말씀드리고 있습니다. 그러므로 내가 여러분에게 더 집중하도록 해 주십시오. 형제, 자매 여러분, 여러분은 각자 다양한 은사를 갖고 있습니다. 나는 여러분이 그것들을 골고루 다 사용하기를 원합니다.

아마 여러분 가운데 어떤 이들은 교회의 지체로서 필요한 은사가 없다고 생각할지도 모르겠습니다. 그러나 모든 신자는 각자 나름대로 은사를 소유하고 있고 각자 자기 몫의 사역이 있습니다. 여러분은 영혼을 구원하는 일을 하는데 어떤 일을 감당할 수 있습니까?

자신들은 아무것도 감당할 수 없다고 생각하는 사람들에게 다른 사람들의 말씀을 듣도록 이끌 수는 있을 것이라고 말씀드리고 싶습니다. 그것은 정말 크게 무시되고 있는 사역입니다. 나는 여러분에게 다른 사람들을 이곳으로 인도하라고 말할 수는 없지만, 여러분 가운데 많은 이들이 자리가 많이 비어 있는 다른 곳으로 인도할 수 있을 것입니다. 그곳을 채우도록 하십시오. 교회가 작다고 불평하지 말고, 더 큰 교회로 만들기 바랍니다.

어쨌든 말씀이 있는 곳으로 누구든 데리고 가십시오. 그러면 즉시 교인 숫자가 불어날 것입니다. 그리고 여러분의 교회 목사님의 설교가 능력 있는 말씀이 되도록 기도를 겸하십시오. 여러분이 전할 수 없을 때, 다른 사람들을 말씀이 선포되는 자리로 인도한다면, 여러분이 할 수 있는 최선의 사역을 감당하는 것입니다. 이것은 너무나 진부한 말이고 단순한 언급이지만, 나는 여러분에게 특별히 강조합니다. 왜냐하면 그것은 실천할 만한 아주 가치 있는 일이기 때문입니다.

자기들이 이미 받은 축복에 관해 다른 사람들에게 소개하고 그들을 교회로 인도한다면, 거의 비어 있는 많은 교회와 예배당이 곧 가득 찰 것입니다. 특별히 하나님의 집을 찾는 사람들이 그리 많지 않은 우리 런던 지역은 여러분의 이웃들을 예배의 자리로 인도할 필요성이 훨씬 더 큰 지역입니다. 그러므로 그들을 찾아가십시오. 주일 아침부터 저녁까지 집에서 쉬는 것이 결코 좋은 일이 아님을 그들이 느끼도록 해 주십시오. 선한 모습이 없다고 욕하거나 비판하지 마십시오. 그들을 유인하고 설득하십시오. 예배당을 찾도록 전도지를 돌리고, 그들이 교회에 오면 친절히 인도자가 되어 여러분의 옆자리에 앉히십시오. 편안히 말씀을 듣도록 도우십시오. 그러면 그 결과가 어떻게 나타날지 누가 알겠습니까?

오, 만일 여러분이 할 수 없었던 일 — 그리스도에 관해 거의 전할 수 없었던 일 — 을 성령의 능력으로, 복음의 사정권으로 들어오도록 그들을 인도함으로써, 여러분의 목사님으로 하여금 복음을 대신 전할 수 있도록 한다면, 그 일이 여러분에게 얼마나 복된 일이 되겠습니까?

그 다음 전도자들은 사람들이 설교자의 설교를 들었다면, 이어서 그들과 대화를 해야 한다는 것입니다. 설교자가 요점에서 빗나갈 수 있는데, 그때 여러분은 요점에서 빗나가지 않도록 그들을 붙잡아 주어야 합니다. 또는 설교자는 감동을 줄 수 있는데, 여러분은 그들이 핵심적인 말씀을 통해 더 깊은 감동을 느끼도록 그들을 도와주어야 합니다. 한 교회에서 회심을 체험한 많은 사람들을 생각해 봅니다. 그들은 그 체험이 자기 혼자의 힘이 아니라 자신을 인도해 준 사람들의 도움의 힘이라고 간증했습니다.

그들은 그 지역에 새로 온 사람들이었는데, 한 신실한 사람 — 나도 그를 잘 알고 있고, 지금 그는 천국에 있으리라고 생각합니다 — 이 그들을 입구에서 만나자 전도했습니다. 그는 자신이 들었던 복된 소식을 그들도 듣기 바라고, 그날 저녁 함께 가자고 말했습니다. 그리고 그는 예배가 끝나자 그들을 자기 집으로 초대해 차를 마시자고 했는데, 그들은 그렇게 했고, 거기서 그는 주님에 관해 그들과 대화를 나누었습니다. 그는 다음 주일에도 똑같이 했습니다.

드디어 설교에 크게 감동을 받지 못했던 사람들이 그의 설득력 있는 말을 듣고 얼마 안 있어 다른 사람들과 함께 교회를 찾았습니다. 선하신 주님의 은혜의 사역을 따라 그들은 회심하고 하나님께 돌아왔습니다.

여기 아주 좋은 사냥터가 있습니다. 정말로 곳곳에 구원받아야 할 대상들이 널려 있습니다. 여러분은 마음만 먹으면 얼마든지 영혼을 구원할 수 있습니다. 매일 아침, 저녁으로 그리스도를 받아들이는 것에 대해 아무 생각이 없는 사람들이 얼마나 많이 왔다 갔다 할까요! 오, 주님을 사랑하는 여러분이 진실로 목사의 사역을 돕는다면, 여러분 주위에 있는 이웃들에게 전도함으로써 목사의 사역을 돕는다면, 그 성취의 역사는 얼마나 엄청날까요! 다른 사람에게 "나는 석 달에 한 번씩 교회에 가고, 나는 당신에게 할 말이 없다"고 말하지 마십시오. 아니 그 대신, 항상 하나님의 집을 가까이 해야 할 성도로서, 아주 친근한 태도로 여러분의 친구들에게 나는 그들의 귀에 들려주지만 하나님은 그들의 마음에 들려주심으로써 여러분을 도우시는 진리를 온 마음을 다해 그들에게 들려주시기를 바랍니다.

사랑하는 형제 여러분, 이제 나는 여러분에게 지인 및 친척들과 길게 이야기를 나누는 비결을 추천해 드리고 싶습니다. 만일 여러분이 백 명에게 전도할 수 없다면, 한 명에게는 할 수 있을 것입니다. 오직 그 사람에 대해 주도권을 쥐고, 사랑으로, 조용히 그리고 기도하면서 대화를 나누십시오. "한 사람만!"이라고 말하십시오. 한 사람으로 충분하지 않습니까?

나는 젊은이로서 여러분의 야망을 알고 있습니다. 여러분은 이 자리에서 수천 명의 사람들에게 설교하기를 원하고 있겠지요. 그러나 한 사람으로 만족하고, 거기서부터 시작하십시오. 여러분의 주님은 우물가에 앉아 한 여인에게 설교하는 것을 부끄러워하지 않으셨습니다. 그리고 그분은 그 설교를 다 마치자 실제로 그분 자신이 수가성 온 지역을 다니며 복음을 전파하는 것과 같이 되었습니다. 왜냐하면 그 한 여인이 자기가 아는 사람들에게 복음을 전파했기 때문입니다. 그러나 우리는 그렇게 쓰임받는 것에 대해 종종 소심증을 드러냅니다. 그것에 굴복해서는 안 됩니다.

그리스도께서는 우리의 침묵을 통해 자신이 알려지지 않고, 죄인들이 우리의 게으름 때문에 경고받지 못하는 것에 대해 결코 참지 않으십니다. 우리는 불신자들을 개인적으로 다루는 방법에 대해 공부하고 훈련받지 않으면 안 됩니다. 우리는 전도에 대해 어떤 핑계를 대어서는 안 되고, 그 쉽지 않은 일을 아주 쉽게 할 수 있을 때까지 헌신해야 합니다. 이것은 영혼 구원을 이루는데 가장 효력 있는 방식 가운데 하나입니다. 만일 그것이 보통의 열심이나 용기 이상의 것을 요구한다면, 그것을 습득하기 위해 우리는 굳은 결심을 해야 할 이유가 충분히 있습니다.

사랑하는 형제 여러분, 우리는 영혼을 구원해야 합니다. 우리는 사람들이 정죄 받는 것을 보면서 편히 살 수 없습니다. 우리는 그들을 예수님께 인도해야 합니다. 오! 그렇다면 더욱 분발하여 활동함으로써, 여러분 주위에서 경고의 말씀을 듣지 못하고, 무관심 속에서, 슬퍼하는 자도 없이 죽어가는 사람들이 하나도 없게 하십시오. 글도 유익하지만, 살아 있는 말이 훨씬 낫습니다. 여러분의 눈, 얼굴, 목소리가 그 일에 모두 도움이 될 것입니다. 여러분 자신의 말이 훨씬 더 좋은 한 편의 논문이라는 사실에 대해 절대로 겁먹지 마십시오. 나는 여러분이 예수님을 위해 이 일을 반드시 이루시도록 권면합니다.

여러분 가운데 어떤 이들은 주님을 위해 편지를 쓸 수도 있을 것입니다. 멀리 떨어져 있는 친구들에게는 애정이 담긴 몇 줄의 글이 가장 효과적인 능력을 발휘할 수 있습니다. 펜을 잘 다루었던 잇사갈 가문의 사람들처럼 되어 보십시오. 종이와 잉크만큼 전도에 유익한 것도 없습니다. 많은 사람들이 이 방법을 통해 구원을 얻었습니다. 그렇다면 여러분도 왜 할 수 없겠습니까? 한 번 시도해 보지 않겠습니까?

나아가 여러분 중에는 어쨌든 비록 말을 잘하거나 글을 잘 쓰는 재주는 없다고 할지라도, 그렇게 살 수는 있는 사람들도 있을 것입니다. 그것 곧 여러분의 발로 하는 설교야말로 가장 좋은 설교입니다. 나는 여기서 여러분의 삶, 행실 그리고 관계를 통해 전하는 설교를 말하는 것입니다.

은밀한 가운데 불신 남편을 위해 눈물로 기도하는 사랑 많은 아내, 아버지의 독신에 그 마음이 찢어지지만, 아버지의 회심을 위해 더욱 순종하는 효심 깊은 자녀, 욕을 해대면서도 셀 수 없을 정도로 많은 액수의 돈이 들어있는 그의 지갑을 믿고 맡길 수 있을 정도로 신실한 종, 장로교인이라고 조롱을 받으면서도 항상 정직함을 잃지 않고 비열한 행동은 절대로 허용하지 않는 상인, 이런 사람들은 최고의 설교자들입니다. 이런 사람들이 여러분의 실제 모습이 되기 바랍니다.

우리에게 여러분의 거룩한 삶을 보여 주십시오. 여러분의 거룩한 삶은 지렛대처럼 세상을 움직일 것입니다. 하나님의 축복 아래 우리는 할 수만 있다면 혀를 사용해야 합니다. 그러나 우리의 혀가 말하는 것을 그대로 확증하기 위해서는 거룩한 삶이 절대로 필요합니다. 복음은 그림이 들어 있는 신문과 같습니다. 설교자의 말은 글씨이지만, 그림은 교회를 이루고 있는 살아 있는 성도들입니다. 사람들은 이 신문을 읽을 때, 종종 글씨는 읽지 못하지만, 그림은 항상 주목합니다.

마찬가지로 교회에서 아직 구원받지 못한 출석자들은 설교자의 설교를 들으러 오는 것이 아니라 항상 교인들의 삶을 주목하고, 관찰하고, 비판합니다. 사랑하는 형제 여러분, 영혼을 구원하고자 한다면, 여러분이 먼저 복음을 따라 살아야 합니다. 나는 우리 교회 성도들이 진리를 따라 사는 것만큼 큰 기쁨이 없습니다.

나아가 한 가지 덧붙여 말씀드리자면, 영혼구원자는 기도의 대가가 되어야 한다는 것입니다. 여러분은 여러분 자신이 먼저 하나님께 나아오지 않는 한, 영혼들을 하나님께 나아가게 할 수 없습니다. 여러분은 그리스도와의 거룩한 교제의 병기고에 전부(戰斧: 전쟁할 때 쓰는 도끼)를 비롯한 여러분의 전쟁무기들을 갖고 있어야 합니다. 만일 여러분이 예수님과 독대하는 시간을 많이 갖는다면, 성령을 받을 수 있을 것입니다. 그때 여러분은 성령의 심정으로 뜨겁게 타오를 것이고, 그분의 생명을 불사르게 될 것입니다.

여러분은 그분이 예루살렘이 멸망당하는 장면을 보고 그곳을 위해 뜨거운 눈물을 흘리며 우셨던 것처럼 울 게 될 것입니다. 비록 그분이 하신 것만큼 웅변적으로 말할 수는 없겠지만, 여러분이 말하는 것은 어느 정도 그분 안에서 사람들의 가슴을 떨리게 하고 그들의 양심을 일깨우는 동일한 능력을 나타내게 될 것입니다. 사랑하는 형제 여러분, 특히 여러분은 교회의 지체로서, 여러분이 한 맹세에 거짓말하는 자가 되지 않기를 바라고, 하나님 나라의 문제를 과소평가하는 실수를 범하지 않기를 바랍니다.

여러분 가운데에는 영혼을 구원하는 일에 그 열심이 아직 한창 때인 사람도 있고, 그렇지 못한 사람도 있습니다. 여러분은 다 진정 지혜로운 사람들입니다. 그러나 나는 여러분이 그 손이 게으름 속에 있고, 내 설교로 만족하고 사람들에게 스스로 설교하지 못하는 사람들이 있을까봐 염려하지 않을 수 없습니다. 이런 입장을 취하고 이런 자리를 차지하고 있는 사람들은 무엇을 하든 좋은 일이 일어날 희망이 없습니다. 오, 나에게 여러분의 열심을 보여 주십시오!

거의 5천 명에 가까운 이 대규모 성도들인 우리가 살아 있다면, 그리고 열심이 있다면 무엇을 못하겠습니까? 그러나 아무리 숫자가 많다고 할지라도, 열심의 정신이 없다면, 그저 실수나 하고 선한 열매는 도무지 맺지 못하는 오합지졸과 무익한 집단에 지나지 않을 것입니다. 만일 여러분 모두가 그리스도를 위한 횃불이 된다면, 나라 전체를 불타오르게 할 것입니다. 만일 여러분 모두가 생수의 근원이 된다면, 그 물을 마시고 새롭게 될 영혼들이 얼마나 많겠습니까!

사랑하는 형제 여러분, 나는 여러분에게 한 가지 질문을 드리고 싶습니다. 여러분 자신의 영혼은 구원을 받았습니까? 이 질문에 긍정적으로 대답할 수 없다면 여러분은 다른 사람들을 절대 구원할 수 없습니다. 여러분은 구원받았습니까? 저기 뒤에 있는 사람들이나 여기 앞에 있는 사람들 모두 구원을 받았습니까? 만일 오늘 밤 여러분이 이 질문에 내가 기대한 것과 다른 대답을 한다면 어떻게 되겠습니까? 마지막 위대한 설교자의 앙상한 손가락이 내 대신 들려진다면 어떻게 되겠습니까? 그의 비교할 수 없는 웅변이 그 뼈들을 돌로 만들고, 그들의 눈을 흐려지게 하며, 여러분의 몸속에 흐르는 피를 식게 만든다면 어떻게 되겠습니까?

여러분은 마지막 심판의 자리에서 구원받았음을 표현할 수 있겠습니까? 만일 구원받지 못했다면 여러분은 앞으로 어떻게 되겠습니까? 지금 구원받지 못한다면 언제 구원받겠습니까? 지금보다 더 좋은 시간이 언제 오겠습니까? 구원받는 길은 인자가 사람이 되어 자기를 믿는 모든 사람들을 위해 형벌을 받으셨을 때 그분이 행하신 것을 단순히 믿기만 하면 되는 것입니다.

그리스도께서는 자기 백성들을 위해 대신 죗값을 지불하셨습니다. 그분의 백성들은 그분을 믿는 사람들입니다. 만일 여러분이 그분을 믿기만 한다면, 그분은 여러분의 죄를 대신 처리하실 것입니다. 여러분은 그 죄를 처리할 필요가 없습니다. 왜냐하면 하나님께서는 죄에 대해 처음에는 그리스도를, 그 다음에는 여러분을, 그렇게 두 번씩 처벌하실 수 없기 때문입니다. 만일 여러분이 지금 하나님 보좌 오른편에 계시는 예수님을 믿는다면, 이 순간 즉시 죄 사함을 받고, 영원토록 구원을 받을 것입니다.

오, 당장 그분을 믿으시기를! 아마 여러분에게 지금과 같은 기회는 결코 없을 것입니다. 그러므로 사랑하는 형제들이여, 지금, 바로 지금이라도, 예수님을 믿을 수만 있다면, 여러분은 "당신은 구원받았습니까?"라는 질문에 지체 없이 예라고 대답할 수 있습니다. "나는 당연히 구원받았습니다. 왜냐하면 '그를 믿는 자는 심판을 받지 아니하는 것이요'(요

3:18)라고 말씀하고 있기 때문입니다." 그러므로 어서 그분을 믿으십시오. 지금 그분을 믿으십시오. 그리하면 하나님께서 여러분이 영혼구원자가 되도록 도우실 것입니다. 그리고 여러분은 지혜로운 자가 되고, 하나님은 영광을 받으실 것입니다!

제 13 장

전도 — 그리스도인의 유일한 사명

내가 여러 사람에게 여러 모습이 된 것은 아무쪼록 몇 사람이라도 구원
하고자 함이니
— 고린도전서 9:22

철저하게 한 가지 근본 열정에 사로잡힌 사람을 만나는 것은 행복한
일입니다. 이런 사람은 확실히 강한 사람이고, 만일 그 근본 원리가 탁월
하다면, 그 역시 탁월한 사람임이 틀림없습니다. 한 가지 목표를 가진 사
람은 사람다운 사람입니다. 여러 가지 목표를 가진 사람은 무수한 물줄
기를 따라 졸졸 흐르는 물과 같습니다. 이 물은 아주 작은 조가비 같은
배 한 척도 떠다니지 못할 정도로 충분히 넓거나 충분히 깊지 못합니다.
그러나 한 가지 목표를 가진 사람은 양쪽 제방 사이를 힘차게 흐르는 강
물과 같습니다. 그 강물은 무수한 배들이 떠다니기에 충분하고, 근처 땅
을 충분히 비옥하게 해 줍니다.

나는 그의 영혼 속에 위대한 한 가지 목표를 간직하고 있으면서 철저
하게 그 목표에 사로잡혀 자신의 모든 힘을 거기에 집중시키고, 그 고상
한 목표를 위해 불 같은 열정으로 매진하는 사람을 보기 원합니다. 만약
여러분이 그런 사람이라면, 세상을 뒤집어놓을 수 있는 가장 위대한 능
력의 원천들 가운데 하나를 내 앞에서 보여 주는 것입니다. 그의 마음이
거룩한 사랑으로 가득 차 있고, 그의 머리는 위대한 천국 사상으로 충만
한 사람을 내게 보내 주십시오. 이런 사람은 그의 인생이 어디서 펼쳐지

든 유명해지게 될 것입니다.

나는 그의 무덤은 잊혀질지언정 그의 이름은 오랫동안 기억될 것이라고 감히 예언합니다.

이런 사람 가운데 하나가 바울이었습니다. 나는 그를 떠받들고 우상화시킴으로써, 여러분이 그를 바라볼 때 성인처럼 떠받들고 경배하도록 하려는 마음은 추호도 없습니다. 나는 그의 모습이 우리 모두가 되어야 할 사람의 한 모습이라는 것을 언급합니다. 우리는 그가 가졌던 사도로서의 직분을 가질 수 없지만, 그의 재능이나 영감의 능력을 공유할 수는 없지만, 그의 삶의 동기가 되었던 것과 똑같은 영에 사로잡혀야 합니다. 그리하여 우리 역시 그 영을 통해 그와 동일한 수준에 도달해야 합니다.

여러분은 그것에 이의를 제기하겠습니까? 그렇다면 나는 하나님의 은혜로 말미암아 바울 안에 있었던 것이 여러분 안에 있을 수 없는 것이 무엇이 있는지 여러분에게 한 번 묻고 싶습니다. 예수님이 여러분에게 하신 것 이상으로 바울에게 하신 것이 무엇이 있었습니까?

바울은 하나님의 은혜로 변화를 받았습니다. 여러분이 흑암으로부터 놀라운 빛으로 나오게 되었다면, 여러분도 역시 그와 똑같은 변화를 겪은 것입니다. 바울은 큰 용서를 받았습니다. 마찬가지로 여러분도 값없이 죄사함을 받았습니다. 바울은 하나님의 아들의 보혈로 말미암아 구속을 받았습니다. 여러분도 똑같습니다. 적어도 여러분은 그렇게 고백하고 있습니다. 바울은 하나님의 영으로 충만했습니다. 여러분의 신앙고백이 거짓이 아니라면, 여러분도 그렇게 될 것입니다.

그렇다면 그리스도에 대한 여러분의 구원도 예수님의 보혈에 빚지고 있고 성령의 소생케 하심에 힘입고 있는 것이기 때문에, 왜 여러분이 똑같이 심은 것에서 똑같은 열매를 거두어서는 안 되는지 묻고 싶습니다. 왜 똑같은 원인으로부터 똑같은 결과를 얻지 못하겠습니까? 바울 사도는 예외고, 평범한 사람들의 기준이나 모델로 세워질 수 있는 인물이 아니라고 말하지 마십시오. 왜냐하면 나는 지금 여러분에게 우리가 바울처럼 되기를 소망한다면 바울처럼 될 수 있다고 말하고자 하기 때문입니다.

바울은 이미 얻었다거나 온전히 이루었다고 생각하지 않았습니다. 그런데도 우리가 그를 흉내도 낼 수 없을 정도로 비범한 사람으로 간주하고, 그의 수준에 미치지 못하는 것을 당연하게 생각해야 할까요? 아닙니다. 그것은 진실이 아닙니다. 우리가 그리스도를 믿는 자들로서 쉬지 않고 기도해 봅시다. 그러면 바울이 그리스도를 따른 것만큼 우리도 그분을 따르는 자들이 될 수 있습니다. 그가 주님의 발자취를 다 따르지 못했다면 우리도 얼마든지 그를 앞지를 수 있습니다. 그러므로 이방인의 사도가 했던 것보다 더 큰 열심, 더 큰 헌신을 보여 줍시다. 오, 성령께서 우리 주 예수님 자신을 닮도록 우리를 인도해 주시기를!

여기서 나는 여러분에게 바울의 인생의 최대 목표에 관해 말씀드리고자 합니다. 그는 그것을 이렇게 우리에게 말합니다: "얼마를 구원하려 함이라"(롬 11:14). 이어서 우리는 바울의 심정을 들여다보고, 얼마를 구원하고자 하는 것이 왜 그토록 그에게 중요하게 되었는지 그 이유 몇 가지를 살펴보려고 합니다. 그 다음 세 번째로 우리는 바울이 그 목적을 위해 사용했던 수단들이 무엇인지를 지적해 볼 것입니다.

사랑하는 형제 여러분, 이 입장에 따라 우리도 "얼마를 구원하는" 자가 되기 바랍니다. 그리고 절대로 후퇴해서는 안 되는 유력한 이유들이 있기 때문에 여러분은 이 목적을 확실히 추구하기 원합니다. 아울러 그 목적을 성공시키는데 필수적인 지혜로운 방법들을 가지고 그것을 추구할 수 있기를 바랍니다.

1. 첫째, 그의 인생과 사역에서 바울의 최대의 목표는 무엇이었습니까? 그는 그것이 얼마를 구원하는 것이었다고 말합니다.

이 시간 이 자리에는 그리스도의 많은 사역자들이 함께하고 있습니다. 도시선교회원들, 여성성경학자들, 주일학교교사들, 우리 교회의 주님의 포도원에서 일하는 사역자들이 함께 참석하고 있습니다. 나는 감히 여러분 각자에게 이렇게 묻고 싶습니다. 그리스도인으로서 여러분이 행하는 사역에서 여러분의 목표는 무엇입니까? 여러분은 무엇보다 먼저 영혼을 구원하는 목표에 헌신하고 있습니까?

나는 어떤 사람들이 이 위대한 목표를 잃어버리고 활동하는 것을 염려하지 않을 수 없습니다. 그러나 사랑하는 형제 여러분, 그리스도인의 삶의 목적에서 이 목표가 빠져 버리면 그 삶은 아무런 가치가 없게 됩니다. 나는 사람들을 즐겁게 하려는 목적으로 설교하는 사람들이 있음을 경계합니다. 사람들이 우르르 몰려들었을 때, 그들의 귀를 즐겁게 해 주면, 그들은 자기들이 들은 것에 대해 즐거워하면서 돌아갈 수 있고, 설교자는 만족하며 팔짱을 끼고, 자기도취에 빠질 것입니다.

그러나 바울은 사람들을 즐겁게 하고, 무리들을 모으는데 힘쓰지 아니했습니다. 만일 그가 그들을 구원하지 못했다면, 그는 그들을 모아 재미있게 하는 것이 아무 소용이 없다고 느꼈습니다. 진리가 그들의 마음속에 스며들지 않는 한, 바울은 집에 돌아가 "우리가 전한 것을 누가 믿었느냐 여호와의 팔이 누구에게 나타났느냐"(사 53:1)고 외쳤을 것입니다.

그리스도인의 활동의 목표는 사람들을 교육하는 것이라는 것이 오늘날 대다수 사람들의 견해인 것처럼 보입니다. 물론 나 역시 교육이란 그 자체로 굉장히 가치 있다는 것을 인정합니다. 그만큼 가치가 있기 때문에 모든 교회가 드디어 전국가적인 교육 체계를 갖추게 된 것에 대해 나도 크게 기뻐합니다. 교육을 통해 성도들이 더 수준 높은 신앙생활을 하게 되고, 이 땅의 어린아이들의 손에 지식의 열쇠를 쥐어 주는 것이 얼마나 좋습니까?

아무리 다른 사람들은 무지 위에 서 있다고 할지라도, 우리는 지식의 장려자들이고, 그것이 확대되면 확대될 수록 우리의 기쁨도 그만큼 배가 될 것입니다. 그러나 하나님의 교회가 단순히 정신능력을 계발시키기 위해 세상에 세워졌다고 생각한다면, 그것은 정말 심각한 착각입니다. 왜냐하면 기독교의 목표는 사람들의 세속적 요청을 교육시키는 것이 아니기 때문입니다. 또는 더 세련된 삶이나 우아한 직업을 갖도록 훈련시키는 것도 아니고 자연이나 시의 아름다움을 감상하도록 교육시키는 것도 아니기 때문입니다.

예수 그리스도는 이런 일들을 위해 이 세상에 오신 것이 아니었습니다. 그분은 잃어버린 자들을 찾고 구원하기 위해 오셨습니다. 그분은 그의 교회에 똑같은 사명을 주셨습니다. 그러므로 교회가 자신이 사람들 사이에 존재하는 유일한 목적이 그리스도와 십자가에 죽으신 주님을 선포하는 것임을 망각하고, 취미나 교양이라는 덕목으로 미혹된다면, 교회를 파송한 주님의 배반자가 되는 것입니다. 교회의 사명은 구원입니다.

목사는 얼마를 구원하는데 모든 수단을 강구해야 합니다. 만약 이것이 그의 마음의 유일한 욕구가 아니라면 그리스도의 사역자가 아닙니다. 선교사들이 현지인들을 문명화시키는 것으로 만족한다면 그들의 사역은 헛수고가 될 것입니다. 그들의 첫 번째 목표는 얼마를 구원하는 것입니다. 이것은 주일학교 교사들이나 다른 어린이 사역자들에게도 똑같이 해당됩니다. 만일 그들이 아이에게 성경 읽는 법이나 찬송 잘하는 법과 같은 일들만 가르친다면, 그들은 자기들의 참된 사명을 전혀 감당하지 못한 것입니다.

우리는 아이들을 구원시켜야 합니다. 우리는 항상 못에 망치를 휘둘러야지 머리 부분을 내리쳐서는 안 됩니다. 그렇게 되면 얼마를 절대로 구원할 수 없고, 얼마를 구원하지 못한다면 우리의 수고는 아무 소용이 없습니다.

바울은 사람들을 도덕화시키려고 했다고 말한 적이 결코 없습니다. 도덕의 최고의 장려자는 물론 복음입니다. 어떤 사람이 구원받으면, 그는 도덕적인 사람이 됩니다. 그는 그전보다 더 거룩하게 됩니다. 그러나 도덕을 첫 번째 목표로 삼는 것은 완전히 잘못된 것입니다. 비록 우리가 그 목표를 이루었다고 해도, 우리가 세상에 보냄 받은 목적을 이룬 것은 결코 아닙니다.

찰머스 박사의 경험은 기독교 사역은 단순히 도덕을 전파하는 것이어야 한다고 생각하는 사람들에게 아주 가치 있는 경험이 될 것입니다. 왜냐하면 그는 처음 목회를 시작했을 때 도덕에 관한 설교를 했는데, 그 설교를 통해서 선한 역사가 조금도 일어나지 않는 것을 보았다고 말하고 있기 때문입니다. 그러나 그가 십자가에서 죽으신 그리스도를 선포하기 시작하자 작은 소란과 동요 그리고 큰 반대가 있었지만, 은혜가 충만해 졌습니다.

향기를 원한다면 꽃을 자라게 하면 됩니다. 도덕을 장려하기 바란다면, 사람들을 구원시키면 됩니다. 시체가 움직이기를 바라는 사람은 먼저 그것에 생명을 불어넣어야 하고, 의로운 삶을 보기 바라는 사람은 먼저 성령을 통해 일어나는 내적 거듭남의 역사를 원해야 합니다.

우리는 그 이웃이나 하나님에 대해 그들이 행해야 할 의무를 사람들에게 가르치는 것으로 만족해서는 안 됩니다. 이것은 모세에게는 충분할지 모르나 그리스도에게는 충분하지 않습니다. 율법은 모세로 말미암아 왔지만, 은혜와 진리는 예수 그리스도로 말미암아 왔습니다. 우리는 사람들이 마땅히 행해야 할 바를 가르쳐야 하지만, 거기서 한 걸음 더 나아가야 합니다.

성령에 의해 적용된 복음의 능력을 통해, 우리는 그들이 그 마땅히 할 바를 실천하도록 해야 합니다. 우리는 소경의 눈앞에 그들이 보아야 할 것들을 놓지 말고, 그보다 먼저 예수님의 이름으로 그들의 눈을 열어 주어야 합니다. 우리는 포로된 자에게 어떻게 해야 자유로운 삶을 사는지에 대해 말하기 전에 옥문을 열고 그들의 족쇄를 풀어 주어야 합니다. 우리는 사람들이 어떻게 해야 하는지에 대해 말해 주는 것으로 만족하지 않고 이런 인격을 어떻게 얻을 수 있는지를 먼저 그들에게 증거하고, 예수 그리스도께서 나아와 자기를 믿는 모든 사람들에게 영생에 본질적인 모든 것을 어떻게 값없이 주시는지를 가르쳐 주어야 합니다.

형제 여러분, 만일 나나 여러분, 여러분 가운데 어떤 사람 또는 우리 모두가 인생을 그저 사람들을 즐겁게 하거나 사람들을 교육시키거나 사람들을 도덕화하는 데 사용해 버린다면, 마지막 심판 날 회계하게 될 때, 우리는 슬피 울며 이를 가는 상태에 빠지고, 아주 부끄러운 기록을 제출할 수밖에 없는 처지에 있게 될 것입니다. 정죄 받게 되는 상황인데, 사람이 교육받는 것이 무슨 소용이 있겠습니까?

승리의 나팔 소리가 울려 퍼지고, 하늘과 땅이 흔들리며, 무저갱이 불을 날름거리며 그 입을 활짝 벌려 구원받지 못한 자들을 삼켜 버릴 때, 사람을 즐겁게 하는 것이 그에게 무슨 유익이 되겠습니까? 그들이 아직 심판자의 왼편에 있고, 아직 "저주를 받은 자들아 나를 떠나 마귀와 그 사자들을 위하여 예비된 영원한 불에 들어가라"(마 25:41)는 말이 그들의 몫이라면, 아무리 도덕적인 사람이라 한들 무슨 소용이 있겠습니까?

그들의 모든 사역의 방향과 결국과 목표가 "얼마를 구원하는" 데 있지 않다면, 사람들의 영혼을 죽이기도 하고 살리기도 하시는 분의 붉은 피는 스스로 그리스도인이라고 자처하는 사람들의 옷자락만 붉게 만들 것입니다. 오! 사랑하는 형제 여러분, 나는 간절히 여러분, 특별히 주일학교와 빈민학교 및 그와 유사한 다른 곳에서 활동하는 여러분에게 당부합니다. 여러분은 아이들의 영혼을 구원하기 전에는 하나님을 위해 뭔가 큰일을 했다고 절대로 생각하지 마십시오.

영혼을 구원하는 것이 사역의 처음이자 끝이라고 생각하고, 여러분의 온 힘을, 그리스도의 이름으로 그리고 영원하신 성령의 권능으로, 이 목적에 쏟으십시오. 어떤 수단을 써서라도 얼마를 구원할 수 있도록, 다가올 진노로부터 그들이 구원받을 수 있도록, 예수님께 데리고 나오십시오.

바울이 얼마를 구원하려 함이라고 말할 때, 그 의미하는 바가 무엇일까요? 구원받는다는 것이 무슨 뜻입니까? 바울은 다만 어떤 이들이 거듭나야 한다는 뜻으로 그 말을 사용했습니다. 왜냐하면 어떤 사람도 그리스도 예수 안에서 새로운 피조물이 되기 전에는 구원받은 것이 아니기 때문입니다. 옛 본성은 구원받을 수 없습니다. 그것은 이미 죽었고, 시체입니다. 그것에 대해 할 수 있는 최선의 길은 그것을 십자가에 못 박아 그리스도의 무덤에 장사 지내는 것입니다. 그리고 우리 안에는 성령의 능력으로 말미암아 심겨진 새 본성이 있어야 합니다. 그렇지 않으면 우리는 절대로 구원받을 수 없습니다.

우리는 완전히 그 전과는 다른 새로운 피조물이 되어야 합니다. 아담이 에덴동산에서 하나님의 지혜를 따라 지음 받았던 것처럼, 오늘 우리도 영원하신 하나님의 손에 의해 새롭게 다시 지음 받아야 합니다. 이에 대해 위대한 선생이신 예수님은 다음과 같이 말씀하셨습니다:

"바람이 임의로 불매 네가 그 소리는 들어도 어디서 와서 어디로 가는지 알지 못하나니 성령으로 난 사람도 다 그러하니라"(요 3:8). "사람이 거듭나지 않으면 하나님의 나라를 볼 수 없느니라"(요 3:3).

결국 사도 바울이 의미했던 것은 사람들이 그리스도 예수 안에서 새로운 피조물이 되어야 한다는 것, 그래서 우리는 그들에게서 이러한 변화가 일어나는 것을 보기 전에는 절대로 안심할 수 없다는 것입니다. "얼마"를 거듭나게 하는 것, 이것이야말로 우리 가르침의 목표요, 우리 기도의 목표, 아니 진실로 우리의 인생의 목적이 되어야 합니다.

또 바울은 거기에 덧붙여 그 말이 얼마가 하나님의 아들의 대속적 희생을 통해 그 과거의 죄로부터 깨끗하게 되었다는 것을 의미한다고 보았습니다. 그 대속으로 말미암지 않고는 누구도 죄로부터 구원받을 수 없습니다. 유대의 율법 책에는 "누구든지 율법 책에 기록된 대로 모든 일을 항상 행하지 아니하는 자는 저주 아래에 있는 자라"(갈 3:10)고 기록되어 있습니다. 그 저주는 절대로 취소될 수 없고, 그것으로부터 벗어날 수 있는 유일한 길은 이와 같습니다:

"그리스도께서 우리를 위하여 저주를 받은바 되사 율법의 저주에서 우리를 속량하셨으니 기록된 바 나무에 달린 자마다 저주 아래에 있는 자라 하였음이라"(갈 3:13).

이제 예수님을 믿는 자 곧 그의 백성들의 속죄양이신 나사렛 예수의 머리에 그 손을 얹은 사람은 그 죄가 소멸됩니다. 그의 믿음은 그의 죄가 위대한 대속자의 머리 위에 놓여져 이미 처리되었음을 보여 주는 확실한 증거입니다. 주 예수 그리스도께서 우리 대신 형벌을 받으셨고, 그로 인해 우리는 더 이상 하나님의 진노를 받지 않습니다. 보십시오, 죄를 대속하는 희생제물이 죽임을 당해 제단 위에 올려졌고, 하나님은 그것을 열납하셨습니다. 그리하여 그분은 예수를 믿는 자는 누구든지 충분히 그리고 영원토록 죄 사함을 받았다고 선언하고 즐거워하십니다.

이제 우리는 사람들이 우리처럼 용서받는 모습을 보기를 간절히 소원합니다. 우리는 탕자의 머리를 아버지의 품으로 이끌어 오기를, 방황하는 양을 선한 목자의 어깨 위에 올려놓기를, 잃어버린 은전을 그 주인의 손에 쥐어 주기를 갈망합니다. 이 일을 다 이루기까지는 아무 일도 일어나지 않습니다. 형제 여러분, 이 일이 일어나지 않으면 영적으로 아무것도 아니고, 영원히 아무것도 아닙니다. 정말이지 그것은 불멸의 영혼이 불 속에 떨어져 고통 받는 것 외에 일어나는 일이 아무것도 없다는 것을 가리킵니다.

오 주여, 우리 영혼이 피로 값 주고 사신 당신의 구원에 합당한 자로서 예수님을 뵙기를 원합니다. 영혼들을 주님께 인도하는 효과적인 은총을 베풀어 주심으로써 우리를 도와주소서!

한 가지 더 사도가 얼마를 구원하려 한다고 말했을 때, 그 말이 의미하는 것은 거듭나 죄 사함 받은 자들이 또한 정결케 되고 거룩하게 되도록 하겠다는 것을 의미했습니다. 왜냐하면 누구든 죄 가운데 살면서 구원받지는 못하기 때문입니다. 사람으로 하여금 자신이 원하는 대로 말하게 해 보십시오. 그가 죄의 종으로 있는 동안에는 그것으로부터 구원받을 수 없습니다.

술주정뱅이가 과거처럼 여전히 방탕한 삶을 살면서 어떻게 음주로부터 구원받았다고 할 수 있겠습니까? 하나님을 저주하던 자가 여전히 불경스러운 삶을 살면서 어떻게 불경죄로부터 구원받았다고 말할 수 있겠습니까? 말이란 그 진정한 의미를 따라 사용되어야 합니다. 그런데 그리스도인 사역의 중심 목표는 얼마를 죄로부터 구원하여, 그들의 삶이 성결하고 순결하게 되어, 성령의 열매로서 성실과 자비와 정직과 의의 실례가 되도록 해야 합니다. 이것이 사실이 아니라면, 우리는 헛되이 수고하는 것이고, 우리의 힘을 쓸데없이 허비하는 것입니다.

하지만 나는 이 기도의 집에서 영혼의 회심에 관한 제목을 빼고 다른 기도를 드린 적이 결코 없음을 여러분 앞에 단언합니다. 또 내가 여러분을 그리스도께 인도하는 것, 이것을 빼고 다른 일을 위해 수고해 오지 않았음을 그리고 여러분이 마침내 "사랑하는 자 안에서 받아들여진" 존재가 되도록 하나님께 간구해 왔음을 하늘과 땅이 알고, 또 여러분의 양심도 알 것입니다.

나는 새로운 교리나 형식을 통해 타락한 욕망을 채우려고 하지 않고, 단순히 복음을 지켜왔습니다. 나는 여러분으로부터 하나님의 말씀의 가치를 한 조각만 떼어 전하지 않고, 그 전부를 여러분에게 전하려고 노력했습니다. 나는 세련된 설교를 하려고 애쓰지 않고, 여러분의 마음과 양심에 순수하고 솔직하게 호소했습니다. 만일 여러분이 구원받지 못한다면, 여러분께 수천 번 설교했으나 그것이 아무 소용이 없었던 것에 대해, 여러분이 구원받는 그 순간까지 하나님 앞에서 슬퍼하고 탄식할 것입니다. 만일 여러분이 그리스도께 다가가지 않는다면, 그리고 그분의 피로 가득 찬 샘에서 몸을 씻지 않는다면, 여러분은 한 번도 추수를 하지 못한 땅을 일구고 있는 것입니다.

아마 여러분은 이 자리에 나아옴으로써 나는 정말 큰 죄의 짐을 벗어 버렸고, 알지 못했던 많은 진리들에 대해 배웠다고 내게 감사할지 모르겠습니다. 그렇다면 그것은 좋은 일입니다. 그러면 나는 단순히 어떤 진리를 여러분에게 가르치고 죄를 덜 범하도록 교훈하는 일만 하면서 살아야 합니까? 여러분이 아직 구원받지 못하고 있고, 그리하여 사후에 지옥불에 던져져야 하는 것을 알고 있는 데, 어떻게 이것으로 만족할 수 있겠습니까?

사랑하는 형제 여러분, 여호와 앞에서 난 그렇게 못합니다. 여러분이 그리스도께 나아가 구원을 받지 못한다면 여러분의 목사인 나의 인생과 영혼과 힘은 아무런 가치를 부여받을 수 없습니다. 오직 여러분의 구원만이 나로 하여금 내 마음의 소원이 이루어졌다고 느끼도록 할 것입니다. 나는 여기서 수고하는 모든 사역자들에게 이 목표 곧 그리스도를 위해 영혼들을 얻는 것의 한 중심에 화살을 쏘는 것을 피하지 말고, 그들이 하나님으로부터 다시 태어나 그리스도의 보혈로 가득 찬 샘에서 몸을 씻는 모습을 보도록 권면하는 바입니다.

사역자들의 마음은 영혼들의 구원을 염려하고 갈망해야 하며, 그 목소리는 쉴 때까지 복음을 외쳐야 합니다. 그러나 그들은 최소한, 어떤 경우든, 사람들이 실제로 구원받을 때까지 아무것도 이룬 것이 없다고 판단해야 합니다. 어부가 그의 그물에 고기를 담기를 갈망하는 것처럼, 사냥꾼이 사냥감을 손에 쥐기를 열망하는 것처럼, 어머니가 다시 찾은 아들을 그 품에 꼭 끌어안기를 바라는 것처럼, 우리도 영혼들의 구원을 원하지 않으면 안 됩니다. 우리는 영혼을 얻지 못하면 차라리 죽을 준비를 해야 할 것입니다. 오 주여, 그리스도를 위하여 그들을 구원하소서, 그들을 구원하소서!

그러나 여기서 우리는 다른 요점으로 넘어가야 합니다.

2.둘째, 바울은 자기 인생에 이러한 목표를 정하게 된 이유들을 갖고 있었습니다.

바울이 이 자리에 있었다면, 여러분에게 그 이유들을 다음과 같이 말했을 것이라고 나는 생각합니다. 영혼들을 구원하기 위해서! 만일 그들이 구원받지 못한다면, 하나님을 얼마나 욕되게 하는 일이 되겠습니까! 여러분은 하루 중 어느 한 시간에 런던에서 우리 주 하나님께서 욕을 당하시는 것을 생각해 본 적이 있습니까? 오늘 우리가 이 시간, 이 자리에 기도하기 위해 모였는데, 가식적으로 기도한다고 생각해 보십시오. 만일 이 많은 사람들의 생각을 모두 읽을 수 있다면, 그들 가운데 얼마나 많은 사람들이 지존자를 욕되게 하고 있을까요!

그러나 모든 기도하는 집 밖에서, 모든 예배 처소 밖에서, 수천, 수만, 수십만의 사람들이 온종일 그들을 지으시고, 그 존재를 주관하시는 하나님을 경배하지 못하는 것에 대해 생각해 보십시오.

이 거룩한 시간에 얼마나 빈번하게 술집 문이 흔들리고 있는지 생각해 보십시오. 술집에서 얼마나 자주 하나님의 이름이 모독을 받고 있을까요! 아니 살펴보면, 이보다 더 악한 일들은 많습니다. 하지만 나는 그 베일을 다 벗기지는 않겠습니다. 한 시간 남짓 지나면, 흑암의 베일은 거두어지고, 여러분의 생각도 변화될 것입니다. 그들의 첫 조상이 하나님의 형상을 따라 지음 받았지만, 사탄의 종과 짐승 같은 욕망의 희생물로 타락해 버린 사람들 속에서 하나님의 이름이 얼마나 욕을 당하고 있는지 생각하는 것조차 우리는 부끄럽게 느껴질 것입니다. 슬프도다! 슬프도다! 가증한 것들로 가득 찬 이 도시를 향해 사도 바울은 "그들이 은밀히 행하는 것들은 말하기도 부끄러운 것들이라"(엡 5:12) 했습니다.

그리스도인들이여, 오직 복음만이 사회악을 일소할 수 있습니다. 악은 독사와 같고, 오로지 예수님의 음성만이 땅에서 그것을 몰아낼 수 있습니다. 복음은 이 도시의 더러운 것들을 깨끗하게 만들 큰 빗자루로서, 다른 것들은 아무 소용이 없습니다. 여러분은 그 이름이 날마다 모욕을 당하고 있는 하나님을 위해 얼마를 구원하는 사역을 감당하지 않겠습니까? 여러분의 생각을 전세계 다른 도시들에까지 확대시켜 보십시오.

중국과 인도의 우상숭배자들, 거짓 선지자와 적그리스도를 숭배하는 자들을 생각해 보십시오. 그들이 여기 있는 우리를 얼마나 분노하게 만들까요! 이 거짓 예배는 여호와의 화를 얼마나 크게 자극할까요! 그분은 "슬프다 내가 장차 내 대적에게 보응하여 내 마음을 편하게 하겠고 내 원수에게 보복하리라"(사 1:24)고 말씀하시면서, 얼마나 자주 자신의 칼자루에 손을 올려놓아야 하실까요! 그러나 그분은 인내하며 참으십니다. 우리는 그분의 오래 참으심에 대해 절대로 무관심해서는 안 됩니다. 그러나 밤낮으로 그분께 부르짖고, 날마다 그분을 위해 수고해야 합니다. 어떤 수단을 사용하든지 그분의 영광을 위해 얼마를 구원할 수 있는 한 말입니다.

사랑하는 형제 여러분, 이 인류의 극도의 비참에 대해서도 한 번 생각해 보십시오. 만일 여러분이 지금 이 순간 병원이나 빈민수용소 등지에서 비참한 삶을 사는 사람들에 관해 조금이라도 생각을 해 본다면, 그것이 얼마나 두려운 일인지 알 것입니다. 여기서 나는 가난에 대해 그것이 어디서 오며 얼마나 쓰라린 것인지에 대해 굳이 말하지 않겠습니다. 그러나 잘 살펴보면, 일부 사람들은 피할 수 없는 환경 때문에 가난에 허덕이지만, 런던의 대다수 가난한 자들은 분명히 방탕, 앞날에 대한 대책의 결여, 게으름 그리고 무엇보다 술취함의 결과로 그렇게 된 사람들임을 여러분은 발견하게 될 것입니다.

아, 그 술취함! 그것이 악의 주범입니다. 만일 술을 없앨 수만 있다면, 우리는 마귀도 정복할 수 있을 것입니다. 술취함은 이 거대한 도시 전체를 악덕의 중심지로 소름끼치게 만드는 지독한 알코올 소굴에서 나옵니다. 나는 성급하게 말한 것이 아닙니다. 성급한 말이라고 무시하지 마십시오. 수많은 술집이 얼마나 지독한지 모릅니다. 어떤 면에서 술집은 지옥보다 더 악한 곳입니다. 왜냐하면 지옥은 죄를 억제하는 안전장치로 사용할 수도 있지만, 술집은 유익하다고 말할 만한 것이 하나도 없기 때문입니다.

시대의 악들의 4분의 3은 가난을 일으키는 원인이 됩니다. 만일 여러분이 누추한 집에서 아내가 집으로 돌아오는 남편의 발자국 소리에 두려움을 느끼고, 어린 자녀들이 "한 남자"라고 부르는 짐승 같은 인간이 자신의 탐욕을 만족시킨 장소로부터 비틀거리며 집으로 돌아오는 모습을 볼 때, 무서워 짚더미 속에 웅크리고 숨어 있는 장면을 생각해 본다면, 이런 장면들이 오늘 밤에도 수만 번씩 재연되고 있음을 기억한다면, 여러분은 틀림없이 "하나님, 모든 수단을 다 동원해서 얼마를 구원할 수 있도록 우리를 도와주소서"라고 기도할 것이라고 생각합니다.

커다란 도끼가 열매를 맺지 못하는 악한 나무뿌리에 놓여 있기 때문에, 우리가 그 도끼를 들고 독 있는 나무의 거대한 줄기가 이리저리 흔들리기 시작할 때까지 계속해서 내려칠 수 있도록 하나님께서 도와주시기를! 그리하여 우리가 그것을 쓰러뜨리고, 런던 전체가 구원을 받으며, 지금 모든 가지로부터 뚝뚝 떨어지고 있는 비참과 불행으로부터 세상이 구원받기를!

사랑하는 형제 여러분, 그리스도인은 얼마를 구원해야 하는 또 다른 이유가 있습니다. 그것은 주로 완고한 영혼들의 끔찍한 미래 때문입니다. 내 앞을 가리고 있는 베일은 바라본다고 꿰뚫어볼 수 있는 것이 아닙니다. 하지만 눈에 천국의 안약을 바른 사람은 그것을 꿰뚫어보게 되는데, 그가 거기서 무엇을 볼까요? 무수한 영혼들이 그들의 육체를 떠나 두려움에 가득 차 행진하고 있는 모습이 보이지요 — 어디로 갈까요? 그리스도의 보배 피로 구원받지 못하고, 거듭나지 못하고, 씻음 받지 못한 사람들이 침묵 속에서 심판을 선고하는 엄숙한 법정으로 올라가는 모습을 우리는 봅니다. 그들은 하나님 앞에서 사라져 묘사할 수도 없고 상상할 수도 없는 공포의 장소로 사라지고 있습니다. 이것만으로도 우리는 밤낮으로 고민할 만한 충분한 이유를 갖습니다. 이 운명의 판단은 참으로 두려운 의식이 아닐 수 없습니다.

그러나 부활의 나팔 소리가 울려 퍼집니다. 그 영혼들은 그 감옥으로부터 나옵니다. 나는 그들이 땅으로 귀환하고, 무저갱에서 그들이 살았던 육체 속으로 다시 돌아오는 것을 봅니다. 지금 나는 그들이 심판의 골짜기에 무수히, 무수히, 무수히, 무수히 서 있는 것을 봅니다. 머리에 면류관을 쓰고, 그분 앞에 책들이 놓여 있는 크고 흰 보좌에 앉아 그분은 오십니다.

그리고 거기에 재판정의 죄수들처럼 그들은 서 있습니다. 지금 내가 보고 있는 환상은 그들이 얼마나 두려운 상태에 있는지! — 그것을 봅니다. 그들이 얼마나 두려워 떠는지, 그것은 마치 폭풍 속에서 떨고 있는 사시나무 잎사귀 같구나! 그들이 어디로 도망갈 수 있겠습니까? 바위들도 그들을 숨겨줄 수 없고, 산들도 그들을 감춰 주기 위해 그 내부를 열 수 없구나! 그들이 어떻게 되겠습니까? 공포의 천사가 낫을 들고 나타나 불 속에 던져 넣기 위해 가라지들을 베어내는 추수꾼처럼 그들을 베어냅니다. 그는 그들을 모아 그들을 절망이 영원한 고통이 되는 곳으로 던져 넣습니다.

아아, 참으로 슬프도다! 그들의 운명을 보고 그들의 때늦은 후회의 고통소리를 들으면서, 내 심장은 한없이 무너져 내립니다. 오 그리스도인들이여! 얼마를 구원하는 자가 되십시오. 모든 수단을 다 동원해서 얼마를 구원하십시오. 저편에서 활활 타고 있는 불길, 밖의 어둠, 비탄과 통곡 그리고 이를 가는 소리를 듣고 있다면, 얼마를 구원하는 자가 되십시오! 사도 바울처럼, 여러분도 모든 수단을 다하여 얼마를 구원할 수 있도록 이것을 인생 최대의 그리고 필생의 목표로 삼으십시오.

오! 만일 그들이 구원받는다면, 그 반대 상황을 상정해 보십시오. 그들의 영혼은 천국으로 올라가고, 부활 후 그들의 육체 역시 승천합니다. 거기서 그들은 대속의 사랑을 찬송합니다. 수금 위에 놓여 있는 그들의 것보다 더 민첩한 손가락이 어디 있을까요! "우리를 사랑하시고, 자신의 피로 우리 죄를 씻어 주시고, 우리를 하나님과 그의 아버지께 왕과 제사장이 되게 하신 그분께, 오직 그분께 영원무궁토록 영광과 통치가 있으리로다"라고 찬송하는 그들의 음성만큼 달콤한 목소리가 어디 있을까요!

과거에 하나님을 반역했던 자들이 하나님께 나아오고, 진노의 상속자들이 천국의 소유자가 된 것을 보는 것은 얼마나 놀라운 축복일까요! 오, 무수한 사람들이 이 복된 상태에 들어갈 수 있기를! "얼마를 구원하려 함이라" — 오! 최소한 얼마를 구원하십시오. 얼마가 영광 속에 들어갈 수 있도록 힘쓰십시오. 여러분의 주님을 바라보십시오. 그분이 여러분의 모범이십니다. 그분은 얼마를 구원하기 위해 천국을 떠나오셨습니다. 그분은 "얼마를 구원하기" 위해 십자가로 나아가고, 무덤 속으로 들어가셨습니다.

자신의 양들을 위해 자신의 생명을 포기하는 것, 이것이 그분 인생의 최대 목표였습니다. 그분은 교회를 너무 사랑하시기에 그를 위해 대속하고 자신을 내놓으셨습니다. 그러므로 여러분의 주님을 본받으십시오. 어떤 수단을 써서라도 얼마를 구원할 수 있다면, 그분의 자기부인과 성결하신 삶을 배우십시오.

나는 개인적으로 "얼마를 구원하는" 자가 되기를 진심으로 갈망합니다. 그러나 그보다 더 큰 나의 소망이 있습니다. 사랑하는 형제 여러분,

나는 여러분 모두가 교회공동체 속에 들어와 하나님의 자녀들의 영적 부모가 되었으면 좋겠습니다. 오, 여러분 모두가 "얼마를 구원하는" 자들이 되기를! 그렇습니다. 존경하는 나의 형제들이여, 여러분은 이 사역을 감당하기에 그리 늦지 않았습니다.

자, 나의 젊은 친구들이여, 여러분은 왕의 사역을 감당하는 신하가 되기에 너무 젊지 않습니다. 만일 천국이 우리 주님에게 임하도록 하려면 — 그리고 그렇게 임할 것입니다 — 복음을 선포하는 몇몇 목사나 선교사나 복음전도자들을 통해 임하지는 않을 것입니다. 그 나라는 가게에서, 화롯가에서, 걸어 다닐 때나 방에 앉아 있을 때나 막론하고 언제 어디서나 그것을 선포하는 여러분 전체를 통해 임해야 합니다. 여러분 모두가 "얼마를 구원하기" 위해 항상 수고해야 합니다.

나는 오늘 밤 여러분 모두에게 새롭게 도움을 요청하고, 왕의 깃발을 새롭게 달기를 원합니다. 나는 여러분이 주님과 새롭게 사랑에 빠지고, 여러분의 배우자를 사랑하는 것은 두 번째에 두기를 원합니다. 때때로 우리가 부르는 쿠퍼의 찬송가가 여기 있습니다:

"주께 더 나가기 원합니다!"

우리가 그분께 더 가까이 나아갈 수 있기를 원합니다. 그리고 그렇게 한다면, 우리 역시 죄인들을 구원하시는 그리스도를 찬송하려는 마음이 더 열렬하게 솟아날 것입니다.

구원받은 여러분에게 한 가지 질문을 하겠습니다 — 여러분은 지금까지 다른 사람들을 몇 명이나 그리스도께 인도했습니까? 여러분 스스로의 힘으로는 그 일을 할 수 없다는 것을 나는 압니다. 그러나 이 질문은 하나님의 영이 여러분을 통해 몇 명이나 인도했느냐는 것입니다. 몇 명이냐고 나는 말했습니다. 여러분은 예수님께 누군가를 인도한 적이 확실하게 있습니까? 한 명도 기억할 수 없습니까? 그렇다면 정말 유감입니다!

하나님은 예레미야에게 여호야김의 아들 고니야에 관해 이렇게 말씀

하셨습니다: "너희는 이 사람이 자식이 없겠고 그의 평생 동안 형통하지 못할 자라 기록하라"(렘 22:30).

그것은 정말 두려운 저주로 간주되었습니다. 사랑하는 형제 여러분, 내가 여러분에 관해 자식이 없다고 기록할까요? 여러분의 자녀들은 구원받지 못했고, 여러분의 아내도 구원받지 못했습니다. 여러분은 영적으로 자식이 없는 사람들입니다. 여러분이 이 생각을 견딜 수 있겠습니까? 나는 여러분이 잠에서 깨어나 주님께 쓰임 받는 사람이 되게 해 달라고 기도합니다.

한 젊은이가 "나는 성도들이 우리 같은 죄인들에게도 관심을 가져주었으면 좋겠다"고 했습니다. 이에 대해 다른 사람이 "그들은 여러분에게 관심이 있어요. 지대한 관심이 있습니다"라고 말해 주었습니다. 그러자 그는 이렇게 말했습니다:

"그런데 왜 그것을 보여 주지 않습니까? 나는 종종 그들과 구원에 관한 일들에 관해 대화를 나누고 싶었습니다. 그러나 교회에 다니는 내 친구는 결코 그런 말을 꺼내지 않았습니다. 그와 함께 있으면 그는 어떻게 하면 그것을 피할까 연구하는 것처럼 보입니다." 그들에게 그런 말을 들어서야 되겠습니까?

그들에게 그리스도와 영적인 일들에 관해 말해 주십시오. 만일 사람들이 망한다면, 여러분의 기도가 부족해서 또는 여러분의 진지한 사랑의 가르침이 결여되어서 망하는 일이 되지 않도록 여러분 모두가 이에 대해 결단하기 바랍니다. 모든 수단을 다 동원해서 얼마를 구원하겠다고 결심하고, 나아가 그 결심을 이룰 수 있도록 하나님께서 여러분 각자에게 은혜를 베푸시기를!

3. 그러나 이제 나에게 주어진 시간이 다 되어갑니다. 그러므로 마지막으로 바울이 사용한 방법들에 대해 언급하고자 합니다.

"얼마를 구원하기"를 그토록 소원한 바울은 어떻게 그 일을 수행했을까요? 무엇보다 먼저 그는 그리스도의 복음을 단순히 선포함으로써 그 일을 했습니다. 그는 깜짝 놀랄 만한 메시지를 전함으로써 감동을 주려고 하지도 않았고, 또 무리들의 동조를 얻기 위하여 교리를 과장하여 선포하지도 않았습니다. 그런데 오늘날 일부 복음전도자들이 자기들의 생각에 따라 진리가 아닌 것을 진리처럼 선포하는 것을 유감스럽게 생각합니다.

그들은 어떤 교리들을 그것들이 비진리이기 때문이 아니라 자신들의 헛소리에 충분한 도움이 되지 않는다는 이유로 배척합니다. 그들은 사람들의 마음을 더 사로잡기 위해 진리를 정확하게 전하지 않고 느슨하게 전합니다. 어떤 사람이 죄인들의 구원에 대해 아무리 열심이 대단하더라도, 진리를 정확하게 전하지 못한다면, 그 말씀에 대해 아무런 권한을 갖지 못한다고 나는 생각합니다.

건전한 교리에 따라 말씀이 선포되지 못하고, 항상 "순간의 흥분"을 자극하는 것으로 진행되는 부흥회를 통해 선포되고, 행해지는 일들이 이에 해당된다고 봅니다. 비록 그 일이 영혼을 구원하는 기회가 된다는 것을 알고 있다 하더라도, 거짓 교리를 말할 권리가 내게는 없다고 생각합니다. 물론 추측은 잘못이지만, 내가 무엇을 말하는지 여러분은 잘 알 것입니다.

나의 임무는 거짓이 아니라 진리로 사람들을 인도하는 것입니다. 만일 내가 어떤 속임수를 써서 사람들을 속인다면, 그것은 절대로 핑계할 수 없는 잘못입니다. 조금이라도 복음의 진실을 왜곡하는 것은 사람들을 구원하는 방법으로서 옳은 방법도 아니고 진실한 방법도 아니라는 것을 명심하십시오. 죄인에게 교리를 그대로 말해 주십시오. 만일 여러분이 칼빈주의 교리를 받아들이고 있다면, 나는 여러분이 그러기를 바라는데, 절대로 그것을 가감하려고 말을 더듬거나 머뭇거리지 말고, 솔직히 말해 주십시오.

충분한 복음을 전하지 않았기 때문에 수많은 부흥집회들이 속절없이 사라진 것은 틀림없는 사실입니다. 사람들에게 모든 진리, 곧 성령의 불로 세례 받은 모든 진리를 전해 주십시오. 모든 진리는 영혼 속에 그 나름대로 유익한 결과를 일으킬 것입니다.

그러나 가장 큰 진리는 십자가로서, "하나님이 세상을 이처럼 사랑하사 독생자를 주셨으니 이는 그를 믿는 자마다 멸망하지 않고 영생을 얻게 하려 하심이라"(요 3:16)는 진리입니다. 형제 여러분, 이 말씀을 기억하십시오. 그것이 여러분이 울려야 할 종입니다. 성도 여러분, 그것을 울리십시오! 그것을 울리십시오! 계속해서 그것을 울리십시오! 여러분의 은나팔로 그 소리를 울리십시오. 아니면 단지 뿔피리를 갖고 있을 뿐이라면, 그것으로 그 소리를 울려 주십시오. 여리고성이 그렇게 무너져 내렸습니다.

그러나 슬프도다! 현대의 "점잖은" 성직자들이 문제로구나! 나는 이 고리타분한 충고를 무시하는 그들의 외치는 소리를 듣습니다. 십자가에 달려 죽으신 그리스도에 관한 대화는 고루하고, 인습적이며, 구시대적인 것으로 이야기되고, 이 훌륭한 시대의 세련미와는 전혀 어울리지 않는 것으로 취급됩니다. 최근에 우리가 무엇을 배우고 자랐는지를 생각하면 참으로 놀랍습니다. 우리는 갈수록 지혜롭게 되는 것도 사실입니다. 하지만 이미 그렇게 되어 버린 것은 아니지만, 조만간에 우리가 바보가 되어 버릴 것 같은 두려움을 떨칠 수가 없습니다.

요즘 사람들은 "사고"를 원하고, 또 그렇다고 말합니다. 노동자들은 과학이 신성시되는 곳을 찾아가고, 심오한 "사상"을 성역처럼 여깁니다. 내가 보기에는 일반적으로 새로운 "사고"가 전통적인 복음을 쫓아내는 곳은 어디든 사람들보다 거미들이 더 진을 치고 있지만, 예수 그리스도를 단순히 선포하는 곳은 문밖까지 사람들로 채워져 있다는 것을 알았습니다.

결국 십자가에 죽으신 그리스도를 선포하는 것 외에 다른 것으로는 사람들을 그렇게 오래 붙들어둘 수 없습니다. 그러나 십자가의 복음, 그것이 인기가 있든 없든 간에, 우리의 마음은 말하기 시작했고, 우리의 발은 이미 내디뎠습니다. 그러므로 우리 자신의 길에 대해서는 더 이상 의심하지 마십시오. 만일 피를 통한 속죄에 관해 설교하는 것이 어리석은 일이라면, 우리는 모두 바보들입니다.

또 바울이 아무 꾸밈도 없고, 변경도 없이 극히 단순하게 그것을 선포한 것처럼, 우리가 오래된 진리를 고수하는 것이 미친 짓이라면, 시대에 역행하는 미친 짓으로 웃음거리가 된다고 해도, 우리는 그것을 고수해야 합니다. 왜냐하면 우리는 "전도의 미련한 것"이 하나님의 계명이고, 그토록 많은 사람들이 걸려 넘어지고, 그토록 많은 사람들의 조롱거리가 되어온 그리스도의 십자가가 여전히 하나님의 능력이요, 하나님의 지혜라고 믿고 있기 때문입니다. 그렇습니다. 이 구시대적인 진리 — 믿기만 하면 구원을 얻으리라는 것 — 를 우리는 계속 고수해야 하고, 그럴 때 하나님께서는 자신의 영원한 계획에 따라 그 진리 위에 축복을 베푸실 것입니다. 우리는 이 설교가 인기를 얻으리라고 기대해서는 안 됩니다. 그러나 우리는 하나님이 오래지 않아 그것을 확증하시리라는 것을 알고 있습니다. 그동안 우리는 동요해서는 안 됩니다.

> "눈먼 세상은 우리가 사랑하는 진리를
> 치매자의 노망과 정신착란자의 꿈처럼 모독하고,
> 알지 못하는 위험을 그들이 부정하고,
> 유일한 치료책을 비웃다 그들은 죽으리라."

그 다음 바울이 얼마를 구원하기 위해 사용한 방법은 기도를 많이 하는 것이었습니다. 복음 자체만으로는 구원의 역사가 일어나지 않습니다. 우리는 우리가 전하는 것에 대해 반드시 기도해야 합니다. 한 위대한 화가가 색상 배합을 무엇으로 하느냐는 질문을 받자 그는 머리로 배합을 한다고 대답했습니다. 그것이 화가에게는 합당한 일이었습니다. 그러나 만일 어떤 사람이 설교자는 진리를 무엇으로 배합하느냐고 묻는다면, 그는 기도로, 더 많은 기도로 배합한다고 말할 수 있어야 합니다.

한 가난한 사람이 길가에서 쑥돌을 다듬고 있었는데, 그는 돌을 내리칠 때마다 무릎을 꿇어야 했습니다. 마침 지나가던 한 목사님이 "아, 선생님, 당신은 정말 힘든 일을 하고 있군요. 당신의 작업은 내가 하는 일과 같습니다. 당신은 돌을 깨뜨리고 있는데, 그것은 나도 마찬가지랍니다."

"그렇군요, 하지만 목사님이 돌같이 단단한 마음들을 깨뜨리려면 저처럼 무릎을 꿇어야 하겠지요."

그 사람은 옳은 말을 했습니다. 누구든 무릎을 자주 꿇지 않고서는 복음이라는 망치를 잘 사용할 수 없습니다. 하지만 사람이 기도하는 법을 알고 있다면 돌 같은 마음은 곧 깨뜨려질 것입니다. 먼저 하나님을 설복시키십시오. 그러면 여러분은 사람들을 설복시킬 수 있을 것입니다.

우리는 골방에서 우리를 새롭게 하시는 하나님의 영의 기름 부음을 받고 곧장 강단으로 가야 합니다. 우리가 은밀한 가운데 받은 것을 즐겁게 회중들에게 나누어 주어야 합니다. 사람들을 위해 하나님께 먼저 말하기 전에는 하나님을 위해 사람들에게 말하지 마십시오. 사랑하는 성도 여러분, 만일 여러분이 주일학교에서 가르치거나 다른 일에 종사할 때 영향력을 행사하기를 원한다면, 열렬한 중보기도로 그것을 배합하기 바랍니다.

이제 마지막으로 나머지 한 가지를 살펴보겠습니다. 바울은 자신이 대하는 사람들에 대해 긴밀한 연민의 감정, 곧 상대방의 입장에 자신을 맞추는 동정을 갖고 항상 사역을 감당했습니다. 만일 그가 유대인에게 복음을 전할 때에는 자신이 이방인의 사도임을 절대로 드러내지 않고 대화를 시작했습니다. 그는 유대인에게는 유대인처럼 말했습니다. 그는 국적이나 의식 등에 대해 문제를 일으키지 않았습니다.

그는 이사야 선지자가 "그는 멸시를 받아 사람들에게 버림 받았으며 간고를 많이 겪었으며 질고를 아는 자라 마치 사람들이 그에게서 얼굴을 가리는 것 같이 멸시를 당하였고 우리도 그를 귀히 여기지 아니하였도다"(사 53:3)라고 말했던 유대인들에게 예수님을 믿고 구원을 받도록 하기 위해서 그분에 관해 말하기를 원했습니다. 만일 그가 이방인을 만났다면, 이방인의 사도인 그는 유대교 교육을 받은 사람으로서 자기에게 주어질 수 있는 오해를 불식시키기 위해 티를 내지 않으려고 무척 조심했습니다.

그는 이방인처럼 식사하고, 이방인처럼 마셨으며, 이방인과 함께 자리에 앉고, 이방인과 대화를 나누었습니다. 말하자면 그는 이방인이 되었습니다. 결코 할례 여부에 대해 문제를 제기하지 않고, 다만 유대인과 이방인을 함께 구원하고, 그들을 하나로 만들기 위해 세상에 오신 그리스도에 관해 그들에게 말해 주기를 원했습니다. 만일 바울이 스구디아 사람을 만났다면, 고전 헬라어가 아니라 야만인의 언어를 사용해서 그와 대화를 나누었을 것입니다. 또 그가 헬라인을 만났다면, 아레오바고에서 한 것처럼, 세련된 아덴 사람들에게 적합한 말로 그에게 말했을 것입니다. 그는 모든 수단을 통해 얼마를 구원하기 위하여 모든 사람들에게 모든 것이 되었습니다.

이것은 그리스도인인 여러분에게도 마찬가지입니다. 여러분의 평생의 사명은 성령의 능력을 힘입어 사람들로 하여금 예수 그리스도를 믿도록 인도하는 것입니다. 이 한 가지 목표에 비하면 다른 모든 일은 부차적인 일에 불과해야 합니다. 만일 여러분이 그들을 구원할 수만 있다면, 다른 모든 일들은 때를 따라 제대로 진행될 것입니다. 존경받는 하나님의 사람으로 중국 내륙에서 크게 활동했던 선교사 허드슨 테일러(Hudson Taylor)는 중국인처럼 복장을 하고, 변발을 하는 것이 복음전파에 도움이 된다는 것을 알았습니다. 그는 언제나 사람들과 교제하며, 가능한 한 그들과 똑같은 삶의 방식에 따라 살았습니다. 이것은 정말 지혜로운 태도라고 생각됩니다.

나는 우리가 가능한 한 중국인처럼 되는 것이 중국 사람들을 더 쉽게 구원하는 한 방법이라는 것을 이해할 수 있습니다. 그리고 만일 이것이 사실이라면, 우리는 중국 사람들을 구원하기 위해서는 중국 사람들을 대할 때 중국 사람이 되어야 합니다. 줄루 사람들을 구원하기 위해서는 줄루 사람이 되는 것이 잘하는 것입니다. 만일 우리가 구원하기 바라는 사람들과 같은 수준에 우리 자신을 둘 수 있다면, 이방인과 외국인으로 남아 그들에게 사랑과 연합에 관해 말하는 것보다 훨씬 더 쉽게 우리의 목적을 달성하게 될 것입니다.

다른 사람들을 구원하기 위해 자기 자신을 낮추는 것이 사도 바울의 신념입니다. 사람들을 예수님께 인도함으로써 우리가 주님의 나라를 확장하려면, 모든 특별함은 밖으로 던져 버리고, 많은 공통적인 특징들을 만들어 내는 것이 우리의 지혜입니다. 우리의 일시적인 생각이나 습관이 영혼으로 하여금 복음을 생각하지 못하게 해서는 안 됩니다. 그것은 참으로 두려운 일입니다. 사소한 문제로 왈가왈부함으로써 죄인의 구원이 늦어지게 만드는 것보다는 공통적인 일들에 순응함으로써 개인적으로 불편을 감수하는 것이 훨씬 낫습니다.

만일 예수 그리스도께서 지금 이 자리에 계신다면, 그분은 퓨지주의자들(19세기에 옥스퍼드대학의 Pusey교수가 제창한 종교운동의 신봉자들)이 즐겨 입은 희한한 누더기를 걸치시지 않았을 것이라고 나는 확신합니다. 나는 우리 주 예수 그리스도께서 그런 옷차림을 하신다는 것을 상상할 수 없습니다. 사도 바울은 당시 여성들에게 정숙한 옷차림을 하라고 권면하고 있고, 그리스도께서도 그의 사역자들을 부질없는 짓의 모범으로 세우신 것은 아니라고 생각되기 때문입니다. 하지만 옷을 입는데에도 오늘 본문의 원리에 따른 적용이 있을 수 있습니다.

예수 그리스도께서 여기 계시다면, 그분은 어떤 옷을 입으셨을까요? 쉬운 말로 표현하면, 그분은 스목(smock; 의복 위에 입는 사무용, 노동용, 작업용 덧옷)을 입으셨을 것입니다. 그분은 이 지역사람들의 통상복 곧 솔기는 없으면서 소매의 길이는 길고 품이 넉넉하여 옷 길이가 엉덩이까지 내려오는 옷을 입으셨을 것입니다.

나는 그분이 그의 사역자들이 복음을 전할 때, 그 지역 사람들이 통상적으로 입는 복장을 하고 그들 앞에 서도록 하시고, 이렇게 복장에서까지도 그들과 연합하도록 함으로써 그들과 하나가 되셨으리라고 생각합니다. 만일 여러분이 교사로서 여러분의 아이들을 구원하기를 원한다면, 아이들처럼 그들에게 말하고, 할 수 있는 한 여러분 자신을 아이로 만들기를 그분은 요구하실 것입니다.

젊은이들의 마음을 얻기를 원하는 사람은 젊은이처럼 되어야 합니다. 병자를 방문하려는 사람은 병자와 공감대가 이루어져야 합니다. 여러분이 병상에 있을 때 가장 듣고 싶었던 이야기를 그에게 해 주어야 합니다. 감히 여러분에게 올라올 수 없는 사람들에게는 내려가십시오. 여러분이 허리를 구부려 붙잡지 않는다면, 물에 빠진 사람을 구조할 수 없는 법입니다. 만일 여러분이 성격이 못된 사람들을 다루어야 할 때, 그들을 얻기 위해서는 그들처럼 되어야 합니다. 물론 이 말은 그들처럼 죄를 저질러야 한다는 말이 아니라 그들의 거친 성격이나 거친 말의 습관을 비슷하게 따라할 필요가 있다는 말입니다.

나는 우리가 적응을 통해서 영혼 구원의 거룩한 비결을 배울 수 있도록 하나님께 기도합니다. 사람들이 무어필드에 있는 휫필드 목사의 예배당을 "영혼의 덫"(The Soultrap)이라고 불렀습니다. 휫필드는 그 말을 기뻐하면서 그곳이 항상 영혼을 잡는 덫이 되기를 바란다고 말했습니다. 오, 우리의 모든 예배 처소가 영혼을 잡는 덫이 되고, 모든 그리스도인이 사람을 낚는 어부가 되어 낚아야 할 사람들을 포획하기 위해, 실제 어부가 그러는 것처럼, 자기가 갖고 있는 모든 기술과 솜씨를 동원하여 최선을 다하기를!

우리는 영원한 화 아니면 복에 처하게 될 영혼을 얻기 위해 모든 수단을 동원해서 수고해야 합니다. 잠수부가 진주를 얻기 위해 물속 깊이 뛰어드는 것처럼, 우리도 영혼을 얻기 위해 어떤 수고나 위험을 무릅써야 합니다. 사랑하는 형제 여러분, 하나님이 기뻐하시는 이 사역을 위해 어서 일어나십시오. 그리하면 주님께서 여러분을 축복하시리라!

제 14 장

전도에 대한 지침

말씀하시되 나를 따라오라 내가 너희를 사람을 낚는 어부가 되게 하리라
하시니   — 마태복음 4:19

그리스도께서 은혜를 통해 우리를 부르실 때, 우리는 우리가 어떤 존
재인지 기억해야 할 뿐만 아니라 그분이 우리를 어떤 존재로 만드실 수 있
는지에 대해서도 생각해야 합니다.

주님은 "나를 따라오라 내가 너희로 (사람을 낚는 어부가) 되게 하리라"고
말씀하십니다. 우리는 과거 우리의 존재에 대해서는 회개해야 하고, 앞
으로 될 존재에 대해서는 기뻐해야 합니다. 주님은 "나를 따라오라 너희
는 이미 준비가 되었느니라"고 말씀하시지 않습니다. 또 "나를 따라오라
너희는 스스로 준비할 능력이 있느니라"고도 말씀하시지 않습니다. 그
분은 "나를 따라오라 내가 너희를 준비시키겠노라"고 말씀하십니다.

진실로 우리 각자가 구원받은 순간 우리는 "우리가 마땅히 되어야 할
존재가 아직 되지 못했다"고 말할 수 있습니다. 그물만 다루던 미천한
어부들이 아주 능숙하게 말씀을 전하고, 회심자들을 가르치는 사도로 변
화된 사실은 결코 쉽게 있음직한 일은 아니었습니다. 어떤 사람은 "이런
일이 어떻게 일어날 수 있느냐? 누구도 갈릴리의 촌뜨기들을 교회의 창
설자로 변모시킬 수는 없어"라고 말할 것입니다. 그러나 그것이 그리스
도께서 정확히 하신 일입니다.

우리가 우리 자신의 무가치성을 의식하고 하나님 앞에서 자신을 낮출

때, 예수님께서는 우리를 자신이 원하시는 대로 되게 하실 수 있기 때문에 우리는 그분을 따르는데 큰 자부심을 느낄 수 있습니다.

슬픔의 여인이었던 한나가 크게 고무되어 찬송할 때, 어떤 노래를 불렀습니까? "가난한 자를 진토에서 일으키시며 빈궁한 자를 거름더미에서 올리사 귀족들과 함께 앉게 하시며 영광의 자리를 차지하게 하시는도다"(삼상 2:8).

우리는 하나님이 우리를 어떤 새로운 피조물로 만드실 수 있는지에 대해 말할 수 없습니다. 왜냐하면 그것은 옛 창조 당시에 혼돈으로부터 어떤 세상을 창조하셨는지에 대해 말하는 것이 전혀 불가능한 것과 같은 사실이기 때문입니다. 누가 "빛이 있으라"는 말씀 한 마디로 어둠과 무질서로부터 그토록 아름다운 것들이 만들어지리라고 상상할 수 있었겠습니까? 그리고 누가 하나님이 은혜로 "빛이 있으라"고 어떤 사람에게 말씀하시자, 영적으로 선한 모든 일들이 그의 과거의 어둠의 생활 속에서 참으로 아름답게 펼쳐질 것에 대해 말할 수 있겠습니까?

지금은 여러분 자신 속에서 바람직한 것을 전혀 발견하지 못할지라도, 그리스도께서 여러분을 새로운 존재로 만드실 수 있음을 믿고, 그분께 나아와 그분을 따르기를 바랍니다! 여러분은 "나를 따라오라 내가 너희로 사람을 낚는 어부가 되게 하리라"고 여러분을 부르시는 그분의 부드러운 음성을 듣지 않습니까?

그 다음 우리가 기억해야 할 것은 우리가 우리 자신을 위해 그물을 던지고 고기를 잡을 때, 우리가 되어야 할 존재의 모든 것이 이루어지지 않고, 또한 우리가 마땅히 되어야 할 존재의 모든 것이 이루어지지 않는다는 것입니다. 물론 우리가 처음에 우리 자신을 위해 그렇게 하는 것도 하나님의 은혜입니다. 그러나 그것이 전부가 아닙니다. 우리는 바다 속의 플랑크톤을 먹고 사는 물고기처럼, 세상의 죄를 먹고 사는 존재들입니다. 그런데 좋으신 주님이 찾아와 복음이라는 그물로 우리를 포획하심으로써, 죄를 탐하고 사랑하던 인생으로부터 우리를 구원하십니다.

하지만 그분이 그렇게 하셨을 때, 자신이 할 수 있는 모든 것을 우리에게 다 하신 것도 아니고, 그분이 해 주셨으면 하고 우리가 그분께 바라는 모든 것을 다 해 주신 것도 아닙니다. 왜냐하면 물고기였던 우리를 사람을 낚는 어부가 되게 하시는 것, 구원받은 자들을 구원하는 자들로 만드시는 것, 회심한 자들을 회심을 이끄는 자들로 만드시는 것 곧 복음을 받은 자를 다른 사람들에게 똑같은 복음을 나누어 주는 자가 되도록 하시는 것은 또 다른 그리고 더 차원이 높은 이적이기 때문입니다.

복음을 전하는 모든 자들에게 나는 이렇게 말할 수 있습니다: 만일 여러분이 구원받은 자라면, 여러분이 다른 사람들을 그리스도께 인도하도록 쓰임 받을 때까지 행했던 사역은 단지 절반에 불과하다는 것. 그렇습니다. 여러분은 여러분의 주님의 형상을 아직 절반밖에 형성시키지 못했습니다. 여러분이 다른 사람들에게 어떤 방법으로든 담대하게 하나님의 은혜에 관해 말해 주지 않는다면, 그것은 여러분 속에 그리스도의 생명이 충분히 자라지 못한 증거입니다. 그리고 여러분이 믿음의 주요 소망의 대상인 은혜의 구주께 많은 사람들을 인도하는 도구가 되기 전까지는 발가락을 쭉 뻗고 마음 편하게 쉴 수 없으리라고 나는 생각합니다.

그분의 말씀은 "너희가 구원받을 수 있도록, 또는 성화될 수 있도록 나를 따라오라"는 것이 아니라 "내가 너희를 사람을 낚는 어부가 되게 할 테니 나를 따라오라"는 것입니다. 그러므로 그 의도와 목적을 가지고 그리스도를 따라가십시오. 그리고 조금이라도 그분이 여러분을 사람을 낚는 어부로 쓰시지 않는다면, 여러분이 그분을 온전히 따라가는 것이 아님을 두려워하십시오.

사실은 우리 그리스도인은 누구나 사람을 낚는 일에 채용되어야 합니다. 그리스도께서 우리를 취하셨다면, 우리도 다른 사람들을 취하지 않으면 안 됩니다. 만일 우리가 그분에게 붙잡혔다면, 우리도 그분의 경관이 되어 그분을 위해 반역자들을 체포해야 합니다. 우리는 그분께 고기를 잡으러 가도록, 그리하여 그물을 던져 무수한 고기를 잡을 수 있도록 은혜를 베풀어 달라고 구해야 합니다. 오, 성령께서 우리들 중에서 배를 타고 바다에 나아가 엄청난 고기 떼를 포위할 유능한 어부들을 일으키시기를!

여기서 내가 말하는 요지는 극히 단순하지만, 나는 여러분이 그것을 단호하게 실천하기를 바랍니다. 왜냐하면 나의 소망은 주님을 사랑하는 여러분 가운데 한 명이라도 그분을 섬기는 데서 뒷걸음치지 않는 것이기 때문입니다. 아가서 저자인 솔로몬은 목욕장에서 나오는 털 깎인 암양에 관해 뭐라고 말합니까?

"새끼 없는 것은 하나도 없이 각각 쌍태를 낳은 양 같구나"(아 4:2)라고 말합니다. 이 교회의 모든 성도들과 이 설교를 듣거나 이해하는 모든 그리스도인들에게 바로 이 일이 일어나기를 바랍니다. 그런데 오늘날 시대가 너무 어둡습니다. 하늘은 먹구름으로 잔뜩 흐려 있습니다. 그런데도 사람들은 태풍이 이 도시를 곧 덮쳐 이 땅의 사회구조 전체가 완전히 파괴되리라는 사실에 대해서는 생각조차 못하고 있습니다.

나무에서 말라 비틀어져 죽은 열매가 떨어지는 것처럼 별들이 떨어져 밤은 더욱 어둡게 될 것입니다. 시대가 악합니다. 그렇다면, 모든 반딧불은 이전과는 달리 그 빛을 최대한 비추어야 합니다. 아무리 작은 등불을 갖고 있더라도 여러분은 그것을 말 아래 두지 말고 등경 위에 두어야 합니다. 그것은 여러분 누구에게나 해당되는 사실입니다.

롯은 연약한 피조물이었습니다. 그는 아주 빈약한 믿음을 가진 사람이었습니다. 그러나 그도 자기가 해야 할 최선의 노력을 경주해서 멸망 직전에 있던 소돔 땅에 축복이 임하도록 했습니다. 그렇다면 약하디 약한 그리스도인들이여, 이 악한 시대에 진실로 구원 받은 모든 영혼을 소중히 여기고, 그들이 각자 주님을 영화롭게 할 수 있도록 기도하기 바랍니다.

나는 모든 의인들이, 악인들과 교제할 때 아무리 고통스럽다 해도, 지금까지 해 왔던 것보다 더 끈질기게 기도하고, 하나님께 돌아와 영적으로 더 온전한 삶을 살아감으로써 자기 주변의 멸망하는 사람들에게 축복을 전달해 줄 수 있도록 기도합니다. 그러므로 나는 이 시점에서 무엇보다 먼저 이 생각을 여러분에게 강조합니다. 오, 하나님의 영이 여러분 각자가 개인적으로 감당해야 할 책임을 느낄 수 있도록 역사하시기를!

그리스도 안에 있는 신자들이 유익한 자녀로 쓰임받기 위해 첫 번째로 그들이 해야 할 일이 있습니다: "나를 따라오라." 그러나 두 번째로 그들의 주님이자 주인이신 분에 의해 행해져야 할 일이 있습니다: "나를 따라오라 내가 너희로 사람을 낚는 어부가 되게 하리라."

여러분은 스스로의 힘으로 어부가 될 수 없습니다. 그것은 여러분이 오직 주님을 따라가면 예수께서 여러분을 위해 하실 것입니다. 그리고 마지막 세 번째로 위대하신 우리 주님에 의해 익숙하게 사용된, 좋은 실례가 있습니다. 그분은 사람들에게 말씀하실 때 비유를 사용하지 않으신 적이 별로 없습니다. 그분은 우리에게 그리스도인들이 되어야 할 사람 — 사람을 낚는 어부 — 에 관한 실례를 우리에게 제시하십니다. 우리는 그것으로부터 어느 정도 도움이 될 만한 암시를 받을 수 있고, 나는 성령께서 그것을 우리에게 가르쳐 주시기를 기도합니다.

1. 첫째, 나는 여기서 모든 신자가 하나님께 쓰임받기를 바란다는 사실을 당연한 것으로 여길 것입니다. 만일 그가 그렇지 않다면, 외람되지만 나는 그가 과연 그리스도를 믿는 참신자인지를 의심할 것입니다. 그렇다면 여러분이 진실로 쓰임받기를 원할 때, 그 목적을 위해 해야 할 일은 이렇습니다: "나를 따라오라 내가 너희로 (사람을 낚는 어부가) 되게 하리라."

그러면 쓰임 받는 설교자가 되는 길은 무엇일까요? 어떤 사람은 "젊은이여, 신학대학에 가라"고 말할 것입니다. 그러나 그리스도는 "젊은이여, 나를 따라오라 내가 너로 사람을 낚는 어부가 되게 하겠다"고 말씀하십니다. 사람이 쓰임받기 위해서는 어떻게 해야 합니까? 어떤 사람은 "훈련기관에 참가하라"고 말할 것입니다. 그것은 확실히 옳습니다. 그러나 그것보다 훨씬 더 확실한 대답이 있습니다: 예수님을 따르라, 그러면 그분이 사람을 낚는 어부가 되게 하리라.

기독교 사역자들을 양성하는 유명한 훈련기관도 그리스도께서 그 머리를 차지하고 계십니다. 그분은 교사로서뿐만 아니라 지도자로서 그 머리가 되십니다. 그러므로 우리는 공부도 그분으로부터 배우고, 행동도 그분으로부터 배우게 됩니다. "나를 따라오라 내가 너희로 사람을 낚는 어부가 되게 하리라." 그 명령은 아주 분명하고 단순합니다.

사람이 다른 과정을 통해서는 절대로 사람을 낚는 어부가 될 수 없기 때문에 그것이 절대적 명령이라고 나는 믿습니다. 이 과정은 아주 단순하게 보이지만, 확실히 가장 효과적인 과정입니다. 사람을 낚는 어부에 관해 모든 것을 알고 계시는 주 예수 그리스도 자신이 그 법칙의 명령자이십니다. 그분은 "너희가 사람을 낚는 어부가 되기를 원한다면, 나를 따라오라. 너희가 쓰임받기를 원한다면, 나의 발자취를 좇으라"고 명령하십니다.

나는 첫째, 이것을 다음과 같은 의미로 이해합니다: 그리스도를 위해 구별되어라. 이 사람들은 그 전에 자기들이 추구하던 목표를 버려야 했습니다. 그들은 예전 친구들을 떠나야 했습니다. 그들은 그들의 주님의 이름으로, 그들의 유일한 사명인 사람을 낚는 어부가 되기 위하여 사실상 세상을 떠나야 했습니다.

우리는 일상 업무를 떠나거나 가족들을 버리도록 부르심 받지 않습니다. 그것은 사람을 낚는 어부의 길에서 도망치는 것보다 하나님의 이름으로 일상의 자리를 지키는 것이 낫기 때문입니다. 하지만 우리는 불경건한 사람들 속에서 나와 분리됨으로써, 부정한 것을 만지지도 말라고 아주 분명하게 부르심을 받습니다.

우리는 세상 사람과 똑같은 원리를 따르면서 그들 속에 있다면 결코 사람을 낚는 어부가 될 수 없습니다. 고기는 어부들일 수 없습니다. 죄인이 죄인을 변화시킬 수 없습니다. 불경건한 사람이 불경건한 사람을 변화시킬 수 없습니다. 요점을 말한다면, 세속적인 그리스도인은 세상을 변화시킬 수 없습니다. 만일 여러분이 세상에 속해 있다면, 말할 것도 없이 세상을 사랑할 것이므로 세상을 구원할 수 없습니다. 만일 여러분이 어둠이고, 흑암의 왕국에 속해 있다면, 여러분은 어둠을 물리치지 못할 것입니다. 만일 여러분이 악한 자의 군대와 함께 행군하고 있다면, 여러분은 결코 그 세력을 물리칠 수 없습니다.

나는 이 순간 하나님의 교회가 세상에 대해 거의 영향력을 갖고 있지 못한 한 가지 이유가 세상이 교회에 대해 너무 큰 영향력을 갖고 있기 때문이라고 믿습니다. 요즘 우리는 비국교도들이 과거에 그들의 청교도 조상들이 세상과 타협하기보다는 차라리 화형을 당하는 선택을 했던 상황에 대해 이렇게 할 수도 있고 저렇게 할 수도 있다고 항변하는 말을 듣습니다. 그들은 자기들의 신앙으로 얼마든지 세상 사람들처럼 살 수 있다고 항변하는데, 그들에 대한 나의 대답은 부정적입니다.

그들이 이런 자유를 구하는 한, 나는 이렇게 말하고 싶습니다: "그렇게 하고 싶으면 한 번 해 보십시오. 그렇게 하면 여러분은 크게 힘들지는 않을 것입니다. 왜냐하면 여러분은 이미 전부터 악했기 때문입니다. 여러분의 갈망은 여러분의 마음이 얼마나 부패했는지를 그대로 보여 줍니다. 만일 여러분이 개가 먹는 고기를 먹고 싶다면, 가서 개들과 함께 쓰레기통을 뒤지십시오. 세속적 쾌락은 단순한 위선자나 외식자들이 먹을 때 맛있는 음식입니다. 만일 여러분이 하나님의 자녀라면, 세상의 악한 쾌락들은 생각조차 하는 것을 혐오하고, 여러분의 질문은 '우리가 얼마나 더 세상을 사랑할 것인가?' 가 아니라 '우리가 어떻게 하면 세상으로부터 더 멀리 벗어날 것인가? 우리가 어떻게 그곳으로부터 더 크게 빠져나올 것인가?' 가 될 것입니다. 여러분이 받는 유혹은 쉽게 이겨내기 힘들기 때문에 '어떻게 하면 나 자신도 다른 사람들처럼 살 수 있고, 그들처럼 행동할 수 있을까?' 가 아니라 오히려 오늘날과 같은 시대에는 죄와 엄격히 분리시키는 청교도적 삶을 철저히 살아야 합니다."

형제 여러분, 교회가 세상에 주어야 할 유익은 부패물 속의 소금과 같은 것입니다. 그런데 소금이 그 맛을 잃어버리면, 그 유익이 어디에 있겠습니까? 만일 소금 자체가 썩어버린다면, 그것은 부패를 광범위하게 증가시키고 확대시키는 역할만 할 것입니다. 지금까지 본 세상 중 가장 악한 세상은 하나님의 자녀들이 사람의 딸들의 아름다움을 보고 그녀들을 아내로 삼았던 때였습니다. 그때 홍수가 있었습니다. 그것은 이 세상에 대한 복수의 홍수만이 성도를 죄인과 분리시키는 유일한 길이었기 때문입니다.

그리스도인으로서 여러분의 임무는 여러분의 자리를 견고하게 지키는 것입니다. 말하자면 육체에 의해 오염된 옷까지도 미워하고, 옛 본성은 철저히 소멸시키며, 다른 사람들이 여러분과 여러분의 가족들이 하는 것을 본받도록, 오직 하나님을 섬기는 자리에 굳게 서 있어야 할 것입니다.

하나님의 자녀들이여, 여러분은 여러분의 주님과 함께 영문 밖에 서 있어야 합니다. 예수님은 오늘 여러분을 부르시고, "나를 따라오라"고 말씀하십니다. 예수님을 극장에서 발견하신 적이 있습니까? 운동장에서 스포츠 경기를 할 때 자주 그분을 발견하십니까? 헤롯 궁정에서 벌어지는 유희 속에서 예수님을 만날 수 있다고 생각하십니까? 아닙니다. 그런 곳에서는 절대로 그분을 만나실 수 없습니다. 그분은 "거룩하고, 흠이 없고, 점도 없으신 분으로 죄인들과 구별되신 분입니다."

어떤 의미에서는, 그분이 의사로서 환자들을 고치시기 위해 그들 속에 오셨을 때, 그분만큼 완전히 죄인들과 함께 어울리신 분도 없습니다. 그러나 또 다른 의미에서는, 세상 사람들과 구주 사이에는 건널 수 없는 고정된 간격이 있었습니다. 그것은 주님이 결코 건너려고 시도하지도 않았고, 그들은 그분을 더럽히지 않고는 절대로 건널 수 없는 간격이었습니다.

교회가 배워야 할 첫 번째 교훈은 바로 이것입니다: 세상과 분리된 상태로 예수님을 따라가라. 그러면 그분이 여러분을 사람을 낚는 어부가 되게 하실 것이다. 십자가를 짊어지지 않고, 불경건한 세상에 대항하는 삶을 살지 않는다면, 거룩하신 예수님이 여러분을 사람을 낚는 어부로 만드실 것을 바랄 수 없습니다.

본문이 제시하는 두 번째 의미는 아주 분명한데, 그것은 바로 이것입니다: 그리스도와 함께 거하라, 그리하면 사람을 낚는 어부가 될 것이다. 그리스도께서 부르신 이 제자들은 그분께 나아와 그분과 함께 살아야 했습니다. 그들은 매일 그분과 교제해야 했습니다. 그들은 그분이 공개적으로 영원한 복음에 관해 가르치는 것을 들어야 했을 뿐만 아니라 그분이 하신 말씀에 관한 특별한 설명을 개인적으로 전달받아야 했습니다. 그들은 그분을 수종드는 종이었을 뿐만 아니라 그분과 가장 가까운 친구이기도 했습니다.

그들은 그분의 이적을 친히 목격하고, 그분의 기도를 친히 듣기도 했습니다. 더 나아가 그들은 그분과 함께 살고, 그분의 거룩한 사역에 그분과 하나가 되었습니다. 그들은 그분과 함께 식탁에 앉는 것이 허락되었고, 심지어는 그분이 그들의 발을 씻겨 주시기까지 했습니다. 그들 중 대부분에게 "너희가 있는 곳에 나도 있으리라"는 말씀이 성취되었습니다. 그들은 고난과 핍박을 당하는 데에서도 그분과 함께 했습니다. 그들은 그분의 은밀한 고뇌를 목격했고, 그분의 눈물을 수없이 보았으며, 영혼의 열렬한 감정과 깊은 동정을 함께 느꼈습니다. 그런 과정을 거쳐 그들은 성령을 받고, 사람을 낚는 어부가 되었습니다.

예수님의 발 앞에서 우리는 영혼을 얻는 비결과 비밀을 배워야 합니다. 그리스도와 함께 사는 것이 쓰임 받기 위한 최고의 교육입니다. 어떤 사람이 그 마음이 불같이 타오르고 있는 기독교 사역자와 함께하게 된다면, 그것은 큰 축복입니다. 젊은이를 위한 최고의 훈련법으로 보두아의 목사들이 제공했던 방법을 들 수 있는데, 그것은 젊은이를 지도할 목사들이 각자 자기가 맡은 젊은이와 아예 한집에서 함께 사는 것입니다. 길을 갈 때에도 함께 가고, 산에 오를 때에도 함께 오르며 설교를 합니다. 그렇게 해서 젊은이는 목사의 기도를 듣고, 그의 일상적 경건을 눈으로 직접 보면서 훈련을 받습니다. 이것은 정말 훌륭한 훈련과정이었습니다. 그렇지 않습니까? 그러나 그것이 아무리 좋은 방법이라고 해도, 예수님 자신과 함께 살고 그분과 날마다 동반자로서 함께 했던 사도들의 방법과는 비교할 수 없습니다.

12제자의 훈련법이야말로 독보적인 최고의 방법이었습니다. 그들이 천국의 대선생과 함께함으로써 그분 자신의 영이 그들에게 흠뻑 스며들었다는 것은 조금도 놀라운 일이 아닙니다. 지금 우리 가운데 그분이 육체로 함께 거하시는 것은 아닙니다. 그러나 그분의 영적 능력은 아마 주님과 함께 동고동락했던 2, 3년 동안 사도들에게 알려졌던 것보다 우리에게 훨씬 더 충분히 알려졌을 것입니다. 그러기에 우리 중에 어떤 이들은 그분과 아주 친밀한 관계에 있기도 합니다.

우리는 우리가 가장 사랑하는 육신의 친구들에 관해서보다 그분에 관해 훨씬 더 깊이 알고 있습니다. 우리는 일이 꼬이거나 오해가 있을 때 육신의 친구들의 마음을 다 이해하고 들여다볼 수 없었습니다. 하지만 우리는 사랑하는 주님의 마음을 압니다. 우리는 그분의 가슴에 우리의 머리를 기대고, 어떤 일가친척들에게서는 가질 수 없었던 친밀감을 그분과 함께할 때 느꼈습니다. 이것이 선을 행하는 법을 배우는 가장 확실한 방법입니다.

예수님과 함께 살고, 그분을 따르십시오. 그러면 그분은 여러분을 사람 낚는 어부가 되게 하실 것입니다. 그분이 어떻게 일하시는지 보십시오. 그리하여 그것을 배워 여러분 자신에게 적용하십시오. 그리스도인은 예수님의 솜씨를 터득하기 위해 그분에게 배우는 견습공이 되어야 합니다. 우리는 대속의 방법을 통해 사람들을 구원할 수는 없습니다. 왜냐하면 우리는 그럴 만한 능력이 없기 때문입니다. 그 대신 우리는 사람들에게 다가올 진노로부터 피하라고 경고하고, 유일한 치료책을 그들 앞에 제공함으로써 그들이 구원받는 법을 가르칠 수 있습니다.

예수님이 어떻게 구원하시는지 보십시오. 그러면 여러분은 일이 어떻게 진행되는지 배우게 될 것입니다. 그것은 다른 곳에는 절대로 배울 수 없습니다. 그리스도와 교제하면서 사십시오. 그러면 여러분은 영혼들을 가르치기에 쉽고, 그들을 구원하는데 지혜로운 심령과 마음을 가진 자로서의 태도와 방법을 터득하게 될 것입니다.

그러나 세 번째 의미는 "나를 따라오라"는 말씀 속에서 찾아야 하는데, 그것은 "나에게 **복종하라**, 그러면 내가 너희에게 사람을 구원하기 위해 해야 할 일을 알려 주리라"는 것입니다. 우리는 모든 일들 속에서 그분을 우리 주인이자 주님으로 삼지 않는 한, 우리가 그리스도와 교제를 나누고 있다거나 그분을 위해 세상과 분리된 삶을 살고 있다고 말해서는 안 됩니다.

어떤 교사들은 모든 면에서 자기들의 확신과 일치하지 않는 삶을 삽니다. 그런데 어떻게 그들이 축복을 기대할 수 있겠습니까? 쓰임받기를 바라는 그리스도인은 모든 면에서 그의 주님께 순종하는 아주 특별한 사람이 아니면 안 됩니다. 나는 하나님께서 문제가 많을지라도 우리 교회를 축복해 주시리라는 것을 전혀 의심하지 않습니다. 왜냐하면 그분의 은혜는 어제나 오늘이나 변함없이 영원토록 동일하기 때문입니다.

진리를 가르치는 일에 어느 정도 오류가 있을지라도, 실천하는 일에 얼마간 문제가 있을지라도, 그분은 여전히 사역을 하도록 허락해 주십니다. 그분은 지극히 은혜가 풍성한 분이니까요. 그러나 알면서 고의로 오류를 범하는 가르침에 대해서는 축복의 대부분을 지체 없이 거두어 가실 것입니다.

하나님은 자신의 진리를 스스로 보증하실 수 있지만, 그 안에 오류가 있는 진리에 대해서는 보증하실 수 없습니다. 기독교 교리나 다른 사실들, 특히 영적, 정신적 오류들로부터 파생되는 악은 우리가 상상할 수 없을 정도입니다. 이 악들은 세월이 흐르면 후손들에게서 더 큰 악으로 작용할 수 있습니다.

만일 우리가 하나님께 크게 쓰임받기 위해 사람을 낚는 어부가 되기를 원한다면, 우리 주 예수님의 모든 면을 본받아야 하고, 모든 면에서 그분께 순종해야 합니다. 순종의 실패는 성공의 실패를 가져올 것입니다. 우리 각자는, 우리 자녀가 구원받기 원할 때, 또는 자기가 가르치는 주일학교 학생들이 구원의 축복을 받기 원할 때, 주님의 그릇으로서 깨끗하게 자신을 비우는 사람이 되도록 조심하지 않으면 안 됩니다.

우리가 하나님의 영을 근심하게 하는 일은 우리로부터 선을 행하는 능력을 어느 정도 거두어 가 버리고 맙니다. 주님은 극히 은혜롭고 사랑이 많으신 분입니다. 하지만 그분은 질투하시는 하나님입니다. 그분은 때때로 이미 알고 있는 임무를 게을리 하는 자기 백성들이나 자신의 눈으로 보기에 정결하지 못한 교회에 대해 가혹하게 질투하십니다.

그분은 그들의 사역을 시들게 하고, 그들의 힘을 약화시키며, 그들이 결국 "나의 하나님, 결단코 당신의 길을 따르겠나이다. 당신이 하도록 명하신 일을 하겠사오며, 당신이 허용하지 않은 다른 일은 절대로 하지 않겠나이다"라고 간구할 때까지 그들을 낮추실 것입니다.

주님은 그의 제자들에게 "너희는 온 천하에 다니며 만민에게 복음을 전파하라 믿고 세례를 받는 사람은 구원을 얻을 것이요 믿지 않는 사람은 정죄를 받으리라"(막 16:15)고 명령하셨습니다. 또 그분은 믿는 자들에게 따르는 표적을 그들에게 약속해 주셨고, 그래서 그들은 그렇게 했으며, 또 해야만 할 것입니다. 그러나 우리는 여기서 사도들의 실천과 가르침을 되돌아 보아야 합니다.

우리는 사람들의 교훈은 피하고 우리 자신의 변덕스러운 생각들은 따르지 말아야 합니다. 우리는 그리스도께서 우리에게 말씀하신 대로, 그리고 그리스도께서 우리에게 말씀하시기 때문에, 그리스도께서 우리에게 말씀하시는 것을 실천해야 합니다. 분명히 그리고 명백히 우리는 종의 자리에 서야 합니다. 만일 우리가 그렇게 하지 않는다면, 우리는 우리 주님께서 우리와 함께 그리고 우리를 통해 일하시리라고 기대할 수 없습니다.

우리는 나침반의 바늘이 항상 북극성을 향하듯이 진정 우리도 진실하도록, 우리의 빛이 주님의 명령을 따라 최대한 멀리 비추어지도록, 결심해야 하겠습니다. 예수님은 "나를 따라오라 내가 너희를 사람을 낚는 어부가 되게 하리라"고 말씀하십니다. 이 가르침 속에는 뜻이 들어있다고 볼 수 있습니다: "나를 떠나거나 나로부터 멀리 떨어져 그물을 던져 보아라. 아무리 수고할지라도, 아무것도 얻지 못하리라. 너희는 내 말에 따라 그물을 배 오른편에 던질 때, 고기를 잡을 것이다."

다시 강조하지만, 본문 속에는 그리스도의 생각 대신 자신의 생각을 설교하는 자들에게 주는 큰 교훈이 있다고 생각합니다. 이런 제자들은 그리스도께 들은 것으로 그분을 따라야 합니다. 그들은 그리스도께서 말씀하신 것을 들으며, 그분이 가르치신 것을 마시고, 그분이 가르치신 것을 가서 가르쳐야 합니다. 그들의 주님은 "내가 너희에게 어두운 데서 이르는 것을 광명한 데서 말하며 너희가 귓속말로 듣는 것을 집 위에서 전파하라"(마 10:27)고 말씀하셨습니다.

만일 그들이 그리스도의 메시지를 충실하게 전달하는 자가 되면, 그분은 그들을 사람을 낚는 어부로 만들어 주실 것입니다. 그러나 요즘 여러분도 아시다시피 교만한 이야기가 들리는데, 그것은 바로 이렇습니다: "나는 이제 케케묵은 청교도 교리인 구식, 구식 복음을 설교하지 않겠어. 나는 서재에 앉아 밤이 새도록 새로운 이론을 만들어 내야지. 그런 다음 내 이름을 넣은 상표를 붙여 그것이 크게 인기를 끌도록 할거야."

많은 사람들이 그리스도를 따라가지 않고 그들 자신을 따라갑니다. 그러나 주님은 그들에 관해 "내 말이 옳은지 너희 말이 옳은지 너희가 보게 되리라"고 말씀하실 것입니다. 또 다른 사람들은 극히 타산적이어서, 분명히 하나님의 말씀인 진리들을 무시하는 것이 좋다고 판단합니다. 여러분은 예언의 말씀을 거칠게 전달하지 말고 부드럽게 전달해야 합니다. 죄의 형벌과 영원한 심판에 관해 말하는 것, 이것들은 인기가 없는 교리입니다. 이 교리들은 분명히 하나님의 말씀 속에서 언급되고 있지만, 시대의 유행에는 뒤지는 말씀들입니다. 그러므로 우리는 이 진리들을 말하지 말고 피해야 하리라!

그리스도 안에 있는 형제 여러분, 나는 절대로 그렇게 숨기지 않겠습니다. 여러분은 어떻게 하겠습니까? 오 내 영혼아, 절대로 그 숨김에 참여하지 말지어다! 문명이 크게 발전된 우리 시대에는 성경에서 가르치지 않는 진리가 더 크게 드러나고 부각되기도 합니다. 오늘날 진화론은 창세기의 가르침과는 분명히 반대되지만, 그것이 문제가 안 되고 있습니다. 사람들은 성경을 믿는 자들이 아니라 성경을 믿지 않는 자들에게 나아가는 경향이 있는데, 이것은 시대의 큰 교만이 아닐 수 없습니다.

현대신학이 가르치는 것에 비례해서 이 세대의 악은 그만큼 더 증가하고 있음을 주목해야 합니다. 이 시대의 패역함은 그들이 가르치는 허탄한 교리에 기인하고 있습니다. 강단에서 그들은 사람들에게 죄는 사소한 것이라고 가르쳤습니다. 하나님과 그리스도의 배신자들로서 이들은 사람들에게 두려워해야 할 지옥은 없다고 가르쳤습니다. 아니 있다고 해도 지옥은 결코 두려워할 곳이 아니고, 그곳에서 겪게 될 죄에 대한 형벌도 별 것 아니라고 가르쳤습니다. 보배로운 그리스도의 속죄 사역도 그들에 의해 조롱을 받고, 곡해되었습니다.

그들은 사람들에게 복음의 이름은 가르쳤지만, 복음 자체는 그들의 손에 감추어 두었습니다. 무수한 강단에서 복음은 그 옛 원천으로부터 벗어난 구시대 유물로 처분되었습니다. 그리고 지금도 그 설교자들은 그리스도의 사역자의 자리를 차지하고 이름을 달고 있습니다. 그러나 거기서 무엇이 나오겠습니까? 그들의 설교를 듣는 회중들은 갈수록 연약한 존재로 전락하게 되고, 틀림없이 그렇게 될 수밖에 없습니다.

예수님은 "나를 따라오라 내가 너희를 사람을 낚는 어부가 되게 하리라"고 말씀하십니다. 그러나 여러분이 여러분 자신의 그물을 가지고 자신의 길을 간다면, 거기서 아무것도 얻지 못할 것이고, 주님은 그것은 아무 소용이 없다고 말씀하십니다. 주님의 명령은 자신을 우리의 지도자와 모범으로 삼으라는 것입니다. 그것은 "나를 따라오라. 나를 따라오라. 나의 복음을 선포하라. 내가 설교한 것을 설교하라. 내가 가르친 것을 가르치고, 그것을 지키게 하라"는 것입니다. 자기가 닮아야 할 사람 곧 그리스도의 마음을 갖게 될 때까지 그 복된 겸손을 지니고 일점일획이라도 그분을 모방하라는 것입니다.

그렇게 하십시오. 그러면 그분께서 여러분에게 사람을 낚는 어부가 되게 하실 것입니다. 그러나 만일 그렇게 하지 않는다면 여러분은 헛되이 수고하게 될 것입니다.

나는 이제 또 다른 관점에서 우리가 그리스도를 따르지 않으면 사람을 낚는 어부가 되지 못하리라고 말함으로써, 이 강의를 끝맺고자 합니다. 그것은 바로 모든면에서 그분의 **거룩함**을 본받는 것입니다. 거룩성은 사람들이 가질 수 있는 능력 가운데 가장 실천적인 능력입니다. 우리는 정통 교리에 관해 설교할 수 있지만, 동시에 우리는 그 교리에 따라 살아야 합니다.

하나님은 우리가 다른 교리에 관해 설교하는 것을 금하십니다. 하지만 그 뒤에 증거를 보여 주는 삶이 없다면, 그것은 헛된 것이 되고 맙니다. 거룩하지 못한 설교자는 진리를 무시하는 자가 될 수도 있습니다. 우리는 생명력 있고 진지한 성화가 없는 것과 비례해서 믿음의 힘도 사라지게 될 것입니다. 우리의 능력은 "나를 따라오라"는 한마디 말씀 속에 있습니다. 예수님처럼 되십시오. 모든 일들 속에서 예수님이 행하신 것을 생각하고, 말하고, 행하십시오. 그러면 그분이 여러분을 사람을 낚는 어부가 되게 하실 것입니다. 이것은 자기부인을 필수적으로 요청합니다.

우리는 날마다 십자가를 짊어지는 생활을 해야 합니다. 이것은 자신에게 영광을 돌리는 길을 기꺼이 포기할 것을 요청합니다. 사람들이 주님을 가까이하는 사람들을 가리켜 바보나 백치라고 부르는 것처럼, 자신을 기꺼이 그렇게 부인할 수 있어야 합니다. 우리는 전적으로 그리스도의 영광을 위하여 그리고 그분의 이름을 영화롭게 하기 위하여 우리 개인의 영예나 영광은 기꺼이 포기할 수 있어야 합니다.

우리는 그분의 삶을 살아야 하고, 필요하다면 그분의 죽음을 죽을 준비를 하고 있어야 합니다. 오 형제, 자매들이여, 만일 우리가 이같이 한다면, 곧 예수님이 가신 발자취를 따라 걸어감으로써 그분을 따라간다면, 그분은 우리를 사람을 낚는 어부로 만드실 것입니다. 만일 우리가 많은 영혼들을 십자가 가까이 인도하지 못하고 죽을 때, 그분을 기쁘시게 하려면, 무덤에서라도 외쳐야 할 것입니다. 주님은 다양하게 우리의 거룩한 삶이 영향력 있는 삶이 되도록 만드실 것입니다.

그리스도를 따른 삶으로 묘사될 수 있는 삶이 지존자 보시기에 실패한 삶으로 규정되리라고 볼 수 없습니다. "나를 따라오라" 그러면 "내가 되게 하리라"는 약속은 하나님께서 절대로 취소하실 수 없는 약속입니다. "나를 따라오라 내가 너희로 사람을 낚는 어부가 되게 하리라."

지금까지 우리는 첫 번째 요점 곧 우리 자신이 해야 할 일에 대해 살펴보았습니다. 우리는 예수님을 따라가도록 은혜로 부르심을 받았습니다. 성령께서 그렇게 하도록 우리를 인도해 주시기를!

2. 그 다음 두 번째, 간단히 말한다면, 주님이 하실 일이 있습니다. 그분을 사랑하는 종들이 그분을 따라갈 때, 그분은 "내가 너희로 사람을 낚는 어부가 되게 하리라"고 말씀하십니다. 여기서 우리는 우리가 그분을 따르도록 만드시는 분이 바로 그분이라는 것을 망각해서는 안 됩니다. 따라서 그분을 따르는 길이 사람을 낚는 어부의 발걸음이라면, 그분은 우리가 그렇게 되도록 하십니다. 그것은 모두 그분의 영의 사역입니다.

나는 그분의 영을 받는 것과 그분 안에 거하는 것 그리고 그분께 순종하고, 그분의 말씀에 귀를 기울이고, 그분을 본받는 것에 관해 말했습니다. 그러나 이 모든 사실들 가운데 어느 하나라도 그것이 우리 안에서 일어나려면, 그분의 역사가 없이는 절대로 불가능합니다. "네가 나로 말미암아 열매를 얻으리라"(호 14:8)는 말씀은 우리가 한순간이라도 잊어서는 안 되는 말씀입니다. 따라서 우리가 그분을 따라간다면, 우리로 하여금 그분을 따르도록 만드시는 이는 바로 그분이십니다. 그리고 그분은 그렇게 우리로 하여금 사람을 낚는 어부가 되게 하십니다.

하지만 더 나아가, 우리가 그리스도를 따라간다면, 그분은 우리의 모든 경험을 통해 우리가 사람을 낚는 어부가 되게 하실 것입니다. 다른 사람들을 축복하는데 진실로 힘쓰며 사는 사람들은 자기가 느끼는 모든 것을 통해, 특히 자신의 고통을 통해 이 일을 하는데 도움을 받으리라고 확신합니다.

나는 가끔 내가 심각한 영적 침체 상태에 빠지는 것을 하나님께 크게 감사하곤 합니다. 나는 절망의 한계에 대해 알고 있고, 흑암의 만이 내 발을 거의 삼켜 버린 그 무서운 지점에 관해서도 알고 있습니다. 그러나 똑같은 처지에 있던 형제 및 자매들에게 무수하게 커다란 도움을 줄 수 있었고, 그 도움은 내가 그들이 빠졌던 깊은 절망에 대해 알고 있지 못했더라면 절대로 줄 수 없었을 것입니다. 따라서 나는 하나님의 자녀가 겪는 가장 어둡고, 참으로 두려운 경험은 그가 오직 그리스도를 따라간다면, 사람을 낚는 어부가 되는데 큰 도움을 주리라고 확신합니다.

여러분의 주님께 가까이 나아가십시오. 그러면 그분이 모든 발걸음마다 여러분을 축복하실 것입니다. 만일 하나님께서 섭리 안에서 여러분을 부자로 만드신다면, 그분은 여러분이 이 도시 안에 그토록 많이 살고 있는 영적으로 무지하고 사악해서, 가장 악한 죄의 원흉들인 부자들에게 복음을 전하는데 적합한 존재가 되도록 하실 것입니다. 그리고 만일 주님이 여러분을 기쁘게 가난한 자로 만드신다면, 이 도시에서 그토록 자주 죄의 원인이 되는 악하고 무지한 가난한 자들에게 나아가 복음을 전하도록 하실 것입니다.

섭리의 바람은 여러분이 사람을 낚는 어부로 활동할 수 있는 곳에서 가볍게 움직이도록 불 것입니다. 섭리의 바퀴는 모든 눈을 가득 채우고, 모든 사람의 눈이 영혼을 구하는 자들이 되도록 우리를 돕는 것을 바라볼 것입니다.

여러분은 종종 하나님이 여러분이 방문하는 집에서 어떻게 역사하시는지를 보고 놀란 적이 있을 것입니다. 여러분이 그곳에 도착하기 전 하나님의 손은 그 방마다 미리 역사하신 것을 말입니다. 여러분이 어떤 특별한 개인에게 전도하기를 원할 때, 하나님의 섭리는 그에게 미리 역사해서 오직 여러분만이 할 수 있는 말을 전하도록 하십니다. 오, 여러분이 그리스도를 따라간다면, 하나님은 여러분이 겪는 모든 경험을 통해 여러분이 사람을 낚는 어부가 되도록 역사하시는 것을 발견하게 될 것입니다.

그 다음, 만일 여러분이 그분을 따라간다면, 그분은 여러분의 마음속에 분명한 권면을 하심으로써 사람을 낚는 어부가 되게 하실 것입니다. 그리스도인들은 무감각한 상태에 있을 때 깨닫지 못하는 권면들을 하나님의 영을 통해 많이 받습니다. 하지만 마음이 하나님과 온전한 관계에 있고, 생명력 있는 교제 속에 있을 때, 우리는 거룩에 대한 민감한 마음을 갖게 되고, 그리하여 주님이 큰 소리를 낼 필요가 없이 세미한 목소리로 속삭이기만 해도 알아듣게 됩니다. 아니, 속삭임조차 필요하지 않습니다. 그분은 자신의 눈짓만으로도 우리를 넉넉히 인도하실 수 있습니다. 오, 목에 굴레를 씌우고 강제로 끌고 가고, 수시로 채찍을 맞아야 할 완강한 그리스도인들이 얼마나 많을까요! 그러나 그의 주님을 따라가는 그리스도인은 부드럽게 인도를 받게 될 것입니다.

하나님의 영이 여러분에게 "이 수레로 가까이 나아가라"(행 8:29)고 말씀하시거나 여러분의 귀에 직접 하나님이 하시는 말씀을 듣게 되거나 하리라고 말하지는 않겠습니다. 하지만 성령이 빌립에게 "이 수레로 가까이 나아가라"고 말씀하신 것처럼 여러분의 영에 주님의 뜻이 들려오게 될 것입니다. 여러분이 어떤 개인을 만날 때마다 여러분의 마음속에 "가서 그에게 말해야겠다"는 생각이 떠오르게 됩니다.

쓰임받는 모든 순간이 여러분에게는 부르심의 순간이 될 것입니다. 만일 여러분이 준비되었다면, 여러분 앞에서 문이 열리고, 여러분 뒤에서 "이곳이 길이니, 이리 들어오라"고 말씀하시는 음성을 듣게 될 것입니다. 만일 여러분이 올바른 길로 달려갈 은혜를 갖고 있다면, 조만간 올바른 길이 어느 길인지에 관해 통지를 받게 될 것입니다. 그 올바른 길이 여러분을 그물을 던져야 할 강이나 바다로 이끌고, 그리하여 여러분이 사람을 낚는 어부가 될 수 있도록 할 것입니다.

그 다음, 본문은 주님이 자기를 따르는 자들에게 성령을 주신다는 것을 의도하셨음을 보여 준다고 나는 확신합니다. 제자들은 그분을 따라가야 했고, 그래서 거룩한 곳으로 승천하시는 지존자 그분을 보았습니다. 또 그들은 예루살렘에 잠시 머물러 있어야 했는데, 그때 성령이 그들에게 임했고, 그들은 신비로운 권능에 사로잡혔습니다. 이 말씀은 베드로와 안드레에게 주어졌고, 여러분은 그것이 베드로에게서 성취된 것을 알고 있습니다. 그가 성령의 능력으로 그물을 던진 첫 번째 시도에서 뭍으로 잡아 올린 고기는 얼마나 많았을까요! "나를 따라오라 내가 너희로 사람을 낚는 어부가 되게 하리라."

형제 여러분, 우리는 오늘 밤 이 교회 안에 모인 신자들의 무리를 통해 하나님께서 무슨 일을 하실지 정확히 알지 못합니다. 만일 지금 우리가 성령으로 충만케 되기만 한다면, 우리는 충분히 런던 전체를 복음화 할 수 있을 것입니다. 세계를 구원할 도구들이 여기 충분히 있습니다.

하나님께서 구원의 역사를 행하시는데, 너무 적은 사람이나 너무 많은 사람이 필요하지 않습니다. 우리는 우리 동료들이 구원의 축복을 받도록 돕는 자가 되어야 합니다. 만일 우리가 그것을 구한다면, "나를 따라오라 내가 너희로 사람을 낚는 어부가 되게 하리라"는 명령의 말씀을 들어야 합니다.

내 앞에 앉아 있는 형제, 자매 여러분, 여러분은 수많은 영혼들이 허우적거리고 있는 인간생명의 해변에 서 있습니다. 여러분은 무수한 사람들과 함께 살고 있습니다. 그러나 만일 여러분이 예수님을 따라가고, 그분께 충성하고, 그분께 신실하며, 그분이 여러분에게 명하시는 것을 행한다면, 그분은 여러분을 사람을 낚는 어부로 만드실 것입니다. "누가 이 도시를 구원할까"라고 말하지 마십시오. 아무리 연약한 자라도 이 도시를 구원하는데 충분히 강한 자가 될 수 있습니다.

기드온의 보리떡 한 덩어리는 미디안 진영으로 굴러들어와 한 장막을 쳐서 무너뜨릴 것입니다. 삼손은 햇빛을 받아 하얗게 빛이 바랜 나귀의 새 턱뼈를 집어 들어 블레셋 사람 천 명을 쳐죽일 것입니다. 두려워하거나 절대로 실망하지 마십시오. 여러분의 책임은 여러분의 주님께 더 가까이 나아가는 것임을 잊지 마십시오. 오래 전에 사랑이 가득 찬 얼굴로 울면서 예루살렘을 바라보셨던 것처럼 지금은 죄로 만연된 이 런던 시내를 울면서 바라보시는 주님을 주목합시다.

그분을 꼭 붙잡고 절대로 놓지 마십시오. 하나님의 영의 도우심을 받아 여러분 안에 거하는 신적 생명의 강하고 힘 있는 활동들을 소생시키고 더 온전케 해서 "나를 따라오라 내가 너희로 사람을 낚는 어부가 되게 하리라"고 친히 말씀하신 교훈을 배우도록 합시다. 여러분은 그것에 적합하지 않지만, 주님께서 여러분을 적합한 존재로 만드실 것입니다.

여러분은 스스로의 힘으로는 그 일을 할 수 없지만, 주님이 그것을 할 수 있도록 여러분을 만드실 것입니다.

여러분은 어떻게 그물을 던지고, 어떻게 고기들을 해변으로 끌어올려야 할지 모르지만, 주님이 그것을 여러분에게 가르쳐 주실 것입니다. 그러므로 오직 그분을 따라가십시오. 그러면 그분께서 여러분을 사람을 낚는 어부가 되게 하실 것입니다.

나는 하나님의 온 교회가 그것을 들을 수 있도록, 천둥 같은 소리로 어떻게든 이 모든 일들에 대해 외치고 싶습니다. "예수께서 이르시되 나를 따라오라 내가 너희로 사람을 낚는 어부가 되게 하리라"는 말씀을 하늘의 뭇별들 사이에 새겨두고 싶습니다. 만일 여러분이 그 명령을 망각한다면, 그에 따르는 약속은 결코 여러분의 것이 되지 못할 것입니다. 만일 여러분이 어떤 다른 길을 가거나 다른 지도자를 본받는다면, 고기를 잡는 일이 헛수고가 될 것입니다. 하나님께서 우리로 하여금 예수님이 우리 안에서 위대한 일을 행하시고, 우리를 통해 다른 사람들에게 유익을 끼치도록 하기 위해 위대한 일을 하게 역사하신다는 사실을 충분히 믿도록 인도하시기를!

3. 여러분 자신을 위해 조용히 묵상해 보면 특별히 유익이 더 큰 마지막 요점을 살펴볼 차례입니다. 여기서 우리는 전도명령에 관한 충분한 그림을 갖게 됩니다. 나는 여러분에게 여러분이 써먹을 수 있는 두세 가지 생각을 제시해 보겠습니다. "내가 너희로 사람을 낚는 어부가 되게 하리라." 지금까지 여러분은 물고기를 낚는 어부였습니다. 하지만 너희가 나를 따른다면, 내가 너희로 사람을 낚는 어부가 되게 하리라.

어부는 크게 의존적이고, 신뢰의 대상이 필요한 사람입니다. 그는 물고기를 스스로 볼 수 없습니다. 바다에서 고기를 잡는 사람은, 말하자면, 아무 데나 가서 그물을 던져야 합니다. 고기를 잡는 행위는 신앙의 행위입니다. 나는 가끔 지중해에서 사람들이 배를 타고 가 큰 그물을 바다 한 가운데 던져 넣는 것을 보았습니다. 그런데 그들이 해변으로 그물을 끌고 왔을 때, 내가 혼자 잡을 수 있는 것보다 더 적게 고기를 잡아왔습니다. 전체 포획량이 몇 마리에 불과할 때도 있었습니다. 그러나 그들은 실망하지 않고 그물에 가득 고기를 잡으리라는 희망과 함께 바다로 나가 하루에도 몇 번씩 큰 그물을 바다 속으로 던집니다.

하나님의 사역자만큼 하나님을 더 크게 의존해야 할 사람은 없습니다. 오, 이 교회의 강단으로부터도 이같이 고기 잡는 일이 행해져야 하리라! 얼마나 놀라운 신앙의 행위일까요! 나는 어떤 영혼이 그 일을 통해 하나님 앞으로 인도될지에 대해서는 말할 수 없습니다. 또 내 설교가 여기 있는 어떤 사람들에게 합당할지에 대해서도 판단할 수 없습니다. 다만 나는 하나님께서 그물을 던지도록 나를 인도하리라는 것만 확신할 뿐입니다.

나는 그분이 구원을 일으키실 것을 기대하고, 그 일에 대해서는 오직 그분만 의지할 뿐입니다. 나는 이 전적 의존을 좋아하고, 비록 내가 스스로의 힘으로 좌지우지할 수 있고, 죄인들을 구원할 수 있는 설교의 능력을 갖고 있다고 할지라도, 나는 홀로 두지 마시라고 주님께 요청하겠습니다. 왜냐하면 항상 그리고 전적으로 그분을 의지하는 것이 훨씬 더 즐거운 일이기 때문입니다.

그리스도께서 여러분을 지혜롭게 만드실 때, 바보가 되는 것이 좋습니다. 만일 그리스도께서 여러분의 힘을 더 강하게 하신다면, 약한 상태에 있는 것이 복된 일입니다. 사람을 낚는 어부가 되기를 바라십니까? 그러면 어서 바다로 나가십시오. 하지만 자신의 부족함을 느끼십시오. 힘이 없는 여러분, 그래도 이 전도사역에 힘쓰십시오. 여러분의 주님의 힘이 연약한 여러분을 붙들어 줄 것입니다. 어부는 의존적인 사람입니다. 그는 그물을 던질 때마다 행운을 기대해야 합니다. 하지만 동시에 그는 의지하는 사람이고, 그러기에 즐거운 마음으로 그물을 던지는 사람입니다.

그물을 던지는 일로 생계를 유지하는 어부는 부지런하고 인내하는 사람입니다. 어부들은 새벽에 일어납니다. 도저뱅크(영국과 네덜란드 사이의 북해 중앙에 위치한 얕은 바다로 황금어장이다)에 사는 어부들은 새벽에 바다로 나가 밤늦게까지 계속 고기를 잡습니다. 힘이 있는 한 그들은 고기를 잡습니다. 주 예수님이 우리를 부지런히, 끈기 있게 그리고 결코 지치지 않고 일하는 어부로 삼아 주시기를! "너는 아침에 씨를 뿌리고 저녁에도 손을 놓지 말라 이것이 잘 될는지, 저것이 잘 될는지, 혹 둘이 다 잘 될는지 알지 못함이니라"(전 11:6).

자기만의 고기 잡는 비법을 갖고 있는 어부는 지능적이고 조심스럽습니다. 어부가 되는 것은 겉으로는 아주 쉬운 일처럼 보이지만, 여러분이 실제로 그 일을 한 번 해 본다면, 그것이 결코 어린아이 장난이 아니라는 것을 깨닫게 될 것입니다. 그 일에는 그물을 깁는 일에서부터 그물을 해변으로 끌어올리는 일에 이르기까지 전문적인 기술을 요합니다.

어부는 그물로부터 고기가 튀어나가지 않도록 얼마나 부지런히 움직여야 할까요! 나는 어느 날 밤 바다에서 거인이 커다란 북을 두드리는 것처럼, 큰 소리가 울리는 소리를 들었습니다. 나는 얼른 밖을 내다보았는데, 어부들이 그물 속으로 고기를 끌어들이기 위해 파도와 싸우고 있거나 이미 포획한 고기들이 그물 밖으로 튀어나가지 않도록 애를 쓰는 장면을 보았습니다.

아, 그렇습니다! 여러분과 저도 이와 마찬가지로 종종 거의 수중에 들어온 죄인들이 도망가지 못하도록 복음의 그물의 구석구석을 살펴보아야 합니다. 그들은 물고기처럼 아주 교묘하고, 구원을 피하기 위해 온갖 잔꾀를 부리곤 합니다. 그러므로 우리는 항상 방심하지 말고 우리의 임무에 충실해야 하고, 사람을 낚는 어부로 성공하려면, 우리의 모든 지혜를 다하여, 아니 그 이상의 지혜를 하나님으로부터 공급받아 최선을 다해야 합니다.

어부는 열심히 수고하는 사람입니다. 그것은 결코 손쉬운 부르심이 아닙니다. 그는 안락의자에 편안히 앉아 고기를 잡지 않습니다. 그는 궂은 날씨에도 바다로 나가야 합니다. 구름만 바라보는 자가 거두지 못한다면, 구름만 바라보는 자는 고기 역시 잡지 못할 것이라고 나는 확신합니다. 만일 우리가 상황이 좋을 때만 그리스도를 위해 수고한다면, 우리는 크게 얻는 것이 없을 것입니다. 만일 우리가 기도할 수 없기 때문에 기도하지 못하겠다고 느낀다면, 우리는 절대로 기도할 수 없습니다. 우리가 "나는 설교할 만한 기분이 아니기 때문에 오늘 설교할 수 없다"고 느낀다면, 설교할 만한 가치가 있는 설교는 평생 동안 못할 것입니다. 우리는 그리스도를 위하여 어떤 날씨 속에서든 온 마음을 다해 쓰러질 때까지 항상 그 일에 매진해야 합니다.

어부는 용감한 사람입니다. 그는 거친 바다와 싸웁니다. 얼굴에 바닷물이 스치는 것을 두려워하지 않습니다. 그의 얼굴은 많은 세월 바닷물에 젖어 있었지만, 아무런 상처가 없었습니다. 깊은 바다에 나아가 고기를 잡는 어부가 되었을 때, 편안히 갑판에 누워 잠이나 자겠다는 생각은 아예 하지도 않았습니다. 마찬가지로 사람을 낚는 어부인 진정한 그리스도의 사역자도 약간의 위험은 결코 피하지 않는 법입니다.

그는 별로 인기가 없는 많은 일을 행하거나 말할 책임이 있습니다. 어떤 그리스도인들은 그의 말을 아주 냉혹하게 판단할 수도 있습니다. 그는 영혼들의 유익을 위해 필요한 것은 무엇이든 행하거나 말하지 않으면 안 됩니다. 그는 다른 사람들이 자신의 말이나 자신에 관해 어떻게 생각하는지에 대해서는 크게 괘념치 않습니다. 그러나 전능하신 하나님의 이름 안에서, 그는 "비록 바다가 흉용할지라도 주님의 명령이라면 그물을 내리리라"고 결정해야 합니다.

이제 마지막으로 그리스도께서 사람을 낚는 어부가 되게 하는 사람은 성공하는 자라는 사실입니다. 어떤 사람은 "하지만 나는 항상 그리스도의 사역자들은 신실해야 하지만, 그렇다고 해서 그들이 성공을 보장받는 것은 아니라고 들어왔습니다"라고 말할 것입니다. 예, 나도 그런 말을 들었고, 어떤 면에서 그것이 옳다는 것도 압니다. 그러나 다른 면에서 나는 그것에 대해 의심을 갖고 있습니다.

신실한 사람은 하나님의 방법과 하나님의 판단에 크든 적든 반드시 성공하는 사람입니다. 예를 들면, 자기는 신실하다고 말하는 한 형제가 여기 있습니다. 물론 나는 그의 말을 믿습니다. 하지만 그가 죄인을 구원의 길로 이끌었다는 말을 들어본 적이 없습니다. 참으로 그의 전도를 받은 사람이 구원받기를 바라지 않는다면, 그의 전도사역에 그 사람을 가장 안전한 자리로 인도하고 있는지 의심해 보아야 할 것입니다. 왜냐하면 그는 영혼을 소생시키거나 감동시키는 또는 회심시키는 진리에 대해 전하지 않기 때문입니다.

이 형제는 "신실"하고 자신도 그렇게 말합니다. 그러나 과연 그럴까요? 만일 세상 사람 중 하나가 여러분에게 "나는 어부지만, 한 마리의 고기도 잡아본 적이 없다오"라고 말한다면, 여러분은 그가 과연 어부로 불릴 자격이 있는지 의심하지 않겠습니까? 한 번도 밀이나 다른 곡식을 거두어본 적이 없는 농부가 진정 농부입니까? 예수 그리스도께서 "나를 따라오라 내가 너희로 사람을 낚는 어부가 되게 하리라"고 말씀하실 때, 그분은 너희가 실제로 사람을 낚을 것이고, 실제로 얼마를 구원하게 될 것이라는 점을 지적하신 것입니다. 그것은 실제로 고기를 잡아보지 못한 사람은 결코 어부가 아니기 때문입니다.

몇 년 동안 전도사역에 종사했음에도 불구하고 죄인을 구원하지 못한 사람은 그리스도의 사역자가 아닙니다. 만일 그의 평생 사역의 결과가 아무것도 없다면, 그가 그 일에 종사한 것은 큰 잘못입니다. 여러분의 손에 하나님의 불을 들고 가 그루터기 사이에 그것을 던지십시오. 그러면 그루터기가 활활 타오를 것입니다. 확신을 갖고 그렇게 하십시오. 또 가서 좋은 씨를 뿌리십시오. 그것이 열매를 맺을 수 없는 땅에 떨어질 수도 있지만, 그 중의 얼마는 반드시 열매를 맺을 것입니다.

확신을 갖고 그 일을 하십시오. 오직 빛을 비추십시오. 그러면 이런저런 눈이 그것으로 빛을 보게 것입니다. 그렇게 하면, 반드시 성공할 것입니다. 그러나 "나를 따라오라 내가 너희로 사람을 낚는 어부가 되게 하리라"는 주님의 말씀을 기억하십시오. 예수님께 가까이 나아가 그분의 영 안에서 그분이 행하신 대로 하십시오. 그러면 그분은 여러분이 사람을 낚는 어부가 되게 하실 것입니다.

나는 여기서 아직 회심하지 못한 사람들에게 말씀을 전합니다. 친구들이여, 나는 여러분에게 말해 줄 똑같은 경험을 한 사람입니다. 여러분도 나처럼 그리스도를 따라갈 수 있습니다. 그러면 그분께서 여러분, 여러분까지도 쓰실 것입니다. 나는 그분이 구원 받을 수 있는 이 자리로 여러분을 인도하셨고, 시간이 지나면 그분이 여러분을 자신의 이름과 영광을 위한 도구로 사용하실 수 있다는 것 외에는 아는 바가 없습니다. 그분이 다소의 사울을 어떻게 부르시고, 어떻게 그를 이방인의 사도로 만드셨는지를 상기해 보십시오.

변화된 밀렵꾼이 최고의 사냥터지기가 됩니다. 마찬가지로 구원받은 죄인들이 가장 유능한 설교자가 됩니다. 오, 여러분도 오늘 밤 조금이라도 빌미를 주지 말고 옛 주인으로부터 도망쳐 나오십시오. 만일 여러분이 그에게 조금이라도 빌미를 준다면, 그는 여러분을 붙들고 놔주지 않을 것이기 때문입니다. 어서 빨리 예수님께 나아오십시오. 와서 "여기 도망 나온 불쌍한 종이 있습니다! 내 주여, 내 손목에는 아직도 수갑이 채워져 있습니다. 저를 해방시켜 당신의 소유로 삼아 주소서"라고 외치십시오.

"내게 오는 자는 내가 결코 내쫓지 아니하리라"(요 6:37)고 기록되어 있음을 유념하십시오. 밤중에 그리스도 앞으로 도망 나온 종을 그분은 절대로 내버려 두시지 않습니다. 그리고 그분은 절대로 옛 주인에게 그를 내어주지 않습니다. 만일 예수님이 여러분을 자유케 하신다면, 여러분은 진실로 자유한 자가 될 것입니다. 그러므로 불시에 예수님께로 도망치십시오. 그분의 선하신 영이 여러분을 도우시고, 자신의 찬송을 위해 조만간에 여러분을 다른 사람들을 구원하는 자로 삼으시기를! 하나님께서 여러분을 축복하시기를 빕니다. 아멘.

제 15 장

전도자에게 주는 자극

내 형제들아 너희 중에 미혹되어 진리를 떠난 자를 누가 돌아서게 하면
너희가 알 것은 죄인을 미혹된 길에서 돌아서게 하는 자가 그의 영혼을
사망에서 구원할 것이며 허다한 죄를 덮을 것임이라

— 야고보서 5:19 – 20

야고보 사도는 특출하게 실천적인 사람입니다. 정말 그가 "정확한 사람"이라는 뜻으로 그런 말을 듣는다면, 나는 그가 어떻게 그 칭호를 얻게 되었는지 이해할 수 있습니다. 왜냐하면 그의 성격의 두드러진 특징이 그의 서신서에 분명히 드러나 있기 때문입니다. 또 그가 "주님의 동생"이었다면, 실천적인 교훈인 산상수훈 설교와 함께 자신의 사역을 시작하신, 그의 위대한 가족이자 주인이신 분과 크게 닮은 모습을 충분히 보여 줄 것입니다.

우리는 성경 속에 모든 계층의 신자들의 먹을 양식이 들어 있고, 성도들의 모든 능력이 내포되어 있음을 크게 감사하지 않으면 안 됩니다. 사색가들은 우리에게 생각의 주제들을 풍성하게 제공했습니다. 바울이 바로 그것들을 제공한 사람 중의 한 사람이었습니다. 그는 우리에게 정확한 질서를 따라 배열된 건전한 교리를 제공했습니다. 그는 우리에게 깊은 사상과 심원한 가르침을 제공했습니다. 그는 하나님에 관한 심오한 진리들을 활짝 펼쳐 놓았습니다.

사도 바울의 서신서가 존재하는 한, 아무리 반성과 사유에 익숙한 사

람이라고 할지라도, 그만큼 풍성한 영적 양식을 제공하는 사람은 없습니다. 왜냐하면 그는 영혼이 거룩한 만나를 먹도록 한 사람이기 때문입니다. 신비적인 주제들에 대해 애정과 지혜를 가진 사람들 가운데 요한만큼 정열적인 헌신과 불타는 사랑을 갖고 글을 쓴 사람은 없습니다.

우리는 단순하면서도 탁월한 서신서들을 갖고 있는데, 그것들은 여러분이 그것들을 볼 때 어린아이들도 이해할 만한 글을 보게 되지만, 자세히 검토해 보면, 그 의미들이 가장 유식한 사람들도 충분히 만족시킬 수 있을 정도로 오묘한 것을 볼 수 있습니다. 여러분은 독수리의 눈과 독수리의 날개를 가진 동일한 사도로부터 계시록의 놀라운 환상들을 갖고 있는데, 그 책은 경외감과 헌신과 지혜가 그 날개를 타고 높이 날아올라 최대한 그 범주가 먼 곳까지 미치는 것을 발견할 것입니다.

그러나 사색적인 것보다 실천적이고, 상념적인 것보다 활동적인 사람들의 부류는 항상 있을 것입니다. 기억을 통해 그들의 순수한 정신을 일깨우고, 실천하게 하시는 성령의 은혜 안에서 견딜 수 있도록 돕는 야고보들이 있다는 것은 참 좋은 일이었습니다.

내 앞에 있는 본문은 어쩌면 서신서 전체 가운데 가장 실천적인 본문일 것입니다. 서신서 전체가 실천적 내용으로 불타고 있지만, 이 본문은 하늘까지 그 불꽃이 솟아오르고 있습니다. 그것은 그 서신서의 결론으로서 그 정점입니다. 그 안에는 버릴 말씀이 한마디도 없습니다. 그것은 보석이 박힌 칼집에서 뽑혀, 그 날카로운 칼날이 우리 앞에서 번쩍거리는 칼과 같습니다. 나는 본문의 전개에 따라 설교하기를 원합니다. 만일 그렇게 할 수 없다면, 나는 최소한 여러분이 그 본문에 따라 행동할 수 있도록 해 달라고 기도할 것입니다.

슬프게도 주 예수님을 위한 철저한 삶이 많은 부분들 속에서 얼마나 크게 요청되고 있는지 모릅니다. 우리는 우리가 그리스도인임을 보여 주는 장식물은 충분히 가지고 있습니다. 그러나 날마다 우리에게 필요한 것은 하나님을 위한 실천적 삶을 사는 것입니다. 비록 우리의 삶이, 학문적 또는 세련된 성취의 잎들로 무성하게 장식되어 있지는 않다 할지라도, 그 속에 우리의 수고를 통해 변화를 받은 영혼들이 있다면, 그 삶은 하나님을 위한 열매를 맺게 될 것입니다. 또 그렇게 구원받은 영혼들은 그 안에 주렁주렁 열매를 간직한 아름다운 감람나무가 되어 곧 하나님 앞에 서게 될 것입니다.

나는 세 가지 문제에 대해 여러분의 진지한 관심을 환기시키고자 합니다. 첫째, 본문은 특별한 경우를 다루고 있다는 것입니다: "너희 중에 미혹되어 진리를 떠난 자를 누가 돌아서게 하면"(19절). 특별한 경우에 관해 말하면서 사도는 일반적 사실을 선언합니다: "죄인을 미혹된 길에서 돌아서게 하는 자가 그의 영혼을 사망에서 구원할 것이며 허다한 죄를 덮을 것임이라"(20절). 이 두 가지 요점에 관해 말하면서, 나는 세 번째로 본문의 개별적인 적용에 대해 말하고자 합니다. 이것은 사도에 의해서는 전혀 의도된 것이 아니지만, 내가 보기에는 충분히 정당성이 있습니다. 말하자면 본문은 어린아이들의 회심을 위해 더 크게 수고하도록 우리에게 적용되어야 한다는 것입니다.

1. 그러면 첫째로 본문이 특별한 경우를 다루고 있다는 점을 살펴보겠습니다. 본문을 읽어보십시오. 그러면 여러분은 그것이 가시적인 하나님의 교회로부터 타락한 자와 관련이 있음을 보게 될 것입니다. "너희 중에"라는 말씀은 이미 신앙고백을 한 그리스도인들을 가리킴에 틀림없습니다.

예수의 이름 아래 있었던 사람이 죄를 범하는 경우에, 그는 잠시 진리를 따르지만, 죄악의 시기가 오면, 교리를 어기고 배반자가 되어 진리로부터 떠납니다. 그는 복음의 핵심이 아닌 지엽적인 문제들에서 죄를 범할 뿐만 아니라 어떤 절대적인 교리에서도 죄를 범함으로써, 그 근본 진리를 믿는 믿음으로부터 떠났습니다. 반드시 믿어야 하는 진리들이 있습니다. 그것들은 구원에 필수적인 것들입니다. 만일 그것들을 진심으로 받아들이지 않는다면, 영혼은 구원받지 못하게 될 것입니다.

이 사람은 명목상으로는 정통적이었습니다. 그러나 본질적인 진리로부터 등을 돌렸습니다. 그런데 그 당시 성도들은, 오늘날 가짜 성도들이 그러는 것과는 달리, "우리는 정말 자비로워야 합니다. 이 형제가 자신의 의견을 견지하도록 두십시오. 그는 진리를 다른 관점에서 보고 있을 뿐입니다. 다른 시야에서 보기 때문에, 그의 의견은 우리의 의견만큼 옳습니다. 우리는 그가 오류 속에 있다고 말해서는 안 됩니다"라고 말하지 않았습니다.

그것은 현재 신적 진리를 사소하게 다루는 아주 인기 있는 방법으로서, 우리 주변에 크게 만연되어 있습니다. 이렇게 되면 복음은 그 가치가 떨어지고, "다른 복음"이 판을 치게 됩니다.

나는 활활 타오르든지 아니면 고이 감추어두든 간에 인간의 판단에 그 가치가 좌우되는 교리가 어떤 것들이 있는지 현대교회의 교활한 교인들에게 묻고 싶습니다. 나는 그들이 충분한 대답을 해 줄 것이라고 믿지 않습니다. 왜냐하면 만일 그들의 자유주의가 옳다면, 순교자들은 가장 어리석은 바보들일 것이기 때문입니다. 현대 사상가들의 글과 가르침을 분석해 본 결과, 내게는 그들이 계시된 진리는 무조건 철저히 무시하는 태도를 취하고 있는 것처럼 보입니다.

어쩌면 그들은 더 많은 사람들이 자유사상을 받아들여야 한다는 사실에 조금은 미안해 하고, 또 그들은 모든 진리가 현대화되어야 한다고 보지는 않는 것 같습니다. 그러나 전체적으로 그들의 자유주의적 경향이 너무 크기 때문에 그들은 자기들의 견해에 반한다고 해서 그것을 치명적 오류로 정죄할 수 있는 신념을 갖고 있지 않습니다. 여러분이 그것을 다른 관점에서 볼 때, 그들은 흑과 백이라는 말을 똑같은 색깔을 가리키는 데 사용합니다.

예와 아니오가 그들의 판단 속에서는 똑같이 진실된 답변입니다. 그들의 신학은 해변의 모래처럼 변화무쌍하고, 그들은 그토록 편협한 견해를 확고한 진리처럼 생각합니다. 오류와 진리는 그들의 관용의 범주 안에서는 똑같이 포용이 가능합니다. 그러나 그것은 사도들이 오류를 다루었던 방식이 아니었습니다. 그들은 거짓에 대해 넓은 마음으로 포용하는 관용을 지시하지 않았습니다. 또는 오류를 범하는 자들을 심오한 사상의 소유자로 보고, 그들의 견해를 "원래의 진리를 새롭게 하는 것"으로 칭찬하도록 권고하지도 않았습니다.

그들은 정직한 의심에 입각한 믿음을 절반의 신조를 믿는 믿음보다 더 생명력이 있는 것으로 볼 수 있다는 말에 대해서는 악한 자들의 허탄한 말로 치부하고 일고의 가치도 없다고 무시해 버렸습니다. 그들은 오늘날 신해석학자들이 그러는 것처럼, 의심을 통해 의롭게 되는 사상을 믿지 않았습니다. 그들은 진리를 어긴 형제의 회심에 관해 분명히 했습니다. 그들은 그를 회심이 필요한 사람으로 다루고, 만일 그가 회심하지 않는다면, 그의 영혼은 죽음에 처해지며, 허다한 죄를 범하게 될 사람으로 간주했습니다.

그들은 "현대사상"의 계보에 속하는 우리의 교양인 친구들, 곧 결국 그리스도의 신성을 거부하고, 성령의 역사를 무시하며, 속죄는 믿지 않아도 되고, 거듭남은 필요 없다고 배우고, 이 같은 일을 행하는 자들을 가장 헌신적인 신자의 모델로 보는 자들과 같은 안이한 사람들이 아니었습니다.

오 하나님, 오류 속에 있는 사람에게 치명적인 손해를 끼치고, 종종 그의 회심을 방해하며, 때로는 우리에게 진리는 별로 중요하지 않고, 거짓은 사소한 것이라고 가르침으로써 우리 마음을 미혹시키고, 그리하여 진리의 하나님에 대한 우리의 충성을 파괴하고, 만왕의 왕에게 절대적 순종을 바치지 못하고 배반자가 되도록 이끄는 이 무서운 불신사상으로부터 우리를 구원하소서!

미혹되어 진리를 떠난 이 사람은 교리적 오류의 논리적 결과를 자연스럽게 따라갔고, 그로 인해 그의 삶도 똑같은 오류에 떨어졌다는 것을 본문은 분명히 보여 줍니다. 그것은 당연히 19절과 연관시켜 읽어야 하는 20절에서 그를 "미혹된 길에서 돌아선 죄인"으로 말씀하고 있기 때문입니다. 그의 길은 그의 생각이 잘못되었기 때문에 잘못되었습니다. 여러분은 진리로부터 벗어나게 되면, 오래지 않아 어떤 면에서, 아니 어쨌든 실천적 의의 길에서도 벗어나게 됩니다. 이 사람은 잘못된 진리를 믿었기 때문에 잘못된 행동을 하게 된 것이었습니다.

어떤 사람이 그리스도를 별로 생각하지 말도록 이끄는 교리를 받아들였다고 상정해 봅니다. 그는 곧 그분을 거의 믿지 않게 되고, 그분께 거의 순종하지 않게 될 것이며, 그로 인해 자기의나 방탕으로 빠지게 될 것입니다. 그가 죄의 형벌을 가볍게 생각하게 되면, 양심의 가책 없이 죄를 범하고, 양심의 모든 제한을 풀어 버리는 것은 시간문제입니다. 그가 속죄의 필요성을 부정한다면, 그는 자신의 신념에 따라 행동하게 되고, 그 결과는 그의 신념과 똑같이 될 것입니다.

모든 썩은 것들이 그에 합당한 병균을 생산하는 것처럼, 모든 오류는 그 자체의 결과를 일으킵니다. 우리가 거룩이 진실한 교리가 아니라 거짓된 교리로부터 결과될 것이라고 상상하는 것은 잘못입니다. 사람들이 가시나무에서 포도를, 엉겅퀴에서 무화과열매를 거둡니까? 역사적 사실들은 그것이 거짓임을 증명합니다. 진리가 지배하면, 도덕과 거룩도 충만합니다. 그러나 오류가 판을 칠 때 경건한 삶은 부끄러워 뒷걸음치는 법입니다.

이 죄인과 관련해서 볼 때 생각과 행위가 지향하는 목표는 그의 회심에 있었습니다. 그것은 곧 그를 돌아오도록 하는 것, 그를 올바른 생각과 올바른 행동으로 이끄는 것입니다. 그러나 슬프도다! 나는 신앙고백을 하는 많은 그리스도인들이 이 빛에 따라 타락한 자들을 판단하지 않거나 또는 회심이라는 희망적인 주제에 따라 그들을 바라보지 않는 것도 염려가 됩니다. 나는 진리를 떠난 자가 이리처럼 박해를 받는 경우를 보았습니다.

그가 어느 정도 잘못된 것은 사실입니다. 그러나 그 잘못은 악화되고, 그 사람이 그것에 저항할 때까지 계속됩니다. 그 잘못은 그 위에 혹독한 공격이 가해짐으로써 이중의 잘못으로 악화되었습니다. 그 사람의 인간성은 그가 너무 엄격하게 다루었기 때문에 그의 오류를 따라가고 말았습니다. 그 사람은 극단적인 입장을 취하도록 강요받는데, 이것은 내 생각으로는 죄를 범하는 것으로 생각됩니다. 그리고 그는 이성에 입각하여 판단하지 못하고, 비난받는 것을 도저히 참을 수 없기 때문에 더 큰 잘못을 저지르는 길로 가고 맙니다.

사람이 그의 인생에서 비난받을 만한 일을 저지를 때, 그의 잘못이 크게 확대되고, 입에서 입으로 소문이 퍼지며, 작은 실수를 저지른 사람이 크게 타락했다고 느끼고, 완전히 자존심을 잃어버릴 때까지 과장되고, 그리하여 아주 끔찍한 죄를 저지르는 상황으로 전락해 버리는 일이 종종 벌어집니다. 어떤 신자들의 목표는 망가진 수족을 치유하는 것이 아니라 아예 잘라 버리는데 있는 것처럼 보입니다. 공의가 자비를 대신해서 지배합니다. 그를 쫓아버려라! 그는 씻어내기에는 너무 더럽고, 회복시키기에는 너무 큰 병이 걸려 있도다! 그러나 이것은 그리스도의 마음에 따르는 것도 아니고 사도들의 교회의 모델을 따르는 것도 아닙니다.

야고보 사도 당시에는 만일 진리와 거룩으로부터 떠나는 어떤 일이 벌어지면, 그들의 회복을 촉구하고, 한 영혼을 죽음으로부터 구하고, 허다한 죄를 덮어 주는 것을 자기들의 기쁨으로 삼는 형제들이 있었습니다. "내 형제들아 너희 중에 미혹되어 진리를 떠난 자를"이라는 표현 속에는 아주 중요한 내용이 담겨 있습니다. 이 말씀은 "너 자신을 살펴보아 너도 시험을 받을까 두려워하라"(갈 6:1)는 말씀과 비슷합니다. 또 다른 권면인 "선 줄로 생각하는 자는 넘어질까 조심하라"(고전 10:12)는 말씀과도 유사합니다.

죄를 저지른 사람은 여러분 가운데 하나이고, 그는 여러분과 함께 교제의 자리에 앉아 있고, 다정한 이야기를 나누었던 사람 가운데 하나입니다. 그는 속임을 당한 자로서, 사탄의 궤계에 의해 미혹을 당했습니다. 그러나 그를 가혹하게 판단하지 마십시오. 무엇보다 그가 영원한 멸망에 떨어지지 않도록 그냥 두지 마십시오. 만일 그가 지금까지 구원 받은 자로서 함께한 자라면, 그는 여전히 여러분의 형제이고, 다시 돌아온 탕자처럼 아버지의 마음을 즐겁게 만드는 것이 여러분의 의무입니다.

그러나 그의 타락에도 불구하고, 그는 여전히 하나님의 자녀 가운데 하나입니다. 그를 끝까지 따라가 구명하십시오. 그가 다시 집으로 돌아올 때까지 여러분은 쉬어서는 안 됩니다. 그리고 비록 그가 하나님의 자녀가 아니라고 해도, 그의 회심에 대한 고백이 가짜거나 위장이라고 해도, 그의 고백이 단순히 고백에 불과하고, 생명력 있는 경건을 갖고 있는 고백이 아니라고 해도, 거룩한 사랑의 열정으로 끝까지 포기하지 말고 그를 따라다니며, 그의 위선적 태도가 얼마나 무서운 심판을 자초하고, 그의 불결한 손으로 거룩한 일들을 모독하는 것이 얼마나 두려운 일인지를 상기시켜 주어야 합니다.

만일 여러분이 그가 고의로 속이는 자라고 의심할 수밖에 없다면 그를 위해 더 많이 우십시오. 울어야 할 이유가 일곱 배나 더 많으니까요. 만일 그가 전혀 진실하지 않고, 거짓 고백으로 교회를 속이고 있다는 느낌을 도저히 지울 수 없다면, 그를 위해 더 많이 슬퍼하라고 말하고 싶습니다. 왜냐하면 그의 운명이 그만큼 더 끔찍하고, 그러기에 여러분이 그를 가엾게 여길 마음은 그만큼 더 커지기 때문입니다. 그의 회심을 계속 구하십시오.

본문은 우리에게 타락한 형제들의 회심을 목표로 해야 하는 사람들에 관해 분명한 암시를 주고 있습니다. 본문은 "너희 중에 미혹되어 진리를 떠난 자를 누가 돌아서게 하면"이라고 말씀합니다. 여기서 누가는 누구를 말할까요? 목사를 말합니까? 아닙니다. 여러분 가운데 하나를 말합니다. 만일 목사가 타락한 자의 회복을 위한 도구라면, 그는 행복한 사람이고, 그를 통해 선한 행위가 행해졌습니다. 그러나 여기서 설교자나 목사를 가리키는 언급은 전혀 없습니다. 아니 암시조차 없습니다. 그것은 교인 누구에게나 해당되는 말씀입니다.

간단히 추론해 보면, 모든 교회 구성원이 진리로부터 떠나거나 오류를 범하는 형제를 보면, 성령의 능력으로 이 특별한 죄인이 그 길에서 돌이켜 돌아올 수 있도록 책임을 지는 사역을 감당해야 한다고 나는 생각합니다. 불신자들을 돌아보는 일에 대해서도 최선을 다해야 하지만, 믿음의 형제들에 대해서도 태만해서는 안 됩니다.

교회 안에 있는 다른 형제들의 유익을 도모하는 일은 교회의 투표를 통해 수여받은 직분자들만의 임무가 아니라 예수 그리스도의 몸의 모든 지체들의 임무입니다. 그러나 어떤 경우에는 이 명령을 더 강력하게 받들어야 할 지체들이 있습니다.

젊은 신자들의 경우, 그들의 부모를 예로 들어보겠습니다. 만일 부모들이 신자라면, 그들은 타락한 자녀들을 돌이키도록 해야 할 의무를 7배 더 감당하도록 요구받습니다. 남편의 경우를 보겠습니다. 아내만큼 남편의 신앙 회복을 위해 간절한 마음을 갖는 자는 없을 것입니다. 똑같은 법칙이 아내에게도 적용됩니다. 또한 친구 관계를 예로 든다면, 여러분은 가장 사랑하는 친구가 여러분의 마음 가장 가까운 곳에 있을 것입니다. 그런데 그 친구가 실족해서 진리로부터 멀리 떠났다고 느낄 때, 여러분은 다른 누구보다도 각별한 애정을 갖고 그의 목자로 활동할 것입니다.

여러분은 여러분의 동료 그리스도인들에 대해 이와 같이 행해야 할 책임이 있습니다. 그러나 여러분이 친분을 통해, 관계를 통해 또는 어떤 다른 수단을 통해 영향력을 갖고 있는 사람들에 대해서는 갑절로 그 책임을 다해야 합니다. 그래서 나는 여러분에게 간절히 바라는데, 주 안에서 항상 다른 성도들을 돌아보고, 그들이 범죄한 일이 드러나거든, "온유한 심령으로 그러한 자를 바로잡고 자기 자신을 살펴보십시오"(갈 6:1). 여러분의 의무를 다하십시오. 절대로 그것을 게을리 하지 마십시오.

형제 여러분, 죄를 범해 진리로부터 떠난 사람을 회심시키려는 일이 얼마나 소망 있는 일인지 아는 것이 우리를 즐겁게 해야 합니다. 왜냐하면 그것은 충분히 성공이 기대되는 일로서, 성공하면 가장 즐거운 사람이 되는 일이기 때문입니다. 진실로 방탕하고, 방황하는 죄인을 포획하는 일만큼 즐거운 일은 없습니다. 그러나 즐거움 중의 즐거움은 이전에 포획했던 양이 길을 잃고 헤매는 것을 다시 찾는 것입니다.

놋쇠를 은으로 변형시키는 것은 대단한 일입니다. 그러나 가난한 여인이 이미 왕의 초상화가 박혀 있는 은전을 소유했다가 잃어버리고, 그 은전을 다시 찾는 것은 더 신나는 일입니다. 이방인과 나그네를 천국으로 이끄는 일, 그를 아들로 만드는 일은 축제를 벌일 만한 일입니다. 그러나 가장 즐거운 축제와 황홀한 음악 소리는 늘 사랑받던 아들이 탕자가 되어 길을 잃고 방황하다가 죽은 후 살아났을 때 있어야 합니다. 다시 돌아온 타락자를 위해서는 갑절로 종을 울려야 한다고 생각합니다. 교회의 뾰족탑이 크게 흔들리고 비틀거릴 때까지 종소리를 울려야 합니다.

길을 잃고 멸망 길에 섰던 자가 지금 다시 돌이켜 생명의 길로 온 일에 대해서는 두 배로 즐거워하십시오. 요한은 주님을 부인하는 죄를 범한 베드로가 자신의 잘못을 회개하고 불쌍한 모습으로 울고 있는 모습을 보고 감사했습니다. 그는 그를 격려하고 위로했으며, 주님이 "요한의 아들 시몬아 네가 나를 사랑하느냐"고 말씀하실 때까지 그와 함께했습니다.

매춘부나 술주정뱅이를 변화시켜 새 사람 만드는 것보다 타락한 자가 진리의 길로 다시 돌아오도록 하는 것이 훨씬 더 놀라운 일입니다. 그러나 하나님의 눈에는 그것은 은혜의 이적 가운데 결코 작은 이적이 아닙니다. 그 일을 도구가 되어 수행한 사람은 말할 수 없이 큰 위로가 있을 것입니다.

그렇다면, 사랑하는 형제 여러분, 여러분은 우리에게 속해 있었지만 우리에게서 떠나간 사람들을 찾으십시오. 교회 안에 머물러 있지만 교회를 망신시키고 우리와 거리가 먼 사람들을 찾으십시오. 우리는 그들의 부정함을 방관할 수 없습니다. 그들을 위해 기도하되, 눈물로 기도하고 간절히 기도하십시오. 그러다 보면 하나님께서 그들이 구원받도록 회개를 선물로 주실 것입니다.

지금 이 자리에 혹시라도 타락한 사람이 있다면, 나는 당신에게 당신이 하나님께 돌아올 마음이 있다면 이 본문이 당신에게 힘이 될 것이라고 말하는 바입니다. 타락한 자녀들이여, 돌아오십시오. 주님께서는 그의 백성들이 여러분을 찾으라고 명령하셨습니다. 만일 그분이 여러분을 사랑하지 않는다면, 우리에게 여러분을 찾으라고 말씀하지 않으셨을 것입니다. 하지만 그분은 여러분을 사랑하시고, 믿음으로부터 떠난 사람들을 찾는 것이 그의 백성들의 의무라고 말씀하셨기 때문에 여러분 앞에 문이 활짝 열려 있습니다. 여러분을 환영하기 위해 문 앞에 앉아 있는 짐꾼들처럼 대기하고 있는 무수한 사람들이 있습니다. 그러므로 여러분이 버리고 떠나온 하나님께 어서 돌아오십시오.

아직 그분을 모르고 있다면, 오, 이 순간 성령께서 여러분의 마음을 깨뜨리고, 참된 회개의 길로 여러분을 인도하심으로써, 여러분이 참진리 안에서 구원받을 수 있기를 빕니다. 하나님이 타락자들인 여러분을 불쌍히 여기시고 축복해 주시기를! 만일 그분이 여러분을 구원하시지 않는다면, 여러분은 허다한 죄를 범하게 될 것이고, 결국 영원한 멸망에 떨어지게 될 것입니다. 하나님께서 그리스도로 말미암아 여러분에게 자비를 베푸시기를!

2.우리는 특별한 경우에서 시작하여 이제는 일반적 사실을 논해야 합니다.

이 일반적 사실은 중요하고, 우리는 그것에 특별한 관심을 기울이지 않으면 안 됩니다. 왜냐하면 그것은 "너희가 알 것은"이라는 말씀으로 시작되기 때문입니다. 만일 여러분 가운데 어떤 사람이 타락한 자들을 돌이키게 하는 도구가 되었다면, "너희(여기서 너희는 타락한 자를 돌아오게 한 자를 말하는 것이 아니라 타락한 자로 있다 돌아온 자를 말함)가 알 것은." 말하자면 돌아온 너희는 그것을 생각하고, 그것을 확신하고, 그것으로 말미암아 위로를 얻고, 그것으로 말미암아 원기를 얻으라는 것입니다. 그것을 절대로 의심하지 말고 그것을 "너희가 알라"는 것입니다.

사랑하는 동역자들이여, 그것을 듣는 것으로 그치지 말고 그것을 여러분의 마음속에 깊이 새기십시오. 사도가 성령의 영감을 받아 "너희가 알 것은"이라고 말씀할 때, 너희는 진리의 깊이를 충분히 확신하지 못하는 일이 없도록 게으름을 피우지 말라는 의미가 함축되어 있다고 봅니다.

그러면 여기서 여러분이 알아야 할 것은 무엇입니까? 죄인이 그의 잘못된 길에서 돌이키도록 만드는 사람은 한 영혼을 죽음으로부터 구원하는 것임을 알라는 것입니다. 이것은 알아둘 만한 가치가 충분히 있습니다. 그렇지 않습니까? 한 영혼을 죽음으로부터 구원하는 것은 절대로 작은 문제가 아닙니다. 그러나 우리가 존경하는 사람들 중에 매순간 우리의 시선을 끄는 사람들이 있습니다. 그들은 바로 많은 사람들로 하여금 보배로운 삶을 살도록 구원한 자들입니다.

그들은 유인 구명정을 갖고 있고, 또는 물에 빠져 허우대는 사람들을 구출하기 위해 대담하게 강물로 뛰어들기도 합니다. 그들은 불타는 화염 속에서 죽어가는 자들을 끄집어내기 위해 생명의 위협을 무릅쓰고 뜨거운 불길 속으로 뛰어들 준비를 하고 있습니다. 이들이야말로 진정한 영웅입니다. 전쟁 중에 피로 얼룩진 군사들보다 훨씬 더 가치 있는 존재들입니다. 하나님께서 이 용감한 심령들을 축복해 주시기를! 위험에 노출되어 있는 다른 동료들을 볼 때, 우리의 가슴은 빠르게 고동 치고, 그를 구원해야 한다는 욕망으로 흥분되어야 합니다. 그것이 당연한 일 아닙니까?

그러나 영혼을 죽음으로부터 구원하는 것은 훨씬 더 큰일입니다. 우리는 죽음이 무엇인지를 생각해야 합니다. 그것은 단순히 비존재가 아닙니다. 내 동료 피조물을 비존재로부터 구하기 위해 수고했는지에 대해서는 잘 모르겠습니다. 영혼소멸이 얼마나 큰 고통인지에 대해서는 잘 모릅니다. 그러나 나에게 정말 두려운 경고가 되었던 것은 죄에 대한 형벌이었습니다.

단순히 영원히 사는 것이 영생이 의미하는 것의 전부라면, 그것에서 별로 큰 기쁨을 못느꼈던 것처럼, 단순히 삶이 멈추는 죽음에 대해서는 별다른 두려움을 느끼지 못했습니다. 죽음이 단순히 핏기가 없는 존재가 되거나 존재가 아닌 존재가 되는 것이라면, 죽는 것이 무엇이 두렵겠습니까? 그러나 성경에서 "영생"은 영원한 실존과는 전혀 다른 어떤 사실을 의미합니다. 그것은 충만한 기쁨 속에서 펼쳐지는 모든 능력을 갖고 존재하는 것을 의미합니다. 그것은 건초 속에서 한 포기 식물처럼 존재하는 것이 아니라 가장 아름답게 피어난 꽃처럼 존재하는 것입니다.

성경에서 그리고 통상적 의미에서 "죽는 것"은 존재를 그치는 것을 말하는 것이 아닙니다. 죽는 것과 존재가 없어지는 것 사이에는 엄청난 차이가 있습니다. 첫 번째 죽음에 관해 말하자면, 죽는 것은 영혼과 육체가 분리되는 것입니다. 그것은 우리의 본질이 그 구성요소들로 분해되는 것입니다. 그리고 두 번째 죽음에 관해 말하면 죽는 것은 영혼과 육체로 구성된 인간이 인간의 생명이자 기쁨의 근원이신 그의 하나님으로부터 분리되는 것입니다. 이것은 하나님의 현존과 그분의 권능의 영광으로부터 영원히 차단되는 것입니다. 이것은 인간이 파괴의 성을 갖는 것이고, 치명적인 파멸 속에 들어가는 것입니다. 왜냐하면 파괴의 용이 으르렁거리고, 절망의 올빼미가 울부짖으며 영원히 거하는 곳이기 때문입니다.

성경의 기록은 두 번째 죽음이 마지막 날에 얼마나 두려운 결과를 가져오는지를 보여 줍니다. 그것은 여호와에 대한 두려움으로서, "결코 죽지 못하는 벌레"와 "결코 끌 수 없는 불"에 관해 말하고, "갈기갈기 찢는 일"과 "영원토록 솟아오르는 고통의 연기"에 관해 말합니다. 또 "결코 끝이 없는 무저갱"에 관해서도 말합니다.

나는 이 두려운 말들을 종합할 생각은 없습니다. 하지만 다가올 심판에 관해 생각만 해도, 육체를 섬뜩하게 만들고, 머리털이 곤두서게 만드는 말들이 성경 속에는 많다는 것입니다. 만일 우리 가운데 누가 하나님의 역사를 통해 사람을 그의 잘못된 길에서 돌이키도록 이끄는 도구가 된다면, 이 영원한 죽음으로부터 영혼이 구원받게 되리라는 것이 우리에게 가장 큰 기쁨이 될 것입니다.

구원 받은 자는 그 두려운 지옥을 모르게 될 것이며, 그 두려운 진노를 느끼지 않아도 될 것이며, 하나님의 현존 앞에서 사라지게 되는 일이 절대로 일어나지 않을 것입니다. 세상에서 이보다 더 가치 있는 즐거움이 있겠습니까?

그 그림에 덧붙여지는 사실을 상기해 보십시오. 만일 여러분이 영혼을 죽음으로부터 구원했다면, 여러분은 그에게 영생을 소개한 것입니다. 하나님의 선하신 은혜로 말미암아 흰옷을 입고 여호와를 찬양하는 또 다른 합창단원들, 감사의 찬송을 부르기 위해 수금의 현을 두드리는 또 다른 손들, 대속주의 수난에 대해 감격하는 구원받은 또 다른 죄인들이 있을 것입니다. 오, 영혼을 죽음으로부터 구원하는 일은 얼마나 행복한 일일까요!

그리고 이 경우 여러분은 허다한 죄를 덮게 될 것이라는 점이 덧붙여져야 합니다. 우리는 이것이 어떤 죄인이 회심하면 예수님의 속죄 피로 말미암아 그의 모든 죄가 덮여질 것이라는 점을 의미한다는 것을 압니다. 어떤 경우든 얼마나 많은 죄를 범하게 되는지에 대해 우리 가운데 누가 감히 말할 수 있겠습니까? 그러나 만일 어떤 사람이 잘못된 길에서 돌이켜 회심한다면, 그의 모든 죄가 예수님의 피가 흐르는 홍해 바다에 던져지고, 영원토록 씻겨져 떠내려갈 것입니다.

그런데 여러분의 구주께서 이 세상에 두 가지 목적으로 오셨음을 기억하기 바랍니다. 첫째로 그분은 죽음을 파멸시키기 위해 오셨고, 둘째로 죄를 처리하시기 위해 오셨습니다. 만일 여러분이 죄인을 그의 잘못된 길에서 돌이키도록 한다면, 여러분은 그분처럼 이 두 가지 사역을 행하는 것이 됩니다. 여러분의 방식을 따라, 하나님의 영의 능력 안에서, 여러분은 영혼을 두 번째 죽음으로부터 끄집어냄으로써 죽음을 이긴 것입니다. 여러분은 하나님의 눈으로부터 주 예수 그리스도의 속죄제물 아래로 허다한 죄를 감춤으로써 죄를 처리했습니다.

여기서 사도가 영혼을 구원하는 자에게 다른 권면을 하지 않고 있음을 주목하십시오. 그는 "너희 중에 미혹되어 진리를 떠난 자를 누가 돌아서게 하면, 영예를 얻으리라"고 말하지 아니합니다. 참된 자선은 이런 동기를 조롱합니다. 또 그는 "너희 중에 미혹되어 진리를 떠난 자를 누가 돌아서게 하면, 교회의 존경과 성도의 사랑을 받으리라"고도 말하지 않습니다. 이것은 사실이지만, 우리는 그보다 훨씬 더 고귀한 동기에 의해 움직입니다.

선을 행하는 데서 오는 기쁨은 선 자체 속에서 발견되는 법입니다. 사랑의 행위에 대한 보상은 그 자체의 결과 속에서 찾아야 합니다. 만일 우리가 영혼을 죽음으로부터 구원하고, 허다한 죄가 덮어지게 한다면, 아무도 그 일에 귀를 기울이지 않고, 펜이 그것을 기록해 주지 않는다고 해도, 그것만으로 이미 충분한 보상을 받은 것입니다.

선이 행해질 때, 우리는 도구라는 사실도 잊어버려야 합니다. 비록 우리의 선행이 아무에게도 평가 받지 못하고, 망각의 차가운 그늘 속으로 사라져 버린다고 해도, 그것은 그 자체로 우리에게 기쁨을 줍니다. 그렇습니다. 주님이 우리를 통해 행하신 선행의 효과를 다른 사람들이 취한다고 해도, 우리는 불평할 이유가 없습니다. 영혼이 죽음으로부터 구원받고, 그의 허다한 죄가 덮임을 받았다는 것을 아는 것만으로도 충분히 기쁨이 되기 때문입니다.

그리고 사랑하는 형제 여러분, 우리는 영혼을 죽음으로부터 구원하는 것이 예수님을 영화롭게 하는 일임을 상기해야 합니다. 왜냐하면 그분의 보혈을 통하지 않고서는 영혼을 구원할 길이 전혀 없기 때문입니다. 여러분과 나는 영혼을 죽음으로부터 구원하는데서 무엇을 할 수 있을까요? 우리 스스로의 힘으로는 아무것도 할 수 없습니다. 이것은 책상 위에 놓인 펜이 스스로 「천로역정」을 쓸 수 없는 것과 같습니다. 그러나 존 번연이 그 펜을 붙잡자 비교할 수 없는 걸작이 나오게 되었습니다. 마찬가지로 나와 여러분도 하나님의 영원하신 영이 우리를 지배하기 전에는 우리가 영혼을 회심시키기 위해서 할 수 있는 일은 아무것도 없습니다. 그러나 우리가 예수님이 영광을 받으시고, 성령이 높임을 받으심을 아는 것으로 충분히 기뻐할 때, 그분은 우리를 통해 놀라운 이적을 행하실 수 있고, 우리를 통해 그분 자신이 영광을 받으십니다. 누구도 호머의 펜을 찬양할 사람은 없습니다. 누구도 그것을 금으로 싸거나 그 펜의 빛나는 업적을 책으로 출판한 사람은 없습니다. 찬양은 그 펜을 들어 사용한 호머에게 주어져야 하니까요.

우리는 사람들이 영광을 받는 것을 원하지 않습니다. 우리가 구주의 손에 쥐어진 펜이 된다면, 그분은 그것으로 자신의 은혜 언약을 인간의 마음의 서판 위에 충분히 기록하실 것입니다. 이것이 그의 주님을 사랑하는 사람이 받는 최고의 대가입니다. 예수님은 영광을 받으시고, 죄인들은 구원을 받습니다.

이제 나는 여기서 사도가 말한 것은 오직 한 사람의 회심에 관한 것임을 여러분에게 특별히 강조하고 싶습니다. "너희 중에 미혹되어 진리를 떠난 자를 누가 돌아서게 하면 너희가 알 것은 죄인을 미혹된 길에서 돌아서게 하는 자가 그의 영혼을 사망에서 구원할 것이며 허다한 죄를 덮을 것임이라."

여러분은 자신이 휫필드였으면 하고 바란 적이 없습니까? 젊은이들이여, 여러분은 여러분의 가장 깊은 영혼 속에 또 하나의 맥체인 또는 브레이너드 또는 모펏이었으면 하는 강력한 열망을 느껴본 적이 없습니까? 열망을 더 크게 가지십시오. 그러나 한 명의 죄인을 예수 그리스도께 인도하는 것에서도 행복을 느끼십시오. 왜냐하면 단지 한 명을 회심시키는 일이 결코 작은 일이 아님을 알라고 말씀하고 있기 때문입니다. 한 영혼을 죽음으로부터 구원하고 허다한 죄를 덮게 한 자가 말입니다.

그리고 본문은 이 사역의 도구인 사람에 관해서는 어떤 말도 하지 않습니다. 본문은 "너희 중에 미혹되어 진리를 떠난 자를 목사인 네가 돌아서게 하면 또는 놀라운 신적 능력을 가진 어떤 자가 돌아서게 하면"이라고 말씀하지 않습니다.

만일 이 행위가 우리 영적 이스라엘 백성 중 아주 작은 존재에 의해 이루어진다면, 한 어린아이가 자기 아빠에게 예수님 이야기를 말해 준다면, 한 하녀가 한 불쌍한 영혼이 그리스도를 찾고 구원을 받아들이도록 역할을 한다면, 거리 한구석에서 초라하게 말씀을 전하는 자가 강도나 매춘부에게 복음을 전해 그들이 구원받는다면, 그는 어떤 죄인을 그의 잘못된 길에서 돌이키도록 하는 자로서, 그가 누구든 간에, 한 영혼을 죽음으로부터 구원하고 허다한 죄를 덮게 하는 자인 것입니다.

그런데 사랑하는 형제 여러분, 이 사실로부터 나오는 것이 무엇입니까? 우리는 우리가 누구든 간에 죄인들을 회심시키는 사역에 쓰임받기를 사모해야 한다는 것입니다. 야고보 사도는 이 구절에서 성령에 관해서나 주 예수 그리스도에 관해 말하지 않습니다. 왜냐하면 그는 성령과 하나님의 아들 둘 모두가 관련된 중요한 진리를 반드시 기억해야 할 사람들에 관해 쓰고 있기 때문입니다.

그러나 여기서 여러분은 하나님의 영을 떠나서는 죄를 범한 다른 동료 그리스도인들에게 영적 선을 행할 수 없다는 사실 또는 "예수 그리스도와 십자가에 달려 죽으신 그분"을 그들에게 전하지 않는다면, 그들에게 구원의 축복을 받게 할 수 없다는 사실을 기억해야 한다는 것입니다.

하나님이 우리를 사용하실 것입니다. 그러나 오, 우리는 쓰임받기를 얼마나 고대하며, 쓰임받기를 얼마나 간구하며, 쓰임받기를 얼마나 열망해야 할까요! 사랑하는 형제, 자매 여러분, 우리는 우리가 하나님께 쓰임받는 일을 방해하는 모든 것을 제거해야 합니다. 만일 우리가 하나님으로부터 쓰임받는데 적절하지 못한 불의한 일을 행하거나 그 일에 관계하고 있다면, 또는 우리가 어떤 악을 품고 있거나 은혜를 결여하고 있다면, 주인이 쓰시기에 합당한 그릇이 될 때까지, 우리는 우리를 깨끗하게 되고, 고침 받으며, 악으로부터 벗어나게 해 달라고 주께 기도하지 않으면 안 됩니다. 그런 다음 우리는 쓰임받을 기회를 조심스럽게 기다려야 합니다.

우리의 눈과 귀를 세상을 행해 열어놓고, 선을 행할 모든 기회를 활용할 준비를 해야 합니다. 그리고 그렇게 쓰임받을 때까지 만족하지 말고, 이것이 우리의 삶의 제일 목적과 중심 야망이 되도록 해야 합니다. 어떻게든 우리는 영혼들을 예수 그리스도께 인도해야 하고, 인도할 것입니다.

라헬이 "내게 자식을 낳게 하라 그렇지 않으면 내가 죽겠노라"(창 30:1)고 부르짖은 것처럼, 여러분 가운데 누구라도 하나님의 가문에서 무자한 것에 대해 만족해서는 안 됩니다. 불타는 지옥으로부터 죄인을 끄집어낼 때까지 부르짖고 탄식하십시오. 최소한 한 명의 죄인이라도 예수 그리스도께 인도하십시오. 그러면 여러분은 영혼을 죽음으로부터 구원하고, 허다한 죄를 덮게 하는 사람이 될 것입니다.

3.이제 우리는 잠깐 동안 본문에서 언급하지 않는 요점에 대해 살펴볼 것입니다. 나는 본문의 전체 주제를 어린아이들의 회심에 특별 적용하기를 원합니다.

사랑하는 친구 여러분, 나는 여러분이 주일학교를 절대로 잊지 않기를 바랍니다. 그러나 대다수 그리스도인들이 주일학교와 같은 것이 있다는 사실에 대해 거의 무감각합니다. 그들은 관찰이 아니라 소문으로만 그것에 대해 압니다. 아마 20대에 속한 이들은 주일학교를 거의 찾은 적도 없고, 관심도 거의 없을 것입니다. 그들은 무엇이든 성공에 관한 이야기를 듣는 것은 좋아하지만, 이런저런 문제에 관한 이야기는 듣기 싫어합니다.

대부분의 교회에서 여러분은 주일학교 사역에 자신을 바치는 열정적인 젊은이들을 발견할 것입니다. 그러나 다른 일을 하지 않기 때문에 주일학교에 힘을 주는 사람들도 있습니다. 여기서 그들은 다른 할 일이 있었다면 주일학교 일을 하지 않았을 것이라고 변명할지도 모릅니다. 그러나 유감스럽게도 그들은 손쉽게 할 수 있고, 쉽게 접근할 수 있으며, 그들의 도움이 필요한 이 일을 하지 않는 동안에 다른 경건한 일을 갖지 않고 단순히 시간을 죽이는 일만 합니다. 나는 이런 게으름뱅이들이 이 자리에 있다고 말하지는 않겠지만, 그들과 우리가 확실히 다르다고 말할 수 있는지는 확신할 수 없습니다.

어린아이들도 구원받을 필요가 있고, 또 구원받아야 합니다. 어린아이들도 도구를 통해 구원받아야 합니다. 어린아이들은 어릴 적에 구원받아야 합니다. "어린아이들을 용납하고 내게 오는 것을 금하지 말라 천국이 이런 사람의 것이니라"(마 19:14)고 말씀하신 주님은 그의 교회가 "우리는 어린아이들이 성인남녀로 자라면 그때 그들에게 관심을 가질 것이다"라고 말해야 한다고 의도하지 않았습니다. 그분은 교회가 어린아이들이 어린아이였을 때 하나님께 돌아오도록 기도하고 열심히 노력해야 한다는 것을 의도하셨습니다.

어린아이의 회심도 어른과 똑같이 하나님의 은혜 사역이 필요하고, 어른의 회심과 똑같이 복된 결과를 낳습니다. 어린아이의 경우에도 영혼을 죽음으로부터 구원하고, 허다한 죄를 덮게 하는 역사가 있습니다. 그러나 이 구원사역에는 더 큰 기쁨의 조건이 있습니다. 그것은 어린아이가 구원을 받으면 죄를 범하지 않는 시기가 그만큼 앞당겨짐으로써 커다란 예방 효과가 있기 때문입니다.

회심은 어린아이를 허다한 죄로부터 구원합니다. 만일 하나님의 영원한 자비가 철부지 어린아이들을 가르치는 여러분의 사역을 축복하신다면, 그 아이의 삶은 그가 어리석음과 죄와 수치 속에서 자랐을 때와 비교해 볼 때, 또 그가 많은 세월이 흐른 다음 어른이 되어서 구원을 얻었을 때와 비교해 보면, 얼마나 복될까요! 그러므로 우리 아이들이 아직 어릴 때 그들의 마음이 구주께 드려질 수 있도록 기도하는 것은 최고의 지혜요 최상의 총명입니다.

> "젊은이들에게 믿음을 심어 주면,
> 수많은 덫으로부터 그들을 구하게 되리라.
> 하나님의 은혜는 이후 그들의 삶을 보존하고,
> 그들의 덕은 더욱 강하게 되리라."

탕자가 개심하는 것은 좋은 일입니다. 그러나 처음부터 탕자가 되는 길에서 그를 구원하는 것은 더 좋은 일입니다. 강도와 술주정뱅이가 그 길에서 돌이키는 것은 정말 칭찬받을 만한 행동입니다. 그러나 소년이 강도나 술주정뱅이가 되지 않도록 미연에 방지시키는 것은 훨씬 더 크게 칭찬받을 일입니다. 따라서 주일학교 교육은 최상급 사랑의 행위이고, 그리스도인들은 그 일에 가장 큰 열심으로 수고해야 합니다. 어린아이를 그의 잘못된 길에서 돌이키는 자는 동시에 허다한 죄를 덮게 하는 복된 일을 하는 것입니다.

나아가 이것은 교회로 하여금 사람들에게 가장 좋은 것을 제공해 줄 소망을 갖도록 합니다. 교회의 사무엘과 솔로몬들은 젊은 시절에 지혜롭게 된다는 것입니다. 다윗과 요시야는 어렸을 적부터 마음이 부드러운 자들이었습니다. 저명한 사역자들의 전기를 읽어보십시오. 여러분은 대체로 그들의 신앙 경력이 일찍부터 시작되었음을 보게 될 것입니다. 일찍 신앙 생활을 시작하는 것이 가장 바람직한 그리스도인으로 자라기 위한 절대적 요소는 아니지만, 크게 필요한 요소임은 부정할 수 없습니다.

그 기초는 젊은 시절의 경건 위에 두어져야 합니다. 예수 그리스도의 교회들은 보통 평생 죄 가운데 살았던 사람들에 의해 세워질 것이라고 나는 기대하지 않습니다. 아니, 젊은 시절부터 주님을 경외하고 그분의 권고를 받고 자란 사람들에 의해 교회는 세워졌고, 그들이야말로 우리 하나님의 집의 기둥들입니다. 만일 우리가 강한 그리스도인을 원한다면, 젊은 시절부터 그리스도인이었던 사람들을 주목해야 합니다. 믿음의 나무들이 오래 살고, 또 잘 자라기 위해서는 초기에 주의 궁정에 심겨져야 합니다.

형제 여러분, 나는 이 시대에는 젊은이들을 가르치는 사역이 이미 어른이 된 사람들을 가르치는 것보다 훨씬 더 중요하다고 생각합니다. 왜냐하면 이 시대는 교회에 몰래 숨어들어와 거짓된 교리로 사람들을 미혹시키는 사람들이 아주 많기 때문입니다.

영국에서 주일학교 교사들은 정말 아이들을 잘 가르쳐야 합니다. 그들은 경건한 말과 삶을 실천함으로써 본을 보여야 할 뿐 아니라 아이들이 온전한 복음과 은혜의 교리를 잘 깨닫도록 지식적으로도 잘 가르치는 자가 되어야 합니다. 또 그들은 아이들을 위해 기도하는 자가 되어야 하고, 아이들이 주 예수 그리스도께 나아와 구원을 얻고 교회에 적응할 때까지 만족해서는 안 됩니다. 그리고 이렇게 하면 가톨릭의 미혹을 두려워 할 필요가 없을 것입니다.

가톨릭 사제들은 아이들을 위한 가톨릭식 교리문답 교육이 있었다면, 영국이 로마교회로부터 벗어나는 일은 없었을 것이라고 말했습니다. 우리는 교리문답 교육을 시행하지 않았는데, 나는 굳이 그것을 시행할 이유가 없다고 생각합니다. 그러나 어쨌든 우리가 가톨릭처럼 교리문답 교육을 시행하지는 않는다 할지라도, 복음을 단순하게 그리고 단호하게 가르치는 교육은 있어야 합니다. 그리고 아이들이 주 예수 그리스도께 나아와 즉각 회심할 수 있도록 간구와 기도가 있어야 합니다.

하나님의 영은 이런 수고를 하도록 우리를 돕기 위해 기다리고 계십니다. 그분은 우리가 그분과 함께 할 때 우리와 함께하십니다. 그분은 가장 겸손한 교사를 축복하실 준비를 하고 계십니다. 심지어는 유아들일지라도 은혜로부터 제외하지 않으십니다. 그분은 어린아이들이 듣고 이해하기에 적합한 말과 사상을 우리에게 제공해 주십니다. 그분은 우리가 어떻게 젊은이들의 귀에 적절한 말을 해 줄 수 있는지 그 비결을 알도록 역사하실 수 있습니다.

그리고 오, 만일 그렇지 못하다면, 교사들이 신실한 사람이 못되거나 신실한 사람으로 판명되지 못한다면, 우리는 아이들이 그들의 부모가 주일학교 다닐 때 싫증을 느껴 종교를 혐오하는 것처럼 주일학교를 떠나 세상 속으로 빠져 들어가는 모습을 보게 될 것입니다. 그렇게 되면 우리는 결과적으로 불신앙의 사람들을 만들어 내고, 미신을 따르는 사람들을 양산하게 될 것입니다. 황금의 기회는 사라지고, 가장 엄숙한 책임을 감당하지 못하게 되리라!

나는 하나님의 교회가 주일학교를 굉장히 중요하게 여기도록 기도합니다. 나는 열방을 사랑하는 모든 사람들이 주일학교를 위해 기도하도록 간청합니다. 나는 예수 그리스도를 사랑하고 그가 임할 나라를 고대하는 모든 사람들에게 모든 젊은이들이 겸손한 마음으로, 그들의 마음이 예수님께 인도받을 수 있도록 기도해 주도록 부탁합니다.

나는 지금까지 말하고 싶은 것을 다 말하지 못했습니다. 핵심적인 주제는 아직 내 마음속에 남아 있습니다. 우리의 모든 양심 위에 심각하게 새겨두어야 할 것이 한 가지 있습니다. 그러나 나는 그것을 남겨두어야 하겠습니다. 하나님은 여러분이 그것에 대해 충분히 생각하도록 인도하실 것이기 때문입니다.

나는 그것을 남겨두지만, 다음 질문들을 할 때까지만 그렇게 하겠습니다 — 여러분 각자는 어린아이들의 회심을 위해 무엇을 해 왔습니까? 여러분은 여러분의 자녀들의 회심을 위해 무엇을 했습니까? 여러분은 그 문제를 분명히 직시하고 있습니까? 여러분은 여러분의 아이의 목을 손으로 감싸고 그를 위해 그리고 그와 함께 기도하고 있습니까?

아버지로서 여러분은 이런 행동이 아들에게 얼마나 큰 영향을 미치는지 알게 될 것입니다. 또 어머니로서 여러분은 딸에게 그리스도와 십자가에 달려 죽으신 주님에 관해 말해 주고 있습니까? 하나님의 손 안에서 여러분은 여러분의 사랑하는 자녀들에게 육신의 어머니이자 영적인 어머니여야 합니다. 아이들의 인도자이자 교사로서 여러분은 무엇을 하고 있습니까? 그들의 영혼을 청결하게 하고 있습니까? 주일학교 교사로서 여러분은 가르치는 아이들이 일찍부터 주님을 고백하도록 인도하기 위해 모든 것을 잘 감당하고 있습니까? 나는 그것을 여러분의 몫으로 남겨 두는 바입니다.

여러분은 천국에 들어갈 때, 사랑하는 아이들을 영원한 처소로 인도한다면, 큰 상급을 받게 될 것입니다. 그것은 여러분 자신의 천국에 또 하나의 천국을 추가하는 것이고, 그들의 교사로서 그들을 예수님께 인도한 여러분을 환영하는 천국의 거민들과 만나게 될 것입니다. 나는 천국에 혼자 가기를 바라지 않습니다. 여러분도 그렇겠지요? 나는 도구로서 한 영혼도 구원의 길로 인도하지 못함으로써, 그 안에 별이 박혀 있지 않은 천국 면류관을 갖고 싶지 않습니다. 그들은 위대하신 목자께서 그들을 인도하셔서 피로 값 주고 산 거룩한 양들의 무리가 있는 곳으로 갈 것입니다.

그들 가운데 많은 이들이 둘씩 짝을 지어 따라오고, 다른 이들은 각자 자기들의 양을 갖고 있습니다. 여러분은 위대하신 목자가 이끄는 양 떼들 속에서 양을 못낳는 불임자가 되고 싶습니까? 장면은 바뀝니다. 위대한 군사들의 걷는 소리를 들어보십시오. 나는 그들의 행진곡을 듣고, 나의 귀는 그들의 승전가로 가득 차 있습니다. 위대하신 대장의 영예를 위해 군사들은 개선하고 각자 그들의 어깨마다 전리품이 걸려 있습니다.

그들은 진주 문을 통과하고, 황금 거리를 따라 천상의 보좌가 있는 곳을 향해 승리의 행진을 합니다. 각 군사는 자기 몫의 전리품을 갖고 있습니다. 여러분도 거기에 있겠습니까? 그러나 거기에 있다고 해도, 여러분은 전리품 없이 행진하고, 그 행렬에 동참하는 것 외에 차지할 것이 없습니까? 전투에서 승리한 것 말고는, 여러분이 예수님을 위해 여러분의 칼과 활로 잡은 것이 아무것도 없습니까? 그렇다면 내 앞에는 다른 장면이 펼쳐질 것입니다.

나는 그들이 "추수 끝"이라고 외치는 소리를 듣습니다. 그리고 각자 자신이 수확한 단을 들고 있는 추수꾼들을 봅니다. 그들 가운데 어떤 이들은 그 위에 올려져 있는 추수단들로 말미암아 어깨가 휠 정도입니다. 그들은 울면서 갔지만 단을 짊어지고 기뻐하면서 돌아왔습니다. 저쪽에는 작지만 열매가 풍성하게 맺혀 있는 단을 가진 사람이 옵니다. 그는 작은 단을 갖고 있고, 작은 알곡이 그에게 들려 있지만, 비례의 법칙에 따라 큰 부피로 늘어나는 것입니다.

여러분은 단 하나의 열매도 없이 그곳에 있겠습니까? 밭을 갈거나 씨를 뿌린 적이 없어 거둔 것이 없습니까? 만일 그렇다면, 추수꾼들의 모든 외침은 여러분으로 하여금 씨를 뿌리지 않아 거둔 것이 없게 되었음을 생각하도록 함으로써, 여러분의 마음속에 비수처럼 아프게 꽂힐 것입니다. 만일 여러분이 주님을 사랑하지 않는다면, 그렇게 하겠다고 아예 고백하지 마십시오.

그분이 여러분을 자기 피로 값 주고 사지 아니했다면, 그분을 의지하지 말고, 그분의 식탁에 나아오지 말며, 스스로를 그분의 종이라고 말하지 마십시오. 그러나 그분이 상처를 당하시면서 여러분을 값 주고 샀다면, 자신을 그분께 드리십시오. 여러분이 진실로 그분을 사랑한다면, 그분의 양을 기르고, 그분의 어린 양을 치십시오.

그분은 여기서는 우리 눈에 보이시지 않습니다. 그러나 우리는 믿음으로 그분을 인식합니다. 그분은 여러분에게 자신의 손과 발의 상처를 보여 주시면서 이렇게 말씀하십니다: "너희에게 평강이 있을지어다 아버

지께서 나를 보내신 것 같이 나도 너희를 보내노라"(요 20:21). "너희는
온 천하에 다니며 만민에게 복음을 전파하라"(막 16:15). "너희가 알 것
은 죄인을 미혹된 길에서 돌아서게 하는 자가 그의 영혼을 사망에서 구
원할 것이며 허다한 죄를 덮을 것임이라"(약 5:20).

선한 주인이시여, 우리가 당신을 섬기도록 도와주소서! 아멘.

● 독자 여러분들께 알립니다!

'CH북스'는 기존 '크리스천다이제스트'의 영문명 앞 2글자와
도서를 의미하는 '북스'를 결합한 출판사의 새로운 이름입니다.

세계기독교고전 56

스펄전의 전도

1판 1쇄 발행 2017년 11월 20일
1판 3쇄 발행 2025년 1월 23일

지은이 찰스 스펄전
옮긴이 김귀탁
발행인 박명곤　**CEO** 박지성　**CFO** 김영은
기획편집1팀 채대광, 이승미, 김윤아, 백환희, 이상지
기획편집2팀 박일귀, 이은빈, 강민형, 이지은, 박고은
디자인팀 구경표, 유채민, 윤신혜, 임지선
마케팅팀 임우열, 김은지, 전상미, 이호, 최고은

펴낸곳 CH북스
출판등록 제406-1999-000038호
전화 070-4917-2074　**팩스** 0303-3444-2136
주소 서울시 강서구 마곡중앙6로 40, 장흥빌딩 10층
홈페이지 www.hdjisung.com　**이메일** support@hdjisung.com
제작처 영신사

ⓒ CH북스 2017

※ 이 책은 저작권법에 따라 보호받는 저작물이므로 무단 전재와 복제를 금합니다.
※ 잘못 만들어진 책은 구입하신 서점에서 교환해드립니다.
※ CH북스는 (주)현대지성의 기독교 출판 브랜드입니다.

"크리스천의 영적 성장을 돕는 고전"
세계기독교고전 목록

"성경 본문의 의미를 정확하게 드러내는
아주 탁월한 주석!"

– 찰스 스펄전

매튜 풀
청교도 성경주석

신약세트
(전8권)

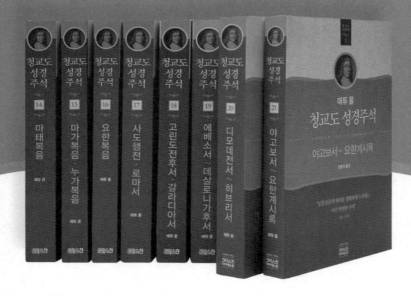

정가(낱권 합계) ~~149,000원~~ → 세트 한정가 110,000원

→ **실구매가 99,000원** (+5,500원 적립금)
정가(낱권 합계) 대비 50,000원 인하!

* 위 구매가는 인터넷 서점 기준입니다